Durchstarten zum Traumjob

Richard Nelson Bolles studierte unter anderem am Massachusetts Institute of Technology und an der Harvard University Verfahrenstechnik, Physik und Theologie; er ist Buchautor und einer der weltweit führenden und einflussreichsten Experten im Bereich Karriere-/Lebensplanung. Von ihm erschien bei Campus zuletzt *Durchstarten zum Traumjob – Das Workbook* (2002).

Madeleine Leitner ist Diplom-Psychologin und arbeitet als Karriereberaterin, Personalberaterin und Psychotherapeutin in München. Sie gehört zu den bekanntesten Trainern nach der Methode von Richard Nelson Bolles im deutschsprachigen Raum.

Richard Nelson Bolles

Durchstarten zum Traumjob

Das Handbuch für Ein-, Um- und Aufsteiger

Aus dem Englischen übersetzt und für die deutsche Ausgabe
bearbeitet von Madeleine Leitner, basierend auf der Vorauflage

Campus Verlag
Frankfurt/New York

Copyright © 2002 by Richard Nelson Bolles
Published by Arrangement with Philip Wood Inc.

Dieses Werk wurde vermittelt durch die
Literarische Agentur Thomas Schlück GmbH, 30827 Garbsen.

Sonderausgabe für Amazon.de GmbH

ISBN 3-593-37418-8

Das Werk einschließlich aller seiner Teile ist urheberrechtlich geschützt.
Jede Verwertung ist ohne Zustimmung des Verlags unzulässig. Das gilt
insbesondere für Vervielfältigungen, Übersetzungen, Mikroverfilmungen
und die Einspeicherung und Verarbeitung in elektronischen Systemen.
Copyright © 2002. Alle deutschsprachigen Rechte bei
Campus Verlag GmbH, Frankfurt/Main
Umschlaggestaltung: Init, Bielefeld
Satz: Satzspiegel, Nörten-Hardenberg
Druck und Bindung: Druckhaus Beltz, Hemsbach
Gedruckt auf säurefreiem und chlorfrei gebleichtem Papier.
Printed in Germany

Inhalt

Vorwort von Richard Nelson Bolles zur neuen
deutschsprachigen Ausgabe 7

Vorwort von Madeleine Leitner zur Neubearbeitung
der deutschsprachigen Ausgabe 9

1. Was ist Ihr Ziel? 13

Der Unterschied zwischen einer traditionellen und einer lebensverändernden Jobsuche

2. Die Turbo-Jobsuche 29

Die Bedeutung des Internets bei der heutigen Jobsuche: Wo Sie nach Jobangeboten und geeigneten Stellen suchen können

3. Was tun, wenn es so nicht funktioniert? 45

Fakten zur Jobsuche: Die fünf besten und die fünf schlechtesten Methoden, einen Job zu finden

4. Wie Arbeitgeber nach Arbeitnehmern suchen 67

Warum die traditionelle Jobsuche zum Vorteil der Arbeitgeber läuft: Wie Sie diesen Nachteil überwinden

5. Dreiundzwanzig Tipps für die erfolgreiche Jobsuche . . 81

Warum mit der Befolgung dieser wichtigen Prinzipien der Erfolg wahrscheinlicher wird

6. Die Kunst der Existenzgründung 101
Existenzgründung mit einem Home-Office: Wie Sie starten und Probleme lösen

7. Das Geheimnis, Ihren Traumjob zu entdecken 127
Was lieben Sie? Spiegelmethode, Tests, Quellen im Internet: So finden Sie Ihren Traumjob heraus

8. Wenn Zeit keine Rolle spielt 147
Was sind die übertragbaren Fähigkeiten, die Sie am liebsten einsetzen? So entdecken Sie sie

9. Folgen Sie Ihrem Herzen 169
Was bringt Begeisterung in Ihr Leben? Intuitive und systematische Ansätze, um dies herauszufinden

10. Hindernisse überwinden 211
Wie Sie erfahren, wer die Macht hat, Sie einzustellen, und wie man hilfreiche Kontakte herstellt

11. 10 Tipps zum Vorstellungsgespräch für Schlauberger . . 229
Wie Sie den Job bekommen und was Sie tun können, wenn Sie nie zu einem zweiten Gespräch eingeladen werden

12. Die sieben Geheimnisse der Gehaltsverhandlung 267
Wie Sie Gehälter recherchieren und verhandeln

13. Schreckgespenst Arbeitslosigkeit 287
Wer Ihnen hilft (und wer nicht) und was Sie tun sollten, wenn Sie aufgrund von Arbeitslosigkeit in eine Depression verfallen

Anhang A: Die Blume: Ein Bild Ihres Traumjobs 323

Anhang B: Adressen, Tipps und Informationen 363

Anmerkungen 399
Register 409

Vorwort von Richard Nelson Bolles zur neuen deutschsprachigen Ausgabe

Als dieses Buch im September 1999 zum ersten Mal wirklich originalgetreu (aus dem Englischen) ins Deutsche beim Campus Verlag übersetzt erschien, war ich wirklich stolz. Ich besuchte eine bekannte Münchner Buchhandlung – und da sah ich sie: die frisch gedruckte deutschsprachige Ausgabe, und zwar gleich ein großer Stapel davon, direkt neben der englischen Ausgabe. Ich fühlte mich wie ein Vater nach der Geburt seines Kindes.

Natürlich war es nicht das erste »Kind« – das Buch war bereits in zehn Sprachen erschienen –, aber dennoch erfüllte gerade dieses mich mit einem ganz besonderen Stolz. Wenn ich der Vater war, gab es natürlich auch eine Mutter für dieses Kind – eine Frau, die Madeleine Leitner heißt und in München lebt.

Das Kind – um die Metapher weiterzuführen – durchlitt eine extrem schwierige Geburt. Frühere Versuche, dieses Buch kompetent ins Deutsche zu übersetzen, waren fehlgeschlagen. Es hatte über Jahre hinweg eine lieblose Übersetzung bei einem anderen Verlag gegeben. Deutsche Leser, die das Original kannten, schrieben mir, wie schlecht ihrer Ansicht nach diese damalige deutsche Version des Buches war und wie weit davon entfernt, meine Gedanken wiederzugeben.

Aber dann betrat Madeleine Leitner die Bühne und machte die Geburt einer originalgetreuen deutschsprachigen Übersetzung zu ihrem tiefsten persönlichen Anliegen. Sie reiste dafür in die USA und studierte meinen Ansatz persönlich in über 200 Stunden bei mir, bis sie sicher war, nicht nur meine Worte verstanden zu haben, sondern auch die dahinter stehenden Gedanken und den Geist.

Anschließend zeichnete sie für die Produktion einer sprachlich eleganten und inhaltlich exakten deutschsprachigen Bearbeitung verantwortlich. Sie betreute dieses Buch von Anfang bis Ende. Es lässt sich nur schwerlich beziffern, wie viele Stunden sie dieser Aufgabe widmete und mit wie viel Einsatz und Geschick sie sie wahrnahm. Sie stieß auf zahlreiche Hindernisse, fand aber immer einen glücklichen Ausweg. Als ich nun also in dieser Buchhandlung in München stand, verspürte ich einen tiefen Stolz auf dieses besondere Kind, die deutschsprachige Übersetzung meines Werkes, und große Dankbarkeit, dass ich in Madeleine Leitner eine so kompetente Partnerin gefunden hatte. Jeder deutschsprachige Leser dieses Werkes ist ihr zu großem Dank verpflichtet.

Sie war 1999 nicht die Übersetzerin, sondern hatte das Buch lediglich unter ihre Fittiche genommen und fachlich bearbeitet. Für diese neue deutschsprachige Ausgabe hat sie nun auch die Übersetzung selbst übernommen. Wir tauschten viele E-Mails aus, weil sie versuchte, meine Gedanken so exakt wie nur irgend möglich für den deutschsprachigen Raum zu übertragen.

Die zentrale Idee dieses Buches ist einfach: Der Jobmarkt funktioniert überall auf der Welt nach den gleichen Prinzipien. Sie lauten: Es gibt immer Jobs und viele Wege, sie zu finden. Wenn Sie mit herkömmlichen Methoden keinen Job finden, dann sind Sie persönlich dafür verantwortlich – nicht die Regierung oder eine Vermittlungsagentur. Es liegt bei *Ihnen*, einen der Jobs zu finden, die es *gibt*, indem Sie Ihre Suchmethode wechseln. Glücklicherweise haben Studien über erfolgreiche Jobsuchende in Nordamerika und in anderen Ländern gezeigt, welche Methoden dabei am erfolgversprechendsten sind. Mit ihrer Hilfe haben Sie die besten Chancen, sich nicht nur beruflich zu verändern, sondern darüber hinaus Ihr gesamtes Leben umzugestalten.

Einige Pioniere im deutschsprachigen Raum haben durch sorgfältige Prüfung festgestellt, dass diese Prinzipien hier ebenso gelten wie in Nordamerika, wo das Buch außerordentlich bekannt ist – bisher wurden über sieben Millionen Exemplare weltweit verkauft.

In dieser neuen Übersetzung von Madeleine Leitner wurde die deutsche Version aktualisiert, wie es in Nordamerika jährlich geschieht, um den Lesern optimale Hilfestellung zu bieten. Meine besten Wünsche gelten allen deutschsprachigen Lesern, die sich die Zeit nehmen, es zu lesen und seine Prinzipien auf ihr eigenes Leben anzuwenden.

Richard Nelson Bolles

Vorwort von Madeleine Leitner zur Neubearbeitung der deutschsprachigen Ausgabe

Selbst ich (die ich seit Jahren an dieses Buch geglaubt und dafür gekämpft hatte) war freudig überrascht von der außerordentlich positiven Resonanz auf die Erstausgabe von *Durchstarten zum Traumjob* im Jahre 1999 beim Campus Verlag, die alle Erwartungen übertraf. Hier halten Sie nun die völlig überarbeitete und aktualisierte, von Richard Nelson (Dick) Bolles selbst autorisierte Version seines Erfolgsbuches *What Color Is Your Parachute?* in den Händen.

Als ich *What Color Is Your Parachute?* von Dick Bolles 1981 in den USA entdeckte, gab es das Buch bereits seit elf Jahren. Seit 1975 wird es von ihm jährlich überarbeitet und aktualisiert. Das Buch erschien in zehn Sprachen und ist mit über sieben Millionen Exemplaren weltweit das meistverkaufte Buch zum Thema Beruf und Jobsuche.

Eigentlich handelt es sich hier um ein »Anti-Bewerbungsbuch«. Dick Bolles behandelt die Themen Bewerbung und berufliche Neuorientierung in einem weiteren Rahmen. Dabei ist die Bewerbung das letzte Glied in der Kette der beruflichen Entscheidungsschritte.

Der erste Schritt besteht in einer genauen Analyse der eigenen Fähigkeiten. Dabei wird der Tatsache Rechnung getragen, dass die meisten Menschen gar nicht wissen, was alles in ihnen steckt.

Im zweiten Schritt geht es darum, bewusst nach den persönlichen Vorlieben und Neigungen Entscheidungen zu treffen und berufliche Ziele zu definieren, für die man sich wirklich begeistern kann. Nicht alles, was man gut macht, macht man auch gern. Aber was man gern macht, macht man auch gut und wird damit letztlich erfolgreich sein.

Der dritte Schritt: Je genauer man weiß, was man will, desto eher findet man es. Eine konkrete berufliche Zielvorstellung eröffnet völlig neue Perspektiven und Handlungsmöglichkeiten bei der Suche nach dem geeigneten Job, vor allem auf dem verdeckten Stellenmarkt.

Das Buch greift mit seiner Idee, die Jobsuche als Teil der Lebensplanung zu betrachten, weit über die Ziele der üblichen Ratgeber hinaus. Es wendet sich vorwiegend an folgende Personengruppen:

- **Menschen, die einen Job suchen, also Bewerber oder Arbeitslose,** insbesondere die Gruppe mit ›bewerbungstechnischen Handikaps‹. Die Recherchen zum Arbeitsmarkt in Deutschland, der Schweiz und Österreich belegen, dass es immer freie Stellen gibt. Der Ansatz der kreativen Jobsuche zeigt, welche Maßnahmen Sie über die üblichen Wege der Bewerbung hinaus ergreifen können, um diese vorhandenen Jobs zu finden.
- **Menschen, die eine grundsätzliche berufliche Orientierung suchen.** Das Buch enthält Übungen, mit deren Hilfe Sie herausfinden können, was Sie wirklich können und wollen. Es soll Ihnen helfen, sich für einen Beruf zu entscheiden, der wirklich zu Ihnen und Ihren Fähigkeiten passt.
- **Menschen, die eine berufliche Neuorientierung suchen.** Dieses Buch stellt dar, was ein Berufsumstieg ist und wie man ihn durchführen kann. Das soll den vielen Menschen Mut machen, die verbittert ihrem Job nachgehen und sich schon fast damit abgefunden haben, dass sie auf dem falschen Pferd sitzen. Zahlreiche Beispiele aus der Beratung belegen, dass ein Berufsumstieg auch hierzulande möglich ist.

Diese deutschsprachige Bearbeitung beruht auf der aktuellen amerikanischen Ausgabe, ist aber an die Verhältnisse in Deutschland, Österreich und der Schweiz angepasst. Wir haben uns diesmal auch entschlossen, die zahlreichen Informationsquellen gesondert in den so genannten ›Pink Pages‹ aufzuführen, wie es früher in der amerikanischen Ausgabe üblich war.

Danken möchte ich wieder den vielen Personen, die dazu beigetragen haben, dass es dieses Buch gibt – ganz besonders meinen Lehrern Dick Bolles und Daniel Porot in Genf, die mit ihren Ansätzen mein ganzes Leben verändert haben; weiterhin meinen engen Mitstreitern Claudia Sessner (Recherche und Internet-Teil), Urs Honegger (Schweiz) und Dr. Gabriela Mendl (Österreich), die mich tatkräftig und mit großer Sachkompetenz unterstützt haben. Dank auch an die Lektorin Dr. Kirsten

Reimers beim Campus Verlag für ihre bewährt konstruktive Unterstützung.

Damit dieser Ratgeber zu einem lebendigen Projekt wird, lade ich die Leser ein, sich mit Hinweisen und persönlichen Erfahrungen im Forum auf meiner Website zu beteiligen, in dem Sie auch kurze Fragen stellen und regionale Kontakte knüpfen können. Anregungen für zukünftige Ausgaben sind stets willkommen.

Madeleine Leitner
Ohmstraße 8
80802 München
E-Mail: Madeleine.Leitner@t-online.de
Forum: www.Madeleine-Leitner.de

Eine kurze Bemerkung zu Grammatik und Sprache des Buches

Einige wenige Kritiker haben in den vergangenen fünfundzwanzig Jahren behauptet, dieses Buch sei für Menschen ohne Hochschulabschluss aufgrund seines Vokabulars und seiner Grammatik zu kompliziert. Hier in den USA rief mich vor einiger Zeit ein College-Dozent an, um mir zu sagen, dass mein Buch von den Behörden als Textgrundlage für seine Seminare abgelehnt wurde. Die Begründung: Das sprachliche Niveau entspräche nicht den College-Anforderungen. »Welches Niveau hatte es?«, wollte ich wissen. Er antwortete: »Als die Behörden es analysierten, stellte sich heraus, dass das Niveau dem der achten Klasse entsprach.« Ich war zufrieden.

KAPITEL 1

Was ist Ihr Ziel?

Jung, erfolgreich, entlassen

Die Arbeitslosigkeit erreicht die Mittelschicht

Der Spiegel, 12. August 2002

*Der Reporter fragte die junge Frau,
warum sie Pathologin werden wolle.
Sie antwortete: »Weil ich gern mit Menschen arbeite.«*

The San Francisco Chronicle

Die zahlreichen Varianten der Jobsuche

Wenn Sie einen neuen Job suchen müssen, denken Sie vielleicht, Sie hätten keinerlei Wahl. Die haben Sie aber. Es gibt nämlich nicht nur eine Art der Jobsuche, sondern zwei. Und für eine der beiden müssen Sie sich entscheiden.

Sie haben die Wahl zwischen der gewöhnlichen, *herkömmlichen* und einer *kreativen, lebensverändernden* Jobsuche. In manchen Phasen Ihres Lebens reicht die traditionelle Suche nach einer neuen Stelle vielleicht aus. In anderen Phasen bietet sich eine grundlegende Neuorientierung an. Das hängt davon ab, wonach Sie zu diesem Zeitpunkt in Ihrem Leben – oder gerade jetzt – suchen.

Sie müssen eine Entscheidung treffen – und zwar wenigstens drei- bis viermal in Ihrem Leben, denn so oft wechselt jeder Mensch im Durchschnitt mindestens die Stelle.[1] Dabei stehen Sie jedes Mal erneut vor der Entscheidung: »Soll ich mich nur auf eine herkömmliche Jobsuche begeben? Oder soll ich mich diesmal auf eine lebensverändernde Jobsuche einlassen?«

Klären wir zur Orientierung zunächst den Unterschied zwischen beiden.

Der Unterschied zwischen den beiden Ansätzen der Jobsuche muss nicht so krass sein, wie es die Tabelle suggeriert. Einzelne Elemente der beiden Spalten sind austauschbar, sodass sich eine unendliche Vielfalt von Möglichkeiten ergibt, zwischen denen Sie wählen können.

In der Praxis hat es sich jedoch als ungemein hilfreich erwiesen, sich die beiden »Grundtypen« der Jobsuche klar vor Augen zu führen, bevor man eine Entscheidung trifft. Dabei helfen die Tabelle auf der nächsten Seite und die folgenden Erläuterungen.

Die zwei Arten der Jobsuche

herkömmlich	kreativ
Die herkömmliche Jobsuche ein Abgleichspiel.	**Eine kreative Jobsuche ist eine Entdeckungsreise, die Ihr Leben verändert.**
Sie wollen grundsätzlich ihre bisherige berufliche Linie weiterverfolgen.	Sie streben eine grundsätzliche berufliche Veränderung an.
Es geht Ihnen hauptsächlich ums Brötchenverdienen.	Es geht Ihnen hauptsächlich um eine Erfüllung für Ihr Leben.
Sie möchten diese Jobsuche möglichst schnell und mit wenig Aufwand hinter sich bringen.	Sie möchten sich dieser Jobsuche wirklich gründlich widmen, auch wenn das länger dauert und größeren Aufwand erfordert.
Sie setzen vor allem auf Ihre Bewerbung und versuchen, diese auf Stellenausschreibungen in der Zeitung oder im Internet zuzuschneiden.	Sie setzen vor allem auf Recherchen und Kontakte und versuchen, sich so einen neuen Beruf zu erschließen.
Sie halten nach Organisationen Ausschau, die bekanntermaßen freie Stellen anbieten.	Sie halten nach Organisationen Ausschau, für die Sie gern arbeiten würden – zunächst unabhängig davon, ob dort überhaupt Stellen frei sind.
Sie versuchen, Ihre Bewerbung an einen ausgeschriebenen Job anzupassen.	Sie suchen ein Unternehmen, bei dem Sie sich wirklich entfalten können – auch wenn Sie dieses erst überzeugen müssen, eine Stelle einzurichten, die Ihren Fähigkeiten und Neigungen entspricht.
Da die herkömmliche Stellensuche ein Abgleichspiel ist, können Sie sie am besten bequem von zu Hause aus per Internet durchführen.	Da die kreative Jobsuche eine intuitive Angelegenheit ist, erfordert sie meist auch Reisen und persönliche Gespräche. Sie müssen dazu wirklich »in die Gänge kommen«.
Das Internet bietet ideale Voraussetzungen für dieses Spiel. (Der Abgleich Ihrer Bewerbung mit den Stellenausschreibungen von Arbeitgebern ist eine hochgradig strukturierte Aktivität, die stark von der linken Hirnhälfte dominiert wird.)	Das Internet ist nicht das ideale Medium für die intuitive Suche (dieses Verfahren ist hochgradig unstrukturiert und stark von der rechten Hirnhälfte dominiert). Dennoch kann das Internet hilfreich sein.
Wenn Sie noch unentschlossen sind, versuchen Sie zunächst, so viel wie möglich über den Arbeitsmarkt und seine Anforderungen herauszufinden. Dieser Faktor wird ausschlaggebend sein, wenn Sie sich dann tatsächlich für einen Wechsel entscheiden.	Wenn Sie noch unentschlossen sind, versuchen Sie, so viel wie möglich über sich selbst und Ihre Wünsche herauszufinden. Dieser Faktor wird ausschlaggebend sein, wenn Sie sich dann tatsächlich für einen Wechsel entscheiden.
Am Ende behalten Sie in der Regel ihren Weg bei und verschieben Ihre Träume auf später (sofern Sie sie nicht schon erfüllt haben).	Am Ende beschreiten Sie in der Regel einen neuen Weg. Sie verfolgen nun endlich Ihre Träume.

© 2001 by JobHuntersBible.com LLC

© 1997 Thaves.

Unser vorsintflutliches Jobsuchsystem und das leidige Thema Bewerbung

Dieses Thema ist ein trostloses Kapitel. Warum? Weil unser Jobsuchsystem vorsintflutlich ist. Jahr für Jahr verdammt es Tausende von Männern und Frauen dazu, den gleichen Weg einzuschlagen, auf die gleichen Probleme zu stoßen, die gleichen Fehler zu begehen, die gleichen Enttäuschungen zu erleben, die gleiche Einsamkeit zu empfinden und schließlich den Eindruck zu gewinnen, mit *ihnen* stimme etwas nicht.

Das »System« kennt nur ein Ziel: nach bereits bekannten offenen Stellen zu suchen. Und es zeigt nur drei Wege auf, dieses Ziel zu erreichen: sich zu bewerben – entweder auf Stellenausschreibungen in der Zeitung oder im Internet als so genannte »Initiativbewerbung« –, selbst ein Stellengesuch zu schalten oder auf die Hilfe unterschiedlicher Arbeitsvermittlungen zurückzugreifen. Die Erfolgsquoten all dieser Strategien sind jedoch erschreckend niedrig.

Die Konsequenz: Jahr für Jahr bleiben Millionen von Menschen trotz aufreibender Suche monatelang arbeitslos oder sind – wenn sie Arbeit finden – überqualifiziert, arbeiten im falschen Bereich oder in der falschen Position, oder sie sind mit der falschen Aufgabe betraut, ohne dass sie jemals wirklich ihr Potenzial einsetzen können.

Es ist ganz gleich, was Sie tun. Sie können stapelweise Bewerbungen versenden, Ihr Stellengesuch überall im Internet platzieren, Sie können jede Stellenanzeige lesen, zu jeder Arbeitsvermittlung, jedem Personalberater gehen – früher oder später gelangen Sie zu der Erkenntnis, dass in

Ihrem Fall nichts von all dem funktioniert und dass Sie immer noch auf Jobsuche sind.

Warum ist die Erfolgsquote von Bewerbungen so niedrig? Abgesehen davon, dass es nach Schätzungen von Insidern jeder dritte Bewerber es mit der Wahrheit nicht so genau nimmt, gibt es einfache Gründe dafür, dass Bewerbungen so selten zum Erfolg führen: Bewerbungen, mittlerweile auch Initiativbewerbungen, kommen heutzutage – ungefragt, unbegrenzt – per Post und über das Internet, vor allem, weil ständig gepredigt wird, das sei der beste Weg, sich um einen Job zu bemühen. Mythen sterben langsam.

Bei manchen Unternehmen gehen jährlich mehr als 250 000 Initiativbewerbungen ein. Selbst bei kleinen Unternehmen können es bis zu zehn oder 15 pro Woche sein. Allein die Personalberatung Spencer Stuart erhielt im ersten Halbjahr 2001 dreimal so viele Initiativbewerbungen wie ein Jahr zuvor.[2] Unternehmen fühlen sich manchmal – nach eigenen Aussagen – wie Schiffe in einem Meer von Bewerbungen.

Bewerbung

Das ideale Mittel, um aus einem menschlichen Wesen ein Objekt zu machen (ein paar Blätter Papier im DIN A4 Format). Diese Verwandlungsmethode wird häufig dazu genutzt, Menschen, denen wir niemals zuvor begegnet sind, davon zu überzeugen, Tausende von Euro in uns zu investieren, indem sie uns einstellen, damit wir eine Aufgabe bewältigen, die wir noch gar nicht genau kennen.

Michael Bryant

Aussortieren, nicht auswählen, ist daher das erste Anliegen eines Arbeitgebers. (Falls Sie bibelfest sind oder gern in landwirtschaftlichen Begriffen denken, nennen Sie diesen Vorgang vielleicht lieber *die Spreu vom Weizen trennen.*) Die Personalabteilung – falls es eine solche geben sollte (und das trifft nur auf einen Bruchteil aller Unternehmen zu) – oder eine vom Pech verfolgte Büroangestellte hat dann die undankbare Aufgabe, den Stapel der Bewerbungen auf eine überschaubare Menge zu reduzieren – »Schauen Sie mal durch, wen Sie aussortieren können.«

Und welchen Bewerbungen wird diese zweifelhafte Ehre zuteil? Als Erstes werden Bewerbungen aussortiert, die durch das Papier oder das Schriftbild unangenehm auffallen. Aussortiert werden auch Bewerbun-

gen, die so schlecht geschrieben sind, dass der Arbeitgeber nicht genügend über den Bewerber erfährt. Oder Bewerbungen, die (weil sie von einem professionellen Bewerbungsservice formuliert wurden) so glatt und oberflächlich klingen, dass sie dem Arbeitgeber keine Vorstellung von der Person vermitteln, die dahinter steckt. Nicht zu vergessen Bewerbungen, bei denen aufgrund des bisherigen Lebenslaufs nicht nachzuvollziehen ist, warum sich diese Menschen überhaupt bewerben. Oder Menschen, die einen dramatischen Karrieresprung anstreben.

Die Unternehmensberatung Kienbaum hat einmal untersucht, wie Bewerbungen gefiltert werden (Grafik auf Seite 20). Auf eine Stellenausschreibung in der Zeitung gingen damals durchschnittlich 160 Bewerbungen ein.

Für die Mitarbeiter einer Personalabteilung heißt es einfach: aussortieren. Infolgedessen kann es Ihnen passieren, dass Sie stapelweise Bewerbungen versenden und trotzdem niemals zu einem Vorstellungsgespräch eingeladen werden. Und infolgedessen bekommen viele Menschen Absagen und bleiben arbeitslos.

In jeder gut sortierten Buchhandlung erhalten Sie Dutzende von Büchern über Bewerbungen. Stöbern Sie doch einmal – Sie werden überrascht sein. Denken Sie aber immer daran, dass das Thema Bewerbung eigentlich nur ein Nebenaspekt und der Glaube daran größtenteils ein Aberglaube ist. Einige Titel finden Sie in Anhang B auf Seite 395.

Nach folgenden Gesichtspunkten wird in Personalbüros ausgesiebt:

- schlechte Präsentation (8),
- fehlende Mindestanforderungen (64),
- unpassendes Alter (16),
- überzogene Gehaltsvorstellungen (8),
- mangelnde Branchenkenntnisse (16),
- Zusatzqualifikationen reichen nicht (16),
- zu häufige Stellenwechsel (8).

24 Bewerber kommen in die enge Wahl.

Die herkömmliche Jobsuche in ihrer einfachsten Form

Die einfachste Form der Bewerbung ist die über das Internet. Selbst wenn Sie das Internet nicht nutzen, müssen Sie wissen, was sich dort abspielt. Die herkömmliche Jobsuche hat sich nämlich in den letzten zehn Jahren im Internet zu einer so simplen Form entwickelt, dass man sie fast »mechanisch« nennen kann. »Mechanisch?« Ja, im Internet wird das alte »Abgleichspiel« (in dem Jobangebote/Ausschreibungen/Stellenanzeigen von Arbeitgebern mit Profilen der Jobsuchenden verglichen werden) nicht mehr durch einen Menschen, sondern durch einen »Automaten« vorgenommen – eine Software, die auch »Virtueller Jobagent« genannt wird oder ein Dutzend weitere reizende Namen tragen kann.

Frank and Ernest by Bob Thaves © 1980 NEA, Inc.

Dieses Verfahren wird ausführlich in den nächsten Kapiteln beschrieben.

Halten wir zunächst einmal den offensichtlichen *Vorteil* fest, den die herkömmliche Jobsuche bietet, wenn man sie auf die einfachste aller möglichen Arten durchführt – nämlich per Internet. Sie erfordert ein Minimum an Zeit, Aufwand und Denkarbeit, und wenn alles gut geht, kann sie Ihr Gesuch viel schneller mit einem Stellenangebot eines Arbeitgebers abgleichen, als Sie es jemals selbst könnten – manchmal geradezu im Handumdrehen. Außerdem verschafft sie Ihnen einen Überblick über die Stellenangebote einer großen Anzahl von Arbeitgebern in einem großen Gebiet, grundsätzlich sogar weltweit.

Der *Nachteil* der herkömmlichen Jobsuche (sogar bei dieser einfachsten aller möglichen Arten – per Internet) ist, dass sie nur *manchmal* zum Erfolg führt, nur für bestimmte Positionen und nur in bestimmten Teilen eines Landes oder der Welt. Und wenn Sie Ihr Leben grundlegend verändern wollen, ist diese Methode überhaupt nicht geeignet. Dazu müssen Sie den »verdeckten Stellenmarkt« erschließen, mit dem sich große Teile dieses Buches weiter beschäftigen werden.

Die Alternative: die kreative Jobsuche

Eine Jobsuche ist nur so lange nichts als eine Jobsuche, bis wir in unserem Leben an einen Punkt gelangen, an dem wir neue Wege beschreiten wollen. Dann hat die herkömmliche Jobsuche – also der geradezu *mechani-*

Statistiken

Wie viele Arbeitnehmer würden ihren Job wechseln, wenn sie die Möglichkeit hätten? Eine umfangreiche Befragung von Gallup im Jahre 2001 zeigte, dass 84 Prozent aller Arbeitnehmer in Deutschland sich ihrer Arbeit nicht wirklich verpflichtet fühlten, wobei 15 Prozent der Befragten sogar »aktiv unengagiert« waren.[3] Eine Umfrage der Internet-Stellenbörse *Monster.de* im Januar 2002 ergab, dass 93 Prozent aller Befragten mit ihrer Stelle mehr oder weniger unglücklich waren. 38 Prozent aller Befragten in Deutschland zeigten hierbei echten Leidensdruck und antworteten auf die Frage: »Kommen Sie in Ihrer Karriere wie geplant voran?« mit: »Nein, wie bin ich nur hierher gekommen?« Interessant ist in diesem Zusammenhang eine *Emnid*-Umfrage von 2001/2002 im Auftrag der Job- und Bewerberbörse *Jobware*, nach der dennoch bei nur 30 Prozent aller Befragten die Bereitschaft zum Arbeitsplatzwechsel »eher hoch« oder »sehr hoch« war. Offenbar ist die Leidensbereitschaft hierzulande also recht ausgeprägt.

Jedes Jahr werden etwa 10 Prozent aller Arbeitsplätze neu besetzt. Manche Arbeitnehmer wechselten freiwillig, manche unfreiwillig und manche aus mehreren Gründen, teils freiwillig und teils unfreiwillig (wenn sie zum Beispiel von einer Teilzeit- in eine Vollzeitbeschäftigung wechseln mussten). Wie viele davon auch einen Berufsumstieg vorgenommen haben, ist nicht bekannt.

Einem verbreiteten Mythos zufolge betrifft das Phänomen des Berufsumstiegs hauptsächlich die Lebensmitte, doch in Wirklichkeit können Menschen *aller* Altersstufen einen Berufswechsel vornehmen, und sie tun das auch.

---

sche Abgleich von Stellengesuchen und -angeboten – ausgedient. Eine kreative, lebensverändernde Jobsuche erfordert einen völlig anderen Ansatz.

Sie erwägen eine grundlegende Neuorientierung? Dafür gibt es unterschiedliche Begriffe. Man spricht dann gern von der »Suche nach dem Traumjob« oder auch von einem »Berufsumstieg«.

Warum eine kreative Jobsuche?

Es gibt mehrere Gründe für die Entscheidung, es nicht bei einer herkömmlichen Jobsuche zu belassen:

- Ihre ursprüngliche Berufswahl war eine Fehlentscheidung, die Sie nun korrigieren wollen.
- Sie mussten für drei arbeiten, sodass Sie nun gestresst, verärgert, erschöpft, ausgebrannt und unzufrieden sind. Sie sehnen sich nach einem Beruf, der Sie nicht bis zum Äußersten fordert, sondern Ihnen auch noch Zeit lässt, das Leben zu genießen.
- Sie haben beschlossen, sich selbstständig zu machen (3 643 000 Personen, also knapp 10 Prozent der Erwerbstätigen in Deutschland, waren im Jahre 2000 selbstständig tätig).[4]
- Sie verdienen nicht genug und müssen sich beruflich verändern, damit Sie angemessener bezahlt werden.
- Sie hatten einen Traumjob, aber seit Ihr geliebter Chef die Position wechselte, arbeiten Sie stattdessen für einen Idioten. Aus dem Traumjob ist ein Albtraumjob geworden. Sie wollen nicht nur einen anderen Arbeitgeber, sondern einen völligen Neustart.
- Bei Ihrer bisherigen Arbeit wurden keine großen Ansprüche an Sie gestellt. Sie suchen nach einer Herausforderung – einem Job, der Sie wirklich auslastet.
- Bisher ging es Ihnen im Beruf nur ums Geldverdienen, jetzt suchen Sie nach einem Sinn. Die meisten Menschen sind ihr Leben lang auf der Suche nach einem Sinn – und dabei kommt man um grundlegende Veränderungen nicht herum.
- Es drängt Sie, die »Berufung Ihres Lebens« zu finden. Sie wissen zwar noch nicht, wie diese aussieht, aber Ihre derzeitige Tätigkeit ist es *definitiv nicht*.
- Sie haben Ihre Stelle verloren und finden keine vergleichbare mehr, müssen sich also »neu orientieren«. (Wenn Sie vor zehn Jahren entlassen, freigestellt, hinausgeworfen, »wegrationalisiert«, »abgebaut« oder gefeuert wurden, wurde das automatisch auf Ihre Leistung zurückgeführt – man nahm an, Sie seien als Einziger »freigestellt« worden und hätten es nicht anders verdient. Inzwischen geht man fast grundsätzlich

© Arlo & Janis.

davon aus, dass Sie nichts dafür konnten – Massenentlassungen sind heutzutage gang und gäbe).

Einer oder mehrere dieser Gründe können dazu führen, dass Sie einen Punkt erreichen, an dem Sie sich nicht mit einer herkömmlichen Jobsuche begnügen, sondern eine grundlegende Neuorientierung anstreben.

Die einzelnen Schritte der kreativen Jobsuche

Bei der kreativen, lebensverändernden Jobsuche gibt es ebenso wie bei der herkömmlichen drei grundlegende Schritte:

1 **Klären Sie zuerst für sich, was genau Sie mit der Veränderung erreichen wollen.** Es gibt sechs Möglichkeiten. Sie suchen: a) eine andere *Funktion*, das heißt Position und Aufgabe, oder b) ein anderes *Tätigkeitsfeld;* Sie wollen c) mit einer anderen Gruppe von *Menschen* arbeiten oder d) in einer anderen *Arbeitsumgebung;* Sie wünschen sich e) einen Beruf, der stärker Ihren *Lebenszielen und Wertvorstellungen* entspricht, oder f) eine (möglicherweise radikale) *Gehaltsaufbesserung*. Grundsätzlich können Sie einen dieser Punkte, mehrere oder auch alle anstreben. Die häufigsten Motive für eine lebensverändernde Jobsuche sind die Veränderung der beruflichen Funktion und die des Tätigkeitsfeldes. Beides zusammen ergibt den eigentlichen »Berufswechsel«.

Typen des Berufswechsels als Bild

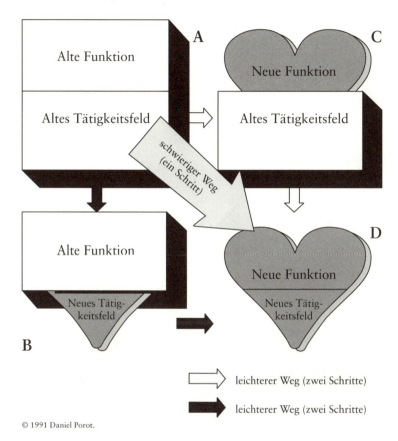

© 1991 Daniel Porot.

2 **Wenn es das ist, was Sie suchen, müssen Sie sich die vier Möglichkeiten des Berufswechsels vor Augen führen.** Viele meinen, es gäbe nur einen Weg dorthin, nämlich eine regelrechte Umschulung. Das ist aber durchaus nicht die einzige Möglichkeit. Millionen Menschen vollziehen alljährlich einen Berufsumstieg, ohne wieder zur Schule zu gehen. Es gibt nämlich noch drei weitere Wege, wie die Grafiken oben und auf Seite 26 zeigen.

Sie können, wie hier zu sehen ist, bei einem Berufswechsel allein die Funktion oder das Tätigkeitsfeld oder sowohl die Funktion als auch das Tätigkeitsfeld wechseln. Wenn Sie sich für Letzteres entscheiden, haben Sie wiederum die Wahl zwischen drei Möglichkeiten:

- *In einem Rutsch*: Sie vollziehen die gesamte Veränderung – den Schritt von A nach D – auf einmal (die schwierige Variante).
- *Schrittweise (erste Version)*: Leichter ist es, den Wechsel in zwei Schritten zu vollziehen, wie die beiden weißen Pfeile zeigen. Sie verändern dabei zunächst nur Ihre Funktion und erst später auch Ihr Tätigkeitsfeld.
- *Schrittweise (zweite Version)*: Sie können den Wechsel auch auf andere Weise in zwei Schritten vollziehen, wie die beiden schwarzen Pfeile zeigen – indem Sie zuerst nur Ihr Tätigkeitsfeld verändern, Ihre Funktion dagegen erst später.

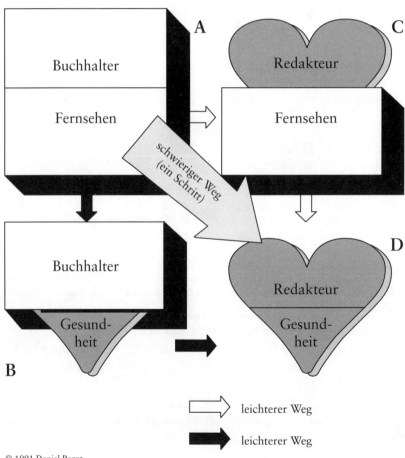

© 1991 Daniel Porot.

3 **Sie müssen schon etwas Engagement aufbringen, um für sich zu klären, welche neue Funktion und welches Tätigkeitsfeld Sie anstreben, ehe Sie sich auf die Suche machen.** Dazu müssen Sie drei Fragen beantworten: *Was*, *Wo* und *Wie*. Das heißt im Einzelnen:

WAS? **– Machen Sie sich klar, was Sie der Welt zu bieten haben.** Dazu müssen Sie Ihre Stärken oder Talente herausfinden – also Ihre wichtigsten Fähigkeiten in der Reihenfolge Ihrer persönlichen Gewichtung. Experten sprechen von »übertragbaren Fähigkeiten«, weil sie auf jedes Tätigkeitsfeld und jeden Beruf Ihrer Wahl übertragbar sind, unabhängig davon, wo Sie sie erworben oder wie lange Sie sie in einem anderen Tätigkeitsfeld eingesetzt haben.

> Wenn Sie erst einmal Ihre Fähigkeiten kennen, verfügen Sie über die Grundbausteine, mit denen Sie die *Funktion* definieren können, in der Sie gern tätig wären.

WO? **– Entscheiden Sie, wo genau Sie Ihre Fähigkeiten einsetzen wollen.** Dazu müssen Sie Ihre Lieblingsthemen oder Interessengebiete sowie Ihre regionalen Vorlieben herausfinden. Zu diesen Punkten recherchieren Sie dann gezielt mithilfe von Büchern oder des Internets oder mittels informeller Gespräche. Das *Wo* ist vor allem eine Frage der Wissensgebiete, die Sie sich bereits erarbeitet haben und mit denen Sie sich am liebsten beschäftigen. Hinzu kommen Ihre Vorlieben im Hinblick auf die Arbeitsbedingungen, die Daten/Informationen, die Menschen oder Gegenstände, mit denen Sie arbeiten, die Region und dergleichen.

> Wenn Sie Ihre Lieblingsbereiche kennen, verfügen Sie über die Grundbausteine, die Sie benötigen, um das *Tätigkeitsfeld* zu definieren, das Sie anstreben. Daraus ergibt sich in Verbindung mit Ihrer angestrebten Funktion dann Ihr neuer Beruf.

WIE? **– Gehen Sie auf die Organisationen zu, für die Sie sich besonders interessieren – unabhängig davon, ob dort freie Stellen bekannt sind.** »Darauf zugehen« heißt, dass Sie alle verfügbaren Kontakte nutzen, um ein Gespräch mit demjenigen zu bekommen, der tatsächlich die Macht hat, Sie für die gewünschte Stelle einzustellen. (Natürlich müssen Sie ein wenig recherchiert haben, um herauszufinden, wer genau dafür zuständig ist, ganz zu schweigen von weiteren wertvollen Informationen über die Organisation und ihre Ziele. Dabei kann das Internet mit seinen ausgezeichneten Such- und Recherchemöglichkeiten sehr nützlich sein.)

Ich werde auf diese Schritte noch im Einzelnen näher eingehen (ab Seite 37). Halten wir hier zunächst fest: Der offensichtliche *Vorteil* einer lebensverändernden Jobsuche ist, dass Sie auf diese Weise einmal gründlich darüber nachdenken, wer Sie eigentlich sind, was Sie vom Leben erwarten, was Sie zu geben bereit sind und was Sie auf dieser Welt erreichen möchten. Das verändert oft Ihr ganzes Leben.

Der *Nachteil* einer lebensverändernden Jobsuche ist natürlich, dass sie Zeit in Anspruch nimmt, einige Anstrengung und ein Maximum an Denkarbeit erfordert – ganz im Gegensatz zur herkömmlichen Jobsuche (zumindest der über das Internet).

Zusammenfassung

Wenn für Sie eine Jobsuche ansteht, dann haben Sie die Wahl zwischen zwei Arten – der herkömmlichen und der kreativen.

Sie haben sogar noch eine weitere Wahlmöglichkeit. Sie können lediglich darauf hinarbeiten, *eine Stelle zu finden*, oder Sie können diese spezielle Suche zum Anlass nehmen, *die Techniken der Jobsuche ein für alle Mal in den Griff zu bekommen*. Durchschnittlich geht jeder Mensch mindestens drei- bis viermal in seinem Leben auf Jobsuche. Es ist also wahrscheinlich, dass Sie diese Erfahrung immer wieder durchmachen. Sie können sich entschließen, einfach nur nach einem Job zu suchen, oder Sie können sich entscheiden, sich die Techniken Jobsuche *jetzt* wirklich gründlich anzueignen, sodass Sie später jederzeit in der Lage sind, nicht nur *Arbeitslosigkeit* zu vermeiden, sondern auch *Frust im Job*.

Es kann ausgesprochen lohnend sein, auf dieses Ziel hinzuarbeiten. Denn wie der Jobexperte Richard Lathrop schon vor langer Zeit bemerkt hat, bekommt letztendlich nicht unbedingt derjenige eine Stelle, der am besten dafür geeignet ist, sondern derjenige, der am besten darüber Bescheid weiß, wie man sich einen Job »an Land zieht«.

Kapitel 2

Die Turbo-Jobsuche

*Na ja, du hast wirklich
riesengroße Zähne, aber das macht nichts.
Immerhin warst du ja so großzügig,
mir dieses Gespräch zu gewähren.*

Rotkäppchen

Mit Siebenmeilenstiefeln zum Job

Der verstorbene John Crystal beschrieb schon 1985 die Absurdität unseres traditionellen Jobsuchsystems folgendermaßen: Ein Jobsuchender, der beinahe die Hoffnung aufgegeben hat, eine geeignete Stelle zu finden, geht eine Straße entlang. Plötzlich eilt mit einem gehetzten »Entschuldigen Sie« ein Arbeitgeber an ihm vorbei, der gerade verzweifelt nach genau dem oder derjenigen mit exakt diesen Fähigkeiten und Erfahrungen sucht. Aber das ist das erste und letzte Mal, dass die beiden einander begegnen. Sowohl der Jobsuchende als auch der Arbeitgeber sind am Ende des Tages ratlos und frustriert, weil – wie John Crystal sagte – unser Jobsuchsystem keine geeignete Möglichkeit bietet, wie sie jemals zueinander finden können. Sie verpassen sich blindlings wie »Schiffe in der Nacht«.

Aber inzwischen sind wir in einem neuen Jahrtausend angelangt, und derartige Probleme sind aus der Welt geschaffen. Das Internet ist erfunden – und es funktioniert mittlerweile für alle erdenklichen Zwecke, die Jobsuche eingeschlossen. Stellengesuche und -ausschreibungen sowie andere Angebote für Arbeitssuchende sind derzeit im Internet – genauer gesagt im so genannten »World Wide Web« – sehr stark vertreten.

Es gibt keine genauen Angaben über die Zahl der Internetseiten, die zurzeit für die Jobsuche zur Verfügung stehen – Experten sprechen von 1 000, andere von 5 000, 10 000, 40 000, manche sogar von 100 000 oder mehr. Allein für Deutschland gibt es mehr als 400 Online-Jobbörsen. Geben Sie nur einmal die Begriffe »Job«, »Jobsuche«, »Arbeit« und »Karriere« in die bekannten Suchmaschinen ein – Sie werden schnell den Überblick verlieren. Aber die Experten sind sich einig, was den Zweck von Internetseiten zum Thema Jobsuche betrifft: Sie sollen es Arbeitgebern und Jobsuchenden erleichtern, zueinander zu finden. Und das ist auf diese Weise tatsächlich wesentlich einfacher, als es noch 1985 war.

Es geht auch schneller. *Wenn* Sie auf die richtige Karte setzen, *wenn* Sie günstigen Wind haben und *wenn* die Sterne Ihnen gewogen sind, dann *können* Sie und Ihr zukünftiger Arbeitgeber innerhalb eines Tages – manchmal sogar binnen einer Stunde – zueinander finden.

Natürlich nur, sofern Sie über einen Internetzugang verfügen. Viele Menschen haben keinen, würden das aber gern ändern. Und wieder andere wollen gar keinen haben und würden sich eher vierteilen lassen, als jemals im Internet zu surfen.

> Für all diejenigen, die keinen Internetzugang haben oder keinen haben wollen, werde ich noch einiges mehr – sogar eine ganze Menge mehr – darüber sagen müssen, wie man eine herkömmliche Jobsuche ohne die Hilfe des Internets durchführt (Seite 56).

Die wachsende Bedeutung des Internets bei der herkömmlichen Jobsuche

Der Trend geht zurzeit dahin, dass Monat für Monat immer mehr Menschen über einen Internetzugang verfügen. Natürlich macht es einen Unterschied, ob man nur einen Zugang *hat* oder ihn auch tatsächlich *nutzt*. Millionen haben Zugang zu Kinos, aber das sagt noch nichts darüber aus, ob und wann sie tatsächlich eins besuchen. *Zugang* bezeichnet lediglich die Möglichkeit, unabhängig davon, ob man von ihr Gebrauch macht.

Sprechen wir also zunächst von den *Möglichkeiten*. Im Juni 2001 nutzten in Deutschland 27,6 Millionen Menschen das Internet; bis Juni 2002 werden voraussichtlich 5,6 Millionen weitere Internetnutzer hinzukommen.[1] Die normalen User haben teils von zu Hause aus Zugang, teils am Arbeitsplatz. Es *könnten* allerdings noch viel mehr Menschen über einen Zugang verfügen, wenn sie es wollten.

Internetzugang

Wenn Sie weder zu Hause noch am Arbeitsplatz Zugang zum Internet haben, stehen Ihnen dazu in der Regel folgende Einrichtungen offen:
- kommerzielle Internetcafés, die sich wachsender Beliebtheit erfreuen,
- Ihre örtliche Bibliothek – viele Bibliothekare nehmen sich auch gern die Zeit, Ihnen zu helfen, die Hemmschwelle zu überwinden und sich mit dem unbekannten Gerät zurechtzufinden, sofern Sie noch nicht mit dem Computer vertraut sind,
- Ihr zuständiges Arbeitsamt,
- eine große Buchhandlung in Ihrer Stadt,
- Kiosksysteme an öffentlichen Orten wie Bahnhöfen, U- und S-Bahn-Stationen, Flughäfen und Einkaufszentren.

Wie Sie herausfinden, wo es öffentliche Internetzugänge gibt, wird in Anhang B beschrieben.

Statistiken für den deutschsprachigen Raum[2]

- Mindestens 43 Prozent der deutschen Erwachsenen nutzen das Internet.
- Mindestens 51 Prozent aller Männer nutzen das Internet.
- Mindestens 36 Prozent aller Frauen nutzen das Internet.
- Mindestens 71 Prozent der 18- bis 24-Jährigen nutzen das Internet.
- Mindestens 43,9 aller Realschüler, 61,7 Prozent aller Abiturienten und 66,7 Prozent aller Studenten nutzen das Internet.
- Mindestens 21,9 Prozent aller Haushalte mit einem Nettoeinkommen von über 3 000 Euro monatlich nutzen das Internet.

Die Zahlen für den deutschsprachigen Raum[3]

- Etwa 33,2 Millionen Deutsche werden bis Juni 2002 als Internetnutzer erwartet.
- Die durchschnittliche Nutzung des Internets betrug 11,83 Stunden monatlich.

So viel zu den *Möglichkeiten* – wenden wir uns nun der *tatsächlichen Nutzung* zu. Natürlich haben sich nicht alle User, die an einem bestimmten Tag online waren, automatisch auch mit der Jobsuche beschäftigt.

Wild Life by John Kovalic, © Shetland Productions.

74 Prozent aller Nutzer haben beispielsweise private E-Mails erledigt und 63,3 Prozent haben Suchmaschinen beziehungsweise Webkataloge genutzt.[4] Und wie viele waren nun dort auf Jobsuche – oder wie viele werden es voraussichtlich in Zukunft sein?

Jobsuchende online

Statistische Angaben über das Internet oder das »World Wide Web« sind natürlich immer schon überholt, bevor sie überhaupt gedruckt werden. Während ich dies schreibe, sieht der aktuelle Stand folgendermaßen aus:

Der Trafficzuwachs auf den Internetseiten zum Thema Jobsuche hat sich von 1999 auf 2000 verdoppelt. Im Dezember 2001 besuchten in Deutschland insgesamt 1 620 950 private User die Jobseiten. Das entspricht 10 Prozent aller deutschen Internetnutzer. Im Dezember 2000 nutzten noch 967 460 User das Angebot der Jobseiten – 7,7 Prozent aller Internetnutzer in Deutschland.[5]

29,2 Prozent beschäftigten sich mit der Selbstdarstellung von Unternehmen. 41,4 Prozent suchten Informationen zu den Themen Job und Karriere und 30,6 Prozent zu den Themen Stellenmarkt und Jobbörsen.[6]

Dabei handelt es sich keineswegs nur um junge User, wie man meinen könnte. Die Altersstruktur der Jobseiten-User sieht folgendermaßen aus:

- 15 bis 24 Jahre: 27,6 Prozent,
- 25 bis 34 Jahre: 28 Prozent,
- 35 bis 49 Jahre: 34,2 Prozent,
- 50 bis 64 Jahre: 10,3 Prozent.[7]

Nach zwei aktuellen deutschen Studien der Agentur Dr. Jäger Medien-Service & Consulting lag die Nutzungsquote in der Gruppe der Hochschulabsolventen bei 98 Prozent. Auch die Nutzerakzeptanz steigt: Immer häufiger inserieren die Bewerber ihre elektronischen Stellengesuche in den Online-Jobbörsen.[8]

In den Studien zeigte sich auch eine breite Akzeptanz vonseiten der Unternehmen, besonders der Großunternehmen. Kleine und mittelständische Betriebe mit bis zu 1 000 Mitarbeitern sind eher noch Nachzügler. Dennoch waren bereits 98 Prozent aller Unternehmen mit eigenen Stellenangeboten im Internet präsent. Die wichtigste Zielgruppe sind immer noch die Hochschulabsolventen, zunehmend aber auch Young Professionals (mit drei bis fünf Jahren Berufserfahrung), Praktikanten, Führungskräfte und Azubis.

Zur Online-Rekrutierung verwenden die Unternehmen vor allem ihre Firmenhomepage, gefolgt von externen Jobbörsen im Internet (88 Prozent der Großunternehmen, wovon zwei Drittel mehrere Jobbörsen gleichzeitig nutzten) und dem internen Stellenmarkt im Intranet (69 Prozent der Großunternehmen). Etwa die Hälfte aller Unternehmen sichtet zudem aktiv Jobbörsen auf geeignete Stellengesuche hin. Die Ergebnisse ermöglichen allerdings keine aussagekräftigen Empfehlungen für bestimmte Jobbörsen.

Wo wird online gesucht?

Nach einer Studie vom Dezember 2001 waren die meistgenutzten Jobseiten in Deutschland:

- Rang 1: *www.arbeitsamt.de* mit 884 400 Besuchern (Reichweite 5,4 Prozent),
- Rang 2: *www.jobpilot.de* mit 364 900 Besuchern (Reichweite 2,2 Prozent),
- Rang 3: *www.stepstone.de* mit 323 200 Besuchern (Reichweite 2,0 Prozent),
- Rang 4: *www.hotjobs.com* mit 295 500 Besuchern (Reichweite 1,8 Prozent).

Für den Erfolg der Stellensuche ist allerdings nicht die Zahl der Besucher entscheidend, sondern die Zahl der Arbeitgeber, die in den jeweiligen Jobbörsen nach geeigneten Kandidaten suchen. Hierzu später mehr.

Das Jobsuchspiel

So viel zu den Fakten. Nehmen wir einmal an, Sie haben Zugang zum Internet – oder könnten ihn haben – und Sie wollen Ihre Jobsuche mit Turbogeschwindigkeit durchführen. Wie gehen Sie vor?

1. **Sie verfassen ein Stellengesuch mit Lebenslauf.** Ihr Lebenslauf ist eine Aufstellung Ihrer bisherigen Erfahrungen in der Arbeitswelt. Er gibt darüber Auskunft, wo Sie gearbeitet, was Sie dort geleistet und welche Fähigkeiten Sie dabei bewiesen haben. Sie demonstrieren damit, was Sie für Ihre zukünftigen Arbeitgeber leisten können.
2. **Sie stellen Ihr Stellengesuch ins Netz**, wo es von Arbeitgebern gesehen wird. Für die Turbo-Jobsuche brauchen Sie eine Website,

    – die Ihnen die Möglichkeit bietet, Ihre Bewerbung hineinzustellen,
    – auf der zugleich auch Arbeitgeber Stellen anbieten und
    – die einen »Automaten« oder »Virtuellen Jobagenten« (wie die Software genannt wird) bietet, der Ihre Bewerbung mit den Stellenangeboten der Arbeitgeber abgleicht. (Ich halte den Begriff »Automat« übrigens für irreführend und spreche lieber von »Programmen, die suchen, während Sie schlafen«.) Solche virtuellen Jobagenten sind bei Jobbörsen recht verbreitet, auf den Homepages der Unternehmen dagegen mit bisher erst 6 Prozent noch eher selten zu finden.[9]

3. **Wenn das »Programm, das sucht, während Sie schlafen« übereinstimmende Schlüsselbegriffe findet** (im Stellenangebot des Arbeitgebers und in Ihrem Profil), benachrichtigt es Sie und/oder den Arbeitgeber per E-Mail. Bei Interesse nehmen Sie Kontakt zum Arbeitgeber auf, oder dieser wendet sich an Sie.

Vielleicht geht das in Ihrem Fall sehr schnell – mit Turbogeschwindigkeit. Aber *vielleicht* dauert es in Ihrem Fall auch sehr lange. Und – traurig, aber wahr – *vielleicht* klappt es in Ihrem Fall überhaupt nicht. Wenn nicht bald eine Übereinstimmung gefunden wird, werden Sie zusätzlich zur »Turbo-Jobsuche« auch selbst systematisch im Internet nach Stellenangeboten von Arbeitgebern auf Homepages von Unternehmen recherchieren müssen.

Turbo-Jobsuche – wie gehen Sie vor?

1. Schreiben Sie ein Stellengesuch

Leichter gesagt als getan – natürlich! Niemand ist dazu geboren, Stellengesuche zu verfassen. Das ist eine wahre Kunst, die man erst erlernen muss. Wenn Sie mit der Zeit ein richtiges Händchen dafür entwickelt haben, erfolgreiche Stellengesuche zu schreiben – weiter so! Wenn Sie darin noch nicht so versiert sind, ist glücklicherweise schnell Hilfe zur Hand.

Ratgeber im Internet

Organisationen, die Sie dazu bringen wollen, Ihr Stellengesuch im Internet (genauer gesagt natürlich auf *ihrer* Website) aufzugeben, stellen reichlich kostenlose Anleitung zur Verfügung, damit Sie das Gesuch genau so schreiben, wie sie es gern hätten.

Wo informiert man sich am besten darüber, wie man Online-Stellengesuche verfasst? Tipps für Websites mit Ratgebern zum Thema Bewerbung und Online-Bewerbung finden Sie in Anhang B.

© Abdruck mit Genehmigung von Tribune Media Services, Inc. Darf nicht ohne Genehmigung von Tribune Media Services, Inc. reproduziert werden.

Hilfe von Freunden

Alternative Methode: Sie fragen bei Ihren Freunden herum, ob jemand gut erfolgreiche Stellengesuche schreiben kann. Dabei nützt es nichts, wenn jemand nur eine »flotte Schreibe« hat. Um einen Job zu bekommen, braucht es mehr. Lackmustest: Hat ihre Bewerbung ihnen (oder einem anderen Freund) wirklich zu einer Stelle verholfen? Wenn Sie einen Freund finden, der gut *erfolgreiche* Stellengesuche schreiben kann, bitten Sie ihn um Hilfe. *Diese Hilfe kostet Sie 0 Euro.* (Sie dürfen ihn anschließend ruhig einmal zum Essen einladen.)

Ratgeberliteratur

Wer gern Bücher zu Rate zieht, wenn er etwas Neues lernt (wie Stellengesuche zu schreiben), der hat die Auswahl zwischen Hunderten. Vergessen Sie nicht: Des einen Freud ist des anderen Leid. Einige Buchempfehlungen finden Sie ebenfalls in Anhang B.

Sie bekommen diese Bücher in Ihrer Buchhandlung, im Internet (zum Beispiel bei *www.amazon.de*) oder direkt beim Verlag. *Diese Hilfe kostet Sie in der Regel nicht mehr als 20 Euro.*

Persönliche Beratung durch Experten

Wenn *Freunde*, das *Internet* und *Bücher* Ihnen nicht helfen können – oder wenn das alles nicht Ihr Fall ist –, gibt es immer noch die persönliche Beratung durch professionelle Experten, die Ihr Stellengesuch für Sie (oder noch besser: *mit Ihnen gemeinsam*) aufsetzen. Wo finden Sie diese

Berater? Natürlich in den Gelben Seiten Ihres örtlichen Telefonbuchs, beispielsweise unter dem Stichwort »Karriereberatung«.

Nicht vergessen: Wenden Sie sich nicht an den erstbesten professionellen Berater, sondern sehen Sie sich erst um. Lassen Sie sich von den Anbietern Stellengesuche zeigen, die sie geschrieben haben und durch die tatsächlich jemand einen Job bekommen hat. Bitten Sie auch darum, im Zweifelsfall mit früheren Klienten sprechen zu dürfen. Ich betone noch einmal: Mit einem schön formulierten Stellengesuch ist es nicht getan – es muss *erfolgreich* sein. Sie wollen schließlich einen Job. Bedenken Sie: Wenn Sie bezahlte Hilfe in Anspruch nehmen, heißt das noch nicht, dass Sie automatisch auch eine Stelle bekommen. Es ist ein Glücksspiel. Vielleicht ist Ihr Geld sinnvoll angelegt, vielleicht aber auch nicht. *Diese Hilfe kostet Sie in der Regel von 60 Euro an aufwärts.*

Auch im Internet gibt es Sites, die helfen, Stellengesuche und Lebensläufe zu erstellen und zu optimieren. Hierzu finden Sie wiederum Informationen in Anhang B. *Diese Hilfe kostet Sie in der Regel von 30 Euro an aufwärts.*

Das wären also die grundsätzlichen Möglichkeiten, sich Rat und Unterstützung zu holen: das Internet, Freunde, Bücher, Profis. Suchen Sie sich etwas aus.

Einige aus meiner Sicht grundsätzliche Erwägungen zum Thema Bewerbung möchte ich Ihnen allerdings nicht vorenthalten. Sie gelten sowohl für die Online-Bewerbung, die Sie per E-Mail verschicken, als auch für die »normale« Bewerbung auf Papier.

Regeln für die Bewerbung auf Stellenanzeigen

Wenn Sie ein Angebot entdecken, das Ihren Vorstellungen entspricht – und sei es nur zu drei Vierteln –, dann versenden Sie Ihre Bewerbungsunterlagen mit Anschreiben, Lebenslauf und Anlagen oder eventuell nur ein gut formuliertes Anschreiben.

Bedenken Sie, dass Sie sich vielleicht mit unzähligen anderen Bewerbern, die auf die gleiche Anzeige antworten, messen müssen. Unternehmen erhalten auf jede Annonce zwischen 20 und 1 000 Bewerbungen. Auf Stellenausschreibungen im Internet erfolgt unter Umständen schon eine Stunde nach ihrem Erscheinen eine Reaktion. Anzeigen in Zeitungen werden meist innerhalb von 24 bis 96 Stunden beantwortet, wobei der Höhepunkt gewöhnlich am dritten Tag erreicht wird.[10]

Bedenken Sie, dass Ihre Bewerbung höchstwahrscheinlich dem Aussieben zum Opfer fallen wird. Meist überstehen nur fünf bis acht von hundert Bewerbungen den Auswahlprozess. Mit anderen Worten: 92 bis 95 Prozent fallen durch.

Trotz der überwältigenden Belege für mangelnde Effektivität zahlen sich Bewerbungen für manche Stellensuchende aus. Manche finden auf diese Weise sogar ihren Traumjob. Aber angesichts der großen Hindernisse, die dem im Wege stehen, raten die meisten Experten, gewisse Dinge zu beachten, wenn Sie dieses Spiel wirklich spielen wollen und Ihre Bewerbung einsenden:

Das Ziel ist zunächst einmal, eine Einladung zu einem Vorstellungsgespräch zu erhalten, sonst nichts. Ob Sie den Job dann bekommen, wird durch dieses Gespräch entschieden, nicht durch Ihre Reaktion auf die Anzeige.

Fassen Sie sich kurz. Gehen Sie lediglich auf die in der Ausschreibung genannten Anforderungen ein, und führen Sie auf, über welche Erfahrungen oder Qualifikationen Sie verfügen, die genau zu diesen Anforderungen passen. Das ist alles. Listen Sie sie stichpunktartig auf und beginnen Sie die Absätze jeweils mit einem Aufzählungszeichen (zum Beispiel einem Punkt: •).

Wenn bestimmte Fertigkeiten verlangt werden, über die Sie nicht verfügen, wie zum Beispiel »Erfahrungen mit Motorbooten«, dann erwähnen Sie zumindest, dass Sie an Motorbooten interessiert sind. Natürlich nur, wenn das der Wahrheit entspricht.

Wenn nicht explizit nach Ihren Gehaltsvorstellungen gefragt wird, vermeiden auch Sie dieses Thema. Warum freiwillig einen Anlass dafür liefern, aussortiert zu werden? Sogar wenn in der Anzeige verlangt wird, dass Sie Ihre Gehaltsvorstellungen nennen, sollten Sie dies nach Ansicht einiger Experten ignorieren. Viele Arbeitgeber machen es sich auf diese Weise leicht, Bewerber auszusortieren, ohne Zeit für ein Gespräch zu opfern. Wenn Sie nicht auf den Punkt eingehen, vermutet der Arbeitgeber möglicherweise, Sie hätten die Aufforderung übersehen. Andere Experten sagen: Seien Sie nicht kleinlich. Antworten Sie, aber stecken Sie eine Spanne von mehreren Tausend Euro ab und versehen Sie Ihre Forderung mit dem Zusatz »je nach Art und Umfang der Aufgaben und Verantwortung« oder ähnlichen Worten, zum Beispiel: »Meine Gehaltsvorstellungen bewegen sich zwischen 25 000 und 30 000 Euro, abhängig von der genauen Aufgabenbeschreibung.«

Machen Sie keine weiteren Aussagen. Jeden Punkt, den Sie unnötigerweise erwähnen, könnte man zum Anlass nehmen, Ihre Bewerbung auszusortieren. Was immer Sie gern noch anbringen würden – sparen Sie es sich für das Gespräch auf, sofern Sie denn eingeladen werden.

Auch mit dem letzten Satz in Ihrem Schreiben sollten Sie die Kontrolle über die Situation behalten. Im Prinzip bedeutet das, dass Sie sich eine Möglichkeit offen halten, selbst nochmals aktiv zu werden. Statt »Ich hoffe, von Ihnen zu hören« sollte es heißen: »Ich freue mich darauf, von Ihnen zu hören, und werde Sie in einer Woche anrufen, um sicherzugehen, dass Sie dieses Schreiben erhalten haben.« Vergewissern Sie sich, dass Ihr Schreiben Ihre Telefon- und Faxnummer sowie Ihre E-Mail-Adresse (falls Sie eine haben) enthält. Schließlich zieht jeder Arbeitgeber eine andere Art vor, mit Ihnen in Kontakt zu treten, wenn er Interesse an Ihnen hat.

Vergewissern Sie sich, dass Ihr Anschreiben und Ihr Lebenslauf völlig fehlerfrei sind. »Fast perfekt« genügt nicht. Fehler in Rechtschreibung und Zeichensetzung führen häufig dazu, dass Ihre Bewerbung in dem Stapel der aussichtsreichen Kandidaten ganz unten landet oder sogar direkt aussortiert wird. Bevor Sie Ihre Unterlagen abschicken, sollten Sie sie deshalb mindestens zwei Freunden, Arbeitskollegen oder Familienmitgliedern zeigen, von denen Sie wissen, dass sie Rechtschreibung und Zeichensetzung exzellent beherrschen. Wenn ein Fehler gefunden wird, tippen Sie den gesamten Brief noch einmal oder drucken Sie ihn neu aus. (Auf gar keinen Fall Tipp-Ex benutzen!)

Ziehen Sie in Erwägung, Ihre Bewerbung per Kurier zu verschicken, wenn Sie es nicht per E-Mail versuchen – oder auch zusätzlich dazu. Solange nicht jeder so verfährt (und noch tun es nur wenige), wird sich Ihre Bewerbung dem Arbeitgeber einprägen, darauf können Sie sich verlassen.

Verlegen Sie sich nicht auf »originelle« Vorgehensweisen. In manchen Zeitschriftenartikeln wird empfohlen, Tricks anzuwenden – beispielsweise Ihre Bewerbung in einem Paket einzusenden oder mit einer Reklametafel vor den Fenstern des Unternehmens, für das Sie arbeiten möchten, auf und ab zu gehen oder Ihren Brief mit dem Vermerk »persönlich/vertraulich« zu versehen, um den Eindruck zu erwecken, er stamme von einem Freund. Dummerweise haben manche Arbeitgeber so etwas schon häufig erlebt und reagieren äußerst ungehalten, wenn es wieder passiert. Andere nehmen vielleicht keinen Anstoß daran; auf jeden Fall ist ein solches Vorgehen nicht ohne Risiko. Sie entscheiden, ob Sie es eingehen wollen oder nicht.

Wichtig ist, dass aus Ihrer Bewerbung Ihre *relevanten* früheren Leistungen hervorgehen, und zwar jeweils

- was die Problemstellung war,
- welche besondere Schwierigkeit (terminlicher oder anderer Art) es zu bewältigen galt,
- welche Mittel Sie eingesetzt haben, um die Schwierigkeit zu bewältigen und das Problem zu lösen,
- was Sie erreicht haben – und zwar so konkret wie möglich im Hinblick auf Ihre Erfolge wie Kostenersparnis oder zusätzliche Einnahmen.

Das Ganze sollte wie ein schriftliches Angebot wirken und zukunftsorientiert sein, statt (wie die typische Bewerbung) auf die Vergangenheit gerichtet. Sie bitten den Arbeitgeber nicht um einen Gefallen, sondern bieten an, etwas für *ihn* zu tun. Dabei führen Sie Ihre früheren Erfolge als Belege dafür an, dass Sie in der Zukunft auch tatsächlich leisten können, was Sie behaupten.

Ein abschließender Tipp zum Thema Bewerbung: Halten Sie sich nicht *ewig* damit auf – sonst geschieht das, was die Jobexpertin Amy Lindgren einmal so sarkastisch auf den Punkt gebracht hat: »Wenn Sie nur sorgfältig genug planen, dann werden Sie die perfekte Bewerbung schreiben können, wenn Sie alt genug sind, um in Rente zu gehen.«

2. Suchen Sie Internetseiten, die von Arbeitgebern aufgerufen werden

Sie haben nun also ein Stellengesuch verfasst – und was nun? Aber klar, Sie stellen es auf eine oder mehrere Internetseiten. Die Frage ist nur: auf welche? Es gibt schließlich Tausende.

Wir wagen es trotz der rasanten Entwicklungen im Internet, in Anhang B einige Hinweise zu Jobbörsen zu geben, die mit virtuellen Jobagenten arbeiten.[11]

3. Warten Sie auf Rückmeldung

Wenn Sie erst einmal Ihr Stellengesuch auf einer (oder mehreren) dieser Internetseiten aufgegeben haben, können Sie sich bei der anschließenden Turbo-Jobsuche »schön bequem in Ihrem Sessel zurücklehnen und darauf warten, dass die Jobs zu Ihnen kommen«, wie es auf einer dieser Webseiten formuliert ist. Die Dinge nehmen ihren Lauf, bis es bei beiderseitigem Interesse zu einem (telefonischen oder persönlichen) Vorstellungsgespräch kommt.

Wie die Zeiten sich ändern!

Wie man sieht, hat das Internet einen fantastischen Beitrag dazu geleistet, dass Arbeitgeber und Bewerber in einer Weise zueinander finden können, wie es noch vor einem Jahrzehnt kaum vorstellbar war.

Dass das tatsächlich funktionieren kann, erweist sich nicht in der Theorie, sondern in der Praxis – in den zahllosen Einzelbeispielen von Bewerbern, deren Online-Jobsuche erfolgreich war. In den Medien wimmelt es von solchen Geschichten. Sicher kennen Sie auch schon die eine oder andere.

Zusammenfassung

Ich bekomme immer wieder Erfolgsberichte von Jobsuchenden, die mithilfe des Internets Stellen gefunden haben, manchmal sogar richtige Traumjobs. Offenbar müsste also John Crystal, wenn er noch am Leben wäre, sich nicht mehr darüber beklagen, dass Bewerber und Arbeitgeber einander unweigerlich verfehlten wie »Schiffe in der Nacht«.

Das Internet macht es möglich, dass Arbeitgeber und Jobsucher zueinander finden – und zwar *mit Turbogeschwindigkeit*. Halleluja! Ist das Leben nicht herrlich?

KAPITEL 3

Was tun, wenn es so nicht funktioniert?

Nicht das, was du nicht weißt,
bringt dich in Schwierigkeiten,
sondern gerade das, was du genau zu kennen glaubst,
ist dann doch ganz anders.

Mark Twain

Viele Wege führen zum Job

Jedes Buch zum Thema Jobsuche sollte zwei Hauptfragen beantworten: »Wie fängt man es an, einen Job zu bekommen?« und: »Was tun, wenn es so nicht funktioniert?« Die zweite ist die Killer-Frage. Aber ohne eine Antwort auf diese Frage ist kein Plan für die Jobsuche wirklich vollständig. Das gilt auch für die Suche im Internet.

Wir haben im vorigen Kapitel gesehen, dass die Online-Jobsuche ein völlig neues Potenzial für Bewerber und Arbeitgeber bietet, landes- oder weltweit zueinander zu finden. Ich würde Ihnen jetzt liebend gern berichten,[1] dass dieses Potenzial tatsächlich ausgeschöpft wird – dass die Jobsuche im Internet so funktioniert, wie ich sie beschrieben habe, und zwar unfehlbar wie von Zauberhand. Leider ist dem nicht so. Die traurige Wahrheit ist, dass sie nur zu einem deprimierend geringen Prozentsatz zum Erfolg führt. Die meisten Jobs werden aus unterschiedlichen Gründen nicht mithilfe des Internets besetzt.

Als Beleg führe ich hier ein paar Statistiken an.[2] Natürlich sind sie schon wieder überholt, bevor ich sie überhaupt niederschreibe, aber sie vermitteln Ihnen eine Vorstellung davon, warum die Online-Jobsuche so oft fehlschlägt.

96% Zwei amerikanische Studien aus dem Jahr 2000 belegen, wie wenige Jobs tatsächlich über das Internet besetzt werden. In einer Studie mit 3 000 Jobsuchenden, die das Internet nutzten, fand Forrester Research heraus, dass lediglich 4 Prozent ihren letzten Job über die Online-Suche gefunden hatten.[3] Die übrigen 96 Prozent fanden ihren Job auf anderem Weg. (Hier einige weitere Zahlen: 40 Prozent der Online-Jobsuchenden fanden ihren Job nicht durch das Internet, sondern durch persönliche Empfehlungen oder durch die direkte Bewerbung, und 23 Prozent der Online-Jobsuchenden fanden ihre Stelle ebenfalls nicht durch das Internet, sondern indem sie sich auf Zeitungsannoncen bewarben. Die übrigen 33 Prozent fallen unter »Verschiedenes«.)

In einer ähnlichen Studie zu »Statistiken über die Kosten für die Einstellung und Personalgewinnung« im gleichen Jahr fand die Firma Employment Management Association heraus, dass nach Angaben der Arbeitgeber nur 8 Prozent aller Neueinstellungen über das Internet rekrutiert worden waren. Nach einer Studie der Outplacementberatung von Rundstedt und Partner fanden 2001 10 Prozent einer bestimmten Stichprobe von Managern eine neue Stelle über das Web.[4]

Diese Zahlen, die im Vergleich zur Selbstdarstellung der Jobbörsen eher enttäuschend wirken, korrespondieren mit den schon oben erwähnten Studien von Frau Dr. Jäger zur Akzeptanz des E-Cruitings. Während 1998 noch 76,9 Prozent der Unternehmen mit dem Rücklauf sehr zufrieden oder zufrieden waren (damals wurde noch nicht zwischen qualitativen und quantitativen Daten unterschieden), lag der Anteil im Jahre 2001 nur noch bei 24,5 Prozent in qualitativer und 38 Prozent in quantitativer Hinsicht. Frau Dr. Jäger schlussfolgert, dass sich vor einigen Jahren noch relativ »fortschrittliche« Bewerber im Internet auf Stellensuche begaben, was sich aufgrund der zunehmenden Popularisierung inzwischen abgeschwächt habe. Der deutliche Unterschied zwischen den »Internetbewerbungen« und den »Papierbewerbungen«, der aus der Sicht der Firmen früher bestanden habe, sei heute nicht mehr feststellbar.[5]

Huch! Was ist da schief gegangen? Was geht immer noch schief? Warum funktioniert die Jobsuche im Internet nicht wie ein unfehlbarer Zauber? Die Ursachen hierfür wurden in mehreren Studien ermittelt.

> Mit anderen Worten: 96 Prozent aller Online-Bewerber fanden ihre Stelle schließlich auf anderen Wegen als über das Internet. Und Arbeitgeber fanden 92 Prozent ihrer neuen Mitarbeiter auf andere Art als durch das Internet.[6] Unternehmen kommen auch im deutschsprachigen Raum zunehmend zu der Erkenntnis, dass Aufwand und Nutzen in keinem Verhältnis stehen. Beispielsweise erhielt die Deutsche Börse im Jahre 2001 4 860 Online-Bewerbungen. Über die drei Stellenbörsen Jobpilot, Jobware und Stepstone bewarben sich 1 102 Jobsuchende, von denen schließlich nur 26 eingestellt wurden.[7]

74% Nach einer weiteren amerikanischen Studie hatten 74 Prozent aller Online-Jobsuchenden bei der Bewerbung technische Pannen, und 40 Prozent scheiterten völlig, das heißt, sie konnten sich nicht auf die Stelle bewerben, die sie besonders interessierte.[8] »Es funktioniert einfach nicht so, wie es angeblich soll,« klagte ein Bewerber. Oft waren schlecht aufgebaute Webseiten das Problem: Links, die nicht funktionieren, Seiten, die sich nicht öffnen lassen, Navigationssysteme, die einfach versagen und die (häufige) Erfahrung, dass der Computer sich einfach »aufhängt«, wenn Sie versuchen, das ausgefüllte Formular abzuschicken. Natürlich nicht immer, aber doch allzu oft.

Selbst wenn Ihre Bewerbung durchgeht, kann es eine Ewigkeit dauern, bis sie das anschließende Auswahlverfahren bei der betreffenden Organisation durchlaufen hat. Im Klartext: »Online-Bewerber müssen sich darauf gefasst machen, dass das Bewerbungsverfahren online mit Turbogeschwindigkeit, offline aber im Schneckentempo vorangeht.«[9] Das kann im Einzelfall bedeuten, dass ein Bewerber *bis zu 81 Tage* auf eine Antwort warten muss. In einer Studie wurden die Responsezeiten deutscher Unternehmen auf Initiativbewerbungen via Internet getestet. Dabei kam selbst von renommierten Unternehmen wie der BASF, dem Kaufhof und der Rheinmetall AG überhaupt keine Reaktion.[10] Ich weiß, das klingt unglaublich, aber es ist wahr. Laut der Studie der Dr. Jäger Medien-Service & Consulting GmbH waren durchweg nur die Hälfte der befragten Bewerber mit den Antwortzeiten auf Online-Bewerbungen zufrieden.

Weitere Pannen beim Abenteuer Online-Bewerbung: »Online beworben und die Unterlagen auf Papier ›zu unserer Entlastung‹ zurückbekommen« oder zwei Rückmeldungen von ein und demselben Arbeitgeber gleichzeitig erhalten – »einmal mit Einladung zum Vorstellungsgespräch, einmal mit Absage.«[11] Stolpersteine gibt es also reichlich.

Obwohl 94 Prozent aller Homepages einen E-Mail-Kontakt anbieten und etwa 50 Prozent mit Online-Formularen arbeiten, bewerben sich selbst Hochschulabsolventen nach wie vor am liebsten per Post. 46 Prozent favorisierten den Postweg, 29 Prozent E-Mails und 25 Prozent Online-Bewerbungsformulare. Allerdings sahen die Bewerber den elektronischen Weg als überraschend wenig erfolgversprechend an.

42% Manche Online-Bewerber fangen nicht bei den Stellenausschreibungen von Arbeitgebern an, sondern stellen ihr eigenes Gesuch ins Internet – optimistisch, hoffnungsvoll und ungeduldig. In der Studie von Frau Dr. Jäger hatten 42 Prozent der befragten Hochschulabsolventen bereits mindestens einmal ein Stellengesuch ins Internet gestellt, einige davon sogar mehr als fünfmal. 35 Prozent der übrigen Befragten hatten die Absicht, es zu tun. In der gleichen Studie zeigte sich aber, dass nicht jeder, der sein Gesuch ins Netz stellt, auch tatsächlich einen Job sucht – 43 Prozent der Befragten wollten damit auch ihren eigenen Marktwert testen. Kein Wunder, wenn es im Internet von Stellengesuchen nur so wimmelt.

Mehr als die Hälfte der Befragten wurden aufgrund ihres Gesuchs von mindestens einem Unternehmen kontaktiert. Auf 38 Prozent der Gesuche kam dagegen überhaupt keine Reaktion. Es war keinerlei Zusammenhang zwischen der Anzahl der veröffentlichten Stellengesuche eines Bewerbers und der Resonanz durch Firmen oder Personalberater erkennbar. Entscheidend war offensichtlich allein die Qualität des Gesuchs. Hier sei auch erwähnt, dass die Veröffentlichung von Stellengesuchen in Jobbörsen meist kostenlos ist, während der Zugriff auf diese Gesuche durch interessierte Firmen oder Personalberater in der Regel ein kostenpflichtiger Service ist. Firmen und Berater werden sich folglich gut überlegen, mit wem sie in Kontakt treten.

Noch mehr deprimierende Statistiken?

35% Das Internet bietet für Jobsuchende natürlich mehr als nur Stellenausschreibungen und Stellengesuche. Es gibt fünf Möglichkeiten, wie das Internet Ihnen bei der Suche helfen kann: 1. *Tests* und *Beratung*, 2. *Recherche* – über Berufsfelder, Jobs, Organisationen und Gehälter, 3. *Networking* – Kontakte zu Menschen, die Informationen, weitere Kontakte und Empfehlungen vermitteln können, 4. *Jobangebote* und natürlich 5. *Stellengesuche*.

In einigen Bereichen – insbesondere bei der Recherche und Beratung – sind die Erfolge so gut, dass die bereits erwähnte Unzufriedenheitsquote von 74 Prozent im Hinblick auf Stellenangebote insgesamt auf 35 Prozent halbiert wird. Aber geben Sie sich aufgrund dieser kleineren Zahl nur keinen Illusionen hin! Die Statistik verschlechtert sich von Jahr zu Jahr. 1998 waren lediglich 10 Prozent mit ihren Erfahrungen bei der Online-Jobsuche unzufrieden, 1999 waren es schon 22 Prozent und 2000 bereits 35 Prozent. Man kann sich ausmalen, wie es 2002 oder 2003 aussehen wird.

Und was ist es nun genau, womit Online-Bewerber unzufrieden sind? Fünf Punkte sind zu nennen:

- Viele Bewerber sind aufgrund der überwältigende Menge potenzieller Konkurrenten im Internet unzufrieden. Experten schätzen die Zahl der Online-Stellengesuche derzeit auf über 16 Millionen. Wir haben weiter oben bereits Zahlen für Hochschulabsolventen genannt, von denen viele mehrfach Stellengesuche geschaltet hatten und 43 Prozent damit eigentlich nur den eigenen Marktwert testen wollten. Das führt zu einer Flut von Gesuchen, die wiederum bewältigt werden muss. Selbst in der IT-Branche, wo die Unternehmen noch vor wenigen Jahren E-Recruiting einsetzten, um sich keine interessanten Kandidaten »entgehen zu lassen«, hat die Zahl der Bewerbungen sich im Laufe des letzten Jahres verdoppelt bis verdreifacht, sodass die Arbeitgeber heute bereits massenhaft aussieben müssen, um die Flut überhaupt zu bewältigen.[12]
- Viele Bewerber sind unzufrieden aufgrund der überwältigenden Menge von *Datensmog*, wie es der Autor David Shenk nennt. Wir ersticken in Informationen. Manche Experten schätzen, dass mehrere Millionen Stellenangebote *seit wer weiß wie langer Zeit* im Internet stehen. Wie hoch die Zahl nun tatsächlich sein mag – sie ist unbestreitbar gigantisch. Zwei Drittel der Unternehmen, die in der Studie von Dr. Jäger befragt wurden, schreiben mittlerweile alle offenen Positionen auf ihrer eigenen Homepage aus, was bei über der Hälfte der Großunternehmen jeweils mehr als 50 Stellen pro Monat sind! Weiterhin stellen viele Firmen auch einzelne Jobangebote in die Jobbörsen, oft sogar in mehrere Jobbörsen gleichzeitig, denn 48 Prozent aller Großunternehmen haben mit mindestens drei Jobbörsen Rahmenverträge abgeschlossen. Da muss man sich durch eine Menge Stellenangebote hindurcharbeiten.
- Apropos: Viele Bewerber sind auch unzufrieden mit den unzulänglichen technischen Möglichkeiten des Internets, all diese Bewerbungen und Stellenangebote zu durchsuchen. Die derzeit bekanntesten Suchmaschi-

nen im Internet[13] und eine Anleitung, wie man sie benutzt, finden Sie in Anhang C. Es gibt eine ganze Menge. Experten meinen allerdings, dass keine von ihnen mehr als 25 Prozent vom Gesamtinhalt des Internets abdeckt.

- Viele Jobsuchende sind unzufrieden mit dem Zeitaufwand bei der Suche. Bewerber gehen mit einer gewissen Ungeduld an die Internetseiten mit Stellenangeboten heran. (Nach Schätzungen von Experten betrachtet man jede Seite im Durchschnitt etwa 50 Sekunden lang.)[14]
- Viele Jobsuchende sind unzufrieden mit den spärlichen Informationen, die Arbeitgeber zu offenen Stellen geben. Wenn man tatsächlich auf interessante Stellenangebote stößt, bieten die betreffenden Internetseiten oft nicht genügend Informationen über den fraglichen Job – so sahen es jedenfalls ein Drittel der Befragten in der deutschen Studie.[15]

Drei Stolpersteine bei der Jobsuche

Warum wird hier die Statistik so ausgiebig bemüht? Die Werte ändern sich doch sowieso ständig. – Das schon, aber die wesentlichen Tendenzen und die Lehre, die daraus zu ziehen ist, ändern sich nicht. Seit ich mich mit diesem Bereich beschäftige (das sind mittlerweile mehr als 30 Jahre), sind die Trends im Wesentlichen gleich geblieben – sogar schon seit den Zeiten der Großrechner. Mir scheint, das hängt mit der menschlichen Natur zusammen, nicht mit der neuesten Technologie. Ich bin jedenfalls zu dem Schluss gekommen, dass jeder Jobsuchende etwas aus diesen Statistiken lernen kann – nämlich die drei Stolpersteine zu umgehen, die den Erfolg der Jobsuche gefährden. Sie heißen: Mythen, Selbstzweifel und Energieverschwendung. Betrachten wir sie der Reihe nach.

1. Mythen

Erstens hilft die Statistik, *Mythen* zu relativieren.

Wenn die Jobsuche erfolgreich sein soll, muss sie sich auf dem Boden der Realität abspielen. Aber gerade zum Thema Online-Jobsuche sind einige Mythen so allgegenwärtig und so verlockend, dass viele nur durch

> *Mythen*: Personen, Sachen oder Begebenheiten, die (aus meist verschwommenen, irrationalen Vorstellungen heraus) glorifiziert werden, legendären Charakter bekommen.
> *Realität*: tatsächliche Gegebenheit, Tatsache.
> Duden – *Deutsches Universalwörterbuch*

eiskalte, harte, statistisch belegbare Fakten wieder zur Vernunft kommen. Einzelne Fallbeispiele reichen nicht aus, die Legenden zu entkräften. Wenn 40 *meiner* Freunde schlechte Erfahrungen bei der Online-Jobsuche gemacht haben und ich Ihnen davon berichte, aber 40 *Ihrer* Freunde gute Erfahrungen gemacht haben, werden Sie mir kein Wort glauben.

Es gibt zweifellos eine ganze Menge Online-Jobsuchende, die mit dem, was sie erlebt haben, unglücklich sind und ihren Freunden in alltäglichen Unterhaltungen davon erzählen. Aber die vielen neuen, begeisterten, zuversichtlichen Jobsuchenden, die glauben, dass das Internet ihre sämtlichen Probleme lösen wird, lassen sich davon nicht beeindrucken. Sie sind so auf die Mythen fixiert, die sie ständig überall lesen, dass es fast unmöglich ist, sie auf den Boden der Tatsachen zurückzuholen.

Viele Bewerber klammern sich buchstäblich an die Überzeugung, das Internet habe die Jobsuche auf wundersame Weise verwandelt. Wer einmal von dieser Vorstellung besessen ist, braucht die »kalte Dusche« der Statistik, um wieder zur Besinnung zu kommen.

2. Ablehnungstrauma und Selbstzweifel

Zweitens hilft uns die Statistik, *Selbstzweifel* zu überwinden.

Viele, wenn nicht alle Menschen erleben irgendwann in ihrem Leben die Jobsuche als einen langen, quälenden Vorgang. Am Ende steht vielleicht tatsächlich die Anerkennung (einen Job zu bekommen), aber davor reiht sich scheinbar endlos eine Ablehnung an die andere.

Mein Freund Tom Jackson hat in seinem mittlerweile vergriffenen Buch *Guerilla Tactics in the Job Market* die niederschmetternde Erfahrung der typischen Jobsuche auf den Punkt gebracht, bei der man einen Arbeitgeber nach dem anderen abklappert und fragt: »Haben Sie einen Job für mich?« Die Antworten lauten:

NEIN NEIN NEIN NEIN NEIN NEIN NEIN NEIN NEIN NEIN
NEIN NEIN NEIN NEIN NEIN NEIN NEIN NEIN NEIN NEIN
NEIN NEIN NEIN NEIN NEIN NEIN NEIN NEIN NEIN NEIN
NEIN NEIN NEIN NEIN NEIN NEIN NEIN NEIN NEIN NEIN
NEIN NEIN NEIN NEIN NEIN NEIN NEIN NEIN NEIN JA.

Schon lange bevor Sie beim »Ja« ankommen, machen Sie das durch, was ich das »Ablehnungstrauma« nenne. Sie dachten, es wäre einfach. Sie dachten, Sie könnten es schnell und problemlos hinter sich bringen, aber stattdessen mühen Sie sich wieder und wieder ab. Dabei erleben Sie das »Ablehnungstrauma« – die Erfahrung, dass die Wirklichkeit ganz anders aussieht als Ihre Vorstellung, und das Gefühl, dass mit *Ihnen* etwas nicht stimmt.

Typischerweise reagieren Jobsuchende auf das Ablehnungstrauma, indem sie ihre Erwartungen herunterschrauben, in Depressionen verfallen und echte, tiefe Verzweiflung erleben. Das Ablehnungstrauma kann sich zu einer schweren Krise auswachsen, die sich auf Ihr Leben, Ihren Freundeskreis und Ihre Familie auswirkt. Häufig ist Rückzug von der Außenwelt die Folge, manchmal völlige Entfremdung. Es kann zur Scheidung kommen und manchmal sogar zu Selbstmordgedanken.[16]

Und Sie lernen – aus bitterer Erfahrung! –, was das Schlimmste ist, das Ihnen bei der Jobsuche passieren kann. Sie dachten, das Schlimmste wäre, keine Stelle zu finden. Jetzt machen Sie die Erfahrung, dass es noch etwas Schlimmeres gibt: Ihr Selbstwertgefühl zu verlieren (selbst wenn es Ihnen vorher nicht daran fehlte).

Wie können Sie sich davor schützen? Zunächst einmal kann es sehr hilfreich sein, zu wissen, wie die Chancen in diesem Spiel stehen. Lassen Sie mich das am Beispiel eines anderen »Spiels« erläutern.

Stellen Sie sich vor, Sie spielen Lotto oder wetten, und jemand hat Ihnen erzählt, dass immer 99 von 100 Leuten bei der Lotterie Geld gewännen. Das stimmt natürlich nicht, aber nehmen wir einmal an, Sie glauben es. Danach spielen Sie ein paar Mal Lotto, gewinnen aber nie etwas. Was glauben Sie, wie das auf Ihr Selbstwertgefühl wirkt? Ganz klar: Es wird im Normalfall rapide sinken.

**Das Selbstwertgefühl sinkt, wenn Sie glauben,
dass alle außer Ihnen gewinnen.**

Wenn Sie wissen, wie die Chancen wirklich stehen, sieht alles ganz anders aus. Stellen Sie sich in diesem Fall einmal vor, Sie erfahren, dass die Quote in Wirklichkeit 76 Millionen zu eins *gegen* Ihren Gewinn steht. Stellen Sie sich nun vor, Sie spielen danach (in »Was-soll's-Stimmung«) trotzdem weiter Lotto – wieder ein paar Mal und wieder ohne zu gewinnen. Wie steht es jetzt mit Ihrem Selbstwertgefühl? Im Normalfall nimmt es keinen Schaden, denn Sie wussten ja vorher, wie die Chancen standen.

Was für die Lotterie gilt, gilt auch für die Jobsuche.

- Die Jobsuche ist ein Spiel (oder zumindest ähnelt sie sehr stark einem Spiel).
- Das Wichtigste, was Sie bei diesem Spiel verlieren können, ist Ihr Selbstvertrauen oder Selbstwertgefühl.
- Um zu verhindern, dass Sie Ihr Selbstvertrauen bei der Jobsuche verlieren, müssen Sie die Erfolgsaussichten der jeweiligen Strategie kennen, die Sie gerade anwenden.
- So können Sie sich bewusst machen, dass es nicht an Ihnen liegt, wenn Sie keinen Erfolg haben. Sie können zu einer anderen, aussichtsreicheren Strategie übergehen, ohne dass Ihr Selbstwertgefühl gelitten hätte.

3. Energieverschwendung

Drittens hilft die Statistik zu verhindern, dass man seine *Energie verschwendet*.

Man kann eine Menge Energie vergeuden, indem man an der falschen Stelle – oder an den falschen Stellen – sucht. »Stelle« klingt sofort nach »Adresse«. Sehr passend! Natürlich – Jobs, die von Arbeitgebern ins Internet gestellt werden, haben eine Adresse. Sie sieht etwa so aus:

> http://www.messingring.de/Jobs/
> http://www.messingring.at/Jobs/
> http://www.messingring.ch/Jobs/

Seit es das Web gibt, arbeite ich gern mit der Vorstellung, *jede* freie Stelle hätte eine Adresse, wie sie auch aussehen mag. Das Erfolgsrezept für die Jobsuche lautet folglich:

Finden Sie heraus, welche Adresse Ihr Job hat, und suchen Sie ihn dort auf.

Der Job ohne Internetadresse

Angenommen, ausgerechnet der Job, den Sie suchen, hat keine Internetadresse – wo könnte er sonst zu finden sein? Bewerber vermuten ihren zukünftigen Job meist unter einer der folgenden Adressen:

- im Internet natürlich – aber auf welcher *Homepage*?
- in der Lokalzeitung,
- bei einer privaten Jobvermittlung oder Personalberatung,
- beim Arbeitsamt,
- bei den Freunden eines Arbeitgebers,
- bei den bisherigen Mitarbeitern eines Arbeitgebers,
- auf dem Schreibtisch eines Arbeitgebers,
- im Kopf eines Arbeitgebers, als bisher noch nicht realisierte Vorstellung,
- im Kopf eines Arbeitgebers, aber noch nicht einmal als klare Vorstellung, sondern bloß als unbestimmten Bedarf oder möglichen Posten im Budget, falls aus heiterem Himmel die geeignete Person auftauchen sollte.

Jedes Mal, wenn Sie sich bei der Jobsuche auf eine bestimmte Strategie verlegen, versuchen Sie, die Adresse Ihres zukünftigen Jobs herauszufinden. Wenn Sie falsch geraten haben, ist Ihre Strategie nutzlos. Wenn Sie richtig liegen, ist sie aussichtsreich. Ein Beispiel:

Der Mann ohne Telefon

Ich hatte einmal einen Freund, der in eine andere Stadt zog. Wir verloren einander aus den Augen. Als ich zwei Jahre später zufällig in die betreffende Stadt kam, wollte ich ihn dort besuchen. Wie sollte ich ihn finden? Ich ging ganz selbstverständlich davon aus, heutzutage hätte jeder ein Telefon. Also suchte ich ihn im Telefonbuch. Kein Eintrag. Ich dachte, er hätte vielleicht nur keinen schriftlichen Eintrag, und fragte bei der Auskunft nach ihm. Wiederum Fehlanzeige. Ich gab es auf und dachte, er sei inzwischen wieder in eine andere Stadt gezogen.

Das war ein Trugschluss, wie sich herausstellte. Er wohnte immer noch in derselben Stadt und hatte schlichtweg kein Telefon. Ich hatte mit der falschen Strategie nach ihm gesucht. Ich war davon ausgegangen, *jeder* müsste selbstverständlich ein Telefon haben. Falsch! Es gibt immer noch Haushalte ohne Telefonanschluss, und er gehörte offenbar dazu.

Schließlich fand ich meinen Freund doch noch. Ich nahm Kontakt zu seiner früheren Kirchengemeinde auf und machte Freunde von ihm ausfindig, die genau wussten, wohin er gezogen war. Alte Freunde konnten mir sagen, was nicht im Telefonregister stand.

Und die Moral von der Geschichte'?

Nicht alle Freunde finden Sie im Telefonbuch.

Nicht alle Jobs finden Sie mit einer bestimmten Jobsuchstrategie wie dem Internet. Klar, was zu tun ist, wenn diese Strategie nicht zum Erfolg führt:

- Ändern Sie Ihre Strategie, und Sie finden einen Freund.
- Ändern Sie Ihre Strategie, und Sie finden einen Job.

Es gibt immer freie Stellen. Selbst wenn derzeit eine ungewöhnliche Flaute herrscht, möchten wir doch auf folgende Tatsachen hinweisen: In zwölf Monaten werden in Deutschland durchschnittlich 1,4 Millionen neue Stellen geschaffen. Und über diese 1,4 Millionen neuen, zusätzlich eingerichteten Stellen hinaus spielen Unternehmen und Angestellte natürlich mit den bereits vorhandenen Jobs die »Reise nach Jerusalem«.

Das heißt, dass bei etwa 40 Millionen Erwerbstätigen, davon 36 Millionen Arbeitnehmern, die es 2000 in Deutschland gab,[17] im Laufe des Jahres eine gewisse Anzahl von Stellen frei wurde. Nimmt man an, dass 10 Prozent aller Arbeitsplätze in einem Jahr neu besetzt werden beziehungsweise dass ein Arbeitsplatz eine mittlere Lebensdauer von zehn Jahren hat, wären das zirka 3,6 Millionen Stellen *pro Jahr*.

Organisationen entstehen, Organisationen expandieren, Mitarbeiter werden unzufrieden, kündigen, wechseln die Stelle, ziehen um, werden für längere Zeit krank oder berufsunfähig, treten in den Ruhestand oder sterben. Und natürlich werden auch Mitarbeiter entlassen und Arbeitsplätze abgebaut – häufig aufgrund von Rationalisierungsmaßnahmen, Fusionen oder Firmenübernahmen. Das sollte eigentlich bedeuten, dass es weniger Jobs gibt, und zunächst verhält es sich auch tatsächlich so. Aber Studien über derartige Unternehmen zeigen, dass sie häufig innerhalb kurzer Zeit wieder Mitarbeiter einstellen, weil sie festgestellt haben, dass sie zu wenige Arbeitskräfte haben oder dass sie neue Leute mit neuen Fähigkeiten benötigen.

Aus all diesen Gründen gibt es auf dem Arbeitsmarkt immer freie Stellen.

Wie viele freie Stellen? Aber wie viele sind es genau? Weil in Deutschland Statistiken über alles und jeden geführt werden, kennen wir die Zahl ziemlich genau. Addieren wir die neuen Jobs, die Jahr für Jahr geschaffen werden, also circa 1,4 Millionen, und die alten Jobs, die Jahr für Jahr frei werden, also ungefähr 3,6 Millionen, dann haben wir allein innerhalb eines Jahres, wenn auch nur für eine denkbar kurze Zeit (durchschnittlich zwei Monate), 5 Millionen Stellen, die neu besetzt werden müssen.

Ein paar weitere Zahlen, um dies zu belegen: Hinter der Zahl der etwa 4 Millionen Arbeitslosen im Jahre 2002 mit ihren Monat für Monat scheinbar nur geringen Veränderungen stehen Anmeldungen und Abmeldungen in noch viel größerer Zahl. So meldeten sich innerhalb des Jahres 1996 insgesamt 7 Millionen Menschen arbeitslos. Insgesamt 6,8 Millionen der Gemeldeten verschwanden noch im selben Jahr wieder aus der Nürnberger Kartei. Man kann also tatsächlich davon ausgehen, dass jedes Jahr Millionen Menschen freiwillig oder unfreiwillig einen Jobwechsel vornehmen.

Das ergibt in Deutschland über 400 000 freie Stellen pro Monat – sei es aufgrund der »Reise nach Jerusalem«, die mit bestehenden Jobs gespielt wird, sei es aufgrund der neu geschaffenen Stellen – freie Stellen, die besetzt werden müssen. Glauben Sie mir, es gibt immer Stellen, die nur darauf warten, besetzt zu werden – auch in Österreich und der Schweiz.

Es gibt sogar während einer Rezession freie Stellen. Es kann sein, dass Sie jetzt einwenden: Die Konjunktur dümpelt derzeit vor sich hin. Wie sieht es denn in schlechten Zeiten aus?

Natürlich ist es tatsächlich so, dass *neue* Jobs in schlechten Zeiten nicht so zahlreich geschaffen werden wie in guten Zeiten. Aber der andere Faktor, die »Reise nach Jerusalem« unter den *bereits vorhandenen* Jobs, greift natürlich auch während Rezessionen oder »schlechten Zeiten«. Menschen werden immer noch befördert, treten in den Ruhestand, verlassen Unternehmen, ziehen um, werden für längere Zeit krank oder sterben – und ihr Job wird frei. So schlecht die Zeiten auch sein mögen.

In der Bundesrepublik Deutschland gab es beispielsweise seit der Währungsreform im Jahre 1949 vier Rezessionen. Aber selbst während der letzten Rezession im Jahre 1993 registrierte die Bundesanstalt für Arbeit fast 700 000 *gemeldete* offene Stellen. Bei einer geschätzten Dunkelziffer von mindestens 60 Prozent müssten in diesem Zeitraum also tatsächlich 1,75 Millionen offene Stellen existiert haben!

Jedes Jahr verlieren Millionen von Menschen ihren Job und finden dann erfolgreich einen neuen, einen guten, manchmal einen tollen Job, sogar in schlechten Zeiten. Und das gilt auch für Österreich und die Schweiz.

Wenn Sie einen neuen Job suchen oder den Beruf wechseln wollen, sollten Sie sich Folgendes auf den Spiegel schreiben: »Es gibt *immer* Jobs – in guten wie in schlechten Zeiten.«

Die Tatsache, dass Sie diese Jobs nicht finden können, bedeutet nur, dass die freie Stelle nicht ausgeschrieben wurde oder dass Sie nicht mit der richtigen Methode suchen. Wenn das Internet oder Stellengesuche oder Agenturen oder Anzeigen oder Bewerbungen zu nichts führen, gibt es andere Methoden, den Job, den Sie haben wollen, doch noch zu bekommen. Wenn Sie also leer ausgehen, müssen Sie es mit einer anderen Methode versuchen.

Aber was hat all das nun mit Statistik zu tun? Nun, Sie haben für Ihre Jobsuche ja nur ein gewisses Maß an Energie zur Verfügung. Experten sagen, dass viele Jobsuchende viel zu wenig tun, weil sie zu schnell resignieren. Und wenn man jemanden fragt, warum er aufgegeben hat, sagt er: »Ich hätte nie gedacht, dass es so lange dauern würde. Mir ist die Puste ausgegangen.«

Jeder verfügt nur über ein begrenztes Maß an Energie und Begeisterung, die er in die Jobsuche investieren kann. Und die Statistik kann uns lehren, *wo* man seine Energie am sinnvollsten einsetzt und welche Strategie am ehesten dazu führen wird, dass der Einsatz sich lohnt. Am Ende läuft es auf Folgendes hinaus:

Die fünf schlechtesten und die fünf besten Methoden, einen Job zu finden

Die fünf schlechtesten Methoden, einen Job zu finden, sind in der Reihenfolge von der niedrigsten Erfolgsquote bis hin zur höchsten:

1. **Die Suche im Internet.** Wie wir gesehen haben, liegt die Erfolgsquote bei dieser Methode leider nur bei etwa 4 Prozent. Das bedeutet, dass von 100 Bewerbern, die das Internet für ihre Suche nutzen, genau vier dadurch einen Job finden werden, während die übrigen 96 allein mit dieser Methode leer ausgehen, obwohl es Stellen *gibt*. Die Zahl von 4 Prozent ist natürlich der Mittelwert einer breiten Spanne. Wenn Sie einen Job im technischen Bereich oder in der EDV, im Bereich Ingenieurwesen, Finanzen oder Gesundheit suchen, liegt die Quote höher – ich schätze, etwa bei 10 Prozent. Für die übrigen 33 000 Berufsbezeichnungen, die es gibt, scheint die Erfolgsquote dafür nur bei etwa 1 Prozent zu liegen. Lassen Sie mich noch einmal betonen, dass Sie sich über die Erfolgsquote der jeweiligen Methode, die Sie zur Jobsuche nutzen, von vornherein im Klaren sein sollten. Wenn Sie schon wissen, dass die Aussichten wirklich schlecht sind (so wie hier bei der Online-Jobsuche), nehmen Sie einen Misserfolg nachher nicht so leicht persönlich. Das gilt auch für alle folgenden Methoden.
2. **Wahlloses Versenden von Blind- oder Initiativbewerbungen an Unternehmen.** Diese Suchmethode weist eine Erfolgsquote von 7 Prozent auf. Das heißt, dass von 100 Bewerbern, die sich dieser Methode bedienen, 7 einen Job finden werden. Die übrigen 93 finden allein mit dieser Methode keine Jobs, obwohl es welche *gibt*. Ich bin hier mit meinen Prozentangaben großzügig. Eine amerikanische Studie ergab, dass nur eine einzige von 1 470 Initiativbewerbungen, die in der gesamten Arbeitswelt verschickt werden, zum Erfolg führt. Anders ausgedrückt: Die Versagerquote lag bei 99,94 Prozent aller Bewerbungen. Bei einer anderen Erhebung lag der Wert sogar noch höher: Nur eine von 1 700 Bewerbungen war erfolgreich. Wenn Sie angesichts dieser Zahlen immer noch finden, dass die Chancen nicht allzu schlecht stehen, dann fragen Sie sich einmal: Würden Sie in ein Flugzeug steigen, wenn Sie wüssten, dass nur eines von 1 700 Sie wirklich ans Ziel bringt?

3. **Stellenangebot in Fachzeitschriften beantworten,** die mit Ihrem Tätigkeitsfeld zu tun haben. Diese Suchmethode führt ebenfalls in 7 Prozent aller Fälle zum Erfolg. Das heißt, von 100 Bewerbern, die sich dieser Methode bedienen, finden 7 einen Job. Die übrigen 93 gehen allein mit dieser Methode leer aus, obwohl es Stellen *gibt*. Knüpfen Sie also auch an diese Methode keine zu großen Erwartungen.
4. **Anzeigen in der Tagespresse beantworten.** Diese Suchmethode führt – abhängig von der Höhe des Gehalts – in 5 bis 24 Prozent aller Fälle zum Erfolg. Das bedeutet, dass von 100 Bewerbern, die sich dieser Methode bedienen, 5 bis 24 einen Job finden. Die übrigen 76 bis 95 gehen mit dieser Methode allein leer aus, obwohl es Stellen *gibt*. (Die weite Spanne zwischen 5 und 24 Prozent ist von der Höhe des gewünschten Gehalts abhängig. Je höher es ist, desto geringer sind die Chancen, auf diese Weise einen Arbeitsplatz zu bekommen). Die bekannte Mahnung gilt weiterhin.
5. **Private Arbeits- oder Personalvermittlungen aufsuchen.** Auch diese Methode weist eine 3- bis 24-prozentige Erfolgsquote auf, wiederum abhängig von der Gehaltsvorstellung. Das bedeutet, dass von 100 Bewerbern, die sich dieser Methode bedienen, 3 bis 24 einen Job finden. Die übrigen 76 bis 97 gehen allein mit dieser Methode leer aus, obwohl es Stellen *gibt*. Die bekannte Mahnung auch hier.

Betrachten wir nun die andere Seite der Medaille:

Die fünf besten Methoden, einen Job zu finden, sind in der Reihenfolge von der niedrigsten Erfolgsquote bis hin zu höchsten:

1. **Fragen Sie folgende Menschen, ob sie etwas über freie Stellen wissen: Familienmitglieder, Freunde, Nachbarn, Mitarbeiter der Hochschulteams – besonders an der Fachhochschule oder Universität, an der Sie Ihr Examen abgelegt haben.** Stellen Sie ihnen eine einfache Frage: Weißt du/wissen Sie, ob dein/Ihr Arbeitgeber (oder ein anderer) eine Stelle frei hat? Die Erfolgsquote dieser Suchmethode liegt bei 33 Prozent. Das bedeutet, dass von 100 Bewerbern, die sich dieser Methode bedienen, 33 einen Job finden. Die übrigen 67 gehen allein mit dieser Methode leer aus, obwohl es Stellen *gibt*. Auch wenn diese Methode der Jobsuche zu den fünf besten zählt, sollte man nicht vergessen, dass es keine Erfolgsgarantie gibt. Keine Methode funktioniert immer und

für jeden. Selbst auf diesem Weg finden noch 67 von 100 Bewerbern keine der vorhandenen Stellen.
2. **Fragen Sie bei den jeweiligen Unternehmen, in den Betrieben oder Büros, die für Sie von Interesse sind, direkt nach – egal ob es Ihres Wissens dort eine freie Stelle gibt oder nicht.** Diese Suchmethode hat eine Erfolgsquote von 47 Prozent. Das bedeutet, dass von 100 Bewerbern, die sich dieser Methode bedienen, 47 einen Job finden. Die übrigen 53 gehen allein mit dieser Methode leer aus, obwohl es Stellen *gibt*. Auch bei dieser Methode, die ebenfalls zu den fünf besten zählt, gibt es keine Erfolgsgarantie. Auch sie funktioniert nicht immer und für jeden. Auch mit ihr finden noch 53 von 100 Bewerbern keine der vorhandenen Stellen.
3. **Schauen Sie in den Gelben Seiten nach**, suchen Sie die Bereiche oder Branchen in Ihrer Stadt oder in der näheren Umgebung heraus, die Ihnen interessant erscheinen, und rufen Sie alle Unternehmen an, die Sie interessieren. Fragen Sie, ob sie in dem Bereich, in dem Sie arbeiten (und kompetent sind), Stellen zu besetzen haben. Diese Suchmethode weist eine Erfolgsquote von 69 Prozent auf. Das bedeutet, dass von 100 Bewerbern, die sich dieser Methode bedienen, 69 einen Job finden. Die übrigen 31 gehen allein mit dieser Methode leer aus, obwohl es Stellen *gibt*. Auch hier gibt es also keine Erfolgsgarantie; auch auf diesem Weg scheitern noch 31 von 100 Jobsuchenden.
4. **Schließen Sie sich mit anderen Arbeitssuchenden zusammen und nutzen Sie die Gelben Seiten, um Branchen und Interessensgebiete in Ihrer Stadt oder in der näheren Umgebung herauszufinden.** Rufen Sie dann alle Unternehmen an, die unter diesen Rubriken zu finden sind, und fragen Sie nach, ob dort Stellen in den Bereichen zu besetzen sind, in denen Sie arbeiten wollen (und kompetent sind). Die Erfolgsquote dieser

Abdruck mit besonderer Genehmigung von King Features Syndicate, Inc.

Suchmethode liegt bei 84 Prozent. Das bedeutet, dass von 100 Bewerbern, die sich dieser Methode bedienen, 84 einen Job finden. Die übrigen 16 gehen allein mit dieser Methode leer aus, obwohl es Stellen *gibt*. Auch hier gibt es also keine Erfolgsgarantie; auch auf diesem Weg scheitern noch 16 von 100 Jobsuchenden.

5. **Der »kreative Ansatz«: Berufsumstieg und lebensverändernde Jobsuche.** Diese Suchmethode weist eine Erfolgsquote von 86 Prozent auf. Das bedeutet, dass von 100 Bewerbern, die sich dieser Methode bedienen, 86 einen Job finden. Die übrigen 14 gehen allein mit dieser Methode leer aus, obwohl es Stellen *gibt*. Auch die aussichtsreichste der fünf besten Arten, einen Job zu suchen, bietet also keine Garantie – auch mit ihr scheitern noch 14 von 100 Jobsuchenden.

Was, wenn Sie mehrere Methoden kombinieren?

Genial, dass Sie darauf gekommen sind! Zufällig gibt es hierzu Studien, sodass wir die Antwort kennen. Sie sieht im Wesentlichen so aus, wie man erwarten würde: Je mehr verschiedene Methoden jemand bei der Jobsuche anwendet, desto höher liegt die Erfolgsquote. Das liegt auf der Hand und wurde bereits vor mehr als 25 Jahren durch eine amerikanische Studie belegt.[18]

Eine jüngere amerikanische Studie hat allerdings eine merkwürdige, nicht vorhersagbare Besonderheit aufgezeigt: Die Wahrscheinlichkeit, einen der vorhandenen Jobs zu finden, steigt mit jeder zusätzlichen Methode, die Sie einsetzen – aber nur bis zu *maximal vier* Methoden. Darüber fällt sie wieder ab.[19]

Ich bin zu folgender Erklärung für dieses sonderbare Phänomen gekommen: Es könnte daran liegen, dass man, wenn man mehr als vier Methoden zugleich einsetzt, keine davon besonders gründlich durchführt. Man widmet jeder einzelnen Methode weniger Zeit, als angemessen und nötig wäre, damit sie zum Erfolg führen könnte.

Setzen Sie nicht alles auf eine Karte

Wenn das so ist – warum soll man sich dann nicht auf eine einzige Methode beschränken und diese umso gründlicher verfolgen?

Die Antwort ist, dass viele Arbeitssuchende letztendlich einfach *aufgeben* – vor allem, wenn der Erfolg längere Zeit ausbleibt. In Deutschland betrug die durchschnittliche Dauer der Arbeitslosigkeit 33 Wochen bei steigender Tendenz.[20]

Woran liegt es, dass man aufgibt? Das hängt erwiesenermaßen mit der Anzahl der verwendeten Methoden zusammen. Studien belegen beispielsweise, dass von 100 Jobsuchenden, die jeweils nur eine einzige Methode einsetzen, 51 ihre Suche im zweiten Monat aufgeben.

Dagegen geben von 100 Arbeitssuchenden, die jeweils *mehrere* Methoden einsetzen, nur 31 im zweiten Monat auf.[21] Das Prinzip ist anscheinend, dass man schneller die Hoffnung verliert, wenn man sich auf eine Methode – beispielsweise Bewerbungen – beschränkt und damit nicht sehr bald etwas erreicht. Wenn man dagegen zwei, drei oder vier Methoden einsetzt, fällt es leichter, am Ball zu bleiben und sich zu sagen, dass eine davon bestimmt zum Erfolg führt.

Und die Moral von der Geschicht': Beschränken Sie sich lieber nicht auf eine einzige Jobsuchmethode, denn wenn Sie damit nicht sehr schnell etwas erreichen, verlieren Sie leicht den Mut – weil Sie keinen »Plan B« haben. Verfolgen Sie mehrere Methoden (bis zu vier) gleichzeitig, dann geben Sie die Hoffnung nicht so leicht auf.

Abgesehen von der Anzahl empfiehlt es sich natürlich, eine oder mehrere Methoden aus der oben angeführten Liste der fünf *besten* einzusetzen und sich nicht gerade ausschließlich auf die aus der Liste der fünf *schlechtesten* zu verlassen. (Zu Letzteren gehören auch die Bewerbungen, und ich glaube kaum, dass ich Ihnen den unbegründeten Glauben an ihre Effektivität ausreden kann. Okay, okay. Nehmen Sie eben einfach noch eine oder mehrere Methoden von der Liste der fünf besten dazu.)

Zusammenfassung

Was Sie mit all diesen Statistiken anfangen, liegt ganz bei Ihnen. Zumindest unterstreichen sie dreifach die Tatsache, dass Sie selbst bei der herkömmlichen Jobsuche auf mehrere unterschiedliche Strategien zurückgreifen können. Das steht im Widerspruch zu der verbreiteten Annahme, es gebe nur einen einzigen Weg, an einen Job zu kommen (über Bewerbungen, Stellenanzeigen und Vermittlungsagenturen), und wenn es auf die Art nicht gelinge, dann gebe es eben keine entsprechenden Jobs.

Die Zahlen belegen auch, dass manche Strategien wesentlich effektiver sind als andere. Daran können Sie sich orientieren, wenn Sie wissen wollen, wie Sie Ihre begrenzten Energiereserven am besten einsetzen und welche Alternativen es gibt, wenn Sie mit Ihrer gegenwärtigen Strategie keinen Erfolg haben. Eines ist jetzt klar: Wenn jemand sagt: »Ich finde keinen Job«, dann heißt das noch gar nichts, solange er nicht dazu sagt, *wie* er gesucht hat. Entscheidend ist, welche Methode man einsetzt! Schreiben Sie sich das auf Ihren Badezimmerspiegel:

> Der *Haupt*unterschied zwischen erfolgreichen und erfolglosen Jobsuchenden liegt nicht in äußeren Faktoren wie der Lage auf dem Arbeitsmarkt, sondern in der Art, wie sie ihre Jobsuche angehen.

Man muss auch die Relationen betrachten. Studien belegen, dass 47,7 Prozent derjenigen, die »Klinken putzen« gehen, auf diese Art einen Job finden, während das mit einer schriftlichen (oder Online-) Bewerbung bestenfalls 7 Prozent gelingt. Mit anderen Worten: Ihre Chance bei der Jobsuche ist siebenmal höher, wenn Sie direkt zu Arbeitgebern hingehen.

Aber die beste Methode ist immer noch die berufliche Neuorientierung, die so genannte *kreative Jobsuche*. Sie führt, wenn man sie ernsthaft betreibt, in 86 von 100 Fällen zum Erfolg. 86 Prozent – das ist im Vergleich zu den meisten herkömmlichen Jobsuchmethoden eine *astronomisch hohe Erfolgsquote*.[22] Diese Methode könnte also für Sie zum Rettungsanker werden, wenn bisher alles vergeblich war.

Auch wenn Sie sich für einen Berufswechsel entschieden haben, ist diese Methode für Sie das Mittel der Wahl – sofern Sie nicht noch einmal Jahre Ihres Lebens darauf verwenden wollen, wieder die Schulbank zu drücken, eine weitere Ausbildung zu absolvieren, einen neuen Abschluss zu erwerben und so weiter. Ich gehe weiter unten noch einmal ganz detailliert darauf ein (ab Seite 149).

Natürlich werden Sie es doch zuerst über die gewohnte Schiene versuchen – Bewerbungen schreiben, das Internet nutzen ... Immerhin wissen Sie jetzt aber, was Sie tun können, wenn es *so* nicht funktioniert.

Ändern Sie Ihre Strategie, und Sie finden einen Freund.

Ändern Sie Ihre Strategie, und Sie finden einen Job.

KAPITEL 4

Wie Arbeitgeber nach Arbeitnehmern suchen

*Ich beschloss, nicht lange zu warten
Und auf Gottes Gnade zu hoffen;
Ich nahm einfach einen Besen in die Hand
Und begann zu kehren.*

Ein russischer Jude, Luftfahrtingenieur,
über seine Einwanderung nach Israel.

Die Parabel von den Fischen, die gefangen werden wollten

Ich weiß nicht warum, aber wenn ich mir das ganze Spiel vorstelle, das »Jobsuche« heißt, muss ich immer an einen großen, exotischen Fischteich denken. Sie wissen schon, an so einen Teich, wo man eine Angel und Köder mietet und mal probiert, wie viele Fische man wohl fängt.

Ich habe oft überlegt, was für ein Spiel das wäre, wenn die Fische wirklich gefangen werden wollten (angenommen, sie wüssten, dass ihnen ein feudales Leben in einem großen Schwimmbecken garantiert wäre, wenn sie sich fangen ließen). Das könnte eine echte Win-Win-Situation sein – Fische, die darauf aus sind, gefangen zu werden, und Fischer, die darauf aus sind, sie zu fangen.

Aber so ist es nicht. Ob in Wirklichkeit oder in der Fantasie – das ganze Spiel läuft immer zugunsten der Angler, nicht zugunsten der Fische. Woran erkennt man das? Daran, dass im Teich immer viel mehr Fische sind, als ein Angler jemals fangen könnte. Es müssen so viele sein, damit der Angler (oder die Anglerin) auf jeden Fall als Gewinner aus dem Spiel hervorgeht. Durch dieses Ungleichgewicht bleiben zwangsläufig die meisten Fische im Teich zurück, werden also um ihren Lohn gebracht.

Diese Parabel fiel mir vor drei Jahren ein, als ich eine Statistik über Internetbewerbungen sah. Inzwischen sind die Online-Jobbörsen zurückhaltender geworden und lassen derartige Informationen nicht mehr an die Öffentlichkeit dringen, sodass es leider unmöglich ist, eine entsprechende Statistik mit aktuellen Werten zu finden. Damals sahen die Zahlen jedenfalls folgendermaßen aus:[1]

Fische und Angler

Websites mit Online-Bewerbungen	Anzahl der »Fische« (Stellengesuche)	Anzahl der »Angler« (Arbeitgeber, die in einem Zeitraum von 90 Tagen auch nur einen Blick auf diese Bewerbungen warfen)
Website 1	2 644	41
Website 2	40 000	400
Website 3	59 283	1 366
Website 4	85 000	850

So viel zu den Zahlenverhältnissen. Und spätestens seit 1970, als Großrechner erstmals für die Jobsuche eingespannt wurden, hat dieses Verhältnis sich immer wieder zuverlässig bestätigt: Jede Menge *Fische* (Bewerbungen), wesentlich weniger *Angler* (Arbeitgeber). Seither hat sich zwar

Den persönlichen Kontakt suchen

Ich kenne Bewerber, die sich das gezielt zunutze gemacht haben. Eine Arbeitssuchende – wir wollen sie Elsa nennen – entdeckte eine Ausschreibung für eine Stelle als Bedienung im Restaurant in der obersten Etage eines Hotels. Statt sich schriftlich darauf zu bewerben, ging sie am nächsten oder übernächsten Tag persönlich in das Hotel, setzte sich in die Lobby und beobachtete den Aufzug. Sie stellte fest, dass die Hotelangestellten meist ins dritte Untergeschoss fuhren. Mutig betrat Elsa den Aufzug, drückte den Knopf für das dritte Untergeschoss und stieg dort aus. Als sie den Flur entlangging, sah sie mehrere offene Türen und hinter einer davon eine Frau, die in einem wahrhaft riesigen Stapel Bewerbungen auf ihrem Schreibtisch kramte. Elsa steckte den Kopf durch die Tür und fragte: »Sind die auf den Job eingegangen, den Sie diese Woche inseriert haben?« Die Frau nickte. Das war Elsas Chance: »Wissen Sie, ich kann Ihnen die Mühe ersparen, sich mit all diesen Bewerbungen herumzuschlagen. Ich bin genau die Richtige für diese Stelle.« Mit einem erleichterten Seufzer bat die Frau Elsa herein und machte sie mit der Person bekannt, die die Macht hatte, sie einzustellen. Schon am nächsten Tag erhielt sie eine feste Zusage.

einiges geändert, insbesondere steigen die Zahlen immer weiter an. Aber die *Verhältnisse* sind grundsätzlich in den letzten 30 Jahren gleich geblieben.

Warum? Warum kommt auf diese gewaltige Menge Bewerber nur so eine geringe Anzahl Arbeitgeber? – Ganz einfach! Weil Arbeitgeber sich etwas Schöneres vorstellen können, als sich durch Unmengen Bewerbungen zu arbeiten. Außerdem ziehen sie andere Arten vor, nach Bewerbern zu suchen. Selbst wenn sie wöchentlich eine erhebliche Stundenzahl in »aktives E-Cruiting« investieren, führt das nur zu einem geringen Anteil aller Neueinstellungen – in den USA lediglich 8 Prozent. Der Aufwand steht also in keinem Verhältnis zum Ertrag, und die meisten Arbeitgeber und Personalverantwortlichen wären diese lästige Aufgabe liebend gern los.

Wer zahlt, diktiert die Regeln

Was ist da los? Wir haben ein Jobsuchsystem, das eigentlich für Bewerber und Arbeitgeber gleich gut funktionieren *sollte* – was aber nicht der Fall ist. Diejenigen, die die Spielregeln für dieses Jobsuchsystem festlegen, *sollten* die Interessen von Bewerbern und Arbeitgebern gleichermaßen im Blick haben – was ebenso wenig der Fall ist. Das alte Sprichwort »Wer zahlt, diktiert die Regeln« trifft zehnfach auf das Geschäft Jobsuche zu. Denn es handelt sich um ein *Geschäft* wie jedes andere. Unmengen von Menschen verdienen daran: Inhaber von Homepages, Zeitungen, Personalvermittler, Personalberater, Coaches, Headhunter und andere mehr. Dieser ganze Apparat lebt nicht von Ihrem Geld, sondern von dem der Arbeitgeber. Nicht Sie, sondern die Arbeitgeber greifen immer wieder darauf zurück. Nicht Ihr Geld, sondern das der Arbeitgeber finanziert Jobbörsen und den Stellenmarkt in den Zeitungen. Die Arbeitgeber – und *nur* sie – »geben den Ton an« und bestimmen die Spielregeln. Das erklärt die Teile des Gesamtsystems, die Jobsuchende zum Wahnsinn treiben. Es erklärt beispielsweise, warum *Sie* eine Bewerbung losschicken müssen, der Arbeitgeber aber keinerlei Verpflichtung hat, darauf zu reagieren, nicht einmal in Form einer Eingangsbestätigung. Wenn es nach *Ihnen* ginge, wären die Arbeitgeber dazu verpflichtet, Sie wenigstens zur Kenntnis zu nehmen. Aber es geht nicht nach Ihnen. Auch nicht nach mir.

Bei der herkömmlichen Jobsuche geben allein die Arbeitgeber den Ton an. Das heißt nicht zwangsläufig, dass Arbeitgeber »böse« und Sie das Opfer sind. Es ist nun einmal so. Aber wenn Sie das einsehen und begreifen, *wessen* Spiel Sie da mitspielen, dann können Sie Ihrer eigenen Jobsuche zum Erfolg verhelfen, indem Sie eine einfache Regel befolgen:

> Stellen Sie sich bei der Jobsuche auf die Arbeitgeber ein – finden Sie heraus, wie sie vorgehen, wo man an sie herankommen kann, und passen Sie Ihr eigenes Verhalten entsprechend an.

Der größte Stolperstein: »*Den* Arbeitgeber« gibt es nicht!

Das Problem daran ist, dass es »*den* Arbeitgeber« in Wirklichkeit gar nicht gibt. Die Verallgemeinerung unterstellt, es handele sich um eine große, homogene Gruppe, einen »Stamm«, mit einer gemeinsamen Ausrichtung, einer gemeinsamen Weltanschauung und gemeinsamen Werten und Vorlieben. Das ist nicht der Fall. In Wirklichkeit unterscheiden sich Arbeitgeber voneinander wie Tag und Nacht. Folglich ist jeglicher Versuch, »*die* Arbeitgeber« als eine Gruppe zu behandeln, von vornherein zum Scheitern verurteilt.

Wir müssen uns also darauf beschränken, von Arbeitgebern *im Allgemeinen,* vom *Durchschnitt* oder der *Mehrzahl* der Arbeitgeber zu sprechen, und bei jeder Verallgemeinerung in Kauf nehmen, dass es Tausende von Ausnahmen gibt. Trotzdem sind ein paar allgemeine Aussagen möglich, die auf *viele,* wenn nicht sogar *die meisten* Arbeitgeber zutreffen.

Viele, wenn nicht sogar die meisten Arbeitgeber gehen bei der Suche nach Arbeitnehmern genau umgekehrt vor wie Arbeitnehmer bei der Suche nach ihnen

Die Regel lautet, wie ich schon sagte: Stellen Sie sich bei der Jobsuche auf die Arbeitgeber ein – finden Sie heraus, wie sie vorgehen, wo sie anzutreffen sind, und passen Sie Ihr eigenes Verhalten entsprechend an. Die Grafik auf Seite 73 zeigt, *wie* gründlich die meisten Jobsuchenden diese Regel missachten.

Wie Arbeitgeber nach Arbeitnehmern suchen

Die herkömmliche Jobsuche

So besetzt ein Arbeitgeber
in der Regel freie Stellen

1 / **6** *Betriebsintern: Beförderung eines Vollzeit-Mitarbeiters, Beförderung eines Teilzeit-Mitarbeiters, Übernahme eines früheren Beraters in eine Festanstellung, Übernahme eines von einer Zeitarbeitsfirma vermittelten Mitarbeiters in eine Festanstellung. Der Gedanke des Arbeitgebers: „Ich möchte jemanden einstellen, dessen Arbeit ich schon kenne."* (Eine Strategie mit geringem Risiko für den Arbeitgeber.)

Konsequenzen für Bewerber: Versuchen Sie, bei der Organisation Ihrer Wahl zunächst befristet, über einen Beratervertrag oder eine Zeitarbeitsfirma angestellt zu werden. Fassen Sie die Festanstellung erst später ins Auge (wenn überhaupt).

2 / **5** *Aufgrund von Qualifikationsnachweisen: Einstellung eines fremden Bewerbers, der seine relevanten Fähigkeiten für die betreffende Stelle anhand von Arbeitsproben nachweist.*

Konsequenzen für Bewerber: Wenn Sie Programmierer sind, bringen Sie ein Programm mit, das Sie entwickelt haben; wenn Sie Fotograf sind, bringen Sie Fotos mit; wenn Sie Berater sind, bringen Sie eine Fallstudie mit etc.

3 / **4** *Aufgrund von Empfehlungen: Einstellung eines Bewerbers, dessen Arbeit ein persönlicher oder geschäftlicher Freund schon kennt (zum Beispiel weil er ihn bereits früher beschäftigt hat).*

Konsequenzen für Bewerber: Machen Sie jemanden ausfindig, der die Person kennt, die in der Organisation Ihrer Wahl für die Stellenbesetzung zuständig ist, und der außerdem Ihre Arbeit kennt und Sie dort empfehlen kann.

4 / **3** *Über eine Agentur, mit der Ihr zukünftiger Arbeitgeber zusammenarbeitet: Das kann ein Personalberater oder Headhunter sein oder auch eine Personalvermittlung, die der Arbeitgeber mit der Vorauswahl beauftragt hat.*

5 / **2** *Mithilfe einer Stellenausschreibung des Arbeitgebers (beispielsweise im Internet oder in der Zeitung).*

6 / **1** *Aufgrund einer Bewerbung: selbst wenn diese unaufgefordert eingereicht wurde (in dringenden Fällen).*

So beginnt ein Bewerber
in der Regel die Jobsuche

Sie haben es sicher schon anhand der Grafik erkannt: Arbeitgeber und Arbeitssuchende setzen die gleichen Strategien ein, aber *in genau umgekehrter Reihenfolge*. Die Strategie, die Arbeitgeber favorisieren, ist bei Jobsuchenden am wenigsten verbreitet. Und die Strategie, die Jobsuchende favorisieren, liegt den Arbeitgebern am wenigsten. Kein Wunder, dass es so schwer ist, beide unter einen Hut zu bringen. Bei dieser herkömmlichen Form der Jobsuche rennen Arbeitssuchende und Arbeitgeber auf der Suche nacheinander genau in entgegengesetzte Richtungen los.

Getrennte Welten

Der Arbeitgeber rennt in die eine Richtung, Sie in die andere. Die Jobsuche ist eine verkehrte Welt. Eigentlich sind es zwei Welten – die des Arbeitgebers und die des Bewerbers.

Sie legen es auf die Einstellung an, der Arbeitgeber aufs Aussortieren – bis in die allerletzte Phase.

Sie hätten gern eine Eingangsbestätigung für Ihre Bewerbung; der Arbeitgeber fühlt sich so überlastet, dass er sich nicht die Zeit dazu nimmt.

Für Sie zählt hauptsächlich Ihre Bewerbung, für den Arbeitgeber dagegen Ihr gesamtes Verhalten bei der Jobsuche.

Sie wünschen sich, dass der Arbeitgeber Ihnen entgegenkommt; der Arbeitgeber überlässt es lieber Ihnen, die Initiative zu ergreifen. Es hilft Ihnen zum Beispiel überhaupt nichts, wenn Ihr Stellengesuch »im Netz steht«. Nur die wenigsten Arbeitgeber nehmen sich die Zeit, danach zu suchen. Die meisten schreiben eine freie Stelle stattdessen auf ihrer eigenen Website aus, vielleicht auch zusätzlich in einigen der großen »Jobbörsen« oder in der Zeitung – und dann liegt es bei Ihnen als Jobsuchenden, den Ball aufzunehmen und sich auf die Ausschreibung hin zu bewerben.

Arbeitgeber erwarten von Bewerbern, dass sie schon vor einem Vorstellungsgespräch »ihre Hausaufgaben machen« und sich darüber informieren, wie die betreffende Organisation arbeitet und was ihre aktuellen Schwerpunkte sind.

© UFS, Inc.

Wie Arbeitgeber nach Arbeitnehmern suchen

1. **Viele, wenn nicht sogar die meisten Arbeitgeber** gehen zuerst nach den Bewerbungsunterlagen. Die Frage ist allerdings, wie diese Bewerbungsunterlagen aussehen sollten. Sie werden oft zu hören bekommen, es gebe ein Standardformat für Bewerbungen (eine Form, die allen Arbeitgebern zusagt). Das stimmt nicht. Die Bewerbung, die einen Arbeitgeber besonders anspricht, wird den anderen abstoßen. Ich hatte früher das Hobby, erfolgreiche Bewerbungen zu sammeln – also solche, die jemandem zu einem Vorstellungsgespräch und letztendlich zu einen Job verholfen hatten. Da ich von Natur aus verspielt bin, machte ich mir einen Spaß daraus, sie befreundeten Arbeitgebern beim Essen kommentarlos vorzulegen. Vielen gefielen die erfolgreichen Bewerbungen gar nicht. »Damit kriegt nie und nimmer jemand einen Job«, sagten sie. Darauf erwiderte ich: »Entschuldigung, aber da täuschen Sie sich. Damit hat schon jemand einen Job gekriegt. Was Sie meinen, ist, damit bekäme niemand einen Job *bei Ihnen*.« Glauben Sie also niemandem, der Ihnen erzählt, es gebe nur *ein einziges* verbindliches Standardformat für Bewerbungen oder nur *einen* bestimmten Stil, mit dem man unter Garantie Erfolg habe.
Jeder Arbeitgeber ist anders. Und was die »richtige Form« betrifft, wage ich zu behaupten, dass wir nach 4 000 Jahren immer noch nicht weiter sind als mit den Tintenklecksen beim Rorschachtest: Was der eine Arbeitgeber auf die eine Art deutet, das legt der nächste völlig anders aus.
Manche Arbeitgeber reagieren grundsätzlich allergisch auf vollständige Bewerbungsunterlagen und reagieren schon gereizt, wenn sie nur eine

in ihrer Post finden. In solchen Fällen kann ein kurzes Anschreiben, das den gleichen Inhalt knapp zusammenfasst, oft viel mehr bewirken als eine ganze Bewerbungsmappe.

Das Problem ist allerdings, dass Sie nicht wissen, *welcher* Arbeitgeber *was* mag. Wenn Sie Ihr Stellengesuch in eine Jobbörse im Internet stellen, in elektronischer Form oder per Post an einen Arbeitgeber Ihrer Wahl versenden, ist also grundsätzlich das Stoßgebet fällig: »Bitte, lieber Gott, gib, dass dieser Arbeitgeber einer ist, der Bewerbungen mag, und gib, dass diese Bewerbung *die Arbeitgeber anspricht, auf die es mir ankommt.*«

2. **Viele, wenn nicht sogar die meisten Arbeitgeber** erwarten, dass *Sie* auf *sie* zukommen. Und wo suchen Sie nach ihnen? Instinktiv neigen Sie wahrscheinlich dazu, auf den *bekanntesten* Websites zu suchen – denen, die am häufigsten aufgerufen werden. Müssen die Chancen dort nicht am größten sein?

Die Antwort lautet: Ja, *sofern* dort wirklich viele Arbeitgeber vertreten sind. Aber darüber sagen die Zugriffszahlen allein noch wenig aus. Was bedeutet zum Beispiel eine Zugriffszahl von 85 850 – sind das 85 000 Zugriffe durch Jobsuchende und 850 durch Arbeitgeber, oder sind es 85 000 durch Arbeitgeber und 850 durch Jobsuchende? Das weiß man nicht. Aber gerade darauf kommt es an.

Es geht nicht darum, welche Jobbörsen »bekannt« sind, sondern welche die Arbeitgeber favorisieren. Auf *diese* müssen Sie sich konzentrieren. Laut einer kürzlich veröffentlichten Studie sind das (jetzt, da ich dies schreibe) die folgenden:[2]

Die höchste Präferenz von Arbeitgebern: die kommerziellen Jobbörsen zu sichten (entweder um Online-Stellengesuche zu sichten oder um selbst Stellen auszuschreiben). Die 64 000-Euro-Frage: *welche* kommerziellen Jobbörsen? Dazu gibt es zahlreiche Statistiken. Viele Stellenbörsen geben sich in ihren PR-Berichten als die wichtigste, interessanteste und größte aus. In der Studie *E-Cruiting* der Dr. Jäger Medien-Service & Consulting GmbH bezüglich der Zufriedenheit mit bestimmten Jobbörsen nannten Arbeitgeber am häufigsten *Jobpilot, Stepstone, Jobware* und *Stellenanzeigen.de. Stepstone* schnitt davon am besten ab. Interessant ist in diesem Zusammenhang das Ergebnis einer parallelen Befragung von Hochschulabsolventen: Diese nannten am häufigsten

Monster.de, *Stepstone* und *Jobpilot*, die übrigen Jobbörsen waren deutlich weniger bekannt.

Die zweithöchste Präferenz von Arbeitgebern: der Blick auf die eigene Homepage. Zirka ein Viertel der befragten Unternehmen in der Studie *E-Cruiting* hatten monatlich über 10 000 Page Impressions beziehungsweise Visits auf ihren E-Cruiting-Seiten. Dabei handelte es sich ausschließlich um Großunternehmen, die aufgrund ihres Images als Arbeitgeber (des so genannten »employer branding«) oder aufgrund der Bekanntheit ihrer Produkte eine hohe Besucherfrequenz hatten. Kleine Unternehmen sind demgegenüber deutlich im Nachteil.

Die dritte Präferenz von Arbeitgebern: »freie«, kommerzielle Jobbörsen (wo sie entweder die vorhandenen Gesuche und Bewerberprofile durchsehen oder selbst freie Stellen anbieten). Welche Jobbörsen? – Dazu liegen keine Angaben vor.

Die geringste Präferenz von Arbeitgebern: der Blick auf Newsgroup-Sites (wo sie entweder die vorhandenen Gesuche und Bewerberprofile durchsehen oder selbst freie Stellen anbieten). Insgesamt betrachtet sagten die befragten Arbeitgeber aus, Newsgroups seien die am wenigsten erfolgversprechende Möglichkeit, im Internet passende Bewerber zu finden.

3. **Viele, wenn nicht sogar die meisten Arbeitgeber** legen es bei den vielen Bewerbungen, die sie auf diese Weise bekommen, zunächst hauptsächlich aufs *Aussortieren* an. Sie müssen die Menge der Bewerber so weit wie möglich reduzieren, bevor sie sich überhaupt mit dem Gedanken beschäftigen, jemanden *einzustellen*.

4. **Viele, wenn nicht sogar die meisten Arbeitgeber** sortieren Bewerber aufgrund ihres Verhaltens bei der Jobsuche aus – besonders aufgrund mangelnder Initiative oder Ausdauer. Arbeitgeber haben oft zwei oder mehr Bewerbungen von gleich qualifizierten Bewerbern zur Auswahl. Wie kann man einen oder mehrere davon aussortieren? Viele Arbeitgeber vergleichen dann die Initiative und Ausdauer der Bewerber. Um das beurteilen zu können, versuchen sie herauszufinden, welcher Bewerber *alle vier* folgenden Punkte erfüllt:

Wild Life by John Kovalic, © 1989 Shetland Productions.

Kontaktaufnahme – findet die Stellenausschreibung des Arbeitgebers (entweder auf der eigenen Website des Arbeitgebers oder in einer der bekannten Internet-Jobbörsen).

Online-Bewerbung – schickt die Bewerbung per E-Mail an den Arbeitgeber, entweder an die Adresse, die in der Anzeige angegeben ist, oder an die Website des Arbeitgebers.

Ansprechend gestaltete Papierversion – schickt zusätzlich am gleichen Tag per Post eine ansprechend gestaltete Papierversion, sodass der Arbeitgeber sehen kann, wie die Bewerbung im Original aussieht.

Telefonischer Kontakt – vergewissert sich innerhalb einer Woche telefonisch, ob beide Versionen der Bewerbung angekommen sind, und erkundigt sich nach einem Termin für ein Vorstellungsgespräch. (Aufgepasst: Lassen Sie sich als Bewerber in diesem Stadium nicht auf ein telefonisches Interview ein. Denken Sie daran, dass der Arbeitgeber noch beim Aussortieren ist. Klären Sie lediglich, ob Ihre Bewerbung angekommen ist, und versuchen Sie, einen Termin für ein Vorstellungsgespräch zu vereinbaren. Datum und Uhrzeit, nichts weiter – »Es tut mir leid, ich kann jetzt kein Gespräch führen, ich bin gerade bei der Arbeit.«)

Das Prinzip ist klar: Der Bewerber, der nur die ersten beiden Punkte erfüllt, ist als Erster aus dem Rennen (»faul«); als Nächstes wird derjenige aussortiert, der nur die ersten drei Punkte erfüllt (»nicht besonders ausdauernd«). Nur wer alle vier Punkte erfüllt, schafft es in die nächste Runde. Denn noch wird nicht ausgewählt, sondern aussortiert.

5. **Viele, wenn nicht sogar die meisten Arbeitgeber** beurteilen Sie auf der Grundlage folgender sieben Kriterien.[3]

Dies sind die Fragen zu Ihrer Person, die den Arbeitgeber beim Vorstellungsgespräch interessieren – natürlich in unterschiedlicher Gewichtung, je nachdem, um welchen Beruf es sich handelt. Wenn Sie sich beispielsweise als Literaturagent oder als Marketingdirektor verkaufen wollen, ist der Punkt »Kontakte« von entscheidender Bedeutung; für eine Anstellung als IT-Fachkraft ist er dagegen völlig irrelevant.

Wo bleiben *Ihre* Wünsche und Ziele?

Die herkömmliche Jobsuche, wie wir sie in diesem Kapitel behandelt haben, setzt voraus, dass Ihre eigenen Ziele im Wesentlichen von Anfang an feststehen. Sie wollen an diesem Punkt nichts weiter erreichen, als eingestellt zu werden. Sie spielen also das Spiel des Arbeitgebers mit und orientieren sich an *ihm*. Sie finden heraus, wie Arbeitgeber vorgehen, wie man Kontakt zu ihnen bekommt, und passen Ihr eigenes Verhalten entsprechend an. Darum ging es in diesem Kapitel.

Wenn Ihnen das alles unfair vorkommt und Sie bei der Jagd nach einem Job lieber von *Ihren* Wünschen und Zielen ausgehen wollen, dann geht das über die herkömmliche Jobsuche hinaus. Dazu müssen Sie sich auf eine grundlegende berufliche Neuorientierung einlassen – eine kreative, lebensverändernde Jobsuche. Diese setzt bei *Ihren* Lebenszielen an. Vielleicht entscheiden Sie sich für den Schritt in die Selbstständigkeit, vielleicht dafür, nicht bei einem Großunternehmen, sondern in einem kleineren Betrieb zu arbeiten, vielleicht entscheiden Sie sich dafür, gänzlich andere Fähigkeiten einzusetzen als bisher, sich ein völlig neues Tätigkeitsfeld zu erschließen. Die Ausgangsfrage ist, was *Sie* wollen. Ihre Wünsche. Ihre Vorstellungen. Ihre Pläne.

Ja, so eine Jobsuche, die bei *Ihnen* ansetzt, kann Ihr Leben verändern. Und darum geht es in den verbleibenden Kapiteln dieses Buches.

KAPITEL 5

Dreiundzwanzig Tipps für die erfolgreiche Jobsuche

*Bete, als hinge alles von Gott ab;
und dann arbeite, als hinge alles von dir ab.*

Die drei Prinzipien der erfolgreichen Jobsuche

Ich möchte Sie auf drei Prinzipien aufmerksam machen, die in den Erfolgsgeschichten von Jobsuchenden immer wieder auftauchen. Betrachten Sie sie als die ersten drei unserer 23 Tipps.

1

Das erste Prinzip ist, dass niemand Ihnen einen Job schuldet. Wenn Sie einen bekommen wollen, müssen Sie sich selbst auf die Suche danach machen – mit aller Entschlossenheit. Das kommt Ihnen vielleicht selbstverständlich vor, aber viele Bewerber geben bekanntermaßen schon während der ersten Monate ihrer Jobsuche auf. Nach einer Untersuchung des Instituts für Arbeitsmarkt- und Berufsforschung (IAB) brachten ein Fünftel der Arbeitslosen bei der Stellensuche nicht genügend Initiative auf. Als Hauptgrund wurde länger andauernde Arbeitslosigkeit genannt.[1] Diese Menschen kapitulieren, wenn sie merken, dass es nicht so einfach, schnell und problemlos geht, wie sie es sich vorgestellt haben. Sie hoffen und warten auf Rettung, die aber nicht kommt. Sie begreifen die bittere Wahrheit nicht: *Niemand ist Ihnen einen Job schuldig*, ganz gleich, was Ihre Freunde Ihnen erzählen – wenn Sie einen Job wollen, müssen *Sie* sich selbst aufraffen und alles daran setzen, einen zu finden.

2

Das zweite immer wiederkehrende Prinzip dieser Geschichten lautet: Der Erfolg der Stellensuche steht in direktem Verhältnis zu dem Einsatz, mit dem man sie betreibt. Je mehr Sie sich anstrengen, je mehr Zeit Sie der Jobsuche widmen, desto eher werden Sie die Stelle finden, die Sie sich wünschen. Das heißt, sofern Sie Ihre Energie gezielt einsetzen.

3

Das dritte Prinzip, das sich durch all diese Geschichten hindurchzieht, lautet: Wer bei der Jobsuche Erfolg haben will, muss bereit sein, verschiedene Taktiken anzuwenden. Wenn Sie mit einer Strategie nichts erreichen, versuchen Sie es mit einer anderen. Die Expertin Carol Christen spricht vom *Jobsuchwahn*, wenn man »etwas, das sich als vergeblich erweist, erst recht immer weiter versucht«. Das geeignete Mittel gegen diesen Wahn liegt auf der Hand: Wenn Sie auf Stellenanzeigen in der Zeitung antworten, wenn Sie auf Jobangebote im Internet reagieren, wenn Sie Ihre Bewerbung *überallhin* schicken, wenn Sie vergeblich Verträge mit Vermittlungsagenturen abschließen und nichts davon zum Erfolg führt, dann versuchen Sie es nicht weiter auf dieselbe Art. *Wechseln Sie die Strategie.*

Wenn Sie mit Ihrem Latein am Ende sind

Aber vielleicht kennen Sie keine anderen Strategien. Wenn Sie es mit den herkömmlichen Jobsuchmethoden versucht haben – Bewerbungen, Vermittlungsagenturen, Stellenanzeigen, Internet – und damit nichts erreicht haben, dann stehen Sie vielleicht plötzlich vor der Erkenntnis: »Ich glaube, ich kenne gar keine anderen Möglichkeiten, einen Job zu finden.« Aber keine Sorge – dafür gibt es Abhilfe. Welche, erfahren Sie unter Punkt 4.

4

Sprechen Sie mit Verwandten, Freunden und Bekannten, die *erfolgreich* einen Job gesucht haben – mit Menschen, die arbeitslos waren und inzwischen eine Stelle gefunden haben, mit der sie wirklich glücklich sind. Finden Sie heraus, wie *sie* es angefangen haben, und machen Sie es genauso. Auf dieses Buch können Sie dann wahrscheinlich getrost verzichten.

Auf diese Weise kann man alles Mögliche lernen. Wenn Sie Tennis spielen und sich darin verbessern wollen, sprechen oder trainieren Sie mit *guten* Tennisspielern, um es von ihnen zu lernen. Wenn Sie laufen und sich darin verbessern wollen, sprechen oder trainieren Sie mit *guten* Läufern, um es von ihnen zu lernen.

Das Gleiche gilt auch für die Jobsuche. Wenn Sie auf Arbeitssuche sind und sich darin verbessern wollen, sprechen Sie mit Menschen, die sich damit auskennen.

Es kann natürlich sein, dass Sie nicht besonders viele erfolgreiche Jobsuchende in Ihrem Bekanntenkreis haben. Darum lesen Sie jetzt gerade dieses Buch. Sie hoffen, dass ich welche kenne. Allerdings! Und auf den verbleibenden Seiten dieses Kapitels möchte ich Ihnen einige Hinweise, Tipps, Patentrezepte und Strategien vermitteln, von denen ich während der vergangenen 30 Jahre brieflich, telefonisch, per E-Mail oder in persönlichen Gesprächen erfahren habe. Weiter geht's mit Tipp Nummer 5.

5

Wenn Sie schneller an einen der Jobs herankommen wollen, die es ja schließlich *gibt*, dann machen Sie sich zunächst klar, dass Sie bereits einen Job haben. Ihr derzeitiger Job ist die Stellensuche. Betrachten Sie Ihr ganzes Leben unter der Vorgabe, dass Sie schon *immer* einen Job gehabt haben, nur eben in verschiedenen Lebensabschnitten jeweils einen anderen. Mal waren Sie angestellt, dann war das Ihr Job. Zu anderen Zeiten waren Sie vielleicht selbstständig tätig, dann war das Ihr Job. Wenn Sie jetzt nach einer neuen Stelle suchen, dann ist das Ihr Job. Sie sind also niemals ohne Job. Offiziell mögen Sie als »arbeitslos« gelten – aber *Sie* müssen die Perspektive einnehmen, dass Sie eine (wenn auch unterbezahlte) Vollzeitstelle haben, eine Fünftagewoche und einen Achtstundentag.

Treten Sie um 9 Uhr zur Arbeit an und machen Sie um 17 Uhr Feierabend, wie ein ganz normaler Arbeitnehmer.

Ich lege deshalb so großen Wert darauf, weil Studien die niederschmetternde Tatsache enthüllt haben, dass zwei Drittel aller Arbeitssuchenden wöchentlich fünf Stunden oder weniger auf die Jobsuche verwenden.[2]

Sie müssen aber mindestens 35 Stunden wöchentlich darauf verwenden, einen der *vorhandenen* Jobs zu finden. Dadurch sollte sich die Dauer Ihrer Jobsuche erheblich reduzieren lassen – wirksamer als durch jeden anderen Faktor. Das Institut für Arbeitsmarkt- und Berufsforschung in Nürnberg (IAB) untersuchte in Deutschland, wie eine verstärkte Aktivität bei der Jobsuche sich auf die Chancen auswirkt, die Arbeitslosigkeit zu beenden. Das Ergebnis bestätigte die Erwartung, dass die Chancen mit der Suchaktivität erheblich ansteigen. In den alten Bundesländern lag die Wahrscheinlichkeit, eine Stelle zu finden, bei den sehr aktiv Suchenden um das Neunfache höher als bei den wenig aktiv Suchenden, in den neuen Bundesländern um das Fünffache.[3]

Falls das Prinzip noch nicht deutlich geworden ist, hier ein Beispiel: Stellen wir uns eine Arbeitssuchende vor, die sich nur fünf Stunden wöchentlich mit der Jobsuche beschäftigt und die letztendlich 30 Wochen braucht, um eine Stelle zu finden. Sie hat also insgesamt 150 Stunden in die Suche investiert.

Nehmen wir nun an, dieselbe Person würde in der Zeit zurückversetzt, wüsste diesmal aber, dass sie insgesamt 150 Stunden brauchen wird. Also entscheidet sie sich, wöchentlich 35 Stunden in die Suche zu investieren, um die 150 Stunden schneller »abzuarbeiten«. Bei gleichen Rahmenbedingungen würde sie, wie Sie sich ausrechnen können, nur noch vier Wochen brauchen, um eine Stelle zu finden.[4]

6

Stellen Sie sich mental (und finanziell) darauf ein, dass die Jobsuche länger dauern wird als vorgesehen. *Selbst wenn Sie einen Vollzeitjob daraus machen, dauert die kürzeste Stellensuche immer noch einige Wochen, abhängig von verschiedenen Faktoren.* Es kommt natürlich auf die Art der Stelle an, auf Ihren Wohnort, Ihr Alter, Ihre Gehaltsvorstellungen und die Wirtschaftslage in Ihrer Region.

Aber verlassen Sie sich nicht darauf, dass es mit ein paar Wochen getan ist. Machen Sie sich auf einen längeren Zeitraum gefasst. Erfahrene Outplacementberater geben schon seit langem an, dass die Suche nach einem der Jobs, die es gibt, voraussichtlich pro 10 000 Euro Zielgehalt einen Monat dauert. Das mag einerseits blanker Unsinn sein, aber andererseits könnte diese Statistik sich wohl nicht so hartnäckig halten, wenn die Erfahrung der Leute (oder das, was sie von Freunden hören) sie nicht bestätigen würde.

7

Bleiben Sie am Ball, bis Sie einen Job finden. *Beharrlichkeit* ist alles. Beharrlich sein heißt, dass Sie Ihre Bewerbung per E-Mail versenden *und* per Post an denselben Empfänger schicken *und* eine Woche später noch einmal telefonisch nachfassen. Beharrlich sein heißt, gegebenenfalls über Monate hinweg noch mehrmals überprüfen, ob es bei den Unternehmen, für die Sie sich interessieren, inzwischen vielleicht doch freie Stellen gibt. Beharrlich sein heißt lernen, keine Quote im Kopf zu haben. Denn die unausgesprochene Vorstellung von einer Quote wird vielen Bewerbern zum Verhängnis. Sie denken: »Nach etwa 50 Online-Bewerbungen, 25 E-Mails, 15 Telefonaten oder drei Vorstellungsgesprächen habe ich be-

»Durchstarten? Ich habe noch nicht einmal einen Zündschlüssel«

stimmt einen Job gefunden.« Sie machen sich auf die Suche, erfüllen ihre Quote oder übertreffen sie sogar – und wenn sie dann immer noch keine Stelle haben, geben sie auf. Unverrichteter Dinge. Wenigstens einem von drei Arbeitssuchenden ergeht es so. Also hüten Sie sich davor.

Was ein Jobsuchender am allerdringendsten braucht, ist Hoffnung. Und Hoffnung entsteht aus *Beharrlichkeit*.

8

Versteifen Sie sich nicht darauf, unbedingt genau die gleiche Art Arbeit zu finden, die Sie bisher ausgeübt haben. Ja, ich weiß schon, was Sie denken. Wenn Ihr letzter Job Ihnen gefallen hat, denken Sie bestimmt: »Am liebsten würde ich wieder genau so eine Stelle finden, wie ich sie bisher hatte, und zwar genau unter der gleichen Berufsbezeichnung.«

Mag sein, dass es Ihnen sogar gelingt. Aber stellen Sie sich auch darauf ein, dass dieses Leben und diese Welt in ständigem Wandel begriffen sind und dass es manche Jobs plötzlich einfach nicht mehr gibt. Sie können nicht immer damit rechnen, wieder genau die gleiche Arbeit zu finden wie früher. Klammern Sie sich nicht an berufliche Etiketten (wie: »Ich bin Mechaniker«), sondern definieren Sie sich stattdessen als »ein Mensch, der ...«. Überlegen Sie sich, welche andere berufliche Richtung (oder welche anderen Richtungen) Sie einschlagen könnten und gern einschlagen würden.

9

Gehen Sie nicht danach, welche Jobs »es gibt«. Gehen Sie danach, was Sie selbst wirklich wollen.

10

Wenn Sie sich darüber im Klaren sind, dann erzählen Sie aller Welt davon. Je mehr Leute Bescheid wissen, umso mehr können für Sie Augen und Ohren offen halten.

„Sie werden diese Arbeit mögen, nur manchmal nicht, wenn man Sie unter einem Papierberg begräbt."

© 1982 NEA, Inc.

11

Wenn Sie einen Anrufbeantworter haben, könnten Sie Ihre Stellensuche vielleicht sogar im Ansagetext unterbringen: »Hallo, hier spricht Sandra. Ich bin zurzeit nicht erreichbar, weil ich nach einem Job in der Buchhaltung eines Krankenhauses suche. Hinterlassen Sie bitte nach dem Piepton eine Nachricht, Ihre Telefonnummer und gern auch einen Hinweis oder einen Tipp, an wen ich mich wegen der Jobsuche wenden könnte. Vielen Dank.«

12

Schließen Sie sich einer Selbsthilfe- oder sonstigen Gruppe an, damit Sie bei der Jobsuche nicht ganz auf sich allein gestellt sind. Sie würden staunen, wenn Sie wüssten, wie hilfreich Unterstützung durch andere sein kann. Sie gibt Ihnen Auftrieb, wenn Sie drohen den Mut zu verlieren, und hilft Ihnen so, die Suche zügig durchzuführen. Folgende Möglichkeiten stehen zur Auswahl:

- **Bereits bestehende Gruppen von Arbeitssuchenden in Ihrer Stadt.** Es gibt in vielen Städten Arbeitsloseninitiativen oder einschlägige Beratungsstellen; kirchliche Träger und private Initiativen bieten teils in Zusammenarbeit mit dem Arbeitsamt Gruppen an. Am häufigsten sind Angebote für Personengruppen, die als besonders benachteiligt gelten, wie Sozialhilfeempfänger, Jugendliche oder Frauen. Erkundigen Sie sich nach entsprechenden Angeboten.

- **Eine Gruppe für Arbeitsuchende, die noch nicht existiert, die Sie aber mit ins Leben rufen könnten,** vielleicht mithilfe Ihrer Gemeinde oder über das Internet. Manche einfallsreichen Jobsuchenden, die keine vorhandene Gruppe ausfindig machen konnten, haben selbst eine gegründet, indem sie in der Lokalzeitung eine »Kontaktanzeige« schalteten: »Bin derzeit auf Jobsuche und würde mich gern einmal wöchentlich zwecks Erfahrungsaustausch und wechselseitiger Unterstützung mit Gleichgesinnten treffen. Grundlage ist *Durchstarten zum Traumjob*.«
- **Lebensgefährten oder Partner, Großeltern, Geschwister und gute Freunde.** Sie brauchen jemanden, der Sie liebevoll »antreibt«. Jemanden, mit dem Sie sich sich regelmäßig einmal wöchentlich treffen, um zu besprechen, was Sie in dieser Woche getan haben, und der Ihnen die Leviten liest, wenn Sie zu wenig oder gar nichts vorzuweisen haben. Sie brauchen Verständnis, Sympathie *und Disziplin*. Wenn Ihr Lebensgefährte, Ihr Bruder, Ihre Schwester oder Ihr bester Freund Ihnen das bieten kann, dann nehmen Sie es in Anspruch – und zwar *sofort!*
- **Ein Berufs- oder Karriereberater vor Ort.** Beim Stichwort »Selbsthilfegruppe« denkt bestimmt niemand an Karriereberater. Aber viele bieten tatsächlich Gruppensitzungen an, und auch allein können sie eine unschätzbare Hilfe sein. Wenn Sie es sich leisten können, ihre Dienste in Anspruch zu nehmen, und keiner der zuvor genannten Vorschläge zum Erfolg geführt hat, dann sollten Sie darauf zurückgreifen. Lesen Sie aber bitte unbedingt Anhang B (ab Seite 365), bevor Sie sich für einen Berater entscheiden. Dort erfahren Sie auch, wo Sie entsprechende Berater finden.

13

Konzentrieren Sie sich bei Ihrer Jobsuche nicht auf eine oder zwei Organisationen, sondern versuchen Sie es bei vielen verschiedenen. Alles auf eine Karte zu setzen ist *tödlich*. Auch wenn Sie Ihren absoluten Traum-Arbeitgeber gefunden haben, auch wenn Sie *alles* täten, damit er Sie einstellt, auch wenn die Situation noch so vielversprechend aussieht (»Wir rufen Sie garantiert nächste Woche zurück.«) – bleiben Sie unbedingt am Ball und suchen Sie weiter.

Legen Sie die Suche nicht »auf Eis«, sobald Sie eine attraktive Stelle in Aussicht haben, nur weil Sie *hoffen*, dass es mit der Anstellung klappt. Versuchen Sie es weiterhin bei anderen Unternehmen, bis zu dem Tag, an dem Sie tatsächlich eine Stelle antreten!!! Wenn die »sichere Sache« doch noch im letzten Moment platzt, haben Sie sonst viel kostbare Zeit verloren.

Ich werde diese Warnung noch mehrfach wiederholen. Viele Leser werden sie dennoch in den Wind schlagen – und später noch reichlich Gelegenheit haben, an meine Worte zu denken, wenn sie ausgiebig bereuen, nicht darauf gehört zu haben.

14

Versuchen Sie es grundsätzlich bei jeder Institution, die für Sie interessant ist. Kümmern Sie sich nicht darum, ob es dort angeblich freie Stellen gibt.

Unterstreichen Sie diese Regel, schreiben Sie sie sich heraus, kleben Sie sie auf Ihren Badezimmerspiegel, lernen Sie sie auswendig, wiederholen Sie sie jeden Morgen. Ich betone nochmals: *Kümmern Sie sich nicht darum, ob es dort angeblich freie Stellen gibt.*

Wenn Sie Ihre Stellensuche auf Unternehmen beschränken, von denen Sie wissen, dass dort eine Stelle frei ist, können Sie noch bis in alle Ewigkeit suchen! Freie Stellen entwickeln sich oft *lange vor* der offiziellen Ausschreibung. Häufig tragen Chefs oder Manager sich sogar schon einige Zeit mit der *Absicht,* eine Stelle einzurichten, bevor sie tatsächlich etwas in der Richtung unternehmen. Wenn Sie in dieser günstigen Phase Kontakt zu ihnen aufnehmen, sind Sie die Lösung des Problems – aus heiterem Himmel und *ohne Konkurrenten.*

15

Konzentrieren Sie sich besonders auf Organisationen mit 20 oder weniger Mitarbeitern. Jobsuchende neigen oft dazu, große Firmen als »Maß aller

Dinge« für den Arbeitsmarkt zu betrachten. Das geht so weit, dass Zeitungsberichte von Massenentlassungen bei Großunternehmen wie der Deutschen Bank, Siemens, Infineon und General Motors die meisten Jobsucher automatisch zu der Überzeugung führen, es sähe *überall* so düster aus. Wenn sie keinen Job bei einem dieser Großunternehmen finden, denken sie gleich, es gäbe *nirgendwo* Stellen. Dieser Irrtum ist ebenso verbreitet wie fatal.

Tatsache ist, dass es immer Unternehmen gibt, die Leute einstellen – aber das sind meist kleine Betriebe mit 100 oder weniger Mitarbeitern. Wenn Sie Ihre Stellensuche beschleunigen möchten, müssen Sie sich also auf alle kleinen Firmen in Ihrem Tätigkeitsfeld konzentrieren, die in zumutbarer Entfernung liegen und nicht mehr als 100 Mitarbeiter beschäftigen. Ich persönlich würde mit Betrieben anfangen, die maximal 20 Angestellte haben. Lesen Sie täglich den Wirtschaftsteil Ihrer Tageszeitung, informieren Sie sich, welche kleineren Firmen Einstellungen vornehmen, und erkundigen Sie sich an allen möglichen Stellen, auch bei der Industrie- und Handelskammer, welche kleinen Betriebe wachsen und expandieren.

16

Suchen Sie mindestens vier Arbeitgeber pro Tag persönlich auf, was nachweislich besonders bei Arbeitern erfolgversprechend ist, oder rufen Sie mindestens 40 pro Tag an oder kontaktieren Sie unbegrenzt viele über das Internet. Ich betone das, weil Studien belegt haben, dass der durchschnittliche Bewerber nur einen Bruchteil dieser Zahlen erreicht. Kein Wunder, dass die Jobsuche oft so lange dauert (nämlich durchschnittlich 33 Wochen).

Der gesunde Menschenverstand reicht aus, um den Ausweg zu erkennen: Ringen Sie sich dazu durch, Ihre Aktivitäten deutlich zu steigern, und suchen Sie beispielsweise mindestens drei Arbeitgeber pro Werktag auf – mindestens einen am Vormittag und zwei am Nachmittag. Halten Sie das eisern durch, bis Sie eine Stelle gefunden haben. Auf diese Weise können Sie Ihre Jobsuche deutlich verkürzen.

Wenn Sie Arbeitgeber ansprechen, sollten Sie immer darauf vorbereitet sein zu erklären, was Sie von 19 anderen Bewerbern mit der gleichen Qualifikation unterscheidet. Und nehmen Sie Absagen nicht persönlich –

wenn es keine Stelle für Sie gibt, bleiben Sie höflich und fragen Sie, ob Ihr Gesprächspartner von jemand anderem weiß, der Sie möglicherweise einstellen könnte. Bleiben Sie am Ball, bis Sie jemanden finden, der die gewünschte Stelle besetzen möchte.

17

Nutzen Sie das Telefon, um die Suche zu beschleunigen. Natürlich werden manche Experten davon abraten und Ihnen sagen, Sie sollten nie und nimmer telefonisch Kontakt aufnehmen – auf diese Weise würden Sie es dem Arbeitgeber nur umso leichter machen, Sie frühzeitig auszusortieren.

Aber sämtliche erfolgreichen, US-amerikanischen Gruppenprogramme für Arbeitssuchende, die ich über die Jahre hinweg studiert habe – von Nathan Azrins *Job Club* bis zu den *Welfare Reform*-Programmen von Dean Curtis (die auf dem Modell von Dave Perschau und Chuck Hoffman beruhen) – haben sich *stark* auf den Einsatz des Telefons gestützt.

Ich selbst habe Folgendes beobachtet: Je besser das Bewerbungsprogramm funktionierte und je schneller es Menschen zu einem Job verhalf, desto stärker wurden die Bewerber dazu angehalten, das Telefon einzusetzen. Nathan Azrin gab den Jobsuchenden auf, täglich mindestens zehn Anrufe zu tätigen. Chuck Young ließ sie vormittags und nachmittags jeweils hundert Telefonate durchführen.

Wenn Sie also *alles* versucht haben und mit nichts Erfolg hatten, dann sollten Sie auf das Telefon zurückgreifen. Dabei kommt höchstwahrscheinlich etwas heraus, allein schon aufgrund der großen Zahl der Kontakte.

Mir ist natürlich klar, dass das vielen nicht leicht fällt. Manche fühlen sich dabei völlig in ihrem Element, aber die meisten Menschen hassen es, am Telefon um etwas angebettelt zu werden, und entsprechend unangenehm ist es ihnen auch, andere (in diesem Fall Arbeitgeber) in diese Verlegenheit zu bringen.

Falls Sie sich aber doch dazu durchringen – weil Sie verzweifelt oder mit der Geduld am Ende sind –, erfahren Sie aus Büchern (aus der Bücherei oder einer Buchhandlung) ganz genau, wie Sie vorgehen müssen.

Hier eine Zusammenfassung in zehn Punkten:

1. Nehmen Sie sich die *Gelben Seiten* oder das Telefonbuch vor, rufen Sie jede Firma oder Organisation an, die Ihnen interessant erscheint, und fragen Sie, ob es dort vielleicht eine Stelle in Ihrem Bereich gibt.
2. Schreiben Sie genau auf, was Sie sagen wollen, bevor Sie zum Telefon greifen. Manche Experten raten dazu, vor dem Anruf das Ziel und die wichtigen Punkte zu notieren, die Sie während des Gesprächs anschneiden wollen. Aber die beste Empfehlung ist: *Schreiben Sie alles wortwörtlich auf.* Das ist Ihr Skript. Versuchen Sie nicht, etwas zu überspringen. Lesen Sie es einfach ab – aber möglichst lebendig. Ihr Gegenüber soll nicht merken, dass Sie ablesen. Üben Sie vorher ein paar Mal.
3. Telefonieren Sie im Stehen, dann klingt Ihre Stimme kräftiger.
4. Stellen Sie sich vor einen Spiegel, sodass Sie Ihr Gesicht sehen können. Achten Sie darauf, während des Gesprächs zu lächeln.
5. Rufen Sie morgens vor acht, kurz vor Mittag oder abends nach 17 Uhr an. Das sind die besten Zeiten, um einen vielbeschäftigten Manager persönlich zu erreichen, ohne vorher von jemand anderem abgewimmelt zu werden.
6. Wenn jemand abhebt, fragen Sie nach dem Chef. Wenn Sie verbunden werden, sprechen Sie ihn mit seinem Namen an, nennen Sie auch Ihren eigenen Namen, und wenn Sie eine Empfehlung von jemandem haben, dann erwähnen Sie dessen Namen ebenfalls: »Ich habe Ihren Namen von ...« Sie können auch versuchen, das Gespräch zu eröffnen, indem Sie einen persönlichen Bezug zu Ihrem Gegenüber herstellen. Wenn Sie beispielsweise eine Nachricht über die Firma in der Zeitung oder im Internet gefunden haben, könnten Sie folgendermaßen anfangen: »Ich habe gerade gelesen, dass Sie ..., und ich ...« – Versuchen Sie aber nicht, einen Bezug an den Haaren herbeizuziehen.
7. Beschreiben Sie dann *kurz* (in einem Satz) Ihre größte Stärke oder Ihre hervorstechendste Fähigkeit, umreißen Sie *kurz* Ihren fachlichen Hintergrund und fragen Sie anschließend, ob es Bedarf für jemanden mit Ihren Fähigkeiten und Ihrer Qualifikation gibt. Beispielsweise so: »Ich bin ein erfahrener Servicetechniker und habe fünf Jahre Berufserfahrung bei einem japanischen Handelsunternehmen. Haben Sie vielleicht eine passende Stelle frei?« Wenn die Antwort »ja« lautet, sollten Sie einen Termin für ein Vorstellungsgespräch vereinbaren. Wiederholen Sie den Termin und Ihren Namen anschließend noch

einmal, um Missverständnisse zu vermeiden. Wenn die Antwort »nein« lautet, fragen Sie, ob Ihr Gesprächspartner vielleicht eine andere Firma kennt, die an jemandem wie Ihnen interessiert sein könnte. (Diesen Hinweis verdanke ich Dean Curtis.)

8. Wenn Sie ehrenamtlich gearbeitet, für die Lokalzeitung geschrieben, eine gemeinnützige Tätigkeit ausgeübt haben oder Ähnliches, sollten Sie das dezent ins Gespräch einfließen lassen, sofern dieses länger als eine Minute dauert.

9. Wenn Sie bei Ihrem Gesprächspartner starke Vorbehalte gegen einen bestimmten Punkt bemerken, versuchen Sie folgendermaßen zu reagieren:
»Mir ist klar, dass ...«
»Ich habe Verständnis für Ihre Haltung ...«
»Ich verstehe Ihren Einwand ...«
»Natürlich! Allerdings ...«

10. Manche Experten raten, Sie sollten nicht aufs Geratewohl herumtelefonieren, sondern Ihre Anrufe auf Unternehmen beschränken, an denen Sie ernsthaft interessiert sind, und entsprechend mehr Zeit auf die vorherige Recherche verwenden. Andere Experten empfehlen, am Telefon nicht nach einem Job zu fragen, sondern nur Informationen einzuholen. Alle raten dazu, dass Sie sich am Ende bei Ihrem Gesprächspartner bedanken sollten, unabhängig davon, ob er Ihnen weiterhelfen konnte oder nicht.

18

Um Ihre Suche zu beschleunigen, gehen Sie »Klinken putzen« – besonders, wenn Sie ungern telefonieren.

Suchen Sie sich Betriebe aus, bei denen Sie gern arbeiten würden – entweder aus dem Telefonbuch oder indem Sie in Ihrem Dorf oder Ihrer Stadt die Gegenden abgehen, wo Sie gern arbeiten würden. Dann sprechen Sie bei jedem Unternehmen vor, das Ihnen interessant erscheint, und fragen Sie, ob dort zufällig jemand mit Ihren Fähigkeiten gesucht wird. Meist – vor allem in kleineren Betrieben – müssen Sie sich an den Chef oder den Personalverantwortlichen wenden (denjenigen, der tatsächlich über Einstellungen entscheidet), um zu fragen, ob jemand gesucht wird.

Um Ihre Stellensuche so sehr zu beschleunigen wie irgend möglich, müssen Sie jede Gelegenheit nutzen, persönlich mit Arbeitgebern zu sprechen, statt schriftlich Kontakt aufzunehmen (etwa in Form einer Bewerbung). 47,7 Prozent der Arbeitssuchenden, die diesen Ansatz wählen, bekommen dadurch ein Vorstellungsgespräch und letztendlich auch einen Job.

Ein Bewerber sagte: »Meinen allerersten Job bekam ich, indem ich direkt hinging und fragte, ob sie einen Haustechniker suchten. Bei der fünften Firma, die aber nicht die letzte war, erhielt ich eine positive Antwort. Ein paar Tage darauf hatte ich ein Vorstellungsgespräch; zwei Wochen später fing ich dort an. Ich hatte unglaubliches Glück, sie aber auch: Ihr bisheriger Haustechniker hatte zufällig am selben Tag gekündigt, an dem ich vorbeikam. Ich arbeitete dort zwei Jahre lang und fand dann durch Freunde, die ich dort kennen gelernt hatte, eine noch viel bessere Stelle.«

Die meisten Menschen bekommen kalte Füße bei der Vorstellung, einfach irgendwo hinzugehen. Aber wenn Sie mit anderen Methoden nichts erreicht haben, sollten Sie es vielleicht wirklich einmal auf diese Art probieren.

Vielleicht haben Sie mit dem direkten Ansatz Erfolg, vielleicht auch nicht.[5]

Je höher die angestrebte Position, umso geringer sind wohl die Erfolgschancen bei diesem Ansatz. Für Arbeiter und Angestellte mag er vielversprechend sein, für Manager wohl kaum. A. Harvey Belitzky und Harold A. Sheppard fanden vor einigen Jahren im Rahmen ihrer Pionierstudie zum Thema Jobsuche unter dem Titel *The Job Hunt: Job-Seeking Behavior of Unemployed Workers in a Local Economy* heraus, dass der direkte Kontakt – ohne Empfehlung oder Vermittlung – für Arbeiter und Angestellte die effektivste Methode war, an einen Job zu kommen (Arbeiter aufgepasst!).

19

Um Ihre Suche zu beschleunigen, sollten Sie bereit sein, verschiedene Arten von Jobs in Betracht zu ziehen: Vollzeit- oder Teilzeitstellen, unbefristete Verträge (früher »Festanstellung« genannt) und Zeitverträge, Jobs bei Zeitarbeitsfirmen, Angestelltenverhältnisse, Selbstständigkeit und so weiter.

20

Die meisten Menschen kommen sich bei der Arbeitssuche so vor, als hätten sie eine Art Handikap (ob sichtbar oder unsichtbar), das es ihnen unmöglich macht, überhaupt jemals einen Job zu bekommen.

Gedanken wie die folgenden bringen uns dazu, zu denken, niemand würde uns jemals einstellen:

Ich bin körperbehindert.
Ich bin geistig behindert.
Ich habe keinen akademischen Abschluss.
Ich habe kein Abitur.
Ich stecke noch im Examen.
Ich habe erst vor einem Jahr mein Examen gemacht.
Ich habe vor viel zu langer Zeit mein Examen gemacht.
Ich bin Autodidakt.
Ich sehe zu gut aus.
Ich bin zu hässlich.
Ich bin zu dünn.
Ich bin zu dick.
Ich bin zu jung.
Ich bin zu alt.
Ich habe zu wenig Berufserfahrung.
Ich gehe schon auf das Rentenalter zu.
Ich bin vorbestraft.
Ich war schon einmal in der Psychiatrie.
Ich habe noch nie längere Zeit in derselben Stelle gearbeitet.
Ich hatte schon zu viele Jobs.
Ich hatte bisher erst einen einzigen Arbeitgeber.
Ich bin Ausländer.
Ich bin nicht genügend qualifiziert.
Ich bin überqualifiziert.
Ich bin nicht genügend spezialisiert.
Ich bin zu hoch spezialisiert.
Ich habe gerade erst den Militärdienst hinter mir.
Ich habe bisher nur ehrenamtlich gearbeitet.
Ich habe bisher nur für große Firmen gearbeitet.
Ich habe bisher nur für kleine Firmen gearbeitet.
Ich bin zu schüchtern.
Ich bin zu dominant.
Ich komme aus einem anderen Fachgebiet.
Ich komme aus einer anderen Branche.
Ich komme von einem anderen Planeten.

Wenn man sich diese umfangreiche Liste ansieht, läuft es wohl darauf hinaus, dass es in Ihrem ganzen Leben nur ungefähr drei Wochen gibt, in denen Sie überhaupt Chancen auf eine Anstellung haben.

Viele denken, sie bräuchten haufenweise Anleitungen, um die Jobsuche trotz ihres Handikaps zu bewältigen.

Dabei bräuchten sie sich eigentlich nur eine einzige simple Wahrheit immer wieder vor Augen zu führen: Es gibt *zwei* Arten von Arbeitgebern – *die einen, die sich von Ihrem Handikap abschrecken lassen und Sie daher nicht einstellen,*

UND

die anderen, die sich durch Ihr Handikap nicht abschrecken lassen und die Sie daher einstellen, sofern Sie ansonsten für den Job geeignet sind.

Die erste Gruppe – gleichgültig, wie groß sie ist – braucht Sie nicht zu interessieren, es sei denn als Referenzquelle.

Sie konzentrieren sich ganz auf die Arbeitgeber, die sich nicht von Ihrem Handikap abschrecken lassen und die Sie einstellen, *sofern Sie ansonsten für den Job geeignet sind.*

Wenn Sie in einem Vorstellungsgespräch merken, dass der Arbeitgeber an Ihrem (vermeintlichen) Handikap Anstoß nimmt, dann sollten Sie das Gespräch ruhig zum Ende führen und dann – beim Abschied – fragen, ob er noch jemanden kennt, der möglicherweise an Ihren Fähigkeiten interessiert wäre. Bleiben Sie am Ball, bis Sie an einen Arbeitgeber von der zweiten Art geraten.

Das sind diejenigen, die wissen, dass Ihre *fehlenden Fähigkeiten* keine Rolle spielen, solange Ihre *vorhandenen Fähigkeiten* genau den für den fraglichen Job *erforderlichen Fähigkeiten* entsprechen.

21

Nehmen Sie Absagen nicht persönlich. Denken Sie an Tom Jacksons Beschreibung der typischen Stellensuche, die ich bereits weiter oben erwähnt habe (Seite 54). Selbst wenn Sie von vielen Unternehmen Absagen erhalten, nähern Sie sich über all diese »Neins« doch eigentlich immer weiter dem »Ja«. Im Idealfall sollten es am Ende natürlich zwei »Jas« sein – zwei Alternativen, zwischen denen Sie wählen können.

22

Setzen Sie sich jeden Abend hin und schreiben Sie jedem, mit dem Sie an dem betreffenden Tag ein Gespräch hatten, einen Dankesbrief (handschriftlich, mit dem Computer oder per E-Mail). Das gilt nicht nur für

Arbeitgeber, sondern auch für ihre Sekretärinnen, Rezeptionisten und alle, die Ihnen irgendwie behilflich waren. Verschicken Sie keine *Formschreiben*, sondern gestalten Sie die Briefe individuell. Erwähnen Sie eine Besonderheit, etwas, das jemand für Sie getan hat oder das Ihnen an ihm gefallen hat. Nutzen Sie das Dankesschreiben dazu, einen positiven Aspekt des Vorstellungsgesprächs nochmals hervorzuheben oder etwas Wichtiges, das Sie nicht erwähnt haben, zu ergänzen.

Das Dankesschreiben ist von zentraler Bedeutung. Es gab einmal eine Bewerberin, die ein Vorstellungsgespräch für eine Stelle als PR-Beraterin eines Bundesliga-Fußballvereins hatte. Am gleichen Abend schickte sie ein Dankesschreiben. Sie bekam die Stelle dann tatsächlich, und als sie nach dem Grund fragte, erfuhr sie, dass sie als Einzige von 35 Bewerbern nach dem Vorstellungsgespräch einen Dankesbrief geschrieben hatte.

Wenn Sie sich von Ihren Mitbewerbern positiv abheben wollen, wenn Sie schneller an eine Stelle kommen möchten, dann schicken Sie noch am gleichen Tag Dankesbriefe – und zwar an *alle*, mit denen Sie zu tun hatten. Die meisten deutschen Unternehmen (67 Prozent) stehen Dankesbriefen positiv gegenüber, nur 8 Prozent lehnen sie ab.[6]

23

Seien Sie zu jedem Arbeitgeber höflich, auch wenn sicher erscheint, dass er Ihnen keinen Job anbieten kann. Vielleicht werden Sie ja später weiterempfohlen, wenn Sie einen guten Eindruck hinterlassen.

Was tun, wenn all das nicht funktioniert?

Wenn Sie die Strategien in diesem Kapitel anwenden, die von *erfolgreichen* Jobsuchenden stammen, sollten Sie damit Ihre Chance, eine Stelle zu finden, deutlich steigern können. Viel Glück – und wenn Sie einen Job gefunden haben: Herzlichen Glückwunsch! Sie brauchen dieses Buch dann nicht zu Ende zu lesen – *bis zum nächsten Mal.*

Was aber, wenn Sie alle Ratschläge dieses Kapitels getreulich befolgen und *immer noch nichts erreicht haben?* Auch dann gibt es noch einen Rettungsanker für Sie: Stürzen Sie sich auf die Kapitel 6 bis 11. Lesen Sie sie durch und bearbeiten Sie sorgfältig die Übung mit der Blume in Anhang A (wenn Sie sie zügig durcharbeiten, brauchen Sie kaum länger als ein Wochenende dafür).

Und vor allem: Geben Sie nie die Hoffnung auf!

Kapitel 6

Die Kunst der Existenzgründung

Viele Wege führen Sie zum Ziel

Sie bleiben dort, wo Sie jetzt arbeiten

Sie verfolgen die gleiche Karriere, aber in einer anderen Organisation

Sie machen Zeitarbeit

Sie setzen Ihre jetzige Karriere fort

Sie wechseln Ihren Beruf

Ihr nächster Schritt

Sie bleiben an Ihrem jetzigen Wohnort

oder Sie ziehen um

DER UNBEGANGENE WEG

In einem gelben Wald, da lief die Straße auseinander,
und ich, betrübt, daß ich, ein Wandrer bleibend, nicht
die beiden Wege gehen konnte, stand
und sah dem einen nach so weit es ging:
bis dorthin, wo er sich im Unterholz verlor.

Und schlug den andern ein, nicht minder schön als jener,
und schritt damit auf dem vielleicht, der höher galt,
denn er war grasig und er wollt begangen sein,
obgleich, was dies betraf, die dort zu gehen pflegten,
sie beide, den und jenen, gleich begangen hatten.

Und beide lagen sie an jenem Morgen gleicherweise
voll Laubes, das kein Schritt noch schwarzgetreten hatte.
Oh für ein andermal hob ich mir jenen ersten auf!
Doch wissend, wie's mit Wegen ist, wie Weg zu Weg führt,
erschien mir zweifelhaft, daß ich je wiederkommen würde.

Dies alles sage ich, mit einem Ach darin, dereinst
und irgendwo nach Jahr und Jahr und Jahr:
Im Wald, da war ein Weg, der Weg lief auseinander,
und ich – ich schlug den einen ein, den weniger begangnen,
und dieses war der ganze Unterschied.

Robert Frost (1874–1963)[1]

»Der Traum meiner schlaflosen Nächte ...«

Sicher haben Sie schon millionenfach daran gedacht. Hat das nicht jeder? Im Stau auf dem Weg zur Arbeit oder auf dem Heimweg – und immerhin muss jeder sechste Arbeitnehmer in Deutschland pendeln.[2] Sie haben mit dem Gedanken gespielt, wie es wäre, wenn Sie nicht ins Büro fahren müssten (oder wo auch immer Sie arbeiten), sondern selbst als Unternehmer tätig wären, vielleicht sogar von zu Hause aus. Sie würden selbst ein Produkt oder eine Dienstleistung anbieten, wären Ihr eigener Chef und könnten den gesamten Gewinn selbst einstecken. Man nennt das *sich selbstständig machen* beziehungsweise als *Subunternehmer*, *freier Mitarbeiter* oder *Geschäftspartner* tätig werden. Tolle Idee! Nur dass es bisher bei Tagträumen geblieben ist. Bis jetzt. Jetzt sind Sie Ihren Job los – oder sind ihn gründlich leid –, holen die alten Träume wieder aus der Mottenkiste und sagen sich: Jetzt oder nie. Vielleicht sollte ich es einfach anpacken.

Allgemeines zum Thema Home-Office

Vor 300 Jahren war es noch die Regel: Man arbeitete zu Hause oder auf seinem Bauernhof. Erst nach der industriellen Revolution wurde es üblich, außerhalb der eigenen vier Wände zu arbeiten. Neuerdings hat die Idee, zu Hause zu arbeiten, allerdings wieder Auftrieb bekommen – insbesondere aufgrund des hohen Verkehrsaufkommens und der Entwicklung neuer Technologien. Wenn Sie sich die entsprechende Ausstattung leisten können, machen Telefon, Fax, Computer mit Modem, Online-Dienste und Anbieter von Mail-Ordern Ihnen den Weg in die Selbstständigkeit so leicht wie nie zuvor.

Die drei Hauptprobleme beim selbstständigen Arbeiten zu Hause

- Das erste Hauptproblem bei der Existenzgründung ist das vergleichsweise geringere Einkommen. Laut einer deutschen Studie arbeiten zwei Drittel der Telebeschäftigten nach eigener Einschätzung deutlich mehr als zu den Zeiten, in denen sie in einem Betrieb tätig waren.[3] Überlegen Sie also gut, ob Sie das in Kauf nehmen wollen oder ob Sie es sich leisten können, bei gleichem Aufwand weniger zu verdienen als vorher.
- Das zweite Hauptproblem ist die Schwierigkeit, Arbeit und Familie »unter einen Hut zu bringen«. Mal kommt das Privatleben zu kurz, in anderen Fällen (vor allem wenn Sie kleine Kinder haben) kann die Familie Sie so stark in Anspruch nehmen, dass Sie darüber Ihrer Arbeit nicht mehr gerecht werden können. Wer zu Hause arbeitet, braucht ein hohes Maß an Selbstständigkeit, Fähigkeit zum Zeitmanagement und Eigenmotivation – lauter Dinge, die man erst lernen muss. Legen Sie sich unbedingt schon im Vorfeld geeignete Strategien zurecht, mit denen Sie dieses Problem zu Ihrer Zufriedenheit in den Griff bekommen können.
- Drittens schließlich sind Sie als Selbstständiger sozusagen permanent auf der Suche nach Jobs. Manche Arbeitssuchenden finden die Vorstellung, sich selbstständig zu machen, gerade darum so reizvoll, weil es scheint, als könnte man auf diese Weise die leidige Jobsuche kurzerhand beenden. Aber ironischerweise werden Sie als Selbstständiger buchstäblich zum Dauer-Jobsuchenden. Sie müssen ständig neue Kunden oder Klienten finden – das heißt, neue *Arbeitgeber*. (Ja, im Grunde sind es Arbeitgeber, denn sie bezahlen für Ihre Arbeit. Nur dass der Vertrag im Gegensatz zum Angestelltenverhältnis befristet ist. Als Selbstständiger

„Ja, das Unternehmen ist größer geworden, aber Fred zieht es immer noch vor, zu Hause zu arbeiten."

© 1988 by Sidney Harris.

sind Sie also ständig darauf angewiesen, neue *kurzfristige Arbeitgeber* in Form von Kunden oder Klienten zu finden.)

Der Traum aller Selbstständigen ist es natürlich, einmal so bekannt und so gefragt zu sein, dass Klienten oder Kunden ihnen buchstäblich die Tür einrennen und sie ihre endlose Jagd nach Jobs beenden können. Sie sollten aber realistisch genug sein, sich klarzumachen, dass das nur einer relativ kleinen Minderheit tatsächlich gelingt.

Wahrscheinlicher ist, dass Sie sich ständig aufs Neue um Kunden bemühen müssen. Vielleicht fällt es Ihnen mit der Zeit leichter, weil Sie Routine gewinnen; vielleicht wird es aber auch schwieriger, weil die wirtschaftlichen Rahmenbedingungen sich drastisch verschlechtern. Vielen Menschen gelingt es nie recht, sich mit diesem Aspekt der Selbstständigkeit anzufreunden. Wenn Sie sich für diesen Weg entscheiden, werden Sie sich – wenn auch zähneknirschend – damit abfinden müssen.

Wenn Sie mit der Kundenakquise nicht zurechtkommen – wenn Sie diese Aufgabe meiden wie die Pest, bis Sie buchstäblich kein Brot mehr auf den Tisch haben –, dann werden Sie spätestens an diesem Punkt zu dem Schluss kommen, dass »Selbstständigkeit« nur ein schön klingendes Synonym für »Verhungern« ist. Ich kenne viele, denen es so ergangen ist – eben weil sie es nicht über sich brachten, sich aktiv um neue Kunden zu bemühen. Wenn Sie ebenfalls zu dieser Haltung neigen, sollten Sie in Erwägung ziehen, diese Aufgabe ganz oder teilweise jemandem zu übertragen, der Freude an der Akquise hat (beispielsweise einem Mitarbeiter auf Teilzeitbasis) – oder Sie sollten sich von dem Gedanken verabschieden, sich selbstständig zu machen.

Sie wollen sich selbstständig machen – aber womit?

Okay, also grundsätzlich reizt Sie die Vorstellung, von zu Hause aus zu arbeiten, ungemein – aber Sie wissen überhaupt nicht, womit Sie sich selbstständig machen könnten? Das ist nebensächlich! Sieben Schritte helfen Ihnen, zu einer Idee zu finden.

Erstens: Lesen Sie. Es gibt Unmengen von Büchern voller Geschäftsideen. Sehen Sie sich in Ihrer Bibliothek oder im Internet in den entsprechenden Rubriken um oder besuchen Sie die betreffende Abteilung Ihrer Buchhandlung.

Zweitens: Träumen Sie. Wenn Sie anfangen, verschiedene Möglichkeiten ins Auge zu fassen, dann besinnen Sie sich zunächst auf Ihre Träume. Wovon haben Sie schon immer geträumt? Seit Ihrer Kindheit? Seit letzter Woche? Jetzt ist es an der Zeit, die alten Träume aus der Mottenkiste zu holen!

Fragen Sie jetzt bloß nicht, ob es tatsächlich ein *Aufstieg* für Sie wäre, diese Träume zu verwirklichen. Welche Rolle spielt das? Es sind *Ihre* Träume. Vielleicht haben Sie davon geträumt, mehr Geld zu verdienen. Aber vielleicht haben Sie auch davon geträumt, eine Arbeit zu tun, die Sie wirklich lieben, selbst wenn Sie dabei weniger verdienen als bisher. *Be-*

werten Sie Ihre Träume nicht und lassen Sie sie auch von niemand anderem bewerten.

Drittens: Sehen Sie sich einmal um und überlegen Sie, welche Dienstleistungen oder Produkte in Ihrer Umgebung am ehesten gebraucht werden – oder welche der bereits angebotenen Dienstleistungen oder Produkte stark verbesserungsfähig sind. Vielleicht liegt die zündende Idee ja geradezu in der Luft?

90 Prozent der *bestehenden* Gewerbe bieten etwas an, das mit einer Zeitersparnis auf Seiten der Kunden einhergeht. Zeit zu sparen ist das wichtigste Anliegen von Alleinerziehenden, von Familien, in denen beide Elternteile berufstätig sind, und von Singles mit überfülltem Terminkalender.

Folgendes könnte für Sie infrage kommen: ein Lieferservice, der Gerichte von Restaurants oder Lebensmittel vom Supermarkt nach Hause liefert (dass es das schon gibt, heißt nicht, dass nicht vielleicht ein weiterer Lieferservice benötigt wird). Außerdem: ein Lieferservice für Wäsche und dergleichen; Büroreinigung und Raumpflege in Privathaushalten; Reparaturdienste – insbesondere abends oder an den Wochenenden – für Fernseher, Radios, HiFi-Anlagen, Haushaltsgeräte wie Wasch- oder Spülmaschinen und so weiter; Gartenpflege; Pflegedienste für alte Menschen, die noch zu Hause wohnen; Tagesmütter; Abhol- und Lieferservice im Büro (auch für private Zwecke wie die Reinigung); Autopflege und Reparaturen mit Abhol- und Lieferservice; kurze Beratungsdienstleistungen in unterschiedlichen Bereichen. Auch andere Gebiete wie etwa Freizeitaktivitäten bieten Unternehmern heutzutage gute Erfolgschancen.

Viertens: Ziehen Sie auch einen Versandhandel in Betracht. Wenn Sie in Ihrer näheren Umgebung keinen entsprechenden Bedarf feststellen, können Sie Ihre Suche auf Landesebene ausweiten – oder sogar weltweit. Einen Versandhandel kann man schließlich zunächst in bescheidenem Rahmen von zu Hause aus aufziehen, und Kataloge kann man überallhin verschicken. Wenn Sie sich dafür interessieren, lesen Sie sich in das Thema ein. Und sprechen Sie auf jeden Fall auch mit anderen, die schon in diesem Bereich tätig sind (wenn Sie nicht wissen, an wen Sie sich wenden sollen, dann sehen Sie sich einfach mal die Kataloge an, die Sie bestimmt regelmäßig erhalten). Es gibt auch Bücher über diese Geschäftsidee, allerdings von höchst unterschiedlicher Qualität.

Fünftens: Überlegen Sie, ob Telearbeit für Sie infrage kommt. Telearbeit bedeutet, dass man »von zu Hause aus für andere arbeitet.« Die Menschen, die das tun, heißen *Telearbeiter* – ein Begriff, den Jack Nilles 1973 geprägt hat.

Wenn Sie zurzeit eine Stelle haben, können Sie vielleicht Ihren Chef darauf ansprechen, ob es möglich wäre, wenigstens teilweise von zu Hause aus zu arbeiten. Vielleicht ergreift Ihr Chef aber auch selbst die Initiative, noch bevor Sie überhaupt darauf kommen, und schlägt Ihnen von sich aus vor, von zu Hause aus über einen vernetzten Computer zu arbeiten. Die Schätzungen darüber, wie viele Telearbeiter es gibt, gehen weit auseinander.[4]

Wenn Sie diese Möglichkeit in Betracht ziehen, rate ich Ihnen, vorher gründlich darüber zu recherchieren. Das Internet ist dazu bestens geeignet. Dort finden Sie Übersichtsartikel und können sich in aktuellen Diskussionsforen über die Vor- und Nachteile der Telearbeit informieren. Mehr dazu in Anhang B auf Seite 389.

Sechstens: Überlegen Sie, ob Franchising etwas für Sie sein könnte. Franchising ist etwas für Menschen, die sich selbstständig machen wollen, denen es aber nicht unbedingt darauf ankommt, *zu Hause* zu arbeiten (manche Franchising-Unternehmen können von zu Hause aus geführt werden, meist ist aber ein Laden oder ein Büro außerhalb der Wohnung erforderlich).

Franchise-Unternehmen existieren, weil manche Menschen sich selbstständig machen wollen, ohne die Strapazen und Risiken der Existenzgründungsphase auf sich zu nehmen. Sie wollen sich in ein bereits etabliertes Unternehmen einkaufen und verfügen über die nötigen finanziellen Reserven (oder Sie haben die Möglichkeit, bei einer Bank einen Kredit aufzunehmen). Glücklicherweise gibt es eine ganze Menge Franchising-Unternehmen. 86 Prozent der befragten Franchisenehmer in einer deutschen Studie gaben an, dass sie sich heute wieder für denselben Franchisegeber entscheiden würden. 10 Prozent der Befragten zeigten sich allerdings mit dem geschäftlichen Erfolg mehr oder weniger unzufrieden.[5] Manche Geschäftszweige sind besonders riskant – aber das heißt natürlich nicht, dass Sie darin zwangsläufig scheitern. Sie habe lediglich größere Hürden zu überwinden als in anderen Bereichen.

Wild Life by John Kovalic, © 1989 Shetland Productions.

Aufgepasst: Es gibt unter den Franchisegebern wahre Haie, darunter auch namhafte Unternehmen. Sie fordern horrende Einstiegsbeträge und halten ihre Zusagen – etwa bezüglich Werbung – oft nicht ein.

Es gibt kein Buch über Franchising, das Sie nicht ein Dutzend Mal ermahnt, unbedingt zuerst mit Franchisenehmern zu sprechen, die schon Erfahrungen mit dem betreffenden Unternehmen haben. Sprechen Sie nicht nur mit einem, sondern mit mehreren. Die meisten Experten raten auch dazu, sich nicht gleich auf einen Franchisegeber festzulegen, sondern sich zunächst über andere in der gleichen Branche zu informieren. Vielleicht finden Sie noch etwas Besseres.

Wenn Sie denken, Sie könnten sich die Mühe sparen, und sich schnell und ohne große Recherchen auf das erstbeste Franchising-Unternehmen einlassen, dann haben Sie es nicht anders verdient. Glauben Sie mir: Das ist schierer Wahnsinn.

Siebtens: Wenn Sie eine Erfindung gemacht haben, überlegen Sie, ob sie sich verwerten lässt. Wenn Sie erfinderisch veranlagt oder ein Tüftler sind, fangen Sie vielleicht mit einer verbesserten Version eines Artikels an, den es bereits gibt. Gehen Sie von Ihren eigenen Interessen und Vorlieben aus. Sie mögen Fahrräder? Versuchen Sie es doch mit Klapprädern. – Sie gehen gern an den Strand und können gut nähen? Überlegen Sie, ob Sie Badetücher herstellen und verkaufen könnten, in deren Ecken zum Schutz gegen den Wind Gewichte eingenäht sind.

Wenn Sie bereits eine eigene Erfindung in der Schublade liegen oder in der Garage stehen haben, dann könnte dies der geeignete Zeitpunkt sein, sie zur Serienreife zu bringen. Planen Sie alles ganz sorgfältig in allen Einzelheiten – die Herstellung, die Vermarktung, den Vertrieb ...

Es gibt auch Förderprogramme – ganz seriöse –, die Erfinder unterstützen. Wenn die nötigen Voraussetzungen erfüllt sind, könnten Sie bei der Weiterentwicklung Ihrer Erfindung finanziell gefördert werden.

Außerdem gibt es Firmen, die sich darauf spezialisiert haben, Erfindungen gegen ein Honorar zu vermarkten. Eine Liste dieser so genannten Verwerter bekommen Sie beim Deutschen Patent- und Markenamt in München. Einige Anbieter sind allerdings überteuert und bieten Knebelverträge an; vor manchen wird sogar ausdrücklich gewarnt. Nach Informationen von Patentanwälten verlaufen solche Projekte meist im Sande, und der Erfinder wartet vergeblich auf Einnahmen. Ehe Sie Ihr sauer verdientes Geld so aufs Spiel setzen, sollten Sie lieber gleich in eine Spielbank gehen. Ich denke, dort haben Sie bessere Chancen.

Wesentlich erfolgversprechender ist es natürlich, an Ihrem Wohnort – über das Internet oder auf anderen Wegen – Erfinder ausfindig zu machen und sie zu fragen, ob und wie sie ihre Ideen erfolgreich vermarktet haben. Wenn Sie jemanden finden, dem das gelungen ist, dann fragen Sie ihn gründlich aus (zu den ersten Empfehlungen, die Sie bekommen, wird sicher die gehören, Ihre Erfindung durch ein Copyright, ein eingetragenes Warenzeichen oder ein Patent schützen zu lassen).

Sie wollen sich selbstständig machen und wissen schon womit

Die oben beschriebenen sieben Schritte sind für den Fall gedacht, dass Sie sich selbstständig machen wollen, aber noch nicht wissen womit. Vielleicht ist Ihnen dieser Punkt aber auch völlig klar, weil Sie bereits jahrelang darüber nachgedacht haben. Möglicherweise sind Sie sogar schon seit Jahren in dem betreffenden Bereich tätig – nur eben als Angestellter.

Das soll sich jetzt ändern: Ab sofort sind Sie Ihr eigener Chef und arbeiten auf eigene Rechnung – sei es in einem Ladengeschäft oder einem Beratungsunternehmen, einer Reparaturwerkstatt, einem Handwerk, sei es, dass Sie ein Produkt herstellen oder eine Dienstleistung verkaufen, etwa Kinderbetreuung oder Lieferdienste außerhalb der normalen Geschäftszeiten.

Bei manchen Tätigkeiten bietet es sich geradezu an, von zu Hause aus zu arbeiten – wenn Sie beispielsweise Autor sind, Künstler, Darsteller, Unternehmensberater, Anwalt, Berater oder Handwerker. Für manche Träume ist Ihre derzeitige Wohnung vielleicht nicht geräumig genug – etwa für solche wie: »Ich hätte gern ein Gestüt, auf dem ich Pferde züchten und dann verkaufen würde«, oder: »Ich würde gern eine Pension führen.«

Wenn Sie sich dafür entscheiden, außerhalb Ihrer Wohnung zu arbeiten, haben Sie den Vorteil, dass Arbeitsplatz und Zuhause klar getrennt sind. Mit den heutigen technischen Möglichkeiten können Sie buchstäblich *überall* arbeiten – wo auch immer auf der Welt Sie sich am liebsten aufhalten, ob in der freien Natur, an Ihrem favorisierten Urlaubsort, auf einer Skihütte oder überhaupt in einem ganz anderen Land.

Eins sollten Sie allerdings beachten, wenn Sie eine Ortsveränderung planen: Sprechen Sie auch darüber unbedingt vorher mit anderen, die bereits Erfahrung damit haben, und fragen Sie sie gründlich aus. So können Sie es sich ersparen, in dieselben Minenfelder zu geraten.

Das Geheimnis Ihres Erfolgs

Womit wir beim wichtigsten Teil dieses Kapitels wären. Das Erfolgsgeheimnis für die Existenzgründung lässt sich auf einen simplen Nenner bringen: **Stürzen Sie sich nicht blindlings ins Ungewisse, sondern klären Sie vorher die Voraussetzungen.**

Die Recherche umfasst zwei Schritte:

- Finden Sie heraus, welche Fähigkeiten Sie für eine Existenzgründung in dem betreffenden Gewerbe benötigen. Dazu gehört die Formel »A – B = C«.
- Finden Sie heraus, was es überhaupt bedeutet, sich selbstständig zu machen. Dazu gehört Recherche im Internet oder mithilfe von Büchern.

Erster Schritt:
Die Formel »A – B = C«

In den vergangenen 30 Jahren habe ich immer wieder fassungslos registriert, wie viele Menschen sich selbstständig machen – ob zu Hause oder anderweitig –, ohne überhaupt vorher mit jemandem zu sprechen, der bereits ein ähnliches Unternehmen gegründet hat.

Eine Jobsuchende erzählte mir einmal, sie habe von zu Hause aus einen Seifenhandel gegründet, ohne jemals mit jemandem gesprochen zu haben, der vor ihr etwas Ähnliches versucht hatte. Sie ging – wen wundert es – binnen anderthalb Jahren pleite. Ihre Schlussfolgerung: Man sollte kein solches Geschäft gründen. Meine Schlussfolgerung: Sie hatte ihre Hausaufgaben nicht gemacht. Denn es *gibt* erfolgreiche Seifengeschäfte, die von zu Hause aus arbeiten, etwa »Paula's Soap« in Seattle, Washington, um nur ein Beispiel zu nennen. *Andere haben den Traum, den Sie träumen, bereits verwirklicht. Mit solchen Leuten zu sprechen ist für Sie der Schlüssel zum Erfolg.*

Dazu müssen Sie eine Reihe von Schritten methodisch durcharbeiten.

- Schreiben Sie zunächst *möglichst detailliert* auf, an welche Art von Existenzgründung Sie denken. Möchten Sie als freier Journalist arbeiten oder als Handwerker, als Berater, freier Drehbuchautor, technischer Autor, Grafiker, Komponist, Fotograf, Illustrator, Innenarchitekt, Videoverleiher, Filmverleiher, Berater, Therapeut, Klempner, Elektriker, Makler, Filmproduzent, Seifenhersteller, Fahrradmechaniker, Redenschreiber, oder als was sonst?
- Suchen Sie sich Orte oder Städte in wenigstens 80 bis 120 Kilometer Entfernung aus. Machen Sie die Adressen der zuständigen IHKs ausfindig.
- Suchen Sie mithilfe des Internets, der *Gelben Seiten* oder der Informationen von der IHK drei Betriebe an diesen Orten aus, die möglichst

Peanuts, Wiederabdruck mit Genehmigung von United Features Syndicate, Inc.

große Ähnlichkeit mit dem Geschäft haben, das Sie planen. Fahren Sie hin und sprechen Sie mit den Gründern oder Inhabern.
- Erklären Sie Ihren Gesprächspartnern, dass Sie auf der Suche nach zuverlässigen Informationen sind, weil Sie selbst 100 Kilometer entfernt ein ähnliches Unternehmen gründen wollen. Fragen Sie sie, mit welchen Fallstricken und Hindernissen sie es bei ihrer Existenzgründung zu tun hatten. Fragen Sie auch, welche Fähigkeiten oder Kenntnisse ihrer Meinung nach erforderlich sind, um das betreffende Gewerbe erfolgreich auszuüben. Aber wird man Ihnen diese Informationen tatsächlich geben? Höchstwahrscheinlich ja. Die meisten begeisterten Geschäftsleute helfen anderen gern, die in dieselbe Branche einsteigen wollen. Machen wir uns nichts vor – natürlich können Sie auch an weniger hilfsbereite Leute geraten. In dem Fall bedanken Sie sich höflich für die Zeit, die man Ihnen gewidmet hat, und versuchen Sie es mit dem nächsten Namen auf Ihrer Liste. Wenn Sie drei Personen gefunden und nach ihren Erfahrungen befragt haben, dann erstellen Sie eine Liste der Fähigkeiten und Kenntnisse, von denen alle drei übereinstimmend sagen, dass sie für das betreffende Gewerbe erforderlich sind. Wir nennen diese Liste »A«.
- Anschließend setzen Sie sich zu Hause hin und nehmen eine Bestandsaufnahme der Fähigkeiten und Kenntnisse vor, über die Sie bereits verfügen. Weitere Hinweise dazu finden Sie in Kapitel 8 und in der Übung mit dem Blumendiagramm (ab Seite 325). Diese Liste nennen wir »B«.
- Anschließend ziehen Sie »B« von »A« ab. Sie erhalten eine weitere Liste, die wir »C« nennen. »C« enthält per definitionem diejenigen Fähigkeiten und Kenntnisse, die Sie noch nicht besitzen, aber erwerben müssen – entweder indem Sie selbst Kurse besuchen oder indem Sie jemanden mit diesen Fähigkeiten engagieren oder einen Freund oder jemanden aus Ihrer Familie (der diese Fähigkeiten besitzt) als freiwilligen Helfer gewinnen.

Warum in 80 bis 120 Kilometer Entfernung? Das ist sogar nur das Minimum. Sie möchten etwas über Geschäfte erfahren, die eigentlich Ihre Konkurrenten wären – wenn sie in Ihrer Nähe lägen. Und in diesem Fall würden sie Ihnen wohl kaum erzählen, wie Sie es am geschicktesten anfangen. Niemand züchtet sich selbst freiwillig Konkurrenz heran.

Jemand, der in 80 bis 120 Kilometer Entfernung tätig ist, wird Sie dagegen wahrscheinlich nicht als Konkurrenten betrachten und folglich

Kapitel 6

A − B = C

▼	▼	▼
Fähigkeiten und Fachwissen, die erforderlich sind, um ein entsprechendes Unternehmen erfolgreich führen zu können	*Fähigkeiten und Fachwissen, über die ich bereits verfüge*	*Fähigkeiten und Fachwissen, über die ich nicht verfüge und für die ich einen Freiwilligen oder einen Angestellten finden muss*
Präzises Arbeiten mit Werkzeugen und Instrumenten	Präzisionsarbeit mit Werkzeugen und Instrumenten	
Planung und Durchführung eines vollständigen Projektes	Planung und Durchführung eines vollständigen Projektes	
Computerprogrammierung, Erstellen von Programmen, mit denen physikalische Probleme gelöst werden		Computerprogrammierung, Erstellen von Programmen, mit denen physikalische Probleme gelöst werden
Problemlösung: einschätzen, warum ein bestimmtes Design oder ein Prozess nicht funktioniert	Problemlösung: einschätzen, warum ein bestimmtes Design oder ein Prozess nicht funktioniert	
Motivation, Einfallsreichtum, Geduld, Ausdauer, sorgfältiges, methodisches und gründliches Arbeiten	Motivation, Einfallsreichtum, Geduld, Ausdauer, sorgfältiges, methodisches und gründliches Arbeiten	
Umfassendes Wissen in folgenden Bereichen: • Grundlagen der Elektronik • Physikalische Eigenschaften von Saiten • Grundlagen der Schwingungslehre • Materialeigenschaften verschiedener Hölzer • Computerprogrammierung • Buchhaltung	Umfassendes Wissen in folgenden Bereichen: • Physikalische Eigenschaften von Saiten • Grundlagen der Schwingungslehre • Materialeigenschaften verschiedener Hölzer	Umfassendes Wissen in folgenden Bereichen: • Grundlagen der Elektronik • Computerprogrammierung • Buchhaltung

viel eher bereit sein, Sie von seinen Erfahrungen profitieren zu lassen, Ihnen nützliche Tipps zu geben und Sie vor Fallstricken zu warnen.

Sie hätten sicher gern ein konkretes Beispiel – also gut. Unsere Jobsuchende ist eine Frau, die als Harfenbauerin angestellt war und nun mit dem Gedanken spielt, sich selbstständig zu machen. Sie will nicht nur zu Hause Harfen *bauen*, sondern diese auch mithilfe ihres Computers selbst designen. Nachdem sie mit mehreren selbstständigen Harfenbauern und Harfendesignern gesprochen und ihre eigenen Fähigkeiten und Interessen analysiert hat, sieht ihre Version von A – B = C so aus wie in der Tabelle dargestellt.

Für den Fall, dass sie sich dafür entscheidet, ihr Glück als selbstständige Harfenbauerin und Harfendesignerin zu versuchen, weiß sie jetzt, welche zusätzlichen Kenntnisse und Fähigkeiten sie benötigt: Computerprogrammierung, Wissen über die Grundlagen der Elektronik und Kenntnisse in Buchhaltung. Diese Bereiche muss sie sich entweder selbst aneignen, indem sie sich weiterbildet, *oder* sie nimmt die Hilfe von Freunden in Anspruch, die sich damit auskennen, *oder* sie engagiert jemanden stundenweise. Ganz gleich, was für eine Art Existenzgründung Sie planen, die grundlegende Formel lautet immer: A – B = C.

Vielleicht interessieren Sie sich auch für die Erfahrungen von Leuten, die es geschafft haben, zwei oder mehr Berufe miteinander zu vereinbaren. Und wenn Sie selbst in zwei Branchen zugleich einsteigen wollen, müssen Sie unbedingt für jede der beiden Erkundigungen einholen, um das »A – B = C« für beide Jobs zu ermitteln.

Wie wenden Sie die Formel A – B = C an, wenn Sie etwas gänzlich Neues vorhaben?

So kreativ Sie auch sein mögen – Sie werden wohl kaum ausgerechnet einen Job erfinden, von dem noch *niemand* jemals gehört hat. Eher denken Sie sich etwas aus, wovon *die meisten* Menschen noch nie gehört haben. Aber höchstwahrscheinlich hat eben doch *irgend*jemand *irgend*wo in dieser Welt der unbegrenzten Möglichkeiten schon einmal den Job erfunden, von dem Sie träumen. Ihre Aufgabe: Finden Sie ihn und befragen Sie ihn ausgiebig. Und dann ermitteln Sie A – B = C.

Wenn es niemanden gibt, der *genau* das tut, wovon Sie träumen, dann gibt es jemanden, der dem sehr nahe kommt. Und so finden Sie ihn:

- Zerlegen Sie Ihre Geschäftsidee oder Ihren Wunschberuf in die einzelnen Grundelemente.
- Wenn es mehr als zwei Grundelemente gibt, fangen Sie mit zweien davon an. Überlegen Sie, welcher Art von Job oder Person sie entsprechen.
- Machen Sie am besten mindestens drei entsprechende Personen ausfindig.
- Nehmen Sie persönlich, telefonisch oder per E-Mail Kontakt zu ihnen auf. Sie können eine Menge von ihnen lernen. Auch wenn deren Gewerbe nicht genau dem entspricht, von dem Sie träumen, werden Sie doch eine Menge Informationen bekommen, die Ihnen helfen, Ihren Traum zu verwirklichen.
- Diese Leute können Ihnen möglicherweise weitere Kontakte zu anderen vermitteln, deren Gewerbe Ihrem eigentlichen Traumjob noch ähnlicher ist. Fragen Sie danach und sprechen Sie auch mit diesen Personen.

Betrachten wir die Sache einmal praktisch. Nehmen wir an, Ihr Traum sei es – um ein unsinniges Beispiel zu nennen –, mithilfe von Computern das Wachstum von Pflanzen am Südpol zu beobachten. Und nehmen wir weiterhin an, Sie finden niemanden, der so etwas jemals getan hat. Eine Möglichkeit, dieses scheinbar unüberwindliche Problem in den Griff zu bekommen, besteht darin, das fragliche Gewerbe wie oben dargestellt in seine Grundelemente zu zerlegen. Das wären in diesem Fall *Computer*, *Pflanzen* und *die Antarktis*.

Dann versuchen Sie, jeweils zwei dieser Elemente miteinander zu kombinieren, um herauszufinden, an wen Sie sich wenden müssen. In diesem Fall wäre das beispielsweise jemand, der *in unseren Breiten Computer bei Pflanzen* eingesetzt hat, jemand, der *in der Antarktis mit Computern* gearbeitet hat, oder jemand, der sich mit *Pflanzen in der Antarktis* beschäftigt hat. Wenn Sie diese Leute ansprechen, erfahren Sie vielleicht, dass tatsächlich schon jemand Computer eingesetzt hat, um das Wachstum von Pflanzen am Südpol zu beobachten. Vielleicht auch nicht. Auf jeden Fall müssen Sie sich zunächst über die Fallstricke informieren, mit denen Sie zu rechnen haben, indem Sie sich anhören, wie es Leuten in *ähnlichen* Bereichen oder Berufen ergangen ist.

Mit genügend Einsatz und Einfallsreichtum ist es also immer möglich, die Formel A – B = C auch auf Ihren Traumberuf anzuwenden.

> *Zweiter Schritt:*
> Internet oder Bücher

Hier noch einmal auf einen Blick die bereits erwähnten fünf Arten von Hilfestellung, die das Internet Jobsuchenden und Berufsumsteigern bietet:

- **Stellenausschreibungen** von Arbeitgebern (entsprechend den herkömmlichen »Stellenangeboten« in der Zeitung),
- **Stellengesuche** von Bewerbern,
- **Tests und Ratgeber für den Beruf**,
- **Recherche** über Berufe, Tätigkeitsfelder, Firmen, Gehaltsstrukturen,
- **Kontakte** zu anderen Jobsuchenden oder zu möglichen Beratern.

Während die beiden ersten Funktionen nicht annähernd so gut sind wie ihr Ruf, bewähren die drei übrigen sich ganz hervorragend. In diesen Punkten ist das Internet unschlagbar – eine wahre Gottesgabe.

Hier geht es nun also um **Beratung und Recherche** zu den Bereichen Selbstständigkeit und Home-Office. Es gibt einige besonders nützliche Websites, die Sie sich vor einer Existenzgründung unbedingt ansehen sollten. Eine Aufstellung finden Sie in Anhang C dieses Buches.

Was tun bei Startschwierigkeiten?

Als ich vor 30 Jahren anfing, mich mit diesem Themenbereich zu beschäftigen, las ich alles, was an Büchern über Jobsuche und Berufswechsel zu haben war. Dabei stieß ich mich immer wieder daran, dass nach Auflistung einiger anerkannter Strategien ganz selbstverständlich davon ausgegangen wurde, man würde nach deren Anwendung seinen Traumjob finden.

Ich habe mich immer gefragt: »Und wenn es nun nicht klappt?« Was dann, wenn sämtliche empfohlenen Strategien zu nichts führen? Entsprechend denke ich natürlich auch an diejenigen unter *meinen* Lesern, die alles in diesem Kapitel ausprobieren und immer noch keinen Job finden, während es finanziell bereits brenzlig wird. Der folgende Rat gilt nicht nur für Existenzgründer, sondern für jede berufliche Orientierung.

Natürlich ist Ihnen Sozialhilfe ein Begriff. Es gibt sie in den meisten Ländern, wenn auch in unterschiedlicher Form.

Aber wenn Sie nun keine Sozialhilfe in Anspruch nehmen wollen? Welche Möglichkeiten haben Sie noch? Nun, zum Beispiel die folgenden:

- einen Übergangsjob,
- Zeitarbeit,
- zwei verschiedene Teilzeitjobs auf einmal,
- Job-Sharing.

© 1980, Universal Press Syndicate.

Übergangsjobs

Der erste Rettungsanker ist *ein Übergangsjob* – ein Begriff, den auch viele Experten verwenden. Gemeint ist, dass Sie, wenn Sie in eine finanzielle Krise zu geraten drohen und bereits alle Strategien für die Jobsuche ausgeschöpft haben, zunächst einfach den erstbesten Job annehmen. Immerhin können Sie sich damit für die Übergangszeit über Wasser halten – daher *Übergangsjob*.

Ein Übergangsjob ist typischerweise ein kurzfristiger Job, und zwar eine Tätigkeit, die Sie niemals auf Dauer ausüben würden. Es geht nicht darum, ob er Ihnen Spaß macht. Hierbei zählt nur, dass es sich um anständige Arbeit handelt, die Ihnen etwas Geld einbringt. Wahrscheinlich ist der Stundenlohn geringer, als Sie es gewöhnt sind. Aber wen kümmert das? Hauptsache, es kommt etwas ehrlich verdientes Geld in die Haushaltskasse, damit Sie sich etwas zu essen kaufen und Ihre Miete bezahlen können. Das allein zählt.

So ein Übergangsjob ist leicht zu finden. Sie kaufen sich die Lokalzeitung, gehen die Anzeigen mit den Stellenangeboten durch und kreuzen alle Jobs an, die Sie sich für kurze Zeit und aus rein materiellen Gründen grundsätzlich vorstellen könnten. Dann ziehen Sie los und bewerben sich um diese Jobs.

Sie gehen natürlich auch zu Personalvermittlungen und sagen: »Ich mache alles. Was gibt es denn bei Ihnen?«

Leider trifft man diese Haltung – »Ich mache alles« – viel zu selten an. Viele Jobsuchende weigern sich, einen Übergangsjob auch nur in Erwägung zu ziehen. Eher würden sie Sozialhilfe beantragen. Diese finanziell selbstmörderische Einstellung beruht zum Teil darauf, dass die Leute so eine Arbeit für »unter ihrer Würde« halten. Sie würden, wie es so schön heißt, »lieber sterben, als Teller abzuwaschen.«

Ich muss das Offensichtliche hier noch einmal betonen: Anständige, harte Arbeit beeinträchtigt weder Ihren persönlichen Wert noch Ihre Menschenwürde. Sie sind immer noch derselbe, wenn Sie diese Arbeit tun. Nur dass Sie eben gerade dringend Geld brauchen. Bei dieser Gelegenheit sollte ich auch erwähnen, dass man in solchen Übergangsjobs viele wertvolle persönliche Erfahrungen sammeln kann. Insbesondere dann, wenn man dabei mit gänzlich anderen Schichten außerhalb der vertrauten Welt in Berührung kommt.[6]

Ein anderer Hinderungsgrund, sich einen Übergangsjob zu suchen, ist der Gedanke, dass man sich voll und ganz der eigentlichen Jobsuche widmen sollte. Das ist natürlich wichtig, aber Essen auf dem Tisch zu haben, ist nicht weniger wichtig. Vielleicht können Sie beides miteinander vereinbaren, indem Sie sich einen Übergangsjob auf Teilzeitbasis suchen. (Oder Sie führen einmal zwei Wochen lang Buch darüber, wie viel Zeit Sie *tatsächlich* in die Jobsuche investieren. Selbstbetrug ist die einfachste Version von Betrug.)

Wieder andere Menschen suchen sich keinen Übergangsjob, weil dann ihr Arbeitslosengeld gekürzt würde. Aber irgendwann wird das Arbeitslosengeld ohnehin gestrichen oder auf Arbeitslosenhilfe reduziert, und dann kann es wirklich knapp werden. Suchen Sie sich *jetzt* einen Job, *irgendeinen* Job, bewerben Sie sich darum und nehmen Sie ihn, wenn Sie ihn angeboten bekommen – nur als Übergangslösung. Arbeiten Sie weiter an den Kapiteln 7 bis 12. *Und suchen Sie weiter.*

Wie ich erst kürzlich die Spatzen von den Dächern pfeifen hörte: »Ein Übergangsjob ist wie ein dünner Zweig: ein prächtiger Platz für eine kleine Verschnaufpause, aber denkbar ungeeignet für ein stabiles Nest.«

Zeitarbeit

Ein weiterer Rettungsanker ist Zeitarbeit. Angesichts der angespannten Wirtschaftslage reduzieren viele Arbeitgeber ihre Belegschaft auf ein Minimum. Wenn es dann wieder einmal mehr Arbeit gibt, können die wenigen verbliebenen Mitarbeiter sie nicht mehr bewältigen.

In solchen Situationen stellen Arbeitgeber in der Regel nicht die Leute, die sie entlassen haben, wieder fest ein, sondern engagieren über »Zeitarbeitsfirmen« Voll- oder Teilzeitkräfte. Wenn Sie Schwierigkeiten haben, einen langfristigen Vollzeitjob zu finden, dann sind diese Agenturen eine gute Alternative.

Früher gab es »Leiharbeit« nur im Bürobereich, aber in den letzten Jahren hat sich die Branche geradezu explosionsartig ausgeweitet.

Inzwischen gibt es (wenigstens in größeren Städten) Zeitarbeitsfirmen für viele unterschiedliche Berufe, zum Beispiel für Bürokräfte, Arbeiter, Monteure, Kraftfahrer, Mechaniker, Konstrukteure, Ingenieure, Manager, Pflegekräfte, Arzthelfer, Zahnarzthelfer, Sachbearbeiter, Personal für Sales/Marketing, Versicherungsfachleute, Finanzdienstleister und andere, aber auch für Spezialgebiete wie Datenverarbeitung, Sekretariats- und Officedienstleistungen.

Sie finden diese Firmen in den *Gelben Seiten* Ihres Telefonbuchs unter »Zeitarbeitsfirmen«. Die Anzeigen enthalten in der Regel auch Hinweise auf die jeweilige Ausrichtung.

Vielleicht bekommen Sie dort einen Vollzeitjob für einige Tage, Wochen oder sogar Monate.

Vielleicht bekommen Sie dort auch einen Teilzeitjob für einige Tage, Wochen oder sogar Monate. Vielleicht bekommen Sie aber auch gar keine Stelle, denn viele Zeitarbeitsfirmen erhalten mehr Stellengesuche als Anfragen von Arbeitgebern. Verlassen Sie sich also nicht allein auf diese Strategie, um Arbeit zu finden. Aber einen Versuch ist es immerhin wert.

Sie können Ihre Chancen, von einer Zeitarbeitsfirma vermittelt zu werden, auch erhöhen, indem Sie selbst ein wenig Hilfestellung leisten. Wenn Sie beispielsweise Ingenieur für Umwelttechnik sind und sich in Ihrem Bereich gut auskennen, können Sie für die Agentur eine Liste der Firmen zusammenstellen, die Bedarf an Leuten wie Ihnen haben könnten (eventuell auch mit den Namen der dortigen Ansprechpartner).[7] Die Zeitarbeitsfirma wird dann wie üblich diese Firmen kontaktieren und ihre Dienste anbieten. Wenn dabei tatsächlich eine freie Stelle gefunden wird, haben Sie gute Chancen, dafür in Betracht gezogen zu werden.

Mehrere Teilzeitjobs kombinieren

Wenn Sie auch bei Zeitarbeitsfirmen nichts erreichen und immer noch keinen Vollzeitjob finden, besteht die nächste Möglichkeit darin, sich einen Teilzeitjob zu suchen. Es gibt heutzutage viele *unfreiwillig* Teilzeitbeschäftigte,[8] aber auch viele *freiwillig* Teilzeitbeschäftigte – Menschen, die ganz einfach keine Vollzeitstelle wollen. Vielleicht gehören Sie ja dazu?

Aber angenommen, Sie suchen einen Vollzeitjob. Oft können Sie mehrere Teilzeitjobs so miteinander kombinieren, dass dabei insgesamt eine Vollzeitbeschäftigung herauskommt.

Das kann manchmal sogar attraktiver sein als ein einziger Vollzeitjob. Vielleicht fühlen Sie sich als Multitalent und/oder vielleicht haben Sie mehrere sehr unterschiedliche Interessen. Wenn Sie zwei verschiedene Teilzeitjobs in jeweils unterschiedlichen Interessengebieten finden, sind Sie in der glücklichen Lage, all Ihre Lieblingsfähigkeiten und -interessen einzusetzen, wie Sie es bei einem einzigen Vollzeitjob niemals könnten.

Es gibt mehrere Möglichkeiten, zwei Teilzeitjobs zu kombinieren. Zum Beispiel können Sie teils in einem Angestelltenverhältnis, teils selbstständig arbeiten.

Oder Sie finden einen Job über eine Stellenausschreibung in der Zeitung oder im Internet und schaffen sich den anderen selbst, indem Sie Kontakt zu einem Unternehmen aufnehmen, für das Sie wirklich gern arbeiten würden, und fragen, welche Art von Mitarbeit dort benötigt wird.

Vielleicht finden Sie einen Ihrer Teilzeitjobs bei jemandem, den Sie noch nie gesehen haben, und den anderen bei Ihrem Vater, Ihrer Mutter, Ihrem Bruder, Ihrer Schwester, Ihrer Tante, Ihrem Onkel oder besten Freund.

Vielleicht finden Sie einen Job für tagsüber oder wochentags und einen anderen für die Wochenenden oder für abends.

Wie Sie solche Stellen finden, hängt stark davon ab, um welche Art Job es sich handelt. Bei einem Familienmitglied oder einem Freund fragen Sie einfach nach. Wenn einer der Jobs erfordert, dass Sie sich selbstständig machen: Tun Sie es. Auch Zeitungsannoncen sind eine Möglichkeit, Teilzeitjobs zu finden, denn viele Unternehmen besetzen ihre Teilzeitstellen auf diesem Weg. Erfahrungsgemäß handelt es sich dabei entweder um attraktive, aber extrem schlecht bezahlte Tätigkeiten oder um wesentlich besser bezahlte Arbeit, die dafür aber ausgesprochen unattraktiv ist. Je stupider der Job, desto besser ist in der Regel die Bezahlung. Sie haben die Wahl.

Job-Sharing

Angenommen, Sie suchen eine Teilzeitstelle, aber eines Tages erfahren Sie über eine Anzeige oder im Gespräch mit Freunden von einem Vollzeitjob. Die Tätigkeit und der Arbeitgeber entsprechen genau Ihren Vorstellungen, nur dass dort jemand für ganztags gesucht wird, und Sie suchen nur eine Teilzeitbeschäftigung. Dafür *könnte* es eine Lösung geben.

Manche Unternehmen lassen sich darauf ein, dass zwei Personen sich eine Stelle teilen (indem beispielsweise einer von 8 bis 12 Uhr arbeitet und der andere von 13 bis 17 Uhr). Natürlich müssen Sie dazu jemanden finden – einen Verwandten, Freund oder Bekannten –, der *auch* einen Teilzeitjob sucht und *auch* sehr kompetent ist und sich *auch* gern mit Ihnen eine Stelle teilen würde. Und zwar müssen Sie *zuerst* jemanden finden und sich mit ihm einigen, bevor Sie sich an den Chef der Firma wenden, für die Sie sich interessieren, und ihm diese Vereinbarung vorschlagen. Das Ganze nennt sich Job-Sharing.

Schließen Sie größere Firmen nicht von vornherein von dieser speziellen Suche aus, nur weil Sie dort zu große bürokratische Hürden befürchten –

manche stehen der Idee des Job-Sharings sehr offen gegenüber. Viele andere natürlich wiederum nicht. Aber fragen kostet schließlich nichts.

Zusammenfassung: Neue Wege gehen

Es erfordert eine Menge Mumm (von Ihnen), in Anbetracht der heutigen Wirtschaftslage überhaupt neue Wege zu gehen. Die drei folgenden Regeln machen es Ihnen leichter:

> Neues auszuprobieren bedeutet immer ein Risiko. Es geht nicht darum, Risiken gänzlich zu vermeiden – das ist ohnehin nicht möglich –, sondern darum, sie im überschaubaren Rahmen zu halten.
>
> Dazu müssen Sie *frühzeitig* Kontakt zu anderen aufnehmen, die bereits über Erfahrungen in dem Bereich verfügen, den Sie ins Auge gefasst haben. Machen Sie sich ein Bild davon, worauf Sie sich da einlassen, und entscheiden Sie, ob Sie es immer noch versuchen wollen.
>
> *Bevor* Sie sich auf etwas einlassen, sollten Sie sich immer einen Plan B zurechtlegen – für den Fall, dass es nicht so läuft, wie Sie es sich gedacht haben. Warten Sie *bitte* nicht erst, bis dieser Fall eintritt. Schreiben Sie es *jetzt* auf: Wenn es nicht klappt, werde ich _____.

Diese Regeln gelten immer, egal ob Sie Berufseinsteiger oder schon im mittleren Alter sind, ob Sie bereits eine Stelle haben oder arbeitslos sind, ob Sie nach einer Krise oder einem Unfall wieder in den Beruf einsteigen wollen oder ob Sie schon kurz vor der Pensionierung stehen. Nehmen Sie sie unbedingt ernst.

Wenn Sie Ihr Leben mit jemandem teilen, setzen Sie sich mit Ihrem Lebens- oder Ehepartner hin und besprechen Sie, was es für ihn oder sie bedeutet, wenn Sie etwas Neues ausprobieren. Werden Sie dafür Ihre gesamten gemeinsamen Ersparnisse benötigen? Wird Ihr Partner gewisse Opfer bringen müssen? Wenn ja, welche? Ist er dazu bereit?

Wenn Sie derzeit eine Stelle haben, müssen Sie auch darüber nachdenken, ob es klug ist zu kündigen, bevor Sie Ihr eigenes Unternehmen oder Gewerbe in Gang gebracht haben. Experten raten dringend davon ab. Sie halten es für weitaus geschickter, den Schritt in die Selbstständigkeit allmählich zu vollziehen, zunächst nur in Ihrer Freizeit, während Sie weiterhin Ihrer gewohnten Beschäftigung nachgehen. So können Sie Ihr neues Berufsfeld behutsam erkunden, wie Sie ein Dielenbrett in einem baufälligen Haus erst prüfen, um zu sehen, ob es hält, statt gleich Ihr ganzes Gewicht auf einmal darauf zu verlagern.

Wenn Sie dabei zum Beispiel feststellen, dass man umfangreiche Kenntnisse in Buchhaltung braucht, um tatsächlich Gewinn zu erzielen, Sie aber keine Ahnung von Buchhaltung haben, können Sie entweder *sofort* einen Buchhalter auf Stundenbasis engagieren oder, wenn Sie sich das einfach nicht leisten können, einen Freund mit Kenntnissen in Buchhaltung darum bitten, Ihnen dabei für eine Weile unter die Arme zu greifen.

Es liegt an Ihnen, sich gründlich zu informieren, die Risiken abzuwägen, die Kosten zu kalkulieren, sich bei nahe Stehenden Rat zu holen und dann, wenn Sie sich tatsächlich *dafür* entscheiden (*wo*für auch immer), es beherzt anzupacken – ganz gleich, was Ihre wohlmeinenden, aber pessimistischen Bekannten dazu sagen.

Sie haben nur ein Leben auf dieser Welt, und *Sie* bestimmen, was Sie daraus machen wollen. Da hat Ihnen niemand hineinzureden, auch Eltern und wohlmeinende Freunde nicht. Es liegt bei Ihnen.

KAPITEL 7

Das Geheimnis, Ihren Traumjob zu entdecken

»Vor ein paar Jahren war Silicon Valley noch der Inbegriff der Liebe zur Technologie und Innovation. Heute ist es der Inbegriff der Liebe zum schnellen Geld.«

Judith L. Estrin in der *New York Times* vom 29. Juli 2001

Was begeistert Sie?

In den vergangenen 30 Jahren erfuhr ich von Abertausenden von Lesern, die mir jedes Jahr schreiben, mein Buch habe ihr Leben verändert. Mich interessiert immer, *was* genau an meinem Buch ihr Leben verändert hat. Also frage ich oft nach.

Ich erinnere mich, dass ein Leser mir zurückschrieb: »Es war Ihr Satz: ›Sie können alles erreichen, was Sie wirklich wollen.‹«

Ein anderer Leser schrieb, es sei der Satz gewesen: »Je klarer Ihre Vision davon ist, was Sie suchen, desto eher werden Sie es finden.«

Und wiederum ein anderer Leser, der eine Neigung zur Esoterik hatte, antwortete, dass es der Satz war: »Das, wonach Sie suchen, sucht auch nach Ihnen.«

Was mich immer fasziniert hat, ist die Tatsache, dass in einem so umfangreichen Buch oft ein einzelner Satz (für jeden Leser ein anderer) entscheidend sein kann. Es ist, als stände manchmal unser gesamtes Dasein schon vor Erwartung zitternd an der Schwelle eines neuen Lebens und bräuchte nur noch einen kleinen Anstoß – oft nicht mehr als einen einzigen Satz –, um in eine neue Sphäre tieferer Erfüllung einzutreten.

Wozu sind Sie auf der Welt?

Möglicherweise stehen auch *Sie* schon einige Zeit an der Schwelle zu einem neuen, besseren, erfüllteren Leben.

Und jetzt stehen Sie am Scheideweg – weil Sie gekündigt oder wegrationalisiert wurden, weil eine innere Uhr tickt oder weil ein äußeres Ereignis (vielleicht ein Todesfall oder eine Scheidung) Ihr Leben verändert hat. Jetzt ist der Zeitpunkt gekommen, das neue Leben und die berufliche Veränderung wirklich in Angriff zu nehmen.

Dieser Wendepunkt hat einen Namen – sogar mehrere. Man sagt:

- »Sie folgen endlich Ihren Träumen.«
- »Sie suchen den Sinn und die Erfüllung Ihres Lebens.«
- »Sie nehmen einen Berufswechsel vor oder beginnen eine neue Karriere.«
- »Sie entschließen sich, etwas Neues auszuprobieren.«
- »Sie schlagen eine neue Richtung ein.«
- »Sie schwimmen nicht mehr mit dem Strom.«
- »Sie suchen sich Ihren Traumjob.«
- »Sie folgen endlich Ihrer wahren Berufung.«

Eigentlich kommt es nicht darauf an, wie man es nennt. Es ist einfach der unverwechselbare Moment, an dem Sie sich entscheiden, diesmal nicht nur eine herkömmliche Jobsuche durchzuführen. *Diesmal* soll es eine lebensverändernde Jobsuche werden, ein Berufswechsel oder der Beginn einer neuen Karriere. Diesmal gehen Sie von *sich selbst* und *Ihren* Erwartungen an das Leben aus.

Diesmal geht es um *Ihre* Wünsche, *Ihre* Vorstellungen, *Ihre* Träume, *Ihre* Berufung.

Dies ist ein entscheidender Moment in Ihrem Leben, und wir sollten ihn wie jedes besondere Ereignis angemessen feiern.

Warum gerade jetzt? Und warum gerade Sie?

Blicken wir den Tatsachen ins Auge, lieber Leser – weder Sie noch ich werden jünger. Wenn Sie Ihren Träumen *jetzt* nicht folgen, wann werden Sie es dann tun?

Jetzt ist der richtige Zeitpunkt, Ihre Träume und Lebensentwürfe von früher umzusetzen. Auch wenn das nicht über Nacht gelingen wird. Auch wenn es Geduld erfordert. Auch wenn es harte Arbeit bedeutet. Auch wenn es eine berufliche Neuorientierung bedeutet. Auch wenn Sie dazu einen Vorstoß ins Ungewisse wagen und Risiken auf sich nehmen müssen (*überschaubare* Risiken, bitte sehr!).

Vielleicht kommt es Ihnen sehr egoistisch vor, einzig und allein von sich selbst auszugehen. Aber das ist es nicht. Es geht auch um das, was Sie *der Welt* zu bieten haben. Heutzutage wimmelt es nur so von Berufstätigen, deren Gedanken die ganze Woche lang nur darum kreisen, wann endlich wieder Wochenende ist – wann endlich der Freitag kommt! Sie verdienen ihre Brötchen, *aber* ... – sie langweilen sich zu Tode. Manche wissen eigentlich, was sie lieber täten, kommen aber aus dem einen oder anderen Grund nicht aus ihrem Sackgassenjob heraus. Leider gibt es aber auch allzu viele, die einfach noch nie gründlich genug darüber nachgedacht haben. Sie halten sich mit Arbeit, Freunden und Freizeitbeschäftigungen auf Trab und nehmen sich nie die Zeit, einmal wirklich darüber nachzudenken, welche einzigartigen Fähigkeiten sie besitzen und was sie der

Welt geben könnten. Sie sind von einem Job in den anderen geschlittert und lassen sich vom Zufall, den Umständen oder der Fügung treiben.

Sie können der Welt nichts bieten, indem Sie einer mehr von dieser Sorte werden, sondern nur indem Sie Ihre Lebensaufgabe finden und versuchen, sie zu erfüllen.

Es ist an der Zeit, Ihrer Bestimmung zu folgen. Holen Sie die Träume aus der Mottenkiste. Lassen Sie sich von Ihrer Vision leiten. Auf diese Weise werden Sie berufliche Möglichkeiten entdecken, bei denen Ihnen wirklich das Herz aufgeht.

Die Macht der Träume

Andere mögen sagen, was sie wollen – Sie werden Ihren Traumjob wohl kaum finden, indem Sie eine ausgefeilte Bewerbung vorlegen, noch ein paar Tests machen, sich noch ein paar Techniken einprägen oder sich anlesen, was Sie auf die Fragen beim Vorstellungsgespräch am geschicktesten antworten.

Aber was denn dann? Was ist das Erfolgsgeheimnis? Es steckt in den Worten einer Leserin, die sagte, der folgende Satz habe ihr Leben verändert:

> »Je klarer Ihre Vision davon ist, was Sie suchen, desto eher werden Sie es finden.«

Auf diese Vision müssen Sie sich konzentrieren, auf Ihre Vorstellung von dem Leben, das Sie eigentlich führen wollen. Darin liegt die Macht, gerade die Veränderung herbeizuführen, die Sie sich wirklich wünschen. Und je konkreter dieses Bild ist, je lebendiger es *ausgemalt* ist, desto stärker wird seine Macht. Fragen Sie sich ganz konkret: Was möchte ich am liebsten aus meinem Leben machen? Welche unerfüllten Träume habe ich? Welche Ahnungen, welche Sehnsüchte zu meiner Bestimmung auf dieser Erde? Was habe ich immer auf später verschoben, das ich jetzt endlich anpacken sollte?[1]

»Je klarer Ihre Vision davon ist, was Sie suchen, desto eher werden Sie es finden.« – Die folgenden vier Übungen sollen helfen, Ihren Blick dafür zu schärfen.

Übung 1:
Malen Sie ein Bild Ihres idealen Lebens

Nehmen Sie sich ein großes weißes Blatt und ein paar Farbstifte vor und malen Sie ein Bild davon, wie Sie sich Ihr Leben idealerweise vorstellen – wo Sie wohnen, mit wem Sie zusammen sind, womit Sie sich beschäftigen, wie Ihre Wohnung aussieht, wie Ihr idealer Urlaub aussieht und so weiter. Lassen Sie sich nicht von der Realität den Blick verstellen. Stellen Sie sich vor, jemand hätte einen Zauberstab über Ihrem Leben geschwungen, der alle Ihre Idealvorstellungen Wirklichkeit werden ließe.

Verstehe – Sie können nicht malen. Na und? Dann benutzen Sie eben Symbole oder malen irgendwelche Zeichen und schreiben dazu, wofür sie stehen. Hauptsache, Sie bringen Ihre gesamte Vision Ihres idealen Lebens *sichtbar* zusammen auf ein Blatt, ganz gleich wie wenig künstlerisch Sie sich dabei anstellen.

Es ist erstaunlich, wie viel diese Übung bewirken kann. Warum? Indem man Worte vermeidet und hauptsächlich mit Bildern oder Symbolen arbeitet, umgeht man die linke Hirnhälfte (das, was George Prince »das sicherheitsorientierte Selbst« nennt) und spricht direkt die rechte Hirnhälfte an (»das experimentelle Selbst«), die für Veränderungen zuständig ist.

Übung 2:
Suchen Sie Ihren idealen Job aus einer Liste aus

Worte neigen, wie gesagt, dazu, Ihr »sicherheitsorientiertes Selbst« zu aktivieren. Aber das gilt nicht immer. Manchmal können Worte hilfreich sein, zum Beispiel in Form von *Listen.*

Verabschieden Sie sich von der herkömmlichen Vorstellung von *Listen* – betrachten Sie sie einmal als Speisekarte, von der Sie Ihren Beruf wählen können wie ein Gericht im Restaurant.

Kleines Problem: Es gibt kein »Berufsrestaurant«, und die Anzahl der Wahlmöglichkeiten erschlägt einen. Experten unterscheiden mindestens 33 000 Tätigkeiten oder Berufe mit 1 015 alternativen Berufsbezeichnungen, zwischen denen Sie wählen können.

33 000! Genau darin liegt das Problem. Die meisten Menschen halten es für unmöglich, zwischen 33 000 Alternativen zu wählen, egal worum es geht. Es fällt uns ja schon schwer genug, uns für eines von 20 Gerichten auf einer Speisekarte zu entscheiden.

Die 50 häufigsten Berufe

Architekten, Ärzte, Bäcker, Bankfachleute, Bauhelfer, Bauingenieure, Bibliothekare, Berufskraftfahrer, Betriebsschlosser, Buchhalter, Bürofachkräfte, Chemiefacharbeiter, EDV-Fachleute, Elektroingenieure, Elektroinstallateure, Frisöre, Gärtner, Groß- und Einzelhandelskaufleute, Handelsvertreter, Hauswirtschaftshilfen, Industriemeister, Ingenieure, Installateure, Kellner, Kfz-Mechaniker, Kindergärtner, Krankenschwestern/-pfleger, Lager-/ Transportarbeiter, Lehrer, Maler/Lackierer, Manager, Maschinenschlosser, Metallarbeiter, Monteure, Metzger, Pförtner/Hauswarte, Rechtsanwälte/Notare, Reinigungsfachkräfte, Sekretärinnen, Sozialarbeiter, Sozialpädagogen, Sprechstundenhilfen, Techniker, technische Zeichner, Tierpfleger, Tischler, Verkäufer, Versicherungsfachleute, Warenprüfer, Werkzeugmacher.

Aus diesem Grund wurde diese Liste auf die wesentlichen Wahlmöglichkeiten reduziert. 90 Prozent aller Beschäftigten üben einen von 300 der über 30 000 Berufe aus. Die übrigen Berufe entfallen auf nur 10 Prozent der Beschäftigten. (Natürlich lesen gerade diese 10 Prozent dieses Buch.)

Manche haben diese Liste sogar auf nur 50 Berufsbezeichnungen reduziert, weil angeblich die Mehrheit der Erwerbstätigen in Deutschland einen dieser 50 Berufe ausübt.

50 wäre schon eine überschaubare Anzahl von Berufen, zwischen denen man auswählen könnte, aber unsere Kultur neigt immer dazu, die Sache noch weiter auf den Punkt bringen zu wollen. Daher werden in Büchern und Zeitungen Listen wie die *Top Ten der Berufsfelder für das neue Jahrtausend* veröffentlicht. Sie nennen je nach Medium immer unterschiedliche Berufe.

Was bringt es Ihnen, Listen von Wahlmöglichkeiten durchzulesen? Folgendes möchte ich vorwegschicken: 1. All diese Listen sind hochgradig subjektiv; 2. sie unterscheiden sich von einer Zeitung zur anderen (beziehungsweise von einem Buch zum anderen); 3. es gibt keinen Konsens darüber, welche Berufe wirklich zu den »Top Ten« zählen; und 4. Sie finden in der Regel auch keine Angaben darüber, nach welchen Kriterien die Listen erstellt wurden.

So viel vorweg. Aber vor allem sei nochmals betont, dass das, was für den einen der *Traumjob* ist, für jemand anderen ein *Albtraumjob* sein kann. Welcher Beruf für *Sie* der beste ist, entscheidet sich nach folgenden Kriterien: nach *Ihren* Lieblingsfähigkeiten, *Ihren* Lieblingsthemen, *Ihren* wichtigsten Zielen, danach, mit wem und was *Sie* am liebsten arbeiten, an welchem Arbeitsplatz *Sie* am liebsten tätig wären, welche Ziele *Sie* am liebsten verfolgen, welche Position *Sie* gern hätten und wo *Ihre* Gehaltsvorstellungen liegen.

Sie brauchen keinen »Topberuf«, sondern einen, für den Sie sich begeistern können. Das Etikett »Top« bezieht sich lediglich darauf, wie große Nachfrage nach einem bestimmtem Job oder Beruf besteht und wie leicht oder schwer folglich der Einstieg ist. Wenn Sie auf der Suche nach einem Job sind, den Sie wirklich lieben, dann zählt das kaum. Wenn in einem neuen Topberuf beispielsweise viel mit dem Computer gearbeitet werden muss, Sie aber viel lieber mit Menschen zu tun haben, dann wird dieser Beruf Sie unglücklich machen, so leicht der Einstieg auch sein mag.

»Ich denke da an was auf der menschlichen Schiene, sinnvoll, für einen guten Zweck, mit flexiblen Arbeitszeiten, ohne sexistische Chefs und so richtig schön exotisch.«

Es spielt also keine Rolle, ob ein Beruf »top« oder der Einstieg leicht ist. Es kommt darauf an, dass Sie mit Ihrem Beruf glücklich werden. Oder noch besser, dass Sie sich in Ihren Beruf verlieben. So sehr, dass Sie es gar nicht erwarten können, morgens aufzustehen und zur Arbeit zu gehen. So sehr, dass Sie es kaum fassen können, sogar noch für Ihre Arbeit bezahlt zu werden – weil Sie sie auch ohne Gehalt täten. Es gibt kaum ein größeres Glück im Leben, als so einen Beruf zu finden.

Letztendlich muss also jeder seine eigene berufliche »Top-Ten-Liste« aufstellen. Niemand anders kann das für Sie tun. Verschwenden Sie keinen Gedanken daran, sich an der Liste von jemand anderem zu orientieren – es sei denn, Sie entdecken darauf etwas, das bei Ihnen einen Aha-Effekt auslöst!

Als *Starthilfe* kann eine solche Liste nützlich sein, als *Richtlinie* dagegen verheerend.

Übung 3:
Die Spiegelmethode

Bei dieser Methode versuchen Sie, sich selbst in anderen Menschen gespiegelt zu sehen. Sie schauen sich jeden an, den Sie kennen, jeden, den Sie jemals im Fernsehen gesehen oder über den Sie etwas gelesen haben, und fragen sich: »Wessen Job hätte ich am allerliebsten auf der Welt?« Treffen Sie auch eine zweite und eine dritte Wahl. Schreiben Sie die Berufe dieser drei Personen auf einzelne Blätter. Darunter zerlegen Sie den jeweiligen Job in seine Elemente. Was zieht Sie daran an? Listen Sie so viele Punkte wie möglich auf. Dann schauen Sie sich alle drei Blätter an, entscheiden, welcher Beruf für Sie nun wirklich der interessanteste ist, und überlegen, wie Sie an jemanden herankommen könnten, der genau diesen Beruf ausübt.[2]

Eine Berufsumsteigerin fand mit dieser Methode heraus, dass der Job, der es ihr besonders angetan hatte, der einer Frau war, die sie einmal im Fernsehen gesehen hatte und die dort das Kinderprogramm moderierte. Sie beschäftigte sich intensiv damit, wie ihrer Meinung nach ein gutes Kinderprogramm aussehen könnte, arbeitete ihre Pläne sorgfältig aus und stellte sie bei einem Regionalsender vor, der bisher nichts Entsprechendes im Programm hatte. Ihre Vorschläge fanden großen Anklang, sie wurde als Moderatorin engagiert, und die ganze Sache wurde ein großer Erfolg. Später schrieb sie mir triumphierend: »Ich bin zu meinem Traumjob gekommen ... ohne jemals auch nur eine der Übungen aus Ihrem Buch gemacht zu haben!« Ich sage nur: *Bravo!*

Übung 4:
Tests zur beruflichen Orientierung

Wenn Sie nicht recht wissen, wie Ihr nächster Schritt aussehen könnte, dann denken Sie vielleicht, ein Test könnte genau das Richtige sein, um es herauszufinden. Die geläufige Bezeichnung »Test« trifft streng genommen nicht zu – man kann dabei nicht durchfallen. Experten sprechen daher auch von »Fragenkatalogen« oder »Eignungsdiagnostik«.

Es gibt sie in jeglicher Variation – sie erfassen Fähigkeiten, Interessen,

Wertvorstellungen, psychologische Merkmale und so weiter –, und die Bezeichnungen ergeben die reinste Buchstabensuppe: SDS, MBTI, DIT...

Früher mussten Sie dafür besondere Einrichtungen aufsuchen, zum Beispiel die Berufsberatung des Arbeitsamtes oder einen privaten Berufs- oder Karriereberater. Diese Möglichkeit besteht natürlich weiterhin. Erkundigen Sie sich, wo in Ihrer Nähe entsprechende Tests durchgeführt werden.

Wenn Sie Zugang zum Internet haben, können Sie Tests zur Berufswahl aber auch herunterladen und in Ruhe zu Hause durchführen. – Da bekommen Sie leuchtende Augen, wie? Das hört sich schon besser an!

Fünf Regeln zum Thema Berufswahl durch Tests

1. **Betrachten Sie das Testergebnis grundsätzlich nur als Anregung.** Der wesentliche Zweck und Nutzen von Tests ist, Ihnen Ideen zu liefern, auf die Sie nicht von allein gekommen wären, und lohnende Anregungen zu geben. Erwarten Sie aber nicht, auf diese Weise zu erfahren, was Sie mit Ihrem Leben anfangen sollen. Bei vielen Tests (ob im Internet oder in Papierform) werden Sie völlig irreführende Ergebnisse und Empfehlungen erhalten, wenn Sie auch nur zwei Fragen falsch beantworten. Nehmen Sie Testergebnisse also grundsätzlich nicht nur mit dem sprichwörtlichen Körnchen Salz, sondern gleich mit einem ganzen Salzfass.
2. **Mehrere Tests sind besser als einer.** Sie werden ein viel klareres Bild Ihrer Vorlieben und Ihres Profils und nicht zuletzt auch bessere Berufsvorschläge erhalten, wenn Sie nicht nur einen Test zu Rate ziehen, sondern gleich drei oder mehr verschiedene.
3. **Vergessen Sie über den Tests nicht, dass Sie absolut einzigartig sind.** Tests zielen in der Regel darauf ab, Kategorien zu bilden. Sie erfahren dabei etwa, dass Sie ein »ENPT« (beim Myers-Briggs), ein »AES« (beim SDS) oder ein »blauer Typ« (beim HDI) sind. Sie werden mit vielen anderen Menschen gemeinsam in eine Kategorie gesteckt, und dabei werden Sie eben manchmal dem falschen »Stamm« zugeordnet. Vergessen Sie nicht: Sie sind »ein einzigartiger Jobsuchender, der eine einzigartige Jobsuche durchführt, bei der er einen einzigartigen Beruf herausfindet und dann Kontakt mit einer einzigartigen Firma oder Organisation aufnimmt, wo Sie sich auf einzigartige Weise nützlich ma-

»*Ich will mal so sagen – wenn Sie ein Dorf ohne Trottel finden, dann haben Sie einen Job.*«

chen können« (hier einen Dank an Clara Horvath). Wer sich nicht intensiv bemüht, seine Einzigartigkeit ins Spiel zu bringen, geht solchen Tests leicht auf den Leim, wie die Jobexpertin Mary Ellen Mort formuliert.

4. **Ein Online-Test ist in der Regel weniger ergiebig als einer mit qualifizierter Betreuung vor Ort.** Wenn die Ergebnisse der Online-Tests Ihnen nicht zusagen (oder wenn Sie keinen Zugang zum Internet haben), wenden Sie sich an die oben erwähnten Stellen und finden Sie heraus, wo Tests angeboten werden.

5. **Drängen Sie Ihren Freunden keinen Online-Test auf.** Wenn Online-Tests Ihnen tatsächlich helfen, dann werden Sie aber um Himmels Willen nicht zum »Testmissionar«, der versucht, sämtliche Freunde und Verwandten ebenfalls zu solchen Tests zu überreden. Tests sind ein heikles Thema. Manche Menschen können zum Beispiel keine Fragen leiden, bei denen sie die Wahl zwischen zwei Alternativen haben, die sie beide für gleich schlecht halten. Andere Menschen mögen keine Fragen darüber, wie sie sich in einer bestimmten Situation verhalten würden, weil sie dazu neigen, eher ihren Wünschen als den Tatsachen entsprechend zu antworten. Und wieder andere hassen Tests ganz

grundsätzlich, basta. Sie leben also gefährlich, wenn Sie versuchen, Ihrer Familie oder Ihren besten Freunden einen Test aufzudrängen. Gehen Sie behutsam vor – der Computer, den Sie auf diese Weise retten, könnte Ihr eigener sein.

Kein Kauf ohne Anprobe

Für jede der vier oben beschriebenen Methoden gilt: Verlassen Sie sich niemals auf Listen, Tests, Experten oder wohlmeinende Freunde, wenn es um die Frage geht, welcher Beruf für *Sie* ideal wäre. Halten Sie es so, als würden Sie einen Anzug kaufen: erst anprobieren und sich dann selbst ein Urteil bilden. *Bitte!*

Sprechen Sie mit mindestens drei Personen, die den Beruf, der Sie so reizt, tatsächlich ausüben. Stellen Sie ihnen folgende Fragen:

- Wie sind Sie zu dieser Tätigkeit gekommen?
- Was gefällt Ihnen daran am besten?
- Was gefällt Ihnen daran am wenigsten?
- Wie schafft man den Einstieg und wie groß ist die Nachfrage in diesem Bereich?
- Ist es leicht oder schwer, eine entsprechende Stelle zu finden?
- An wen könnte ich mich sonst noch wenden, um mehr über diesen Beruf zu erfahren?

Diese Fragen *müssen* Sie stellen. Sie brauchen die Antworten *unbedingt*, glauben Sie mir! Besonders dann, wenn der angestrebte Berufswechsel einige Zeit in Anspruch nehmen wird, weil Sie sich dazu weiterbilden, vielleicht sogar einen Abschluss nachholen müssen.

Wenn Sie diese Fragen nicht *frühzeitig* stellen, riskieren Sie, nach all den Strapazen und Kosten einer Umschulung oder Weiterbildung eine bittere Enttäuschung zu erleben.

Abschlüsse und Berufschancen

Tun Sie sich selbst einen großen Gefallen: Gehen Sie niemals davon aus, dass Sie mit einem Abschluss automatisch einen Job bekämen – da wird nichts draus!

Ich wünschte, Sie könnten meine Post sehen – all die erbosten Briefe von Menschen, die sich auf einen der eben erwähnten Tests verlassen und einen Abschluss in dem betreffenden Bereich gemacht haben, aber zwei Jahre später immer noch arbeitslos sind. Es ist zum Heulen! Viele sind verbittert, alle sind ärgerlich und enttäuscht, weil sie sich von der Gesellschaft betrogen fühlen.

Nachdem sie diesen kostspieligen, aber letztendlich wertlosen Abschluss erworben haben und immer noch keinen Job finden, klagen sie mit bitterer Ironie über die »Abschlussgläubigkeit« in diesem Land.

Wenn Sie schon selbst darauf hereingefallen sind, wissen Sie am besten, wovon ich spreche.

Informationsbeschaffung per Internet

Neben den eben erwähnten informellen Gesprächen im persönlichen Kontakt gibt es noch weitere Möglichkeiten, sich hilfreiche Informationen zu beschaffen, besonders wenn Sie über Zugang zum Internet verfügen. Mehr dazu finden Sie in Anhang B.

Zusammenfassung:
Ein Traumjob und mehr

Die Suche nach einem »Traumjob« ist, oberflächlich betrachtet, eine Suche nach dem Glück. Wir möchten im Beruf und im Leben überhaupt glücklicher werden als bisher.

Eigentlich geht es um eine ganz bestimmte Art von Glücklichsein: um eine heitere Gelassenheit. Und die ist eine Frage der *Einstellung*.

> »Wir, die wir die Konzentrationslager überlebt haben, sehen noch immer die Männer vor uns, die durch die Baracken gingen, anderen Menschen beistanden und ihr letztes Stück Brot verschenkten. Es mögen nur ganz wenige gewesen sein, aber sie lieferten den Beweis dafür, dass es etwas gibt, das man einem Menschen nicht wegnehmen kann: die letzte menschliche Freiheit – selbst zu entscheiden, wie man der jeweiligen Situation begegnet ...«
>
> *Victor Frankl*

Ihre Einstellung ist das Wesentliche, das andere an Ihnen wahrnehmen. Sie gibt Ihrem Leben Struktur. Jemand hat einmal gesagt: »Was Sie haben, ist Gottes Geschenk an Sie. Was Sie daraus machen, ist Ihr Geschenk an Gott.« Es ist auch Ihr Geschenk an alle Menschen in Ihrer Umgebung.

Die persönliche Einstellung als größtes Hindernis bei der Suche nach dem Traumjob

Man kann nicht über Arbeit, über Ihre Freude an der Arbeit und über die Suche nach dem Traumjob sprechen, ohne auch über die persönliche Einstellung zu sprechen. Auf diesem Gebiet macht die Jobsuche etwas deutlich, das auf das gesamte Leben zutrifft. Wenn man Arbeitgeber beispielsweise fragt, warum sie jemanden nicht eingestellt haben, bekommt man immer wieder zur Antwort: »Mit seiner *Einstellung* stimmte etwas nicht.« Oder: »Ihre *Einstellung* gefiel mir nicht.« Oder: »Ich fand, er hatte wirklich eine miese *Einstellung*.« Es ist das Erste, das jeder Arbeitgeber an Ihnen wahrnimmt, sei es durch Ihre Bewerbung, beim ersten telefonischen Kontakt oder während des Vorstellungsgesprächs.

Arbeitgeber merken sofort, ob Sie jemand sind, den sie gern um sich hätten. Sie bemerken sofort, ob Sie für andere Menschen, ihre Interessen und Bedürfnisse aufgeschlossen oder völlig egozentrisch sind. Sie bemerken sofort, ob Sie Energie und Begeisterung ausstrahlen oder Trübsinn und mangelnde Motivation. Ob Sie in Frieden mit sich und der Welt leben oder hinter der scheinbar ruhigen Fassade vor Zorn nur so kochen. Ob Sie extrovertiert sind oder in sich gekehrt, kommunikativ oder einsilbig, an echtem Austausch interessiert oder nur am Nehmen. Ob Sie es darauf anlegen, Ihre Aufgabe so gut wie möglich zu erfüllen, und bereit sind, dafür zusätzlichen Einsatz zu erbringen, oder ob es Ihnen nur darum geht, sich »durchzumauscheln«.

Ihre Einstellung macht sich bemerkbar, sobald Sie das Büro des Arbeitgebers betreten. Wenn Sie in Ihrem letzten Job ungerechterweise entlassen wurden, dann sind Sie zunächst einmal zu Recht wütend und enttäuscht darüber, dass die Arbeitswelt so ganz anders ist, als Sie erwartet hatten. Von diesen Gefühlen müssen Sie sich jedoch unbedingt befreien, sonst werden sie Ihnen bei der Jobsuche zum lähmenden Hindernis. Jeder Arbeitgeber, bei dem Sie vorsprechen, würde Ihren Groll riechen, wie man bei einem Betrunkenen den Alkohol riecht. Sie mögen über die jüngsten Entwicklungen auf dem Arbeitsmarkt und deren Auswirkungen auf Ihr Leben wütend oder begeistert sein – Sie müssen aber Ihren Frieden damit schließen. Ihre Einstellung ist hier ebenso wie in anderen Bereichen von *entscheidender Bedeutung*, und jeder Arbeitgeber wird sie wahrnehmen.

Das ist ein wirklich ausschlaggebender Punkt, denn ein Arbeitgeber würde eher jemanden mit geringerer Qualifikation engagieren, der die richtige Einstellung an den Tag legt, als jemanden mit mehr Erfahrung und größeren Fähigkeiten, bei dem aber die Einstellung nicht stimmt. Arbeitgeber wissen aus leidvoller Erfahrung: Wenn sie den Fehler machen, jemanden zu engagieren, mit dessen Einstellung etwas nicht stimmt, dann werden sie sich schon bald danach sehnen, ihn wieder loszuwerden. Darum achten sie schon beim ersten Kontakt genauestens darauf, welche Einstellung jemand zeigt.

Die persönliche Einstellung als größte Stärke bei der Suche nach dem Traumjob

Bis hierhin habe ich das Risiko dargestellt, dass Sie aufgrund der falschen Einstellung abgelehnt werden. Aber in der Einstellung kann andererseits auch Ihre größte Stärke liegen, weil sie Ihnen ermöglicht, aus jedem Job das Beste zu machen, auch wenn es nicht hundertprozentig Ihr Traumjob ist.

Das Patentrezept dazu umfasst vier Punkte:

- **Betrachten Sie den typischen Job des neuen Jahrtausends am besten als eine Anstellung von unbestimmter Dauer.** Wenn Sie angestellt sind (was auf rund 90 Prozent aller Erwerbstätigen zutrifft), dann liegt es nicht allein an Ihnen, wie lange Sie einen Job haben, sondern auch an Ihrem Arbeitgeber. Ihre Stelle kann jederzeit ohne Vorwarnung gestrichen werden. Sie müssen jederzeit damit rechnen, im Handumdrehen wieder auf der Suche zu sein.
- **Betrachten Sie den typischen Job des neuen Jahrtausends am besten als ein Seminar.** Fast jeder Job unterliegt heutzutage so rasanten, tiefgreifenden Veränderungen, dass Sie ständig – nicht nur zu Anfang – eine Menge dazu lernen müssen. Sie dürfen nicht nur Ihre Leistung und das, was Sie bereits erreicht haben, im Blick haben, sondern müssen Ihren Job vor allem als ständige Lernerfahrung sehen. Dazu brauchen Sie nicht nur die Bereitschaft zum Lernen, sondern eine regelrechte Begeisterung. Sie müssen jeden potenziellen Arbeitgeber davon überzeugen, wie gern Sie sich in neue Aufgaben und Abläufe einarbeiten und wie schnell Sie lernen.
- **Betrachten Sie den typischen Job des neuen Jahrtausends am besten als ein Abenteuer.** In der Organisation, bei der Sie schließlich landen – sei sie groß oder klein –, werden sich höchstwahrscheinlich alltäglich, allwöchentlich und allmonatlich Dramen abspielen, die einer Fernseh-Soap-Opera in nichts nachstehen. Machtspiele! Ehrgeiz! Gerüchte! Fehlentscheidungen! Merkwürdige Verbindungen! Betrug! Belohnung! Überraschende, völlig unerwartete Entwicklungen! Manchmal werden sich die Dinge ganz nach Ihrem Geschmack entwickeln, manchmal völlig entgegengesetzt!
- **Der typische Job des neuen Jahrtausends ist einer, bei dem die Bestä-

tigung in der Tätigkeit selbst liegt. In den guten alten Zeiten ging es den meisten Menschen nicht nur darum, eine Arbeit zu finden, die ihnen Freude machte, sondern sie suchten darin zugleich Anerkennung und Wertschätzung, also gewissermaßen eine Form von liebevoller Zuwendung am Arbeitsplatz.

Tatsächlich gibt es heute noch Unternehmen, in denen Sie Achtung, Wertschätzung, individuelle Anerkennung und himmelhohes Lob erfahren, aber sie sind doch im Vergleich zu früher selten geworden, besonders unter den Betrieben mit mehr als 50 Angestellten. Auch die beste Recherche bei der Jobsuche schützt Sie nicht davor, auf einer Stelle zu landen, wo Ihre Vorgesetzten den hervorragenden Beitrag, den Sie leisten, nicht im Geringsten anerkennen und würdigen. Sie fühlen sich ungeliebt und missachtet – und womöglich werden Sie am Ende nach vielen Monaten oder sogar Jahren ohne Vorwarnung unter irgendeinem fadenscheinigen Vorwand entlassen – die Geschäftslage sei schlecht, das Unternehmen brauche »frisches Blut«, stehe vor dem Konkurs, vor einer Fusion oder was auch immer.

Sie müssen eine Stelle finden, bei der Sie Ihre Bestätigung allein aus der Arbeit ziehen, und dürfen sich nicht von einer zukünftigen Anerkennung in Form einer Gehaltserhöhung oder Beförderung abhängig machen.

Das Erfolgsgeheimnis für die Suche nach dem Traumjob besteht darin, an alle Jobs mit der Einstellung heranzugehen, dass etwas daraus zu machen ist.

Kapitel 8

Wenn Zeit keine Rolle spielt

Denk immer daran:
Kein Vorhaben oder Problem
ist wichtiger
als das eigene.

Janeane Garofalo

WAS sind die übertragbaren Fähigkeiten, die Sie am liebsten einsetzen?

Es gibt grundsätzlich drei Möglichkeiten, wie Sie Ihren Traumjob finden können – den Job, für den Sie Ihr Leben geben würden:

1. **Sie geraten von selbst hinein.** Manche kommen aus purem Glück, durch Zufall oder Fügung ganz von selbst an ihren Traumjob. Sie stellen eines Morgens beim Aufwachen fest, dass sie es geschafft haben, ohne sich dessen überhaupt bewusst zu sein, und von da an ist alles eitel Sonnenschein.
2. **Sie suchen vage danach.** Manche halten gewissermaßen Ausschau wie ein Bussard nach der Beute, indem sie gelassen am Himmel ihre Kreise ziehen und in die Tiefe spähen, bereit, sich auf alles zu stürzen, was wie ein Traumjob aussieht. Bei manchen führt diese Suche schließlich zum Erfolg. Man bemüht sich dabei schon *irgendwie*, strengt sich aber insgesamt betrachtet doch nicht so richtig an. Das Ganze ähnelt eher einer »Reise auf einem fliegenden Teppich«, bei der uns die Intuition über die Jahre hinweg allmählich von einem wahren »Albtraumjob« zu etwas trägt, das eher einem »Traumjob« ähnelt.
3. **Sie gehen Schritt für Schritt vor, suchen intensiv, motiviert und systematisch.** Manche Menschen gehen die Suche nach ihrem Traumjob sehr entschlossen an. Sie kaufen sich ein Buch oder nehmen an Workshops bei Karriereberatern teil und widmen ihrem sorgfältigen, systematischen Vorgehen Stunden und Tage. Das bedeutet zwar harte Arbeit, hat aber insgesamt auch etwas vom »Flug mit dem Zaubertep-

pich« – von A nach B nach C und so weiter, bis man sein Ziel schließlich erreicht und seine Bestimmung gefunden hat.

Wie Sie Ihren Traumjob Schritt für Schritt finden

- **Ihre liebsten übertragbaren Fähigkeiten.** Machen Sie eine systematische Bestandsaufnahme all der übertragbaren Fähigkeiten, die Sie besitzen.
- **Themen, die Sie faszinieren.** Machen Sie eine systematische Bestandsaufnahme sämtlicher Themen oder Wissensgebiete, die Sie besonders faszinieren.
- **Die Blume.** Erstellen Sie anhand dieser beiden Bestandsaufnahmen eine Beschreibung – ein Bild, wenn Sie so wollen – davon, wie Ihr neuer Beruf *aussehen* soll.
- **Die passende Berufsbezeichnung.** Anschließend versuchen Sie im Gespräch mit Menschen die passende Berufsbezeichnung (oder die passenden Bezeichnungen) zu Ihrem Bild herauszufinden.
- **Informelle Gespräche.** Nachdem Sie jetzt Ihre Fähigkeiten kennen und wissen, welche Art von Tätigkeit Sie anstreben, suchen Sie Menschen, die den betreffenden Beruf bereits ausüben. Sprechen Sie mit ihnen, um herauszufinden, ob ihre Arbeit ihnen gefällt und wie sie an den Job gekommen sind.
- **Recherche über Organisationen.** Recherchieren Sie in der gewünschten Region über Organisationen, die Sie interessieren. Finden Sie heraus, wie sie arbeiten und mit welchen Problemstellungen sie und ihre Branche konfrontiert sind.
- **Machtstrukturen.** Finden Sie anschließend heraus, wer dort zurzeit die Macht hat, Ihnen die gewünschte Stelle zu geben.
- **Kontakte.** Nutzen Sie Ihre Kontakte, um an die betreffende Person heranzukommen. Machen Sie dem- oder derjenigen deutlich, auf welche Weise Sie sich dort nützlich machen könnten und was für ein »seltener Glücksgriff« es wäre, Sie einzustellen.
- **Abschluss.** Lassen Sie keinen dieser Punkte aus, überstürzen Sie nichts.

Wenn Zeit keine Rolle spielt 151

© Johnny Hart and Creators Syndicate, Inc.

Diese Schritte sind im Prinzip die gleichen wie beim *kreativen Ansatz für den Berufsumstieg*. Die berufliche Neuorientierung nach dem kreativen Ansatz besteht aus drei Teilen – den wohlbekannten Fragen: *Was, Wo und Wie*.

Was?

Das heißt: Welche Fähigkeiten setzen Sie am liebsten ein?
Die Antwort finden Sie, indem Sie eine Bestandsaufnahme der Fähigkeiten/Gaben/Talente vornehmen, über die Sie verfügen, und sie nach persönlicher Gewichtung und Vorlieben ordnen. Experten sprechen hier von übertragbaren Fähigkeiten, weil sie sich auf das Tätigkeitsfeld oder den Beruf Ihrer Wahl übertragen lassen, unabhängig davon, wo Sie sie erworben oder wie lange Sie sie schon in einem anderen Tätigkeitsfeld eingesetzt haben.

Wo?

Das heißt: Wo würden Sie diese Fähigkeiten am liebsten einsetzen?
Hier geht es darum, welche Bereiche Sie faszinieren, über die Sie schon Kenntnisse besitzen und mit denen Sie sich am liebsten beschäftigen. Außerdem gehören dazu Ihre Wünsche bezüglich der Arbeitsbedingungen, die Frage, mit welchen Themen, Menschen oder Gegenständen Sie gern arbeiten würden, und vieles andere mehr.

> ### Wie?
>
> Das heißt: Wie finden Sie die Jobs, bei denen Sie Ihre Lieblingsfähigkeiten und -kenntnisse einsetzen können?
> Um die nötigen Informationen zu diesem Punkt zu bekommen, müssen Sie mit mehreren Menschen sprechen. Gehen Sie bei der Befragung davon aus, dass Fähigkeiten auf Funktionen und Interessensgebiete auf berufliche Tätigkeitsfelder verweisen, in denen Sie diese Fähigkeiten einsetzen könnten. Außerdem müssen Sie die Namen von Organisationen in der gewünschten Gegend herausfinden, bei denen es entsprechende Jobs gibt. Und Sie müssen herausfinden, wer bei diesen Unternehmen für die Besetzung von Stellen zuständig ist und welche besonderen Anforderungen dort bestehen. Anschließend nutzen Sie Ihre Kontakte, um ein Gespräch mit dem Betreffenden zu bekommen, und überzeugen Sie ihn davon, dass Ihre Fähigkeiten dort gebraucht werden.

Warum steht das »Was« an erster Stelle?

Unerfahrene Jobsuchende neigen meist dazu, das *Was* und das *Wo* zu überspringen und stattdessen direkt zum *Wie* vorzustoßen. Sie wissen schon: *Wie* man eine Bewerbung schreibt, *wie* man freie Stellen findet, *wie* man ein Vorstellungsgespräch führt. In diesem Land (und in vielen anderen) beschäftigt sich sogar ein riesiger Geschäftszweig eigens mit der Durchführung von Workshops, in denen Menschen nur den *Wie*-Teil der Jobsuche vermittelt bekommen: Bewerbungen, Vorstellungsgespräche, Gehaltsverhandlungen.

Das ist ein *gewaltiger* Fehler.

Lassen Sie mich erklären *warum*. Angenommen, ich bitte Sie, in Ihrem Haus nach einem bestimmten kleinen Gegenstand zu suchen. Dieser ist für einen gewissen Norbert von Interesse, Ihren Vetter zweiten Grades, den Sie nicht besonders mögen. Sie können sich vorstellen, wie lustlos Sie die Suche angehen, die für Sie selbst nahezu völlig uninteressant ist. Da Sie ein gutmütiger Mensch sind, würden Sie wohl suchen, aber nur ganz kurz und oberflächlich.

Stellen Sie sich jetzt vor, es gäbe einen weiteren Gegenstand in Ihrem Haus. Diesmal handelt es sich um einen persönlichen Schatz, das einzige Erinnerungsstück von Ihrer lieben verstorbenen Großmutter, nach dem

Sie seit Jahren vergeblich gesucht haben. Es ist von *unschätzbarem* Wert für Sie. Und jetzt erzähle ich Ihnen, dass ich es gestern irgendwo im Haus gesehen habe, mich aber nicht mehr erinnern kann, wo genau. Da Sie nun sicher wissen, dass es noch existiert, würden Sie jetzt bestimmt das ganze Haus auf den Kopf stellen, um dieses Objekt zu finden, das Ihnen so viel bedeutet und das Sie seit Jahren suchen.

Sie merken schon, worauf es hinausläuft: *Die Intensität Ihrer Suche ist direkt proportional zu Ihrem Interesse an dem, wonach Sie suchen.* Das gilt für das Leben im Allgemeinen und auch für die Jobsuche.

»WAS?« – Zum Thema Fähigkeiten

Das, wonach Sie hier suchen, kann man als die Grundbausteine Ihrer Arbeit bezeichnen. Sie sollten also die Suche nach Ihrem Traumjob und/oder einen grundlegenden Berufswechsel immer damit beginnen, sich Klarheit über Ihre übertragbaren Fähigkeiten zu verschaffen. Sie denken vielleicht, Sie wüssten schon, was Sie am liebsten tun und am besten können. In den meisten Fällen kann es jedoch nicht schaden, noch ein wenig Arbeit in die Selbsterkenntnis zu investieren.

Ein Wochenende sollte genügen! An einem Wochenende können Sie eine ausreichende Bestandsaufnahme Ihrer *Vergangenheit* vornehmen,

sodass Sie eine gute Vorstellung davon gewinnen, was für einen Beruf Sie *in Zukunft* gern ausüben würden. (Sie können die Bestandsaufnahme natürlich auch über einige Wochen ausdehnen, wenn Ihnen das lieber ist, indem Sie beispielsweise an einem Abend pro Woche jeweils eine oder zwei Stunden lang daran arbeiten. Das liegt ganz bei Ihnen.)

Crashkurs zum Thema »übertragbare Fähigkeiten«

Für viele Menschen ist allein das Wort »Fähigkeiten« ein wahres Schreckgespenst.

Das kann man schon bei Schulabgängern beobachten. Sie sagen: »Meine Fähigkeiten? Eigentlich habe ich gar keine.«

Bei den Studenten geht es weiter: »Ich war vier Jahre lang an der Hochschule, da hatte ich keine Zeit, Fähigkeiten zu erwerben.«

Und das zieht sich so durch bis ins mittlere Alter, besonders wenn jemand an einen Berufsumstieg denkt: »Ich muss wieder die Schulbank drücken und eine neue Ausbildung machen, weil ich nicht die nötigen Fähigkeiten für den neuen Bereich habe.« Oder: »Wenn ich keine Fähigkeiten nachweisen kann, muss ich wieder ganz von vorn beginnen.«

Dass das Thema »Fähigkeiten« allgemein so angstbesetzt ist, liegt daran, dass die meisten die Wortbedeutung völlig falsch auffassen – ein Missverständnis, dem übrigens auch allzu viele Arbeitgeber, Personalfachleute und so genannte »berufliche Experten« aufsitzen.

Wenn Sie den Begriff richtig verstehen, sind Sie den meisten Jobsuchenden bereits meilenweit voraus. Und besonders wenn Sie einen Berufswechsel in Erwägung ziehen, können Sie es sich auf diese Weise ersparen, viel Zeit zu vergeuden, nur weil Sie denken, Sie müssten »noch einmal eine ganz neue Ausbildung machen«. Ich habe es bereits gesagt und betone es nochmals: *Vielleicht* brauchen Sie eine ganz neue Ausbildung, aber sehr oft ist es möglich, einen grundlegenden Berufswechsel ohne jegliche Weiterbildung vorzunehmen. Das kommt ganz darauf an. Und Sie können nicht wirklich *wissen*, ob Sie eine Weiterbildung brauchen oder nicht, bis Sie sämtliche Übungen in diesem und dem folgenden Kapitel bearbeitet haben.

Fähigkeiten als Grundelemente der Arbeit

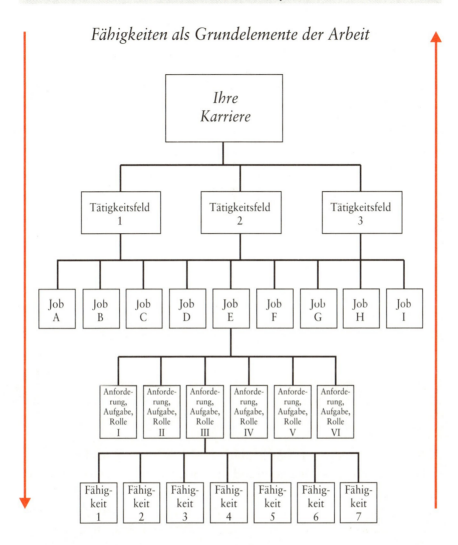

Wenn die übertragbaren Fähigkeiten also der Schlüssel zu Ihrer Vision und Ihrer Bestimmung sind, dann sehen wir uns doch einmal an, was genau man sich darunter vorzustellen hat.

Die folgenden grundlegenden Punkte zum Thema übertragbare, funktionelle Fähigkeiten sollten Sie immer vor Augen haben.

1. Ihre übertragbaren (funktionellen) Fähigkeiten sind die Grundbausteine – die Atome – Ihres Berufs, gleich für welchen Sie sich entscheiden. Die obige Grafik macht dies deutlich.

Die Fähigkeiten, von denen Sie für sich eine Bestandsaufnahme machen sollten, heißen »funktionelle« oder »übertragbare Fähigkeiten«. Sie sind in der folgenden Grafik dargestellt.

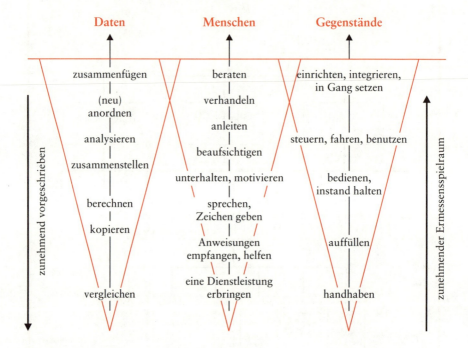

2. Bei der Bestandsaufnahme sollten Sie sich immer die höchsten Fähigkeiten zuschreiben, die aufgrund Ihrer früheren Erfolge gerechtfertigt sind.

Wie wir in dieser Grafik sehen, werden die Fähigkeiten in drei Gruppen oder *Familien* eingeteilt, je nachdem, ob sie im Zusammenhang mit Daten beziehungsweise Informationen, im Zusammenhang mit Menschen oder im Zusammenhang mit Gegenständen eingesetzt werden. Wie aus dem Diagramm zu ersehen ist, gibt es innerhalb jeder Familie *einfache* Fähigkeiten und höhere oder *komplexere*. Sie können in Form einer umgekehrten Pyramide dargestellt werden, bei der die einfacheren Fähigkeiten unten und die komplexeren Fähigkeiten in aufsteigender Reihe darüber angeordnet sind.

Als allgemeine Regel – von der es natürlich Ausnahmen gibt – gilt: Wenn Sie über eine höhere Fähigkeit verfügen, setzt dies voraus, dass

Sie auch sämtliche Fähigkeiten besitzen, die darunter angeordnet sind. Sie können sich diese also ebenfalls zuschreiben. Gehen Sie von der höchsten Fähigkeit aus, die Sie in der Vergangenheit erfolgreich eingesetzt und damit nachgewiesen haben.

3. **Je höher Ihre übertragbaren Fähigkeiten auf der Skala stehen, desto mehr Freiheiten werden Sie in Ihrem Beruf genießen.**
Einfachere Fähigkeiten können – und werden auch meist – stark vom Arbeitgeber vorgegeben sein. Wenn Sie ausschließlich über einfachere Fähigkeiten verfügen, müssen Sie sich daher oft »anpassen«, indem Sie die Anweisungen des Vorgesetzten befolgen und genau das tun, was man Ihnen sagt. Je höher die Fähigkeiten sind, die Sie sich zu Recht zuschreiben können, desto mehr Gestaltungsfreiheit wird man Ihnen für Ihre Tätigkeit zugestehen, sodass sie sich *Ihnen* anpasst.

4. **Je höher Ihre übertragbaren Fähigkeiten sind, desto weniger Konkurrenz haben Sie bei der Jobsuche, weil die Positionen, die solche Fähigkeiten erfordern, selten mit den normalen Suchmethoden zu finden sind.**
Der herkömmliche Weg über Stellenanzeigen, Bewerbungen und Agenturen ist nichts für Sie. Nein, wenn Sie sich zu Recht höhere Fähigkeiten zuschreiben, dann *müssen* Sie, um die entsprechenden Jobs zu finden, den kreativen Ansatz der Jobsuche verfolgen, der in diesem Kapitel und in den beiden folgenden beschrieben wird.

Das wesentliche Merkmal dieses kreativen Ansatzes der Jobsuche oder des Berufsumstiegs ist, dass Sie an jede Organisation herantreten können, die Sie interessiert, ob sie nun bekanntermaßen freie Stellen hat oder nicht – indem Sie Ihre Kontakte nutzen, um dort hineinzugelangen. Es versteht sich von selbst, dass Sie in diesen Organisationen, die Sie aufsuchen – und besonders in denjenigen, die keine freien Stellen ausgeschrieben haben – auf wesentlich weniger Mitbewerber treffen werden, als wenn Sie auf Stellenangebote in Zeitungen oder im Internet antworten.

Es kann sogar vorkommen, dass Arbeitgeber, die Sie ansprechen, eigens eine neue Stelle für Sie schaffen, wenn sie Sie mögen. In diesem Fall werden Sie sich mit niemandem messen müssen, weil Sie selbst der einzige Kandidat für diese neu geschaffene Stelle sind. Das ist zwar eigentlich die Ausnahme, aber ich staune immer wieder, wie oft es tatsächlich vorkommt. Das liegt daran, dass Arbeitgeber oft schon lange darüber nachgedacht haben, in ihrem Unternehmen eine neue Stelle einzurichten, bisher aber aus verschiedenen Gründen nie dazu gekommen sind, ihr Vorhaben in die Tat umzusetzen. Bis zu dem Moment, als Sie zur Tür hereinkamen.

Sofort beschlossen sie, Sie nicht wieder gehen zu lassen, denn schließlich sind gute Arbeitnehmer genauso schwer zu finden wie gute Arbeitgeber. Und plötzlich fällt ihnen der Job wieder ein, den sie schon seit Wochen oder Monaten hatten einrichten wollen. Sie setzen ihre Absichten in die Tat um, schaffen auf der Stelle einen neuen Job und bieten ihn Ihnen an! Wenn dieser neue Job nicht nur das ist, was *das Unternehmen* braucht, sondern zugleich genau das, was *Sie* wollen, dann haben Sie Ihren Traumjob, und beide Seiten machen eine gute Partie. Übrigens haben Sie durch Ihre Eigeninitiative außerdem dazu beigetragen, neue Stellen zu schaffen. Schön für Ihr Land und schön für Sie!

5. **Verwechseln Sie die übertragbaren Fähigkeiten nicht mit Eigenschaften!**

Funktionelle, übertragbare Fähigkeiten werden häufig mit Eigenschaften, der Persönlichkeit oder dem Typus verwechselt. Die Leute denken, zu den übertragbaren Fähigkeiten zählten beispielsweise auch *viel Energie haben, gründlich und gewissenhaft sein, gut mit Menschen umgehen können, über Entschlusskraft verfügen, unter Druck hervorragend arbeiten, sympathisch sein, intuitiv, beständig, dynamisch, verlässlich sein.* Entgegen diesem verbreiteten Missverständnis handelt es sich dabei nicht um funktionelle, übertragbare Fähigkeiten, sondern um Eigenschaften oder Persönlichkeitsmerkmale, also die Art, wie Sie Ihre übertragbaren Fähigkeiten einsetzen. Nehmen wir beispielsweise das Merkmal »gründlich und gewissenhaft«. Wenn eine Ihrer übertragbaren Fähigkeiten beispielsweise ist, dass Sie »gut recherchieren«, dann beschreibt »gründlich und gewissenhaft« die Art oder den Stil, wie Sie diese übertragbare Fähigkeit einsetzen, die wir als »recherchieren« bezeichnen. Um Ihre Eigenschaften herauszufinden, gibt es bekannte Verfahren wie zum Beispiel den Myers-Briggs-Typen-Indikator (MBTI). Wenn nichts davon bei Ihnen funktioniert und Sie immer noch überhaupt keine Vorstellung haben, was Ihnen wirklich liegen würde, dann versuchen Sie es mit den Übungen zum Blumendiagramm in Anhang A (ab Seite 323).

Die paradoxe Moral aus diesem Crashkurs zum Thema übertragbare Fähigkeiten lautet also: Je weniger Sie versuchen, vage und für alles offen zu sein, je präziser und detaillierter Sie Ihre Fähigkeiten im Zusammenhang mit *Daten, Informationen* und/oder *Menschen* und/oder *Gegenständen* definieren und je höher das Niveau ist, das Sie sich zu Recht zuschreiben können, desto eher werden Sie einen Job bekommen. *Genau das Gegenteil dessen,* wovon der typische Berufsumsteiger ausgeht.

»Ich würde meine Fähigkeiten selbst dann nicht erkennen, wenn ich darüber stolpern würde!«

Nachdem Sie nun wissen, was übertragbare Fähigkeiten technisch gesehen sind, stehen Sie jetzt vor dem Problem, Ihre eigenen herauszufinden. Sie können von Glück sagen, wenn Sie zu den wenigen gehören, die sich ihrer Fähigkeiten bereits bewusst sind. In dem Fall schreiben Sie sie auf und ordnen Sie sie entsprechend Ihren persönlichen Vorlieben.

Wenn Sie aber – wie 95 Prozent aller Erwerbstätigen – nicht wissen, welches Ihre Fähigkeiten sind, dann brauchen Sie Unterstützung. Die Hilfestellung finden Sie in der Übung mit der *Blume* in Anhang A am Ende dieses Buches, auf den Seiten 327 bis 344.

Zu der Übung gehören die folgenden Schritte:

1. Schreiben Sie eine Geschichte

Hier ein Beispiel, um das Prinzip anschaulich zu machen:

»*Ich wollte mit meiner Frau und unseren vier Kindern einen Sommerurlaub machen, war aber sehr knapp bei Kasse und konnte mir deshalb kein Hotel leisten. Also beschloss ich, unseren Kombi zu einem Wohnmobil umzubauen.*

Als Erstes ging ich in die Bücherei, um mir Bücher über Wohnmobile auszuleihen. Nachdem ich sie gelesen hatte, entwarf ich einen Plan, was ich bauen musste, um sowohl den Innenraum als auch das Dach des Kombis nutzen zu können. Als Nächstes kaufte ich das nötige Holz. Sechs Wochen lang baute ich an den Wochenenden in meiner Garageneinfahrt das Gehäuse für das «Obergeschoss» meines Kombis. Dann schnitt ich Türen und Fenster aus und baute eine Kommode mit sechs Schubladen in das Gehäuse ein. Ich montierte es auf dem Dach des Wagens und befestigte es, indem

ich es mit dem Dachgepäckträger verschraubte. Schließlich baute ich auf der Ladefläche des Kombis einen Tisch und auf jeder Seite davon eine Bank ein.
Das Ergebnis war ein komplettes Wohnmobil Marke Eigenbau. Kurz bevor wir losfuhren, baute ich es zusammen, und nach unserer Rückkehr nahm ich es wieder auseinander. Wir konnten auf diese Weise vier Wochen Urlaub machen und gaben trotzdem nur so viel Geld aus, wie wir uns leisten konnten, weil wir nicht in Hotels übernachten mussten.
Ich schätze, dass wir während dieser Sommerferien 1 900 Dollar für Übernachtungen gespart haben.«

In diesem Beispiel finden Sie die folgenden Punkte wieder, die idealerweise in jeder Geschichte enthalten sein sollten:

- **Ihr Ziel: Was wollten Sie erreichen?** »Ich wollte mit meiner Frau und unseren vier Kindern in den Sommerurlaub fahren.«
- **Probleme oder Widrigkeiten, die Sie überwinden mussten** (selbst verschuldete und andere): »Ich war sehr knapp bei Kasse und konnte mir deshalb kein Hotel leisten.«
- **Die einzelnen Schritte, in denen Sie vorgegangen sind** (wie Sie es letztendlich doch geschafft haben, Ihr Ziel trotz aller Schwierigkeiten zu erreichen): »Ich beschloss, unseren Kombi zu einem Wohnmobil umzubauen. Als Erstes ging ich in die Bücherei, um mir Bücher über Wohnmobile auszuleihen. Nachdem ich sie gelesen hatte, entwarf ich einen Plan, was ich bauen musste, um sowohl den Innenraum als auch das Dach des Kombis nutzen zu können. Als Nächstes kaufte ich das nötige Holz. Sechs Wochen lang baute ich ...«
- **Das Ergebnis/der Erfolg:** »Wir konnten auf diese Weise vier Wochen Urlaub machen und gaben trotzdem nur so viel Geld aus, wie wir uns leisten konnten, weil wir nicht in Hotels übernachten mussten.«
- **Eine Aussage, die Ihren Erfolg messbar macht:** »Ich schätze, dass wir während dieser Sommerferien 1 900 Dollar für Übernachtungen gespart haben.«

Wenn Sie die Geschichte geschrieben haben, analysieren Sie sie im Hinblick auf die darin benutzten übertragbaren Fähigkeiten, indem Sie die »Tastaturen« in der Übung mit der Blume am Ende dieses Buches benutzen (Seite 330 bis 335) Und schon haben Sie den ersten Schritt zur Bestimmung Ihrer Fähigkeiten getan.

2. Wiederholen Sie das Ganze mit sechs weiteren Geschichten

Jetzt schreiben Sie die nächste Geschichte und analysieren sie wiederum mithilfe der »Tastatur« am Ende des Buches. Und so weiter, bis Sie insgesamt sieben Geschichten haben. Fangen Sie aber keine neue Geschichte an, ehe Sie die vorige wirklich fertig analysiert haben.

3. Bringen Sie Ihre Lieblingsfähigkeiten in eine Reihenfolge

Nachdem Sie nun Ihre liebsten übertragbaren Fähigkeiten herausgefunden haben, müssen Sie sie in eine persönliche Rangfolge bringen. Welche Fähigkeiten setzen Sie am liebsten ein? Welche danach? Und so weiter. Es gibt am Ende des Buches eine *Entscheidungsmatrix* (Seite 337), die Ihnen hilft, diese Aufgabe schnell und leicht zu lösen.

4. Gestalten Sie die wichtigsten Fähigkeiten näher aus

Wenn Sie Ihre zehn Favoriten herausgefunden haben, sollten Sie die Beschreibung jeder einzelnen dieser Fähigkeiten weiter *ausgestalten*, indem Sie jeden Punkt mit mehr als nur einem einzigen Verb beschreiben.

Nehmen wir als Beispiel »organisieren«. Sie erzählen stolz: »Ich kann gut organisieren.« Das ist ein guter Anfang, Ihre Fähigkeiten zu definieren, aber leider noch nicht sehr aussagekräftig. *Was* organisieren? *Menschen*, zum Beispiel bei einer Party? *Schrauben und Muttern*, wie zum Beispiel in einer Werkbank? Oder *Unmengen von Informationen*, wie bei einem Computer? Das sind drei völlig unterschiedliche Fähigkeiten. Das Wort »organisieren« sagt allein nichts darüber aus, welche davon Sie besitzen.

Beschreiben Sie also jede Ihrer Lieblingsfähigkeiten näher, indem Sie sie um ein Objekt ergänzen – bestimmten *Daten beziehungsweise Informationen* oder bestimmten *Menschen* oder bestimmten *Gegenständen* – und fügen Sie außerdem ein Adverb oder Adjektiv hinzu.

Wozu das? Nun, »Informationen *gewissenhaft und logisch* organisieren« und »Informationen *spontan und intuitiv* organisieren« sind wiederum zwei völlig unterschiedliche Fähigkeiten. Der Unterschied zwischen ihnen wird nicht durch das Verb ausgedrückt, ebensowenig durch das

Objekt, sondern durch das Adverb oder die adverbiale Bestimmung vor dem Verb. Erweitern Sie die Definitionen Ihrer zehn liebsten Fähigkeiten jeweils auf die beschriebene Art.

> Wenn Sie der Person gegenüberstehen, die die Macht hat, Sie einzustellen, sollten Sie erklären können, was Sie von neunzehn anderen unterscheidet, die grundsätzlich ebenso qualifiziert sind wie Sie. Dabei kann oft ein Adjektiv oder Adverb lebensrettend sein.

Ein Bild sagt mehr als tausend Worte

Wenn Sie Ihre zehn liebsten Fähigkeiten in ihre Reihenfolge gebracht und näher bestimmt haben, können Sie sie in der Mitte des so genannten Blumendiagramms (siehe die Grafik auf Seite 164) eintragen.

Vielleicht möchten Sie sie zusätzlich oder stattdessen in das Bausteindiagramm (siehe die Grafik auf Seite 165) eintragen, das Platz für die sechs oder zehn wichtigsten Fähigkeiten bietet. Und fertig ist der Punkt *Was*.

„ ... und gib mir abstraktes Denkvermögen, kommunikative Kompetenz, kulturelles Einfühlungsvermögen, Sprachverständnis und ein hohes soziodynamisches Potential."

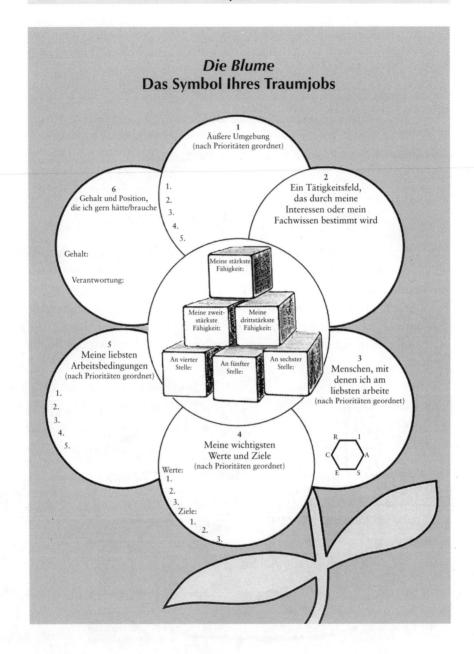

Wenn Zeit keine Rolle spielt

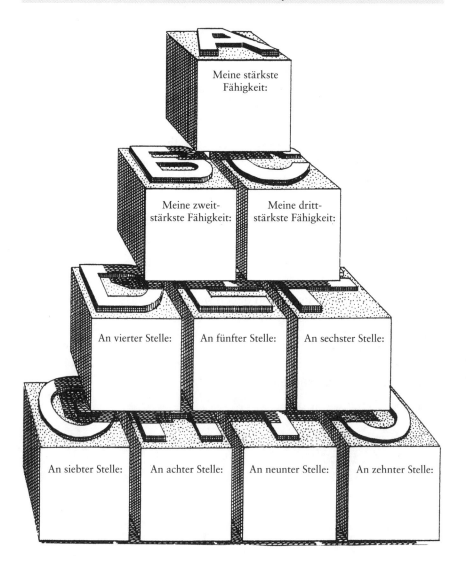

Zusammenfassung: Schnellverfahren

Ich weiß, ich weiß – der ganze Prozess, wie er in diesem Kapitel beschrieben wird, kommt Ihnen einfach schrecklich aufwändig vor. Sie denken, es müsste schneller gehen, Sie müssten eine Abkürzung nehmen können, vielleicht mithilfe des Internets.

Okay, hier nun also ein Vorschlag, wie Sie Ihre liebsten übertragbaren Fähigkeiten im Schnellverfahren herausfinden können. Die folgende Liste ist eine Sammlung von Verben, aus denen Sie die Fähigkeiten auswählen können, die auf Sie zutreffen.

Sie können diese Liste folgendermaßen benutzen:

1. Kreuzen Sie alle Fähigkeiten an, die Sie zu besitzen meinen.
2. Markieren Sie diejenigen, die Sie *gern* einsetzen, mit einem weiteren Kreuzchen.
3. Markieren Sie diejenigen, von denen sie meinen, dass Sie sie besonders gut beherrschen, mit einem weiteren Kreuzchen.

Am Ende haben manche Fähigkeiten also drei Kreuzchen – und das sind diejenigen, auf die Sie sich konzentrieren sollten, wenn Sie nach einem entsprechenden Beruf suchen.

Und weiter geht es mit dem *Wo*.

Eine Liste von Fähigkeiten in Verbform

ablenken	beziehen	formulieren	nutzen	übertragen
abschätzen	bilden	forschen	ordnen	überwachen
adressieren	darstellen	fotografieren	organisieren	überzeugen
analysieren	definieren	führen	pflegen	unterhalten
anbieten	diagnostizieren	geben	planen	unterrichten
anleiten	drucken	gehorchen	präparieren	untersuchen
anpassen	durchführen	gründen	präsentieren	verantworten
anwerben	durchsetzen	handeln	problematisieren	verarbeiten
arbeiten	einfühlen	helfen	produzieren	verbessern
argumentieren	einführen	herstellen	programmieren	vereinigen
arrangieren	einkaufen	hervorbringen	projektieren	verfassen
aufbauen	einleiten	identifizieren	prüfen	verhandeln
aufnehmen	einordnen	illustrieren	publizieren	verkaufen
aufrechterhalten	einrichten	improvisieren	reagieren	vermehren
aufstellen	einschätzen	informieren	realisieren	vermitteln
aufwerten	eintragen	initiieren	reden	versammeln
ausbilden	empfangen	inspirieren	redigieren	versöhnen
ausdrücken	empfehlen	inspizieren	reduzieren	verstehen
ausführen	entdecken	installieren	rehabilitieren	verteilen
ausstellen	entscheiden	integrieren	reisen	vertreten
auswählen	entwerfen	interpretieren	reparieren	verwalten
bauen	entwickeln	interviewen	restaurieren	verweisen
beaufsichtigen	entziehen	inventarisieren	riskieren	vollenden
bedienen	erahnen	klassifizieren	sammeln	vollziehen
beeinflussen	erfassen	komponieren	schlichten	voraussagen
befolgen	erfinden	konsolidieren	schreiben	vorbereiten
befragen	erhalten	kontrollieren	schützen	vorführen
begeistern	erhöhen	konzipieren	sezieren	vorschreiben
behalten	erinnern	koordinieren	siegen	vorstellen
behandeln	erklären	korrigieren	singen	vortragen
beherrschen	erlangen	lehren	skizzieren	wagen
bekommen	erledigen	leisten	sortieren	wahrnehmen
belehren	errechnen	leiten	spielen	waschen
benutzen	erreichen	lernen	sprechen	weiterleiten
beobachten	erschaffen	lesen	spüren	widerlegen
beraten	erstellen	liefern	steuern	wiegen
berechnen	erweitern	lösen	studieren	zeichnen
bereitstellen	erzählen	malen	symbolisieren	zeigen
berichten	erzeugen	managen	systematisieren	zergliedern
beseitigen	experimentieren	manipulieren	teilen	zuhören
bestellen	fahren	mitfühlen	testen	zurecht-
bestimmen	festlegen	mitteilen	treffen	kommen
betreiben	feststellen	modellieren	trennen	zurückholen
beurteilen	finanzieren	motivieren	übergeben	zusammen-
bewahren	folgen	nachweisen	überprüfen	arbeiten
bewältigen	fördern	nähen	überreden	zusammenfassen
bewerten	formen	navigieren	übersetzen	zusammenstellen

KAPITEL 9

Folgen Sie Ihrem Herzen

*Ein Realist sieht die Dinge
korrekter als ein Optimist.
Aber der Optimist scheint mehr Freunde zu haben
und eine Menge mehr Spaß.*[1]

Megan, 14 Jahre alt

WO setzen Sie Ihre Fähigkeiten am liebsten ein?

Ihr Herz hat seine Vorlieben für bestimmte Orte – einen Wildbach, die Alpen, das Gewimmel der Straßen in Berlin, Zürich oder Wien, einen Bauernhof im Tirol, ein Seebad oder auch einen stillen Winkel bei Ihnen hinter dem Haus. Ihr Herz weiß, welche *Orte* es liebt.

Ebenso hat Ihr Verstand seine Vorlieben. Vielleicht weilt er gern in Psychologiebüchern, vielleicht in Büchern über Kunst, Liebesgeschichten, Reisebeschreibungen oder auch Businesstrends oder Computer. Ihr Verstand weiß, welche *Themen* er liebt.

Ihr Körper hat ebenfalls seine Vorlieben – einen Spaziergang in den Bergen, einen Yogakurs, Hanteltraining, Marathonlauf, ein Fitnessstudio, ein Fußballstadion oder eine Massage. Ihr Körper weiß, welche Art von *Betätigung* er liebt.

Und auch Ihre Seele hat ihre Vorlieben. Vielleicht weilt sie gern an einem stillen Ort, zum Beispiel in einer Kirche, vielleicht auch in der richtigen Gesellschaft, vielleicht unter Menschen, die sich für soziale Veränderungen einsetzen, oder an sonst einem Ort, wo die Werte, die Ihnen wichtig sind, geachtet werden – die soziale Gemeinschaft, der Glaube an Gott, soziale Verantwortung, Großmut, Überzeugungen. Ihre Seele weiß, welche *Werte* sie liebt.

Worum es also bei einem »Traumjob« ankommt, lieber Leser, das ist (abgesehen von Fähigkeiten) vor allem, diese Vorlieben herauszufinden und für sich selbst die Orte zu definieren, nach denen Ihre Fähigkeiten, Ihre Seele, Ihr Körper, Herz und Verstand sich am meisten sehnen.

Es gibt immer zwei Möglichkeiten, an diese Aufgabe heranzugehen:

den *intuitiven Ansatz* – die »zündende Idee« – und den mühsameren *systematischen Ansatz*. Unsere schnelllebige Zeit favorisiert Methoden, die schnell zum Erfolg führen. Die Intuition arbeitet schnell und liefert manchmal auch genau die Hinweise, die Sie brauchen. Also fangen wir mit ihr an.

> **Intuitiv**
>
> den idealen Arbeitsplatz finden, der für Ihre Fähigkeiten, für Körper und Seele, Herz und Verstand der richtige Ort ist.

Wo Sie Ihre Lieblingsfähigkeiten einsetzen, wo Sie ihre Lieblingstätigkeiten ausführen, betrifft vor allem das »Tätigkeitsfeld«, für das Sie sich entscheiden. Versuchen Sie also intuitiv die folgenden Punkte zu klären:

1. Welche besonderen **Interessen** haben Sie? (Computer, Gartenarbeit, Spanisch, Jura, Physik, Kaufhäuser, Krankenhäuser ...) Wenn Ihnen überhaupt nichts einfällt, dann stellen Sie sich einmal folgende Frage: »Wenn ich mit jemandem tagelang von morgens bis abends über ein Thema reden könnte, welches Thema würde ich wählen? Oder wenn ich auf einer einsamen Insel mit jemandem zusammen festsäße, der nur über sehr wenige Themen sprechen könnte, welche Themen würde ich mir wünschen?«
Wenn Ihnen mehrere Interessengebiete einfallen, dann wählen Sie jeweils zwei aus und fragen Sie sich: Wenn Sie ein Gespräch mit jemandem führen würden, der sich mit beiden Themen auskennt, auf welches würden Sie das Gespräch zu lenken versuchen? Stellen Sie sich dieselbe Frage für zwei andere Themen und »sieben« Sie auf diese Weise weiter aus.
2. Welches sind Ihre **Lieblingsthemen** – also die, zu denen Sie sich in Zeitschriften, Bibliotheken, Buchläden, auf Messen und Ähnlichem hingezogen fühlen? Es muss sich nicht um ein Fach handeln, das Sie in der Schule gelernt haben. Es kann auch ein Bereich sein, mit dem Sie einfach nur irgendwann in Ihrem Leben in Berührung gekommen sind – wie Antiquitäten, Autos, Innenarchitektur, Musik oder Filme, Psychologie oder Themen, wie sie in Fernsehshows behandelt werden.

Das einzig Wichtige daran ist, dass Sie eine starke Vorliebe für das Thema verspüren und sich auch einige Kenntnisse darüber angeeignet haben – wo oder wie, das spielt keine Rolle. Wie John Crystal zu sagen pflegte: Es ist völlig egal, ob Sie es in der Schule gelernt haben oder in der freien Natur.

Nehmen wir als Beispiel einmal an, Sie interessieren sich besonders für *Antiquitäten*. Sie haben aber nie in der Schule etwas darüber gelernt. Sie haben sich kundig gemacht, indem Sie in Antiquitätenläden gestöbert und viele Fragen gestellt haben. Zusätzlich haben Sie Bücher über das Thema gelesen und eine Fachzeitschrift abonniert. Außerdem haben Sie auch selbst einige Antiquitäten erworben. Das genügt, um *Antiquitäten* in Ihre Liste der Tätigkeitsfelder beziehungsweise Interessengebiete aufzunehmen. Es kommt nicht darauf an, ob Sie wirklich ein Fachmann auf dem gesamten Gebiet der Antiquitäten sind – es sei denn, Sie streben eine Position in diesem Tätigkeitsfeld an, für die Sie wirklich umfangreiches Expertenwissen benötigen.

3. Welche **sprachlichen Vorlieben** haben Sie? Jedes Berufsfeld hat seine ganz eigene Sprache, seine Terminologie oder seinen Fachjargon. Was davon sagt Ihnen besonders zu?

Sehen wir einmal ganz von der Berufsbezeichnung und den Fähigkeiten ab und betrachten als anschauliches Beispiel den Fall einer »Sekretärin«. Wenn Sie sich vor Augen führen, welche verschiedenen Arten von Sekretärinnen es gibt, werden Sie erkennen, dass die sprachlichen Vorlieben einen Hinweis auf den Traumberuf geben können.

Wenn Sie beispielsweise als Sekretärin bei einem *Rechtsanwalt* arbeiten, bekommen Sie den lieben langen Tag Juristenjargon zu hören. Mögen Sie diese Fachbegriffe und diese Sprache? Wenn ja, dann ziehen Sie für Ihren nächsten Beruf den juristischen Bereich als Tätigkeitsfeld in Erwägung.

Wenn Sie dagegen als Sekretärin in einem *Gärtnereibetrieb* arbeiten, bekommen Sie ständig Gespräche über Gartenbau und Pflanzen zu hören. Mögen Sie diese Fachbegriffe und die *Sprache*? Wenn ja, dann ziehen Sie für Ihren nächsten Beruf etwas im Bereich *Gartenbau* in Erwägung.

Wenn Sie als Sekretärin bei einer *Fluggesellschaft* arbeiten, bekommen Sie ständig Gespräche über die Abläufe bei Fluglinien und dergleichen zu hören. Mögen Sie diese Fachbegriffe und die *Sprache*? Wenn ja, dann ziehen Sie für Ihren nächsten Beruf etwas im Bereich von *Fluggesellschaften* in Erwägung.

Wenn Sie als Sekretärin bei einer *Kirchengemeinde* arbeiten, bekommen Sie ständig Gespräche über Gemeindeangelegenheiten, Kirche und Glaubensfragen zu hören. Mögen Sie diese Fachbegriffe und die *Sprache*? Wenn ja, dann ziehen Sie für Ihren nächsten Beruf etwas im Bereich *religiöser Einrichtungen* in Erwägung.

Und so weiter. Wenn Sie als Sekretärin in einem *Fotolabor* arbeiten, bekommen Sie ständig eine Menge über fotografische Techniken zu hören. Mögen Sie diese Fachbegriffe und die *Sprache*? Wenn ja, dann ziehen Sie für Ihren nächsten Beruf etwas im Bereich *Fotografie* in Erwägung.

Wenn Sie hingegen als Sekretärin bei einem *Chemiekonzern* arbeiten, bekommen Sie ständig eine Menge über chemische Herstellungsprozesse zu hören. Mögen Sie diese Fachbegriffe und die *Sprache*? Wenn ja, dann ziehen Sie als zukünftiges Tätigkeitsfeld die *chemische Industrie* in Erwägung.

Wenn Sie als Sekretärin in einem *Amt* arbeiten, bekommen Sie Tag für Tag eine Menge über Verwaltungsvorgänge zu hören. Mögen Sie diese Fachbegriffe und die *Sprache*? Wenn ja, dann ziehen Sie als zukünftiges Tätigkeitsfeld den *öffentlichen Dienst* in Erwägung.

Das ist das Grundprinzip. Es geht natürlich nicht darum, dass Sie Sekretärin werden sollten. Ich habe nur die Berufsbezeichnung und die Fähigkeiten vorübergehend außer Acht gelassen, um deutlich zu machen, in wie vielen unterschiedlichen Tätigkeitsfeldern Sie diese Fähigkeiten einsetzen könnten.

All das beruht auf einer simplen Einsicht: Die Freude an Ihrem Traumjob hängt zu einem erheblichen Teil davon ab, ob Sie die *Sprache* und die Fachbegriffe mögen, die Sie dabei den ganzen Tag lang sprechen und hören (vorausgesetzt, Sie können dort auch Ihre Lieblingsfähigkeiten einsetzen).

Wenn Sie hingegen die Fachbegriffe oder die Sprache in Ihrem Berufsfeld nicht leiden können, werden Sie auch keine Freude an Ihrer Arbeit haben. So etwa, wenn Sie beispielsweise gern über *Gartenbau* reden, aber in einer Organisation arbeiten, in der Sie von morgens bis abends ausgerechnet Juristenjargon zu hören bekommen und selbst verwenden müssen – eine Terminologie, die Sie vielleicht verabscheuen.

4. Nachdem Sie herausgefunden haben, welche Themen, Tätigkeitsfelder, Interessengebiete, Fachbegriffe und so weiter Sie am stärksten anziehen, sehen Sie sich noch einmal Ihre Antworten auf die Frage an, **welche Fähigkeiten Sie am liebsten einsetzen**, und versuchen Sie anschließend, die Fähigkeiten und Themen so zusammenzubringen, dass dabei ein bestimmter Beruf herauskommt. Wenn Sie beispielsweise gern mit Zahlen arbeiten (also im Bereich Finanzen) und Ihr liebstes Tätigkeitsfeld Krankenhäuser sind, dann sollten Sie darüber nachdenken, in der Buchhaltung eines Krankenhauses zu arbeiten.
5. Wenn Sie eine Vorstellung davon haben, welche Tätigkeit für Sie von Interesse sein könnte, gehen Sie zu Institutionen, in denen die betreffende Tätigkeit ausgeübt wird, und sprechen Sie mit Menschen in diesem Beruf, um herauszufinden, ob das *wirklich* etwas für Sie wäre. Man nennt das *informelle Gespräche* – ein vornehmer Ausdruck für **Informationsbeschaffung**.
6. Wenn Sie sich dafür entschieden haben, einen neuen Beruf auszuprobieren oder in ein (für Sie) neues Tätigkeitsfeld einzusteigen, und wenn Sie den Eindruck haben, dass das schrecklich viel Vorbereitung erfordert, dann gehen Sie hin und reden Sie mit Menschen, die in diesem Beruf tätig sind. Suchen Sie nicht nach Regeln oder Verallgemeinerungen. Suchen Sie nach der Ausnahme von der Regel. Beispielsweise kann Ihnen jeder erzählen, dass man, um einen bestimmten Beruf ausüben zu können, in der Regel »einen Meisterbrief und zehn Jahre Berufserfahrung« braucht. Na und? Das betrifft die *Mehrheit* derer, die in diesem Bereich arbeiten. Suchen Sie eben nach den Ausnahmen: »Gut, aber kennen Sie nicht auch jemanden in diesem Bereich, der all diese Voraussetzungen nicht erfüllt? Und wo kann ich denjenigen oder diejenige finden? Ich würde gern erfahren, wie er oder sie es geschafft hat.«
7. Wenn Sie sich entschieden haben, sich wieder eine Stelle in Ihrem bisherigen Beruf zu suchen (in dem Sie wegen Stellenabbau oder warum auch immer gekündigt wurden), dann müssen Sie nach »Hinweisen« suchen, etwa mit folgender Überlegung: »Wer könnte an den Fähigkeiten und der Art von Problemlösung interessiert sein, die ich mir in meinem letzten Job angeeignet habe?«
Überlegen Sie beispielsweise, mit wem Sie in Ihrem letzten Job beruflich zu tun hatten, mit wem Sie sonst noch Kontakt hatten, und wer davon

in der Lage sein könnte, jemanden mit Ihren Talenten bei sich einzustellen.

Überlegen Sie, wer bei Ihrem vorigen Arbeitgeber beispielsweise Schulungen oder Seminare durchgeführt hat. Meinen Sie, jemand davon könnte Interesse haben, Sie einzustellen? (Fragen Sie nach.)

Überlegen Sie, mit welchen Maschinen oder welcher Technologie Sie sich in Ihrem letzten Job vertraut gemacht haben und wer an diesen Geräten oder dieser Technik interessiert sein könnte.[2]

> **Systematisch**
>
> den idealen Arbeitsplatz finden, der für Ihre Fähigkeiten, für Körper und Seele, Herz und Verstand der richtige Ort ist.

Es gibt, wie bereits erwähnt, zwei mögliche Ansätze, um herauszufinden, wo Sie Ihre Fähigkeiten am liebsten einsetzen würden – intuitiv durch eine »zündende Idee« oder mühsamer durch logisches, methodisches Vorgehen. Den intuitiven Ansatz haben wir bereits betrachtet. Jetzt wenden wir uns dem von der linken Hirnhälfte dominierten systematischen Ansatz zu.

Dabei geht man in einfachen Schritten vor.

Sie arbeiten mit dem *Blumendiagramm* (in Anhang A dieses Buches ab Seite 323). Diese Übung umfasst 38 Seiten und ist in der Regel an einem freien Wochenende zu schaffen. (Wenn Sie etwas langsamer sind, benötigen Sie vielleicht bis zu zwei Wochenenden, aber nicht wesentlich länger.)

Diese Übung führt Sie schrittweise nicht nur durch Ihre größten Interessen, Ihre Lieblingsthemen und Ihre sprachlichen Vorlieben, sondern auch durch die übrigen Aspekte des *Wo*, die ich am Anfang dieses Kapitels erwähnt habe – die Vorlieben des Herzens, des Verstandes, des Körpers und der Seele.

Sie werden Schritt für Schritt dabei angeleitet, all diese Informationen zu inventarisieren, zu katalogisieren und zueinander in Beziehung zu setzen. Das Ergebnis tragen Sie auf sechs der sieben Blätter des Blumendiagramms ein.

Diese Blätter heißen: 1. Meine Vorlieben in regionaler Hinsicht, 2. ein Tätigkeitsfeld, das durch meine Interessen oder mein Fachwissen bestimmt wird, 3. Organisationen, in denen ich in dem von mir bevorzugten menschlichen Umfeld arbeite, 4. meine wichtigsten Werte und Ziele, 5. meine liebsten Arbeitsbedingungen, 6. Höhe meines Gehalts und Umfang meiner Verantwortung.

Das siebte Blatt, das in der Mitte, haben Sie im vorigen Kapitel schon ausgefüllt. Nach einem arbeitsreichen Wochenende können Sie dann die sechs übrigen Blätter des Blumendiagramms ausfüllen. Nun nehmen Sie sieben große weiße Papierbögen (in Geschäften für Büro- und Künstlerbedarf erhältlich) und übertragen Sie den Inhalt sämtlicher Blütenblätter auf diese viel größeren Bögen.

Wenn Sie alles übertragen haben, können Sie die sieben Blätter zu einem großen zusammenkleben, sodass Sie Ihr komplettes Blumendiagramm in vergrößertem Maßstab an einem Stück erhalten.[3]

Befestigen Sie diesen Bogen an der Wand oder an Ihrer Kühlschranktür. Und schon ist das Bild von Ihrem Traumjob fertig!

Die Erleuchtung

Aber es ist nicht nur ein Bild von Ihrem Traumjob. Viel wichtiger: Es ist auch ein Bild von Ihnen selbst. Es ist beides zugleich, weil Sie das Bild Ihres Traumberufs so entworfen haben, dass es zu Ihnen passt. Und Sie zu ihm. Bingo! Spiegelbilder.

Und was passiert, wenn Sie dieses Diagramm ansehen? Bei manchen Menschen löst es einen spontanen Aha-Effekt aus. Ihnen geht ein ganzer Kronleuchter auf, und sie sagen: »Lieber Himmel, jetzt wird mir klar, was der richtige Beruf für mich ist.« Das klappt besonders häufig bei Menschen, die intuitiv veranlagt sind.

Wenn Sie einer dieser sehr intuitiven Menschen sind, dann sage ich: Herzlichen Glückwunsch! Erlauben Sie nur zwei kleine, vorsichtige Warnungen.

Schließen Sie nicht voreilig andere Möglichkeiten aus.

Und sagen Sie nicht: »Ich sehe zwar, was ich für mein Leben gern täte, aber ich weiß, dass es auf der ganzen Welt keine Stelle gibt, die ich jemals bekommen könnte.« Lieber Freund, das wissen Sie überhaupt nicht. Sie sind doch noch gar nicht fertig mit Ihrer Recherche. Und selbst wenn Sie auch nach gründlicher Recherche und anschließender Suche nichts finden, das *haargenau* Ihren Wünschen entspricht – Sie werden staunen, wie viel von Ihrem Traum sich tatsächlich verwirklichen lässt.

Manchmal kommt man auch in Etappen ans Ziel. Ich kenne einen Mann, der früher ein hochrangiger Manager in einem Verlag gewesen war. Nachdem er mit 65 Jahren in den Ruhestand getreten war, langweilte er sich zu Tode. Er nahm Kontakt zu einem Geschäftsfreund auf, der entschuldigend sagte: »Wir haben derzeit überhaupt nichts, was zu Ihren Fähigkeiten passt. Das Einzige, was wir derzeit brauchen, ist jemand für die Poststelle.« Der 65-jährige Manager sagte: »Ich nehme den Job!« Er trat die Stelle an und arbeitete sich in den folgenden Jahren noch einmal hoch, bis er genau die Position hatte, die er eigentlich wollte: Er wurde leitende Führungskraft in dieser Organisation, wo er seine herausragenden Fähigkeiten noch eine ganze Weile zum Einsatz brachte. Im Alter von 85 Jahren trat er dann zum zweiten Mal in den Ruhestand. Sie können sich ein Beispiel daran nehmen und ebenfalls versuchen, Ihr Ziel etappenweise zu erreichen.

Vielleicht gelingt es Ihnen aber auch, Ihren Traum auf einen Schlag und ohne Zwischenstufen zu verwirklichen.

Der Wert Ihrer Begeisterung

Ob in Etappen oder in einem Sprung – es ist erstaunlich, wie viele Menschen tatsächlich ihren Traumberuf finden. Je weniger Sie sich durch angebliche Tatsachen von Ihrem Traum abbringen lassen, desto eher werden Sie das finden, wonach Sie suchen.

Halten Sie an all Ihren Träumen fest. Die meisten Menschen können ihre Herzenswünsche nur deshalb nicht verwirklichen, weil sie zu große Abstriche machen und infolgedessen nur *halbherzig* suchen.

Wenn Sie sich dafür entscheiden, Ihren Traum *ohne Abstriche* zu verfolgen, Ihren *größten* Traum, für den Sie Ihr Leben lassen würden, dann garantiere ich Ihnen, dass Sie auch *von ganzem Herzen* nach ihm suchen. Diese Begeisterung macht oft den entscheidenden Unterschied zwischen erfolgreichen und erfolglosen Berufsumsteigern aus.

Wenn die Erleuchtung ausbleibt

Was ich gerade gesagt habe, trifft natürlich nicht auf alle zu. Bei vielen bleibt die Erleuchtung auch gänzlich aus, wenn sie sich ihr fertiges Blumendiagramm ansehen. Sie haben immer noch keine Ahnung, auf welchen Beruf es hindeutet. Also brauchen wir eine Alternativstrategie. Natürlich wieder eine vom Typ »Schritt für Schritt«.

Und das geht so: Nehmen Sie Stift und Papier oder setzen Sie sich an den Computer, um sich Notizen zu machen.

1. Sehen Sie sich Ihr Blumendiagramm an und wählen Sie Ihre drei Lieblingsfähigkeiten aus.
2. Schreiben Sie anschließend die drei obersten Interessengebiete oder Tätigkeitsfelder von Blatt 2 Ihres Blumendiagramms ab.
3. Zeigen Sie diese Notizen mindestens fünf Freunden, Familienmitgliedern oder Berufstätigen, die Sie kennen.
4. Schreiben Sie alles auf, was die fünf Befragten vorschlagen.

Ihr Blumendiagramm

Ihre Suchkriterien werden bestimmt durch die Informationen, die Sie in die Blütenblätter eines Blumendiagramms eintragen, das Sie in Anhang A finden.

Im Anhang A zeige ich Ihnen, wie Sie dieses Diagramm ausfüllen. Dazu führen Sie einige kurze, hilfreiche und interessante Übungen durch, die viele Leser für den interessantesten Teil dieses Buches halten – ob sie ihr Territorium nun verkleinern müssen oder nicht.

Unterbrechen Sie also Ihre Reise durch dieses Buch und machen Sie einen Abstecher zum Anhang A, um sich mit der Blume zu beschäftigen. Sobald Sie die Blume ausgefüllt haben, können Sie hierher zurückkommen und damit fortfahren, Ihr Territorium zu verkleinern.

> Wie Sie sicher noch wissen, deuten Fähigkeiten in der Regel auf eine Position oder Tätigkeit hin, während Interessen oder Themen, die Sie faszinieren, gewöhnlich auf ein berufliches Tätigkeitsfeld verweisen. Die Frage, die Sie im Hinblick auf Ihre Fähigkeiten stellen, muss also lauten: »Welche Berufsbezeichnungen oder Funktionen fallen dir zu diesen Fähigkeiten ein?«

> Anschließend fragen Sie in Bezug auf Ihre Interessensgebiete: »Welche beruflichen Tätigkeitsfelder fallen dir zu diesen Fähigkeiten ein?«

5. Nachher setzen Sie sich zu Hause hin und gehen Ihre Notizen noch einmal durch. Ist etwas Nützliches oder Wesentliches dabei? Wenn Sie den Eindruck haben, dass das nicht der Fall ist, dann legen Sie es beiseite und reden Sie mit fünf weiteren Freunden, Bekannten oder Leuten, die Sie aus der Berufswelt kennen. Wiederholen Sie den Vorgang so oft wie nötig.
6. Wenn unter den Vorschlägen etwas ist, das Ihnen verwertbar erscheint, dann setzen Sie sich hin, verschaffen Sie sich einen Überblick über die gesammelten Ideen und stellen Sie sich folgende Fragen:

   – *Zuerst* fragen Sie sich: Was haben Ihre Gesprächspartner im Hinblick auf Ihre Fähigkeiten vorgeschlagen – welcher Job oder welche Jobs sind ihnen eingefallen? Es kann hilfreich sein, zu wissen, dass die meisten Jobs einer von 19 Kategorien oder Familien zugeordnet werden können (Seite 181).

Auf welche dieser neunzehn Gruppen weisen die Vorschläge Ihrer Freunde verstärkt hin? Welcher dieser neunzehn »spricht Sie an«?

   – *Als Nächstes* werfen Sie einen Blick auf das, was Ihre Freunde Ihnen für Ihre Interessen oder Lieblingsthemen vorgeschlagen haben: Welche Tätigkeitsfelder oder Berufe sind ihnen dazu eingefallen? Es kann hilfreich sein zu wissen, dass die meisten der oben genannten beruflichen Tätigkeitsfelder in vier große Kategorien unterteilt werden können: *Landwirtschaft, Produktion, Informationssektor und Dienstleistungssektor.*

Job-Familien

1. Führungs-, Verwaltungs- und Managementkräfte
2. Ingenieure und Architekten
3. Naturwissenschaftler und Mathematiker
4. Sozialarbeiter, Seelsorger und Juristen
5. Lehrer, Dozenten, Berater, Bibliothekare und Archivare
6. Diagnostisch und therapeutisch Tätige im Gesundheitswesen
7. Pflegepersonal, Apotheker, Diätassistenten, medizinisch-technische Assistenten und Physiotherapeuten
8. Technologen und Techniker im Gesundheitswesen
9. Technologen und Techniker in anderen Bereichen: Computerspezialisten, Programmierer, Informationstechniker, Spezialisten im IT-Bereich und so weiter
10. Schriftsteller, Künstler und Entertainer
11. Berufe in Marketing und Vertrieb
12. Berufe in der Verwaltung einschließlich Schreibkräften
13. Dienstleistungsberufe
14. Berufe in der Land- und Forstwirtschaft sowie der Fischerei
15. Mechaniker und Techniker
16. Konstrukteure und Berufe in der Rohstoffgewinnung
17. Berufe in der Produktion
18. Berufe im Transportwesen
19. ungelernte Arbeiter, Hilfskräfte, Reinigungspersonal

Auf welchen dieser vier deuten die Vorschläge Ihrer Freunde vorwiegend hin? Welcher »spricht Sie an«?

– *Anschließend* fragen Sie sich Folgendes: Sowohl die Berufsbezeichnung als auch die beruflichen Tätigkeitsfelder können noch weiter differenziert werden, und zwar je nachdem, ob Sie vorwiegend mit *Menschen* arbeiten möchten oder primär mit *Informationen beziehungsweise Daten* oder primär mit *Gegenständen*.

Nehmen wir die Landwirtschaft als Beispiel. Innerhalb der Landwirtschaft können Sie Traktoren oder andere landwirtschaftliche Fahrzeuge fahren – und so primär mit *Gegenständen* arbeiten. Sie können aber auch für eine staatliche Institution Statistiken über das Getreidewachstum erstellen – und so primär mit *Informationen oder Daten* arbeiten. Oder Sie können an einer Schule Landwirtschaft unterrichten und so vor allem theoretisch und mit *Menschen* arbeiten. Fast alle Felder und Berufsgruppen bieten Ihnen diese drei Möglichkeiten. Natürlich sind bei vielen Jobs auch zwei oder sogar alle drei Aspekte auf unterschiedliche Art miteinander verknüpft.

Trotzdem lohnt es sich, Ihre Schwerpunkte und Präferenzen zu klären, damit die Jobsuche oder der Berufsumstieg nicht mit einer großen Enttäuschung endet. Ihre Lieblingsfähigkeit kann Ihnen in dieser Angelegenheit oft den entscheidenden Hinweis liefern. Wenn das nicht der Fall sein sollte, nehmen Sie sich noch einmal das Blumendiagramm vor und betrachten Sie das mittlere Blatt mit den Fähigkeiten. Was meinen Sie? Haben Ihre liebsten Fähigkeiten eher eine Tendenz in Richtung *Menschen* oder mehr in Richtung *Informationen oder Daten* oder mehr in Richtung *Gegenstände*? Und unabhängig davon, was auf dem Blatt steht – was meinen Sie selbst?

Der Blume einen Namen geben

Nachdem Sie sich von Ihren Freunden Rat geholt haben, braucht Ihre Blume jetzt einen Namen. Um ihn zu finden, müssen Sie die folgenden vier Fragen der Reihe nach beantworten.

Erste Frage

Wie heißen die Jobs oder Berufe (Funktionen), bei denen ich meine liebsten Fähigkeiten in einem Tätigkeitsfeld einsetzen könnte, das auf meinen Lieblingsthemen basiert?

Zweite Frage

Welche *Arten von Organisationen* beschäftigen Menschen mit solchen Berufen?

Dritte Frage

Welche *Unternehmen* der unter Frage 2 ermittelten Arten sagen Ihnen besonders zu?

> **Vierte Frage**
>
> *Mit welchen Aufgaben oder Zielen* beschäftigen sich diese Unternehmen, zu denen meine Kenntnisse und Fähigkeiten beitragen könnten?

Wie finden Sie die Antworten auf diese vier Fragen? Gehen wir zunächst ausführlich auf die erste ein. Wenn Sie das Prinzip erst einmal verstanden haben, wissen Sie auch, wie mit den drei übrigen Fragen zu verfahren ist.

> **Erste Frage**
>
> Wie heißen die Jobs oder Berufe (Funktionen), bei denen ich meine liebsten Fähigkeiten in einem Tätigkeitsfeld einsetzen könnte, das auf meinen Lieblingsthemen basiert?

Womit fangen Sie an?

Wenn Sie gern im Internet recherchieren, könnte das eine geeignete Möglichkeit sein. Wenn Sie Bibliotheken vorziehen, ist das eine weitere Möglichkeit. Eine ausführliche Übersicht über verschiedene Recherchemöglichkeiten finden Sie in Anhang B ab Seite 375.

Eine schlechte Nachricht für schüchterne Zeitgenossen: Leider sind die zuverlässigsten und aktuellsten Informationen über Jobs und Berufe mit keiner der beiden Möglichkeiten zu finden. Dazu müssen Sie persönlich mit Menschen sprechen. Denn selbst die garantiert hundertprozentig richtige, absolute zutreffende Superinformation über Jobs und Berufe von letzter Woche kann diese Woche schon wieder völlig überholt sein. Die Verhältnisse ändern sich einfach zu rasant. Bücher können bei diesem Tempo nicht mithalten. Das Internet auch nicht. Ich staune immer wieder, wie lange bei manchen Internetseiten das letzte Update schon zurückliegt.

Wenn Sie den passenden Beruf für sich herausfinden wollen, kommen Sie also nicht umhin, persönlich auf Menschen zuzugehen. Bücher oder das Internet können lediglich ergänzende Informationen liefern.

Reden Sie mit Menschen, das ist der entscheidende Punkt. Für den Fall, dass Sie schüchtern sind, so wie ich es auch bin (wirklich!), habe ich am

Ende des Kapitels ein paar Tipps, wie Sie die Sache angehen können. Aber anders kommen Sie nun einmal nicht an die Informationen, die Sie brauchen.

Schön und gut, mögen Sie sagen, aber woher weiß ich, wen ich ansprechen muss? Das ist gar nicht so schwierig, wie es auf den ersten Blick erscheint. Sehen wir uns als Beispiel die wahre Geschichte eines Berufsumsteigers an.

Nachdem unser Jobsuchender sein Blumendiagramm ausgefüllt hatte, stellte sich als seine oberste/liebste Fähigkeit heraus: *diagnostizieren, behandeln oder heilen*.

Seine drei sprachlichen und thematischen Vorlieben waren: *Psychiatrie, Pflanzen und Tischlerei*.

Nachdem er fünf Freunden diese Aufstellung gezeigt und ihre Antworten ausgewertet hatte, kam er zu folgender Schlussfolgerung:

Unter den 19 *Jobfamilien* sprach die Nummer 6 ihn besonders an: *Diagnostisch und therapeutisch Tätige im Gesundheitswesen*.

Unter den vier *großen Gruppen von Berufsfeldern* sprach der *Dienstleistungssektor* ihn besonders an.

Unter den *drei Arten von Fähigkeiten* sprach die Arbeit mit *Menschen* ihn besonders an.

So weit, so gut. Und wie geht es jetzt weiter?

Er muss jetzt mit Menschen sprechen. Aber an wen soll er sich wenden? Ganz einfach. Er geht von seinen oben genannten sprachlichen und thematischen Vorlieben aus – *Psychiatrie, Pflanzen und Schreinern* – und sucht sich zu jedem Bereich mindestens eine Person, also einen Psychiater, einen Gärtner und einen Schreiner.

Das ist nicht schwer: Er braucht nur in den Gelben Seiten des Örtlichen Fernsprechbuchs nachzusehen, oder vielleicht gibt es auch jemanden in seinem Freundes- oder Bekanntenkreis, an den er sich wenden kann. Diese Leute sucht er dann auf und fragt sie: »Wie kann ich diese drei Interessenfelder in einer einzigen Tätigkeit vereinbaren?« Er weiß, dass es entweder schon einen entsprechenden Beruf gibt oder dass er ihn selbst schaffen muss.

Und wie entscheidet er, mit wem der drei er zuerst sprechen soll? Er geht danach, wer wahrscheinlich den größten Überblick hat (das ist oft, aber nicht immer, identisch mit der Frage, wessen Ausbildung am längsten dauert). Die Antwort in diesem speziellen Fall lautet: der Psychiater.

Er sucht dann zwei oder drei Psychiater auf, zum Beispiel den Dekan einer Abteilung für Psychiatrie in der nächstgelegenen Universität,[4] und fragt sie: »Haben Sie eine Idee, wie diese drei Themen – Tischlerei, Pflanzen und Psychiatrie – sich in einem einzigen Beruf miteinander vereinbaren lassen? Und falls Sie selbst es nicht wissen, wer könnte darauf vielleicht eine Antwort geben?« Er stellt diese Frage so lange, bis er jemanden findet, der eine gute Idee hat, wie man all dies miteinander kombinieren kann.

In diesem speziellen Fall (es handelt sich wie gesagt um eine authentische Geschichte) erfuhr der Berufsumsteiger Folgendes: »Ja, das ist alles miteinander vereinbar. Es gibt einen Teilbereich der Psychiatrie, bei dem Pflanzen zur Therapie von Patienten eingesetzt werden. Dabei kommen Ihre Interessen an Pflanzen und an Psychiatrie zum Tragen. Und Ihr Interesse an der Tischlerei könnten Sie wahrscheinlich dazu nutzen, die Pflanztische selbst zu bauen.«

Informelle Gespräche

Das, was ich eben beschrieben habe, nenne ich *informelle Gespräche* – ein Begriff, den ich vor vielen Jahren eingeführt habe. Es gibt auch andere Bezeichnungen, die ich aber für unzutreffend halte. Manche sprechen bei dieser Art der Informationsbeschaffung sogar fälschlicherweise von *Networking*.

Um eine babylonische Sprachverwirrung zu vermeiden, habe ich in der Tabelle auf den Seiten 186 und 187 genau zusammengestellt, was informelle Gespräche sind und wie sie sich von anderen Möglichkeiten unterscheiden, durch die Menschen Ihnen bei Ihrer Jobsuche oder bei Ihrem Berufsumstieg helfen und Sie unterstützen können – nämlich *Networking*, *Selbsthilfegruppen* und *Kontakte*. Zusätzlich bekommen Sie gratis in der ersten Spalte Hinweise zu einem Aspekt der Jobsuche, von dem sonst nie die Rede ist – wie Sie nämlich noch vor der eigentlichen Jobsuche Ihre vernachlässigten Freundschaften auffrischen. Mehr dazu in der ersten Spalte der Tabelle.

Wie Sie als Ein-, Auf- oder Umsteiger Ihre Kontakte pflegen

Der Prozess	1. Pflege des Bekanntenkreises vor der Jobsuche	2. Networking
Was ist die Absicht?	Um sicherzustellen, dass Menschen, die Sie kennen, Ihnen vielleicht eines Tages einen Gefallen tun oder Hilfestellung geben, müssen Sie dafür sorgen, dass diese schon lange vorher wissen, dass Sie sie um ihrer selbst willen schätzen.	Erstellen Sie jetzt eine Liste von Kontakten zu Menschen, die Sie irgendwann während Ihrer Jobsuche oder in Ihrem beruflichen Fortkommen unterstützen könnten. Erweitern Sie diese Liste regelmäßig.
Wer kommt dafür in Frage?	Menschen in Ihrer Umgebung sowie Ihre Familie, Ihre Verwandten, Freunde und Bekannten, wobei es keine Rolle spielt, wie nah oder weit entfernt sie leben.	Menschen in Ihrem derzeitigen Tätigkeitsfeld oder in einem Feld, das Sie für die Zukunft ins Auge gefasst haben, auch Menschen, die andere Ihnen genannt haben.
Wie gehen Sie vor, um es richtig zu machen?	Sie nehmen sich Zeit für sie, lange bevor Sie einen Job suchen. Planen Sie diese Zeit ein: • Verbringen Sie Ihre Zeit mit den Menschen, mit denen Sie zusammenleben, sehr bewusst und geben Sie ihnen zu verstehen, dass Sie sie wirklich schätzen. • Halten Sie den Kontakt (per Telefon, mit einer Verabredung zum Essen, durch eine Grußkarte) mit den Personen aufrecht, die in Ihrer Nähe leben. • Schreiben Sie denen, die weiter entfernt wohnen, regelmäßig ein paar freundliche Zeilen – und lassen Sie sie auf diese Weise wissen, dass Sie sie um ihrer selbst willen schätzen.	Sie nehmen zu diesem Zweck freiwillig an Tagungen oder Fortbildungsveranstaltungen in Ihrem derzeitigen oder für die Zukunft gewünschten Tätigkeitsfeld teil. Sie kommen bei solchen Veranstaltungen und bei informellen Treffen mit Menschen ins Gespräch, die in diesem Bereich arbeiten, und tauschen nach einer kurzen Unterhaltung Ihre Visitenkarten aus. Vielleicht nennt Ihnen jemand den Namen eines Bekannten in einer Gegend, in die Sie reisen wollen, und schlägt Ihnen vor, dass Sie sich bei dieser Person melden. Ein Anruf, gefolgt von einem kurzen Brief nach Ihrer Rückkehr, ist mit Sicherheit der beste Weg, um den Kontakt herzustellen – Ihre Kontaktperson schlägt beim Telefongespräch von sich aus vor, zusammen essen zu gehen. Wenn *Sie* dazu die Initiative ergreifen, kann das manchmal in einem Reinfall enden (siehe unten).
Woran erkennen Sie, dass Sie alles vermasselt haben?	Sie haben keine Arbeit mehr und stellen fest, dass Sie Kontakt zu Leuten aufnehmen müssen, mit denen Sie jahrelang weder schriftlich noch telefonisch Kontakt hatten und die Sie nun aus heiterem Himmel um ihre Hilfe bei der Jobsuche bitten müssen. Das wird unausweichlich den Eindruck vermitteln, dass Sie nicht wirklich an ihnen interessiert sind. Außerdem entsteht der Eindruck, dass Sie Menschen nur unter dem Aspekt sehen, wie sie Ihnen nutzen, statt eine Beziehung aufzubauen, die auf Gegenseitigkeit beruht.	Das passiert, wenn Sie jemanden angerufen haben, der sehr beschäftigt ist, und ihn darum baten, mit Ihnen essen zu gehen. Wenn das Essen dann ziellos verläuft, ohne genaues Programm, man Sie dann aber irgendwann fragt, worüber Sie sich denn unterhalten wollten, und Sie dann nur lahm sagen: »Ach, na ja, ich weiß nicht, ich dachte nur, wir sollten uns vielleicht kennen lernen ...« Unter Networking versteht man etwas anderes, so machen Sie sich nur unbeliebt. Versuchen Sie, Ihr Networking auf telefonische Aktivitäten zu beschränken.

Wie Sie als Ein-, Auf- oder Umsteiger Ihre Kontakte pflegen (Forts.)

3. Aufbau eines Unterstützungsteams	4. Informelle Gespräche	5. Kontakte nutzen
Einige Familienmitglieder oder enge Freunde sollen dazu bewegt werden, Ihnen bei Ihren emotionalen, sozialen und spirituellen Bedürfnissen zur Seite zu stehen, während Sie eine schwierige Phase der Veränderung durchmachen, wie sie eine Jobsuche oder ein Berufswechsel darstellt, sodass Sie mit diesen Problemen nicht ganz allein dastehen.	Nehmen Sie Berufe genau unter die Lupe, bevor Sie sie ergreifen. Nehmen Sie einen Job unter die Lupe, bevor Sie ihn antreten, und nicht erst danach. Nehmen Sie die Organisation unter die Lupe, bevor Sie sich dazu entschließen, dort zu arbeiten. Finden Sie Antworten auf ganz spezifische Fragen, die sich Ihnen während Ihrer Jobsuche aufdrängen.	Sie brauchen etwa 77 Augen- und Ohrenpaare, um einen neuen Job oder einen neuen Beruf zu finden. So finden Sie die anderen Menschen (bitte nehmen Sie mich nicht allzu wörtlich), die Ihnen ihre Augen und Ohren leihen – sobald Sie wissen, nach welcher Art von Arbeit, Art von Organisation und Art von Job Sie suchen, aber nicht schon vorher.
Versuchen Sie solche Menschen zur Unterstützung zu bewegen, auf die eines der folgenden Kriterien zutreffen: Sie fühlen sich wohl, wenn Sie mit ihnen reden; sie ergreifen die Initiative, Sie regelmäßig anzurufen; sie sind klüger als Sie selbst; sie können Ihnen auch die Leviten lesen, wenn es darauf ankommt.	Berufstätige, Arbeiter, Freiberufler – mit einem Wort: Leute aus der Praxis. Sie führen Ihre informellen Gespräche nur mit Menschen, die gegenwärtig die Arbeit leisten, die Sie als möglichen neuen Job/Beruf in Erwägung ziehen.	Jeder und jede auf Ihrer Networking-Liste (siehe Spalte 2). Dazu gehören Familienmitglieder, Freunde, Verwandte, Kommilitonen, frühere Kollegen, Nachbarn und Gemeindemitglieder, Geschäfte, in denen Sie einkaufen, und so weiter.
Es sollten mindestens drei Personen sein. Sie können sich regelmäßig, zum Beispiel einmal pro Woche für ein oder zwei Stunden, mit Ihnen treffen, um zu sehen, wie es Ihnen geht. Mindestens ein Mitglied des Teams sollte darüber hinaus »nach Bedarf« für Sie da sein: Jemand, der zuhört, wenn Sie niedergeschlagen sind und mit jemandem reden wollen; jemand, der Sie motiviert, wenn Sie den Kopf in den Sand stecken wollen; jemand, der Ihnen weiterhilft, wenn Sie nicht mehr wissen, was Sie als Nächstes tun sollen; jemand, der Sie zur Ordnung ruft, wenn Ihre Disziplin nachlässt und Sie Ermutigung und Ansporn brauchen. Es ist auch hilfreich, wenn es jemanden gibt, der besonders begeisterungsfähig ist und dem Sie Ihre Erfolge mitteilen können.	Sie erfahren die Namen dieser Menschen, indem Sie im Kreise Ihrer Kollegen, an den Fachhochschulen Ihrer Region und an den Universitäten nachfragen oder indem Sie die Berufsinformationszentren oder Hochschulteams des Arbeitsamts aufsuchen. Wenn Sie einige Namen zusammengetragen haben, rufen Sie die Personen an und fragen sie nach einer Möglichkeit, 20 Minuten lang ungestört mit Ihnen zu reden. Sie stellen rechtzeitig eine Liste der Fragen zusammen, auf die Sie Antworten suchen.	Immer wenn Sie nicht weiter wissen, bitten Sie Ihre Kontaktpersonen, Ihnen mit bestimmten Informationen weiterzuhelfen. Zum Beispiel: • Wenn Sie niemanden finden, der in einem Job arbeitet, für den Sie sich interessieren. • Wenn Sie nicht die Namen von den Unternehmen finden können, wo es diese Art von Arbeit gibt. • Wenn Sie ein bestimmtes Unternehmen im Sinn haben, aber den Namen der Person nicht kennen, die über Ihre Einstellung entscheiden kann. • Wenn Sie den Namen dieser Person kennen, es Ihnen aber nicht gelingt, einen persönlichen Termin zu vereinbaren. In solchen Situationen rufen Sie alle an, die auf Ihrer Liste stehen, bis Sie jemanden finden, der Ihnen genau die Antwort geben kann, die Sie benötigen.
Sie haben es vermasselt, wenn Sie kein Unterstützungsteam haben, niemanden, mit dem Sie reden können und wenn Sie das Gefühl haben, dass Sie ganz allein dastehen. Sie haben es vermasselt, wenn Sie darauf warten, dass Ihre Familie und Ihre Freunde bemerken, wie schlecht es Ihnen geht, und ihre Liebe zu Ihnen unter Beweis stellen, indem sie die Initiative ergreifen und sich um Sie bemühen; statt dass Sie, wie es nötig ist, selbst die Initiative ergreifen, sich ein Unterstützungsteam auswählen und »engagieren« – indem Sie andere um Hilfe und Unterstützung bitten.	Sie versuchen, diese Recherche mit Hilfe von Leuten durchzuführen, die darüber entscheiden können, ob Sie einstellen, und nicht mit den Arbeitnehmern und Angestellten. Sie tun so, als ob Sie Informationen suchen, obwohl Sie in Wirklichkeit etwas anderes von diesem Menschen wollen. (Die meisten Menschen riechen zehn Meilen gegen den Wind, wenn Sie andere Pläne haben.) Sie haben es vermasselt, wenn Sie jemanden belügen. Der entscheidende Punkt an informellen Gesprächen ist, dass sie eine Suche nach Wahrheit sind.	Wenn Sie Ihre »Kontakte« zu früh bei der Jobsuche oder nur ganz allgemein und in vagen Begriffen um Hilfe bitten: »Ich bin arbeitslos. Wenn du irgendetwas hören solltest, sag mir bitte Bescheid.« Irgendetwas? Sie müssen Ihre Hausaufgaben machen, bevor Sie Ihre Kontakte nutzen. Sie werden Ihnen Ihre Hausaufgaben nicht abnehmen.

Sprechen Sie mit Praktikern, »schnuppern Sie hinein«

Wenn Sie Menschen ansprechen, erhoffen Sie sich von ihnen Ideen, in welchen Berufen Sie Ihre Fähigkeiten, Ihre sprachlichen und thematischen Vorlieben und Ihre Interessen einbringen können.

Das ist der erste Schritt.

Der zweite Schritt besteht darin, dass Sie eine Vorstellung davon entwickeln, *wie Insider diese Arbeit empfinden.*

Auf das oben besprochene Beispiel übertragen: Sie suchen nicht nur eine Berufsbezeichnung – ein *Psychiater, der mit Pflanzen arbeitet* –, sondern Sie möchten auch eine Vorstellung davon gewinnen, was sich hinter dieser Bezeichnung verbirgt. Mit anderen Worten: Sie wollen wissen, wie der Arbeitsalltag aussieht.

Dabei können Ihre bisherigen Gesprächspartner Ihnen nicht weiterhelfen. Sie müssen mit Menschen reden, die den Beruf, der Ihnen so reizvoll vorkommt, tatsächlich ausüben. In unserem Beispiel würden Sie mit einem Psychiater sprechen, der Pflanzen bei seiner therapeutischen Arbeit einsetzt.

Warum fragen Sie andere, wie sie ihre Arbeit empfinden? Nun, eigentlich *probieren Sie mental Jobs aus*, um zu sehen, ob sie zu Ihnen passen.

Das ist genauso, als ob Sie in ein Kaufhaus gehen und verschiedene Anzüge (oder Kleider) anprobieren, die Sie im Schaufenster oder in der Auslage gesehen haben. Warum probieren Sie sie an? Nun, die Anzüge oder Kleider, die im Schaufenster *hinreißend* aussehen, wirken oft gar nicht mehr so hinreißend, wenn Sie sie *an sich selbst* sehen. Auf der Rückseite der Schaufensterpuppen waren sie nämlich mit jeder Menge Stecknadeln drapiert. Und ohne diese Stecknadeln hängen sie vielleicht an Ihnen herunter wie ein Kartoffelsack.

Genau so können Berufe in Büchern oder in Ihrer Vorstellung hinreißend erscheinen, dann aber gar nicht mehr so umwerfend sein, wenn Sie einen persönlichen Einblick in den Berufsalltag gewinnen.

Genau darum geht es. Sie wollen schließlich einen Job, der sich nicht nur »im Schaufenster« gut macht, sondern sich auch »von innen« – nämlich für Sie – gut *anfühlt*. Die folgenden Fragen sollen Ihnen dabei eine Hilfestellung geben (indem Sie sie Praktikern stellen, die Ihren Wunschberuf tatsächlich ausüben):

- Wie sind Sie zu dieser Tätigkeit gekommen?
- Was gefällt Ihnen daran am besten?
- Was gefällt Ihnen daran am wenigsten?
- Wo könnte ich noch weitere Menschen finden, die diesen Beruf ausüben? (Erfragen Sie immer mehr als einen Namen. Wenn der erste in eine Sackgasse führt, können Sie dann immer noch umkehren und es mit dem nächsten versuchen.)

Sollte Ihnen im Verlauf dieser informellen Gespräche klar werden, dass der Beruf, die Position oder Tätigkeit, über die Sie sich gerade informieren, ganz bestimmt *nicht* das Richtige für Sie ist, dann ersetzen Sie die letzte der oben genannten Fragen durch die folgende:

- Haben Sie eine Idee, mit wem ich sonst noch über meine Fähigkeiten und Interessengebiete reden könnte, um einen Beruf zu finden, in dem ich sie alle miteinander kombinieren kann?

Dann suchen Sie die Menschen auf, die Ihnen empfohlen werden.

Wenn Ihrem Gegenüber niemand einfällt, an den Sie sich wenden könnten, dann fragen Sie nach jemandem, der eine Idee dazu haben könnte. Und so weiter.

»Alle sagen, ich müsste noch einmal zur Schule gehen, aber ich habe weder Zeit noch Geld dafür.«

Wenn Sie die Berufe ausfindig gemacht haben, die für Sie infrage kommen, und ein wenig hineingeschnuppert haben, um zu sehen, ob sie zu Ihnen passen, dann lautet die nächste Frage: *Wie viel Aus- oder Weiterbildung brauchen Sie für den Berufseinstieg?* Wenden Sie sich wieder an dieselben Leute, mit denen Sie schon die vorigen Fragen besprochen haben.

Machen Sie sich auf schlechte Nachrichten gefasst. Sie werden immer wieder Auskünfte erhalten wie: »Um in dieser Branche eine Stelle zu bekommen, brauchen Sie ein Diplom und zehn Jahre Berufserfahrung.«

Wenn Sie dazu bereit sind und genügend Zeit und Geld aufbringen können, nur zu! Aber wenn nicht – was dann? In dem Fall suchen Sie nach der *Ausnahme*.

»Gut, aber kennen Sie nicht auch jemanden, der ohne Diplom und zehnjährige Berufserfahrung in diesen Job hineingekommen ist? Wenn ja, wo finde ich ihn oder sie? – Und wenn nicht, kennen Sie vielleicht jemanden, der so etwas wissen könnte?«

Lassen Sie sich bei den informellen Gesprächen nicht von scheinbaren Selbstverständlichkeiten irreführen (»Ich bin einfach davon ausgegangen, dass ...«). Hinterfragen Sie *alle* Annahmen, auch wenn alle Welt Ihnen versichert, dass »die Dinge nun einmal so liegen«.

Machen Sie sich immer klar, dass es auch Menschen gibt, die Ihnen im Brustton der Überzeugung etwas erzählen, was *definitiv nicht stimmt* – weil sie *meinen*, es sei so. Aufrichtigkeit ist eine Sache, Unfehlbarkeit eine andere. Sie müssen grundsätzlich alles, was Sie in persönlichen Gesprächen oder aus Büchern (auch aus diesem) erfahren, immer noch doppelt und dreifach überprüfen.

Egal wie viele Menschen Ihnen erzählen, es gebe nur diesen einen Weg, in einen bestimmten Beruf hineinzukommen, und Ausnahmen gebe es nicht – glauben Sie mir, zu fast jeder Regel gibt es Ausnahmen – abgesehen von Berufen mit formalen Zugangsvoraussetzungen wie bei Medizinern oder Juristen.

Regeln sind eben Regeln. Aber *irgendwo* in diesem großen Land oder sonstwo auf der Erde hat bestimmt schon einmal jemand einen Weg gefunden, in Ihren Traumberuf einzusteigen, ohne all diese angeblich unabdingbaren Voraussetzungen zu erfüllen.

Sie müssen jemanden finden, dem das gelungen ist, um von ihm zu erfahren, wie er es angefangen hat.

Nun aber angenommen, Sie sind fest entschlossen, einen Beruf zu ergreifen, der eine jahrelange Ausbildung erfordert, und Sie konnten wirklich überhaupt niemanden ausfindig machen, dem es gelungen wäre, diesen Werdegang abzukürzen – was dann?

Es gibt immer noch die Möglichkeit, ohne langen Vorlauf wenigstens in einen *ähnlichen* Beruf hineinzukommen. In jedem Bereich gibt es Positionen mit erheblich geringeren Zugangsvoraussetzungen. Beispielsweise können Sie, statt Arzt zu werden, in den medizinischen Bereich gehen und etwa Heilpraktiker werden. Statt Rechtsanwalt zu werden, können Sie in den juristischen Bereich gehen und beispielsweise Rechtspfleger, Schiedsmann oder Anwaltsgehilfe werden.

Halten Sie einen »Plan B« bereit!

Im Laufe zahlreicher Gespräche gewinnen Sie mit der Zeit eine recht klare Vorstellung von dem Beruf, der Sie interessieren würde. Sie können darin Ihre Lieblingsfähigkeiten einsetzen. Sie beschäftigen sich darin mit Ihren Lieblingsthemen und Ihren größten Interessengebieten. Sie haben Menschen befragt, die diesen Beruf tatsächlich ausüben, und was Sie erfahren haben, sagt Ihnen zu. Damit ist dieser Teil der informellen Gespräche abgehakt.

Halten Sie sich aber unbedingt mindestens zwei berufliche Alternativen offen, von denen Sie glauben, damit glücklich werden zu können. Setzen Sie unter keinen Umständen alles auf eine Karte. Das Patentrezept, mit dem man da draußen in der Wildnis überlebt, lautet: Immer mehrere Eisen im Feuer haben!

Seien Sie gründlich. Seien Sie sorgfältig. Seien Sie hartnäckig. Es geht um Ihr Leben und um Ihre Zukunft. Und die soll glanzvoll werden! Geben Sie Ihrem Traumberuf einen Namen – oder besser zwei.

Zweite Frage

Welche *Arten von Organisationen* beschäftigen Menschen mit solchen Berufen?

Bisher haben wir uns ausgiebig der ersten Frage gewidmet, weil Sie anschließend – wie gesagt – schnell begreifen werden, wie Sie mit den übrigen dreien zu verfahren haben. Diese können wir entsprechend in aller Kürze abhandeln.

Bevor Sie *bestimmte* potenzielle Arbeitgeber ins Auge fassen, sollten Sie noch einmal einen kleinen Schritt zurückgehen und allgemeiner überlegen, bei welchen *Arten* von Unternehmen Sie eingestellt werden könnten.

Betrachten wir ein Beispiel. Angenommen, Sie möchten Lehrer werden. Dann müssen Sie sich fragen: Welche Arten von Institutionen stellen Lehrer ein? Ihre Antwort könnte lauten: »nur Schulen« – und wenn Sie anschließend feststellen, dass die Schulen in Ihrer Region keine neuen Lehrer einstellen, könnten Sie resignieren und sagen: »In diesem Beruf gibt es eben keine Stellen.«

Aber das stimmt nicht. Es gibt außer Schulen noch zahllose andere Organisationen, die Lehrer beschäftigen. Neben staatlichen und privaten Schulen gibt es beispielsweise auch staatliche und private Hochschulen, betriebseigene Fortbildungszentren oder Aus- und Weiterbildungsabteilungen, Institute, die Workshops, Seminare oder Fortbildungsmaßnahmen anbieten, Lehrbuchverlage, Stiftungen und private Forschungseinrichtungen, Agenturen, die Berater aus dem pädagogischen Bereich an andere Organisationen und Unternehmen vermitteln, Lehrerverbände, Gewerkschaften, Bildungsgremien auf Bundes- oder Landesebene und so weiter.

Den verschiedenen »Arten« möglicher Arbeitgeber entsprechen auch unterschiedliche Einstellungsmodalitäten. Neben der Vollzeitbeschäftigung gibt es zum Beispiel:

- Unternehmen, die Sie auf Teilzeitbasis einstellen (vielleicht haben Sie am Ende sogar wunschgemäß zwei oder drei Teilzeitjobs, die sich zu einem Vollzeitjob ergänzen, weil das abwechslungsreicher ist),
- Unternehmen, die zeitlich befristet Mitarbeiter einstellen und zum Beispiel Werk- oder Dienstverträge für einzelne Projekte abschließen,
- Unternehmen, die mit ehrenamtlichen Mitarbeitern und dergleichen arbeiten,
- Unternehmen, die im Non-Profit-Bereich tätig sind,

- Unternehmen, die im Profit-Bereich tätig sind,
- und nicht zu vergessen: Ihr eigenes Unternehmen, wenn Sie sich für eine Existenzgründung entscheiden sollten (mehr dazu in Kapitel 6).

Bei den informellen Gesprächen, die im vorigen Abschnitt behandelt wurden, bekommen Sie ganz nebenbei auch Informationen über die *Arten* der möglichen Arbeitgeber. Achten Sie darauf und machen Sie sich Notizen.

Dritte Frage

Welche *Unternehmen* der unter Frage 2 ermittelten Arten sagen Ihnen besonders zu?

Wenn Sie Praktiker zu ihren Jobs oder Berufen befragen, nennen diese Ihnen auch gern Namen von Unternehmen, bei denen es entsprechende Stellen gibt – und geben auch Auskunft über die Vorzüge und Nachteile der Unternehmen, für die sie selbst arbeiten oder gearbeitet haben. Diese Informationen sind wichtig für Sie. Notieren Sie sich alles und hüten Sie Ihre Notizen wie die Heilige Schrift.

Am Ende ist Ihre Liste der Unternehmen, die als Arbeitgeber für Sie infrage kommen könnten, immer entweder zu umfangreich oder zu kurz. In beiden Fällen gibt es Abhilfe. Beginnen wir mit dem ersten.

Das Territorium verkleinern

Wenn Sie am Schluss zu viele Namen von Unternehmen haben, müssen Sie Ihr Suchgebiet, also Ihr Territorium verkleinern, damit Sie auf eine *überschaubare Anzahl* von »Zielen« für Ihre Jobsuche kommen.⁵

Lassen Sie uns auf ein Beispiel zurückgreifen. Nehmen wir an, Sie haben entdeckt, dass ein Beruf in der Metallverarbeitung Sie am meisten interessieren würde. Sie wollen als Schweißer arbeiten. Das ist doch ein guter Anfang. So können Sie die Millionen möglicher Arbeitgeber wie folgt reduzieren:

»Ich möchte in einem Unternehmen arbeiten, das Schweißer einstellt.«

Aber das Territorium ist immer noch viel zu groß. Es gibt womöglich Tausende von Betrieben in diesem Land, die Schweißer beschäftigen. Sie können sie nicht alle aufsuchen. Also müssen Sie Ihr Territorium noch weiter eingrenzen. Nehmen wir an, das Blatt zur »Region« in Ihrer Blume besagt, Sie würden am liebsten in der Nähe von Frankfurt leben und arbeiten. Das ist hilfreich, weil es das Territorium wiederum verkleinert. Nun lautet unser Ziel:

»Ich möchte in einem Unternehmen arbeiten, das Schweißer einstellt und in der Nähe von Frankfurt liegt.«

Aber noch immer ist das Territorium zu groß. Es könnte noch einige Hundert Organisationen geben, auf die diese Beschreibung zutrifft. Sie werfen also erneut einen Blick auf Ihr Blumendiagramm und stellen fest, dass Sie am liebsten in einer Organisation mit 50 oder weniger Mitarbeitern arbeiten möchten. Folglich lautet unser Ziel nun:

»Ich möchte in einem Unternehmen arbeiten, das Schweißer einstellt, in der Nähe von Frankfurt liegt und höchstens 50 Mitarbeiter beschäftigt.«

Aber vielleicht ist das Territorium trotzdem noch zu groß. Deshalb werfen Sie erneut einen Blick auf Ihr Blumendiagramm. Sie haben auf dem Blütenblatt mit der Bezeichnung »Gegenstände« notiert, dass Sie gern in einem Betrieb arbeiten würden, der Felgen herstellt. So lautet Ihr Suchkriterium nun:

»Ich möchte in einem Unternehmen arbeiten, das Schweißer einstellt, in der Nähe von Frankfurt liegt, höchstens 50 Mitarbeiter beschäftigt und Felgen herstellt.«

So können Sie mithilfe Ihres Blumendiagramms das Suchgebiet immer enger eingrenzen, bis das Zielgebiet Ihrer Jobsuche nicht mehr als zehn Organisationen umfasst. Das ist für den Anfang eine überschaubare Anzahl. Später können Sie die Liste jederzeit wieder erweitern, falls keiner dieser zehn Betriebe sich als besonders vielversprechend oder interessant erweisen sollte.

Das Territorium erweitern

Vielleicht haben Sie auch genau das gegenteilige Problem: Sie können nicht genügend Namen von Organisationen ausfindig machen, die für Sie als Arbeitgeber infrage kommen. In diesem Fall müssen Sie weitere Informationsquellen zu Rate ziehen.

Die *Gelben Seiten* des *Örtlichen Telefonbuchs* sind Ihre Rettung. Suchen Sie unter jedem Stichwort, das für Sie von Interesse ist. Fragen Sie auch bei der Industrie- und Handelskammer nach einem Firmenverzeichnis. Sie finden darin nicht nur kleinere Betriebe, sondern auch Niederlassungen großer Unternehmen oder Konzerne. Wenn Sie gründlich suchen, werden Sie mehr als genug Namen herausfinden, das können Sie mir glauben – es sei denn, Sie wohnen in einem sehr kleinen Ort. In diesem Fall müssen Sie Ihre Netze ein wenig weiter auswerfen und Städte in erreichbarer Entfernung einbeziehen. Hilfestellung bei der Recherche nach Organisationen und Personen finden Sie auch in Anhang B ab Seite 379.

Wenn Sie zehn potenzielle Arbeitgeber für Ihren Traumjob gefunden haben, dann geht es weiter mit der vierten und letzten Frage, die auf den Namen Ihrer Blume hinführt:

Vierte Frage

Mit welchen Aufgaben oder Problemstellungen beschäftigen sich diese Unternehmen, zu denen meine Kenntnisse und Fähigkeiten beitragen könnten?

Informieren Sie sich über Unternehmen, bevor Sie Kontakt aufnehmen

Warum sollten Sie sich über Unternehmen informieren, bevor Sie sich dort um ein Vorstellungsgespräch bemühen? Nun, schließlich brauchen Sie einige Insiderinformationen, um sich im Vorstellungsgespräch gut verkaufen zu können: Wie das Unternehmen arbeitet, mit welchen besonderen Aufgaben und Anforderungen es konfrontiert ist und welche Ziele das Unternehmen verfolgt, welche Hindernisse es dabei zu überwinden gilt und wie Sie Ihre Fähigkeiten und Kenntnisse dabei einbringen könnten. Im Vorstellungsgespräch sollten Sie schließlich in der Lage sein, plausibel zu machen, dass Sie dem Unternehmen etwas zu bieten haben, das dort gebraucht wird.

Zweitens geht es darum, herauszufinden, ob Sie wirklich gern dort arbeiten würden. Sie müssen dem Unternehmen auf den Zahn fühlen. Das tut jeder – aber leider warten die meisten Jobsuchenden und Berufsumsteiger damit, bis sie tatsächlich eine Stelle haben.

11 Prozent derjenigen, die eine Stelle antreten, bleiben weniger als ein Jahr lang bei dem betreffenden Arbeitgeber. Darunter gibt es sicher viele, die die Probezeit nicht überstanden haben. Und nicht wenige scheitern eben deshalb schon während der »ersten 100 Tage« oder in der Probezeit, weil sie die ersten zehn oder 20 Tage benötigen, um ihren Job erst wirklich kennen zu lernen und zu merken, dass er nicht das Richtige für sie ist.

Sie tun sich wirklich einen Gefallen damit, sich im Vorfeld zu informieren. Im Prinzip sieben Sie Firmen aus, *bevor* Sie sich mit ihnen einlassen. Geschickt! Geradezu genial!

Es geht also darum, auf jede erdenkliche Weise Näheres über diese Organisationen (Plural, nicht Singular!) herauszufinden, die für Sie infrage kommen, bevor Sie sich dort um eine Stelle bemühen. Dazu gibt es mehrere Möglichkeiten:

- **Freunde und Nachbarn.** Fragen Sie alle Menschen, die Sie kennen, ob sie ihrerseits jemanden kennen, der in dem fraglichen Unternehmen arbeitet. Wenn Sie jemanden finden, dann bitten Sie ihn, ein Treffen zwischen Ihnen und dieser Person zu arrangieren, beispielsweise ein gemeinsames Mittagessen, einen gemeinsamen Kaffee oder Tee. Bei der Gelegenheit erzählen Sie, warum Sie Interesse an dem Unternehmen haben. (Am besten bleibt Ihr gemeinsamer Freund dabei, damit Ihre Absichten bei dieser netten Unterhaltung nicht missverstanden werden.) Dieses Verfahren der Informationsbeschaffung rangiert unangefochten an erster Stelle. Aber natürlich sollten Sie noch ein paar Trümpfe im Ärmel haben, falls Sie auf diesem Weg nichts erreichen.
- **Schriftliches Informationsmaterial.** Das Unternehmen selbst bietet vielleicht in gedruckter Form oder auf seiner Website Informationen über die Geschäftsbereiche, die Unternehmensziele und weitere wichtige Punkte. Vielleicht liegen auch Reden des Geschäftsführers oder des Vor-

stands in gedruckter Form vor. Darüber hinaus gibt es möglicherweise Broschüren oder Jahresberichte, die die Organisation oder das Unternehmen über sich selbst herausgegeben hat. Wie kommen Sie an derartiges Material? In kleineren Unternehmen wenden Sie sich an die Telefonzentrale. In größeren Organisationen können Sie es bei der Abteilung für Öffentlichkeitsarbeit oder bei der Personalabteilung versuchen. Wenn Sie sich für ein größeres Unternehmen interessieren, finden Sie vielleicht auch Zeitungsartikel oder Ähnliches in der Bibliothek. Man kann nie wissen; und es schadet nichts, den freundlichen Bibliothekar in der Stadtbücherei zu fragen.

- **Mitarbeiter der betreffenden Organisation oder vergleichbarer Betriebe.** Sie können direkt zu Organisationen hingehen und Fragen über sie stellen. Dafür gelten allerdings gewisse Vorsichtsmaßregeln:
  - Erstens müssen Sie darauf achten, Ihren Ansprechpartner nicht mit Fragen zu behelligen, zu denen Sie die Antwort schon in schriftlichem Material hätten nachlesen können.
  - Zweitens müssen Sie darauf achten, sich innerhalb der Organisation immer zuerst an die Stelle zu wenden, die für die Herausgabe von Informationen zuständig ist – die Mitarbeiter am Empfang, die Abteilung für Öffentlichkeitsarbeit oder die Personalabteilung –, *bevor* Sie auf andere, höherrangige Personen zugehen.
  - Drittens dürfen Sie niemals den Chef oder die Leute aus den Führungsetagen mit Fragen behelligen, die auch niederrangige Mitarbeiter hätten beantworten können. Das wäre in Bezug auf Ihre Stellensuche glatter Selbstmord.
  - Viertens dürfen Sie diesen Ansatz nicht als raffinierte Methode missbrauchen, um den Chef kennen zu lernen und auf diese Weise für Ihre Bewerbung schon einen Fuß in die Tür zu bekommen. Es geht hier nur um Informationsbeschaffung, nicht mehr. Keine faulen Tricks.
- **Zeitarbeitsfirmen.** Viele Jobsuchende und Berufsumsteiger nutzen eine vorübergehende Tätigkeit bei Zeitarbeitsfirmen dazu, Einblicke in verschiedene Unternehmen zu gewinnen. Die Arbeitgeber, die sich an solche Agenturen wenden, suchen Mitarbeiter für befristete Tätigkeiten auf Teilzeit- oder Vollzeitbasis. Der Vorteil der Zeitarbeit ist die Chance, bei unterschiedlichen Arbeitgebern jeweils über einen begrenzten Zeitraum von wenigen Wochen »hineinzuschnuppern« und Insiderinforma-

tionen zu sammeln. Vielleicht schickt die Agentur Sie nicht genau in das Unternehmen, auf das Sie eigentlich gehofft haben. Aber manchmal haben Sie auch in einem anderen Betrieb in derselben Branche die Möglichkeit, Kontakte zu dem Unternehmen zu knüpfen, auf das es Ihnen eigentlich ankommt.

Viele schrecken, wie bereits erwähnt, vor Zeitarbeit zurück, weil sie sich noch an Zeiten erinnern, in denen diese nur Sekretärinnen und Bürokräfte vermittelten. Aber in den vergangenen Jahren hat dieser Bereich sich explosionsartig entwickelt, und zumindest in größeren Städten gibt es mittlerweile Zeitarbeitsfirmen für viele unterschiedliche Berufsgruppen, seien es Buchhalter, Arbeiter, Monteure, Fahrer, Mechaniker, Konstrukteure, Ingenieure, Softwarespezialisten, Programmierer, Computertechniker, Arbeiter für die Produktion, Manager, Hauspersonal, Pflegekräfte, medizinisches Personal, Juristen, Versicherungsfachleute, Mitarbeiter in Vertrieb und Marketing, Finanzdienstleister oder eben Mitarbeiter für die typischen Bereiche Datenverwaltung sowie Sekretariats- und Bürotätigkeiten. Schauen Sie in Ihrem örtlichen Telefonbuch unter »Zeitarbeitsfirmen« nach.

- **Praktika.** Wenn Sie sich für ein bestimmtes Unternehmen interessieren, können Sie sich dort auch zuerst um ein Praktikum bewerben, um den Betrieb kennen zu lernen, ehe Sie sich um eine Stelle bemühen. Natürlich werden Sie bei manchen Betrieben schlicht eine Absage erhalten. Aber wenn ein Unternehmen Interesse zeigt, werden Sie relativ leicht erreichen, eine Weile dort arbeiten zu dürfen – weil Sie Ihre Dienste *gratis* und *für eine begrenzte Zeit* anbieten. Aus der Sicht des Unternehmens bedeutet das: Wenn Sie sich als Plage erweisen, wird man Sie immerhin schnell wieder los.

So können Sie Unternehmen von innen kennen lernen, und Ihre Vorgesetzten gewinnen zugleich einen Eindruck von Ihrer Arbeit und können sich ein Bild von Ihnen machen. *Vielleicht* bekommen Sie ja anschließend eine Stelle angeboten – falls Sie entscheiden, dass Sie gern auf Dauer dort arbeiten würden. Ich sage *vielleicht*. Machen Sie sich auf jeden Fall darauf gefasst, dass es am Ende einfach nur heißt: »Vielen Dank für Ihre Hilfe. Auf Wiedersehen und alles Gute.« Das ist nämlich die Regel. Aber immerhin haben Sie auf diese Weise viel gelernt, das Ihnen nützen kann, wenn Sie später mit anderen Organisationen in Kontakt treten.

Schreiben Sie einen Dankesbrief

Schreiben Sie an *jeden,* der Ihnen in dieser Phase der informellen Gespräche einen Dienst erwiesen hat, spätestens am nächsten Tag einen kurzen Dankesbrief. Jeder, der Ihnen einen Gefallen tut oder Ihnen ein Gespräch gewährt, bekommt ein kurzes Schreiben – seien es Freunde, die Leute bei den betreffenden Organisationen, Mitarbeiter der Zeitarbeitsfirma, Sekretärinnen, Empfangsdamen, Bibliothekarinnen oder Arbeiter.

Bitten Sie Ihre Gesprächspartner um eine Visitenkarte (sofern sie welche haben) oder bitten Sie sie, ihren Namen und ihre Geschäftsadresse auf einem Zettel zu notieren. Sie dürfen nämlich auf keinen Fall den Namen falsch schreiben. Man kann am Klang schwer erkennen, wie ein Name nun genau geschrieben wird – Schmidt mit »dt«, mit »tt« oder nur mit »d«? Meyer mit »ey« oder »ay«, »ai« oder mit »ei«? Beschaffen Sie sich den Namen und die Adresse, und zwar ganz genau. Und ich betone: Schicken Sie das Dankesschreiben (ob brieflich oder per E-Mail) noch am selben Abend oder spätestens am nächsten Morgen. Ein Dankesschreiben, das erst eine Woche später eintrifft, verfehlt seinen Zweck.

Im Idealfall schreiben Sie sofort eine E-Mail und schicken eine hübsch gestaltete, sauber ausgedruckte Papierversion hinterher. Mittlerweile ziehen die meisten Arbeitgeber einen gedruckten Brief einem handschriftlichen vor.

Zwei oder drei Sätze reichen vollkommen aus. Etwa so:

> »Vielen Dank, dass Sie sich gestern Zeit für mich genommen haben. Unser Gespräch hat mir wirklich weiter geholfen. Ich weiß, dass Ihre Zeit knapp bemessen ist, und freue mich deshalb besonders, dass Sie mir die Möglichkeit gegeben haben, einige neue Informationen zu erhalten.
>
> Mit freundlichen Grüßen«

Vergessen Sie nicht zu unterschreiben – vor allem wenn das Dankesschreiben gedruckt ist. Serienbriefe ohne persönliche Unterschrift wirken wie eine Wurfsendung und hinterlassen einen durch und durch unpersönlichen Eindruck. Und das ist nun wirklich nicht der Sinn der Sache.

Obwohl Arbeitgeber auch in Deutschland solche Dankesbriefe überwiegend positiv bewerten, sind sie hierzulande bisher selbst nach Bewer-

© 1989.

bungsgesprächen recht unüblich. Nur 10 Prozent der Unternehmen erhalten solche.⁶

Was, wenn ich eine Stelle angeboten bekomme, obwohl ich nur Informationen sammeln wollte?

Das ist äußerst unwahrscheinlich. In dieser Phase der Informationsbeschaffung sprechen Sie ja nicht primär mit Arbeitgebern, sondern mit Angestellten.

Natürlich kann es trotzdem vorkommen, dass Sie bei den informellen Gesprächen zufällig an einen Arbeitgeber geraten. Und dieser Arbeitgeber kann so angetan davon sein, welche Sorgfalt Sie bei Ihrer Jobsuche oder Ihrer beruflichen Neuorientierung an den Tag legen, dass er Sie vom Fleck weg engagieren will. Es ist also nicht grundsätzlich ausgeschlossen, dass Sie eine Stelle angeboten bekommen, während Sie eigentlich noch damit beschäftigt sind, Informationen zu sammeln. Das ist zwar nicht *wahrscheinlich*, aber immerhin *möglich*. Und wie sollten Sie darauf reagieren?

Wenn Sie sich in einer echten Notlage befinden, sagen Sie natürlich *ja*. Ich erinnere mich noch an einen Winter – ich hatte gerade meine letzte Hose am Knie durchgewetzt, wir zerhackten alte Möbelstücke zu Brennholz, um etwas zum Heizen zu haben, die Beine des Betts waren kürzlich weggeknickt, und wir aßen Spaghetti, bis sie uns zu den Ohren herauskamen. Wenn die Lage so ist, sagen Sie *selbstverständlich* ja.

Aber wenn Sie nicht akut in Not sind, wenn Sie es sich leisten können, ein wenig abzuwarten, um wirklich sicherzugehen, dann versuchen Sie,

Zeit zu gewinnen. Erklären Sie dem Arbeitgeber, was Sie vorhaben – dass die meisten Arbeitnehmer nicht wirklich wissen, worauf sie sich einlassen, bis sie einen Job tatsächlich angenommen haben, dass Sie sich aber so verhalten, wie der Arbeitgeber selbst es an Ihrer Stelle doch *bestimmt* auch täte. Sie informieren sich über Berufe, Tätigkeitsfelder, Branchen, Jobs und Organisationen, *bevor* Sie die Entscheidung fällen, wo Sie am besten und effektivsten arbeiten können.

Erklären Sie auch, dass Sie Ihre informellen Gespräche noch nicht abgeschlossen haben und dass es daher voreilig wäre, das Angebot anzunehmen, solange Sie noch nicht ganz sicher sind, dass dies tatsächlich der Arbeitsplatz ist, an dem Sie Ihr Bestes geben könnten.

Fügen Sie aber hinzu: »Natürlich ist es ausgesprochen schmeichelhaft für mich, dass Sie mir anbieten, hier zu arbeiten. Und wenn ich mit meiner kleinen Privatstudie fertig bin, würde ich gern auf Ihr Angebot zurückkommen, denn mein erster Eindruck ist, dass dies der richtige Arbeitsplatz für mich wäre und dass ich hier die Menschen finde, für die und mit denen ich gern arbeiten würde.«

Mit anderen Worten: Wenn Sie nicht wirklich in Not sind, dann stürmen Sie nicht gleich durch die erstbeste offene Tür, aber sehen Sie zu, dass sie offen bleibt.

Ein paar Worte an schüchterne Zeitgenossen

John Crystal hatte es in der Beratung oft mit schüchternen Menschen zu tun. Diesen machte schon die Vorstellung Angst, mit fremden Menschen zu reden, von einem Vorstellungsgespräch ganz zu schweigen. Deshalb entwickelte John Crystal ein System, um schüchternen Menschen zu helfen. Er schlug ihnen vor, sich schon vor den eigentlichen informellen Gesprächen mit Leuten zu treffen, um sich mit ihnen über irgendetwas zu unterhalten, einfach um sich darin zu üben, mit Menschen zu reden. Tausende von Jobsuchenden und Berufsumsteigern haben seinen Rat in den vergangenen 30 Jahren befolgt und herausgefunden, dass es wirklich hilft. Die Menschen, die seinem Rat folgten, haben sogar mit einer Erfolgsquote von 86 Prozent einen Job gefunden – und zwar nicht nur irgendeinen Job, sondern den, den sie suchten.

Der Franzose Daniel Porot, Bewerbungsexperte aus Genf, hat John Crystals Ansatz übernommen und ihn systematisiert. Er stellte fest, dass es bei John Crystal eigentlich um drei Gesprächstypen ging: erstens das Gespräch, das wir gerade erwähnt haben, um Redepraxis zu gewinnen. Zweitens die informellen Gespräche. Und drittens natürlich das eigentliche Bewerbungsgespräch. Daniel Porot entwickelte auf der Grundlage dieser drei Gesprächstypen die »PIE-Methode«, die seither Tausenden von Jobsuchenden und Berufsumsteigern geholfen hat.[7]

Wofür steht **PIE**?

P steht für die »Aufwärmphase«. John Crystal nannte sie »Practice Field Survey«. Daniel Porot nennt sie P für »Plaisir«. Wir nennen sie auf Deutsch Praxisphase.

I steht für »Information« und informelle Gespräche.

E steht für das »Einstellungsgespräch« mit der Person, die die Macht hat, Ihnen den Job zu geben.

Wie üben Sie in der Praxisphase *P*, auf Menschen zuzugehen und unter vier Augen mit ihnen zu sprechen?

Sie suchen sich dazu ein Thema aus – *irgendein* Thema, es muss kein besonders geistreiches sein –, über das Sie im Freundeskreis oder in der Familie gern reden. Vermeiden Sie Aufregungen, indem Sie sich bewusst für ein Thema entscheiden, das nichts mit Ihrem bisherigen Beruf oder Ihren beruflichen Plänen zu tun hat. Geeignete Themen sind zum Beispiel:

- **ein Hobby**, für das Sie sich begeistern, wie Skifahren, Bridge, Fitness, Computer,
- **etwas aus Ihrer Freizeit**, zum Beispiel ein Film, den Sie kürzlich gesehen haben und der es Ihnen angetan hat,
- **etwas, das Sie schon lange reizt**, zum Beispiel die Frage, wie Wettervorhersagen zustande kommen oder welche Aufgaben Polizisten eigentlich haben,
- **etwas, das Ihren Heimatort betrifft**, zum Beispiel ein neues Einkaufszentrum, das kürzlich eröffnet wurde,
- **ein Thema**, das Ihnen sehr am Herzen liegt, zum Beispiel Obdachlosigkeit, AIDS, Umweltschutz, Frieden, Gesundheit.

	Praxisphase **P**	Information **I**	Einstellung **E**
Art des Gesprächs	Praktisches Einüben von Gesprächen	Informelle Gespräche	Vorstellungsgespräch
Absicht	Sie gewöhnen sich daran, mit Menschen zu reden, bis Sie es gerne tun, und in Netzwerke einzudringen.	Sie finden heraus, ob Sie einen Job mögen, bevor Sie versuchen, ihn zu bekommen.	Sie bemühen sich, eine Anstellung für die Art Arbeit zu finden, für die Sie sich entschieden haben.
Wie Sie zum Gespräch gehen	Sie können jemanden mitnehmen.	Allein oder zusammen mit jemandem.	Allein
Mit wem Sie sprechen	Mit irgendjemandem, der Ihre Begeisterung für ein Thema teilt, das (für Sie) nichts mit dem Beruf zu tun hat.	Jemand, der genau die Arbeit macht, die Sie für sich in Erwägung ziehen.	Ein Arbeitgeber, der die Macht hat, Sie für den Job einzustellen, den Sie am liebsten hätten.
Um wie viel Zeit Sie bitten	Zehn Minuten (und überziehen Sie nicht – hilfreich kann ein Termin um 11.50 Uhr sein, weil die meisten Arbeitgeber mittags Arbeitsessen haben).	Zehn Minuten	
Wonach Sie fragen	Irgendetwas, das Sie über Ihr gemeinsames Hobby oder Interessengebiet erfahren möchten.	Alle Fragen, die Sie zu diesem Job oder dieser Art Arbeit haben.	Sie erzählen ihnen, was Sie an der Organisation mögen und nach welcher Art Arbeit Sie suchen.

	Praxisphase P	Information I	Einstellung E
Wonach Sie fragen (Fortsetzung)	Wenn Ihnen nichts einfällt, fragen Sie: • »Wie sind Sie dazu gekommen?« • »Was begeistert oder interessiert Sie am meisten daran?« • »Was mögen Sie daran am wenigsten?« • »Wer interessiert sich Ihres Wissens noch dafür oder könnte mir mehr darüber erzählen?« Wenn Ihnen eine Person genannt wird, fragen Sie: • »Kann ich mich mit ihr treffen?« • »Darf ich erwähnen, dass ich ihren Namen von Ihnen habe?« • »Darf ich mich ausdrücklich auf Sie berufen?« Fragen Sie nach ihrem Namen und ihrer Adresse.	Wenn Ihnen nichts einfällt, fragen Sie: • »Wie sind Sie auf diese Art Arbeit aufmerksam geworden, und wie haben Sie Ihren Job bekommen?« • »Was begeistert oder interessiert Sie am meisten daran?« • »Was mögen Sie daran am wenigsten?« • »Wen kennen Sie sonst noch, der diese Art Arbeit ausübt – oder eine ähnliche Tätigkeit mit folgendem Unterschied: ...?« • »Mit welcher Art von Herausforderung oder Problemstellungen haben Sie es bei diesem Job zu tun?« • »Welche Fähigkeiten benötigen Sie, um diese Herausforderungen oder Probleme zu bewältigen?« Lassen Sie sich ihren Namen und ihre Adresse geben.	Sie erzählen ihnen: • welchen Herausforderungen Sie sich gerne stellen würden, • welche Fähigkeiten Sie besitzen, um mit diesen Herausforderungen umgehen zu können • welche Erfahrungen Sie im Umgang mit derartigen Herausforderungen in der Vergangenheit gesammelt haben.
Anschließend am Abend desselben Tags	Schicken Sie ein kurzes Dankschreiben	Schicken Sie ein kurzes Dankschreiben	Schicken Sie ein kurzes Dankschreiben

© 1986 Daniel Porot. Abdruck mit ausdrücklicher Genehmigung des Autors.
Darf nicht ohne schriftliche Zustimmung von Daniel Porot reproduziert werden.

Das Einzige, worauf es ankommt, ist, dass Sie wirklich gern mit anderen über dieses Thema sprechen. Ein Thema, von dem Sie nicht viel verstehen, für das Sie sich aber begeistern können, ist wesentlich besser geeignet als eins, von dem Sie zwar schrecklich viel Ahnung haben, das Sie aber zum Gähnen reizt.

Sobald Sie ein Gebiet herausgefunden haben, für das Sie sich wirklich begeistern können, müssen Sie sich mit jemandem unterhalten, der davon genau so begeistert ist wie Sie selbst. Am größten ist der Lerneffekt für Ihre Jobsuche, wenn Sie üben, mit Leuten zu reden, die Sie noch nicht kennen. Nehmen Sie sich die *Gelben Seiten* vor, fragen Sie in Ihrem Freundeskreis und in der Familie: »Wen kennt Ihr, mit dem man gut darüber reden kann?« Es ist nicht allzu schwer, einen geeigneten Gesprächspartner zu finden.

Sie lieben Gespräche über Skifahren? Versuchen Sie es in einem Fachgeschäft für Skiausrüstung oder bei einem Skilehrer. Sie lieben Gespräche über Literatur? Versuchen Sie es bei einem Deutschlehrer, der in einem Gymnasium in Ihrer Nähe unterrichtet. Sie lieben Gespräche über Fitness? Versuchen Sie es bei einem Trainer oder einem Ausbilder für Physiotherapie.

Wenn Sie jemanden ausfindig gemacht haben, von dem Sie annehmen, dass er Ihre Begeisterung teilt, versuchen Sie, mit ihm ins Gespräch zu kommen. Dazu müssen Sie ihm als Erstes seine verständliche Angst nehmen. Jeder hat es schon einmal erlebt, dass er einen Gast gar nicht wieder loswurde. Wenn Ihr Gesprächspartner die Befürchtung hegt, dass das bei Ihnen der Fall sein könnte, wird er kaum ein offenes Ohr für Sie haben.

Bitten Sie beim ersten Treffen um nur zehn Minuten Zeit. Nicht mehr. Und halten Sie Ihre Armbanduhr scharf im Visier, um sicher zu gehen, dass Sie nicht überziehen. Bleiben Sie niemals länger – es sei denn, Ihr Gesprächspartner *bittet* Sie darum, und ich meine *bittet*.[8]

Sobald Ihr Gesprächspartner zugestimmt und Ihnen die zehn Minuten gewährt hat, erzählen Sie ihm, warum Sie da sind – dass Sie lernen wollen, mit fremden Menschen zu reden, um Informationen zu bekommen, und dass Sie beide ein gemeinsames Interesse haben, nämlich ...

Und was dann? Nun, manchmal muss man bestimmte Fragen stellen, um ein Thema zu vertiefen. Wenn ich beispielsweise ein Kinofan bin, lautet meine erste Frage: »Welche Filme haben Sie in letzter Zeit gesehen?« Wenn es sich um ein Thema handelt, über das Sie sich oft und mit

> **Begeisterung**
>
> Im Verlauf der Jobsuche oder des Berufswechsels liegt der Schlüssel zum Erfolg bei den Gesprächen nicht darin, ein Dutzend Regeln zu beherzigen, die Ihnen vorschreiben, was Sie sagen sollen.
> Nein, das Geheimnis Ihres Erfolges lautet einzig und allein: Achten Sie darauf, immer über etwas zu reden, für das Sie sich wirklich begeistern können.
> Begeisterung ist der Schlüssel, um Gespräche gern und effektiv zu führen, und zwar in jeder Phase. Die P-Übung lehrt, dass die Schüchternheit ihre Macht verliert und Sie Ihre schmerzhafte Befangenheit abschütteln können, wenn Sie nur über ein Thema reden, das Ihnen wirklich am Herzen liegt.
> Wenn Sie zum Beispiel eine Passion für Gärten haben, werden Sie all Ihre Schüchternheit vergessen, wenn Sie sich mit jemandem über Gärten und Blumen unterhalten. »Waren Sie schon einmal im botanischen Garten?«
> Wenn Sie eine Leidenschaft für Filme haben, werden Sie all Ihre Schüchternheit vergessen, wenn Sie sich mit jemanden über Filme unterhalten. »Ich hasse die Szene, in der ...«
> Wenn Sie ein leidenschaftlicher Computerfreak sind, werden Sie all Ihre Schüchternheit vergessen, wenn Sie mit jemandem über Computer reden: »Arbeiten Sie mit einem Mac oder mit WINDOWS?«
> Darum ist es so wichtig, dass Sie sich in Ihren Gesprächen mit anderen von Ihrer Begeisterung leiten lassen.

Begeisterung unterhalten, dann kennen Sie die richtigen Fragen, die das Gespräch in Gang bringen. Wenn Ihnen dennoch einfach keine passende Frage einfällt, dann orientieren Sie sich an den folgenden Punkten, die vor Ihnen schon Tausende von Jobsuchenden und Berufsumsteigern mit den unterschiedlichsten Interessen erfolgreich angewendet haben.

Prägen Sie sich diese Fragen ein oder übertragen Sie sie auf kleine Kärtchen, die Sie unauffällig in der Hand halten können, und richten Sie sie im Übungsgespräch an Ihr Gegenüber.

- Wie sind Sie an dieses Thema geraten?
- Was gefällt Ihnen daran am meisten?
- Was gefällt Ihnen daran am wenigsten?
- Was meinen Sie, an wen ich mich sonst noch wenden könnte, der sich auch dafür interessiert?

- Darf ich Ihren Namen erwähnen?
- Darf ich mich darauf berufen, dass Sie mich für das Gespräch empfohlen haben?

Wenn Sie mehrere Namen genannt bekommen, suchen Sie sich einen aus und sagen Sie:

- Ich denke, ich werde zuerst mit diesem sprechen. Wären Sie wohl so nett, vorher anzurufen und mich anzukündigen, damit derjenige weiß, wer ich bin, wenn ich mich bei ihm melde?

Übrigens ist es völlig in Ordnung, wenn Sie in dieser Phase der Praxisgespräche einen Begleiter mitnehmen – am besten natürlich einen, der etwas kontaktfreudiger ist als Sie. Überlassen Sie das Gespräch bei den ersten Treffen Ihrer Begleitperson und achten Sie darauf, wie sie vorgeht.

Wenn Sie das Gespräch dann später selbst in die Hand nehmen, werden Sie bestimmt nicht mehr in die Verlegenheit kommen, nicht zu wissen, was Sie sagen sollen.

Üben Sie Gespräche – allein oder in Begleitung – so lange, bis Sie sich wirklich daran gewöhnt haben, sich mit anderen Menschen zu unterhalten und sie nach Dingen zu fragen, die Sie wissen möchten.

Der Schlüssel zum Erfolg ist der Spaß an der Sache. Wenn Sie mit Freude dabei sind, dann läuft es ganz von selbst gut. Wenn es Ihnen keinen Spaß macht, müssen Sie weiter üben. Vielleicht mit vier Leuten, vielleicht mit zehn oder 20. Sie werden sehen.

Zusammenfassung

Der Informationsbeschaffung sind keine Grenzen gesetzt – sei es über Berufe oder über Unternehmen, die Menschen mit den entsprechenden Berufen beschäftigen –, wenn Sie losgehen und mit Leuten reden. Wenn Sie Organisationen finden, die Sie interessieren, dann kommt es nicht darauf an, ob dort gerade eine Stelle frei ist. Es geht zunächst einmal nur darum herauszufinden, ob *Sie* überhaupt *dorthin* wollen. Erst wenn Sie diese Frage geklärt haben, ist es angebracht zu fragen, ob das Unternehmen auch an Ihnen Interesse hat. Darum geht es im nächsten Kapitel.

KAPITEL 10

Hindernisse überwinden

Vergessen Sie einfach, »was der Markt hergibt«.
Verschaffen Sie sich den Job, den Sie wirklich wollen.

David Maister

WIE gelangen Sie in die Unternehmen hinein, deren Türen für Normalsterbliche verschlossen sind?

Gut, Sie möchten sich also nicht selbstständig machen. Sie möchten als Angestellter arbeiten, so wie neun von zehn Erwerbstätigen. Sie haben herausgefunden, welcher Job Ihnen wirklich gefallen würde, Sie haben eine Firma – besser mehrere Firmen – ausfindig gemacht, wo Sie wirklich gern arbeiten würden. Aber . . .

Aber die Person, mit der Sie sprechen müssten, um dort eingestellt zu werden, sitzt in einer Büroburg, umgeben von 20 Meter hohen Mauern und einem Feuerwall, bewacht von drei Rittern, die bis an die Zähne bewaffnet sind. Und um dorthin vorzudringen, müssten Sie erst ein Sumpfgebiet durchqueren, in dem es von hungrigen Alligatoren nur so wimmelt.

Und nun wollen Sie wissen, wie Sie bei diesem Menschen ein Vorstellungsgespräch bekommen, nicht wahr? Nun, das ist gar nicht so schwierig, wie es auf den ersten Blick scheint . . . wenn Sie wirklich fest dazu entschlossen sind. Und wenn Sie ein paar einfache Grundregeln beachten.

Die erste entscheidende Frage: Wie groß ist das Unternehmen?

Die meisten Diskussionen über Vorstellungsgespräche gehen von einer falschen Voraussetzung aus. Sie unterstellen nämlich, dass Sie versuchen, an ein großes Unternehmen heranzukommen – Sie wissen schon, eines, wo Sie zur Orientierung einen Lageplan und eine alphabetische Liste der Mitarbeiter brauchen. Wenn Sie tatsächlich versuchen, an einen solchen Riesen heranzukommen, können Sie zugegebenermaßen auch auf Riesenprobleme stoßen – nicht zuletzt deshalb, weil viele Großunternehmen in diesen schwierigen Zeiten eher Personal abbauen als einstellen.

Aber viele Jobsuchende wollen gar nicht für einen Großkonzern arbeiten, sondern lieber für ein so genanntes »kleines oder mittelständisches Unternehmen«, das heißt eines mit nicht mehr als 50 Beschäftigten.

Ein kleines Unternehmen bietet viele Vorteile

Experten betonen seit Jahren, dass zwei Drittel aller neuen Stellen von kleinen Unternehmen geschaffen werden. Es gibt in Deutschland 3 900 Großunternehmen mit mindestens 500 Beschäftigten, was nur einem Anteil von 0,3 Prozent an der Gesamtzahl der Unternehmen entspricht. Über 99 Prozent der Firmen in Deutschland zählen zu den kleinen und mittelständischen Unternehmen (KMU). Die rund 3,3 Millionen KMU beschäftigten 1999 rund 23 Millionen Arbeitnehmer, das entspricht über zwei Drittel aller abhängig Beschäftigten.[1] Während die großen Unternehmen zwischen März 1996 und März 1998 rund 422 000 Stellen abbauten, schufen mittelständische Betriebe mehr Jobs – 416 000 davon allein im Dienstleistungsbereich. Großbetriebe beschäftigten in Deutschland 1997 nur etwa 18 Prozent mehr Akademiker als zehn Jahre zuvor, während es bei mittelständischen Betrieben im gleichen Zeitraum einen Anstieg von 85 Prozent gab.

Es kann sich daher lohnen, sich bei der Stellensuche auf kleinere Unternehmen zu konzentrieren, denn dort ist viel leichter an einen Job zu kommen als bei den großen.

Bei einem kleinen Unternehmen müssen Sie nicht warten, bis offiziell eine freie Stelle ausgeschrieben wird, denn das geschieht nur selten, auch wenn es welche gibt. Sie können einfach hingehen und fragen, ob gerade jemand gebraucht wird.

Bei einem kleinen Unternehmen gibt es keine Personalabteilung, die Sie aussortiert.

Bei einem kleinen Unternehmen brauchen Sie nicht lange nach demjenigen zu suchen, der über Ihre Einstellung entscheiden kann. Es ist der Chef. Alle Mitarbeiter wissen, wer es ist, und können Ihnen den Weg zu seiner Bürotür weisen.

Bei einem kleinen Unternehmen müssen Sie nicht erst auf postalischem Weg Kontakt aufnehmen. Der Chef ist wesentlich leichter erreichbar. Selbst wenn er von seinen Mitarbeitern besonders gut abgeschirmt wird, ist immer noch relativ leicht herauszufinden, wie Sie das umgehen. Sie brauchen nur die entsprechenden Beziehungen.

Bei einem kleinen Unternehmen, das im Wachstum begriffen ist, *stehen die Chancen besser, dass man dazu bereit ist, eine neue Position für Sie zu schaffen,* sofern Sie die Verantwortlichen in aller Bescheidenheit davon überzeugen können, dass Sie einfach zu gut sind, als dass man Sie wieder gehen lassen könnte.

Aus diesen und weiteren Gründen sollte man kleine Unternehmen mindestens ebenso stark berücksichtigen wie große, wenn es um Techniken oder Strategien geht, ein Vorstellungsgespräch zu bekommen. Sie benötigen dazu allerdings jeweils unterschiedliche Techniken, und wir betrachten die beiden Bereiche daher gesondert.

Kontaktaufnahme zu großen Unternehmen

Gerade bei großen Unternehmen – denen mit Lageplan und alphabetischem Mitarbeiterverzeichnis – bekommen Sie nicht so ohne weiteres einen Termin für ein Vorstellungsgespräch. Sie können sich die Sache aber erleichtern, indem Sie bestimmte Punkte beachten. Zunächst einmal geht es nicht einfach nur darum, in das Gebäude eingelassen zu werden, sondern *es geht darum, dort mit einer ganz bestimmten Person zu sprechen, nämlich mit der Person, die die Macht hat, Sie einzustellen und Ihnen den Job zu geben, für den Sie sich interessieren.*

Die meisten Jobsuchenden *versuchen* noch nicht einmal herauszufinden, wer diese Person ist, bevor sie ein großes Unternehmen kontaktieren.

Stattdessen verhalten sie sich plan- und ziellos und schicken ihre Bewerbungsunterlagen mit oder ohne Begleitschreiben oder senden ihre Online-Bewerbung an die Homepage dieses Unternehmens – und hoffen dann, dass ihr Lebenslauf oder ihr Anschreiben als bessere Visitenkarte das Interesse des Arbeitgebers weckt, der sie dann zu einem Gespräch einlädt.

Viele Jobsuchende versuchen hauptsächlich über diesen unspezifischen, unpersönlichen Ansatz, Kontakt zu Unternehmen – insbesondere Großunternehmen – herzustellen, um dort ein Vorstellungsgespräch zu bekommen. Sie favorisieren diese Methode, weil sie es sich auf diese Art ersparen, vergebens persönlich irgendwo vorzusprechen, weil sie die Ablehnung nicht direkt ins Gesicht gesagt bekommen und auch weil dieser Ansatz zugegebenermaßen manchmal tatsächlich funktioniert und es zum Vorstellungsgespräch kommt.

Auch manchen Arbeitgebern ist der »schriftliche Ansatz« am liebsten, allerdings aus den (aus Ihrer Perspektive) völlig falschen Gründen. Sie mögen ihn, weil er es ihnen ermöglicht, Sie in etwa acht Sekunden auszusortieren, ohne die Zeit mit einem persönlichen Gespräch zu »vergeuden«.

Nicht selten kontaktieren Jobsuchende auf diese Art 800 oder noch mehr Unternehmen, ohne auch nur ein einziges Mal zu einem Vorstellungsgespräch eingeladen zu werden.

Aber glücklicherweise gibt es eine andere, weitaus effektivere Möglichkeit, mit Arbeitgebern Kontakt aufzunehmen. Dazu müssen Sie zunächst herausfinden, wer in dem betreffenden Unternehmen die Macht hat, Sie für die gewünschte Position einzustellen. Anschließend überlegen Sie, ob Sie vielleicht einen gemeinsamen Bekannten haben, der Ihnen zu einem Treffen verhelfen könnte. Die Person, die über Ihre Einstellung entscheiden kann, wird sich auf eine Begegnung mit Ihnen einlassen, weil dieser gemeinsame Freund die Verabredung für Sie arrangiert.

Wie finden Sie heraus, wer tatsächlich über Ihre Einstellung zu entscheiden hat?

In einem kleinen Unternehmen mit maximal 50 Beschäftigten ist das verhältnismäßig einfach. Es müsste genügen, dort anzurufen und nach dem

Namen des Chefs zu fragen. Man könnte das die »Eine-Minute-Recherche« nennen.

Wenn dagegen das Unternehmen, bei dem Sie für Ihr Leben gern arbeiten würden, viel größer ist, dann nutzen Sie die Recherchemöglichkeiten, die schon in Kapitel 9 vorgestellt wurden, und bringen Sie außerdem sämtliche Kontakte ins Spiel, über die Sie verfügen.

Nehmen wir an, Sie interessieren sich für ein großes Unternehmen namens *Traumfabrik*. Nehmen wir außerdem an, Sie wissen schon, welche Art von Position Sie dort gern hätten. Wie finden Sie nun den Namen der Person heraus, die die Macht hat, Sie für diese Position einzustellen?

Wenn es sich um ein großes Unternehmen handelt, recherchieren Sie im Internet oder gehen Sie in die Bibliothek und studieren Sie die Branchenverzeichnisse. Wahrscheinlich finden Sie auf diese Art den gesuchten Namen heraus.

Wenn das nicht gelingt – was insbesondere bei kleineren Unternehmen vorkommt –, dann müssen Sie anders vorgehen.

Nutzen Sie Ihre Kontakte

Die Begriffe »Kontakte« und »Beziehungen« werden von Jobsuchenden häufig missverstanden. Es geht dabei nicht nur um Geschäftskontakte, sondern um *alle Menschen, die Sie kennen.*

- Alle Ihre Familienmitglieder gehören dazu,
- alle Ihre Freunde,
- alle Personen, die in Ihrem Adressbuch stehen,
- alle Personen, die Sie in den letzten ein bis zwei Jahren auf einer Party getroffen haben,
- alle Kollegen, mit denen Sie in Ihren letzten fünf Jobs zusammengearbeitet haben,
- alle Leute, die Sie vom Sport kennen,
- alle Händler und Geschäftsleute, mit denen Sie zu tun haben,
- jeder, der in Ihrem Haushalt oder in Ihrem Mietshaus Reparaturen oder Wartungsarbeiten durchführt,

- alle, die Sie in der Schlange an der Supermarktkasse oder am Bankschalter treffen,
- alle Pförtner und Portiers, die Sie kennen,
- alle Tankwarte, die Sie kennen,
- alle Dienstleister, mit denen Sie zu tun haben: Mitarbeiter Ihres Frisörsalons, Ihres Nagelstudios, Ihres Sonnenstudios, Ihres Fitnessstudios,
- die Kellner und Kellnerinnen Ihres Lieblingsrestaurants oder Ihrer Stammkneipe,
- alle, mit denen Sie im Internet kommunizieren und deren E-Mail-Adressen Sie kennen,
- alle Leute, mit denen Sie in Ihrer Freizeit etwas unternehmen – spazieren gehen, laufen, schwimmen ...,
- jeder Arzt oder im medizinischen Bereich Tätige, den Sie kennen,
- alle Lehrer und Professoren, die Sie jemals unterrichtet haben und von denen Sie noch wissen, wie Sie sie erreichen können,
- alle Mitglieder Ihrer Gemeinde, eines Vereins oder einer Organisation, die Sie kennen,
- alle Menschen, die Sie von Gruppen, denen Sie angehören, kennen,
- alle Menschen, die Sie darüber hinaus kennen lernen, die Sie zufällig treffen oder denen Sie bei Ihrer Jobsuche über den Weg laufen und die Sie charmant um ihren Namen, ihre Adresse und Telefonnummer bitten (seien Sie immer so charmant, danach zu fragen).

Das Prinzip dürfte klar sein. Nun zurück zu unserer Aufgabe. Sie möchten beispielsweise Kontakt zur *Traumfabrik* aufnehmen und wissen, dass Sie Ihre Kontakte nutzen müssen, um dort hineinzukommen. Was tun Sie jetzt? Sie wenden sich an so viele Personen aus der obigen Liste wie nötig und fragen jeden Einzelnen: »Kennen Sie jemanden, der bei der *Traumfabrik* arbeitet oder gearbeitet hat?«

Sie fragen so lange immer weiter jeden, den Sie kennen oder treffen, bis die Antwort lautet: »Ja, ich kenne jemanden.«

Dann stellen Sie die nächsten Fragen:

»Wie heißt dieser Mitarbeiter oder ehemalige Mitarbeiter der *Traumfabrik*? Haben Sie die Telefonnummer und/oder die Adresse?«

»Wären Sie bereit, vorher anzurufen und mich anzukündigen?«

Anschließend rufen Sie entweder selbst an oder vereinbaren ein persönliches Treffen (»Ich werde Ihre Zeit nicht länger als 20 Minuten in Anspruch nehmen.«) Im Gespräch stellen Sie nach dem üblichen höflichen Small-Talk die Fragen, die Sie für Ihr Leben gern beantwortet hätten. Ihre Gesprächspartner kennen die Organisation, die Sie interessiert, von innen und sind darum meist in der Lage, Ihnen gerade über die Dinge Auskunft zu geben, die Ihnen bisher ein Buch mit sieben Siegeln waren: »Wer ist bei der *Traumfabrik* dafür zuständig, mich für diese Position [die Sie dann beschreiben] einzustellen?« Wenn Ihr Gesprächspartner das nicht weiß, fragen Sie ihn, ob er jemanden kennt, der es wissen könnte. Wenn er weiß, um wen es sich handelt, dann bitten Sie ihn nicht nur um den Namen, die Adresse, die Telefonnummer und die E-Mail-Adresse desjenigen, der die fragliche Entscheidungsgewalt hat, sondern erkundigen Sie sich auch nach dessen Tätigkeit, seinen Interessen und seiner Art, Vorstellungsgespräche zu führen.

Dann erkundigen Sie sich, ob Ihr Gesprächspartner Ihnen dabei behilflich sein könnte, ein Treffen mit dieser Person zu arrangieren. Sie gehen wieder einmal den Fragenkatalog durch:

- »Denken Sie, dass es für mich mit meinem beruflichen Hintergrund sinnvoll wäre, mit ihm zu sprechen?«
- »Kennen Sie ihn persönlich? Oder können Sie mir jemanden nennen, der ihn persönlich kennt?«
- »Wenn Sie ihn persönlich kennen: Darf ich mich auf Ihre Empfehlung berufen?«
- »Wenn Sie ihn persönlich kennen: Wären Sie dazu bereit, ihn vorher anzurufen, ihm zu sagen, wer ich bin, und mir zu helfen, ein Treffen zu arrangieren?«

Bevor Sie gehen, erfragen Sie noch ein paar allgemeine Informationen über das Unternehmen.

Dann bedanken Sie sich und gehen – und unterlassen es unter keinen Umständen, noch am selben Tag einen Dankesbrief zu schreiben. Tun Sie das *immer*. Vergessen Sie es *nie*.

Kontakt anknüpfen

Wenn Ihr Gesprächspartner denjenigen, der über Ihre Einstellung zu entscheiden hätte, nicht gut genug kennt, um ein Vorstellungsgespräch für Sie zu arrangieren, greifen Sie auf Ihre anderen Kontakte zurück. Sie wissen ja inzwischen bereits, wie derjenige heißt, mit dem Sie gern persönlich sprechen würden. Nun fragen Sie weiter herum: »Kennen Sie Herrn oder Frau Soundso in der Traumfabrik oder kennen Sie jemanden, der Kontakt zu ihm oder ihr hat?« Sie fragen alle, die auf Ihrer Liste stehen – so lange, bis jemand »ja« sagt.

Dann gehen Sie – telefonisch oder besser im persönlichen Gespräch – wieder Ihren Fragenkatalog durch, und zwar sehr sorgfältig und genau in dieser Reihenfolge:

1. »Was können Sie mir über ihn oder sie erzählen?«
2. »Ist es Ihrer Meinung nach einen Versuch wert, mit ihm oder ihr ein persönliches Gespräch zu führen, wenn ich nach dieser Art von Job suche [den Sie an dieser Stelle beschreiben]«?
3. »Haben Sie seine oder ihre Telefonnummer und/oder Adresse?«
4. »Darf ich sagen, dass Sie es waren, der mir die Empfehlung gegeben hat, mit ihm oder ihr zu sprechen?«
5. »Wären Sie dazu bereit, vorher anzurufen, um eine Verabredung für mich zu treffen und ihm oder ihr mitzuteilen, wer ich bin?«

SOS!

Wenn ein Jobsuchender mir schreibt und sich beklagt, er sei bei seiner Suche nach demjenigen, der die Macht hätte, ihn einzustellen, geradewegs gegen eine Wand gelaufen und habe nichts erreicht, dann stellt sich regelmäßig heraus, dass der Betreffende seine Kontakte nicht genügend genutzt hat. Er hat auf Kontakte zurückgegriffen, aber nur halbherzig.

Meine Lieblingsgeschichte über einen Jobsuchenden, der diese Methode anwandte, spielte sich in Berlin ab. Der Jobsuchende beschloss, dass er für ein bestimmtes Unternehmen im Gesundheitswesen in Berlin arbeiten wollte. Da ihm nichts Besseres einfiel, wandte er sich an die Personalabteilung. Er hinterließ seine Bewerbungsmappe, doch als er mit einem Sachbearbeiter in der Abteilung sprach, sagte man ihm, es gebe keine freien Stellen. Und das war das Ende der Geschichte.

Ungefähr drei Monate später erfuhr er von der Technik, den Kontakt zu einem Unternehmen mithilfe von Insidern und Beziehungen herzustellen. Er forschte in seinem Bekanntenkreis nach, bis er einen Insider fand, und dieser verschaffte ihm einen Termin bei der Person, die über seine Einstellung entscheiden konnte. Die beiden waren sich auf Anhieb sympathisch, und das Vorstellungsgespräch verlief glänzend. »Sie haben den Job«, sagte der Einstellungsbefugte. »Ich rufe gleich bei der Personalabteilung an und sage Bescheid, dass ich Sie gerade eingestellt habe und dass Sie runterkommen, um den nötigen Papierkram zu erledigen.«

Unser Jobsuchender erwähnte niemals, dass er es bereits vorher versucht hatte und von eben dieser Personalabteilung prompt weggeschickt worden war.

Vergessen Sie nicht: Ihre Kontakte sind der Schlüssel. Sie benötigen etwa 80 Paar Augen und Ohren, um den Beruf, die Arbeitsstelle, den Job zu finden, den Sie suchen.

Ihre Kontakte *sind* diese Augen und Ohren.

Sie helfen Ihnen, den idealen Job zu finden, nach dem Sie Ausschau halten, und sie sind von zentraler Bedeutung, um herauszufinden, wer genau dafür zuständig ist, Sie einzustellen.

Je mehr Menschen Sie kennen, je mehr Menschen Sie treffen, mit je mehr Menschen Sie sprechen, je mehr Menschen Sie als Teil Ihres eigenen persönlichen Netzwerks in die Jobsuche einbeziehen, desto größer sind Ihre Erfolgschancen. Nutzen Sie also jede Gelegenheit, Ihre Kontakte zu erweitern.

Hier folgen einige Beispiele dafür, wie man vorgehen kann. Manche Menschen besuchen Vorträge zu Themen, die sie interessieren. Wenn sich am Ende eine Menschentraube um den Redner schart, dann mischen sie sich unter die Leute und stellen – bewaffnet mit einem Zettel – Fragen wie die folgende: »Gibt es eine spezielle Möglichkeit, wie jemand wie ich seine Erfahrung und sein Fachwissen nutzen kann?« An dieser Stelle erwähnen sie ihre allgemeine Berufsbezeichnung: Computerspezialist, Experte in Gesundheitsfragen, Chemiker, Autor oder was auch immer. Viele haben auf diese Art bereits sehr nützliche Informationen erhalten. Sie können nach dem Vortrag auch auf den Redner zugehen und fragen, ob

Sie sich später noch einmal mit weiteren Fragen an ihn wenden dürften – »und wie lautet bitte Ihre Adresse?«

Auch bei Tagungen und Konferenzen gibt es reichlich Gelegenheiten, Kontakte zu knüpfen. Ein Hochschulabsolvent erzählte: »Ich habe mich auf einer Tagung eines Pharmaunternehmens im Frankfurter Hof eingeschlichen. So bin ich an meinen Job gekommen.«

Eine weitere Möglichkeit, Kontakte einzusetzen, besteht (wie bereits in Kapitel 5 erwähnt) darin, auf den eigenen Anrufbeantworter eine Ansage zu sprechen, durch die jeder Anrufer erfährt, welche Informationen Sie benötigen. Ein Jobsuchender verwendete zum Beispiel folgenden Text: »Hier spricht Richard Schmidt. Ich habe gerade meinen Job verloren und bin zurzeit nicht zu Hause. Ich suche nämlich gerade nach einer neuen Stelle als Computerexperte für Notfälle in Telekommunikationsbereich. Wenn Sie irgendwelche Hinweise haben, aber natürlich auch dann, wenn Sie mir einfach nur eine Nachricht hinterlassen wollen, sprechen Sie bitte nach dem Piepton.«

Sie können Kontakte auch pflegen, indem Sie sich mit den *Produkten*, mit denen Sie gern arbeiten, näher beschäftigen und sich dann an den betreffenden Hersteller wenden. Bitten Sie um eine Liste der Unternehmen in Ihrer Region, die diese Produkte einsetzen. Wenn Sie beispielsweise gern mit einer bestimmten Maschine arbeiten, können Sie beim Hersteller anfragen, welche Unternehmen in Ihrer Gegend diese Maschine nutzen. Oder wenn Sie in einer bestimmten Umgebung arbeiten möchten, können Sie überlegen, welche Waren in dieser Umgebung eingesetzt werden. Angenommen, Sie mögen beispielsweise Dunkelkammern – dann überlegen Sie, welche Markenprodukte oder Waren normalerweise in Dunkelkammern eingesetzt werden. Anschließend kontaktieren Sie die Verkaufsabteilung der Firma, die solche Artikel herstellt, und fragen Sie, wer die Kunden sind. Manche Verkäufer werden schlicht die Auskunft verweigern, aber andere können Ihnen wertvolle Hinweise geben.

Bei der Jobsuche oder dem Berufswechsel wird Ihr Gedächtnis wahrscheinlich stark strapaziert. Darum kann ein Karteisystem eine nützliche Hilfe sein. Schreiben Sie die Namen Ihrer sämtlichen Kontaktpersonen auf Kärtchen und notieren Sie dazu die jeweilige Adresse und Telefonnummer sowie weitere Informationen – etwa wo der Betreffende arbeitet und über welche Kontakte er verfügt, die Ihnen vielleicht später noch bei der Jobsuche helfen können. Sehen Sie die Kärtchen immer wieder durch.

Da kommt schon eine ganze Menge an Karten zusammen, denn schließlich haben Sie eine Menge Kontakte. Aber darum geht es ja gerade.

Wenn es hart auf hart kommt, werden Sie vielleicht jeden Einzelnen davon brauchen.

Rettung für den Arbeitgeber

Offenbar ist es also gar nicht so schwer wie viele behaupten, ein Gespräch mit jemandem – oder sogar ein Vorstellungsgespräch – zu bekommen. Alles, was Sie dazu brauchen, ist ein gewisses Know-how, etwas Durchhaltevermögen, etwas Ausdauer und ein bisschen Einsatz. Das Prinzip besteht darin, dass jeder Mensch Freunde und Bekannte hat, auch derjenige, der über Ihre Einstellung entscheidet. Sie nehmen einfach über seine Freunde Kontakt zu ihm auf. Dabei treten Sie nicht als unterwürfiger Bittsteller auf, sondern als jemand, der seine Hilfe anbietet – als Retter in der Not.

Retter? O ja! Ich weiß gar nicht, wie viele Arbeitgeber ich über die Jahre hinweg kennen gelernt habe, die einfach nicht wussten, woher sie einen passenden Mitarbeiter bekommen sollten. Es ist schier zum Verrücktwerden – und das in diesen schweren Zeiten, während es scheinbar an jeder Straßenecke jemanden gibt, der einen Job sucht.

Sie wissen nicht, wie Sie einen Arbeitgeber finden sollen. Der Arbeitgeber weiß nicht, wie er Sie finden soll. Welch ein System!

Wenn Sie nun direkt mit demjenigen in Kontakt treten, der die Macht hat, Sie einzustellen, dann können dadurch nicht nur Ihre Gebete in Erfüllung gehen, sondern hoffentlich auch die des Arbeitgebers. Sie kommen dem Arbeitgeber gerade recht, Sie sind genau der, den er schon immer gesucht hat – wenn . . . .

- *wenn* Sie sich die Mühe gemacht haben, Kapitel 8 und 9 durchzuarbeiten, und
- *wenn* Sie dadurch Ihre größten Stärken und Vorlieben herausgefunden haben, und
- *wenn* Sie dadurch Ihre liebsten Tätigkeitsfelder und Ihre sprachlichen Vorlieben herausgefunden haben, und
- *wenn* Sie sich die Mühe gemacht haben herauszufinden, in welchen Unternehmen diese Fähigkeiten und Fachsprachen zum Einsatz kommen könnten, und
- *wenn* Sie sich über dieses Unternehmen und seine Aufgaben, Herausforderungen und Probleme informiert haben, und
- *wenn* Sie sich die Mühe gemacht haben herauszufinden, wer dort die Macht hat, Sie einzustellen.

Natürlich wissen Sie noch nicht genau, ob Sie dort gebraucht werden. Das wollen Sie ja im Vorstellungsgespräch herausfinden. Aber mithilfe dieser sorgfältigen Vorbereitung haben Sie zumindest die Chancen erhöht, an die richtige Stelle zu geraten – ob nun freie Jobs ausgeschrieben sind oder nicht. Sie kommen nicht als Bittsteller, sondern als jemand, der über Ressourcen verfügt. Und Sie können im wahrsten Sinne des Wortes der Retter in der Not sein.

Zusammenfassung

Es ist erstaunlich, wie oft dieser Ansatz – Kontakte zu nutzen – zum Erfolg führt. In 86 Prozent aller Fälle kommt es zu einem Vorstellungsgespräch und anschließend auch zu einer Anstellung. Das bedeutet natürlich auch, dass es in 14 Prozent der Fälle nicht funktioniert. Es gibt Unternehmen, bei denen es trotz Kontakten absolut unmöglich ist, einen Fuß in die Tür beziehungsweise ein Gespräch mit »dem Chef« zu bekommen – also mit demjenigen, der die Macht hat, Sie einzustellen. Er sitzt in seiner oben beschriebenen Burg mit dem Wassergraben, in dem acht riesengroße, ausgehungerte Alligatoren lauern. Sie rennen natürlich trotzdem immer wieder gegen den Schutzwall an und rasen schier vor Wut, dass Sie es trotz aller Techniken in diesem Buch nicht schaffen, an den Betreffenden heranzukommen.

Gestatten Sie eine Frage: Warum wollen Sie ausgerechnet in einem solchen Unternehmen arbeiten? Zunächst einmal nehmen Sie all diese Ablehnung natürlich zutiefst persönlich. Aber zugleich zeigt das Unternehmen Ihnen durch dieses Verhalten doch auch etwas über seine Vorgehensweise, liefert Ihnen also eine wichtige Information! Angesichts dieser Information sollten Sie sich noch einmal fragen: Wollen Sie wirklich in einem Unternehmen arbeiten, das so abgeschottet, so unnahbar und so wenig »benutzerfreundlich« ist?

> Dieses Unternehmen hat Ihnen gerade etwas äußerst Wichtiges über sich selbst offenbart. Sie täten gut daran, diesen Hinweis ernst zu nehmen und sich woanders umzusehen.

Die zehn größten Fehler rund ums Vorstellungsgespräch

Wie Sie Ihre Chancen auf einen Job drastisch reduzieren

I. Sie wenden sich nur an Großunternehmen (die »Top 500«).

II. Sie versuchen im Alleingang über Anzeigen und Bewerbungen Kontakte herzustellen.

III. Sie machen Ihre Hausaufgaben nicht, bevor Sie mit einem Unternehmen Kontakt aufnehmen.

IV. Sie lassen sich auf ein Vorstellungsgespräch mit der Personalabteilung ein - *deren Hauptanliegen es ist, Sie auszusortieren.*

V. Sie setzen kein Zeitlimit, wenn Sie ein Gespräch mit dem Unternehmen vereinbaren.

VI. Sie lassen es zu, dass Ihr Lebenslauf zum Leitfaden für das Vorstellungsgespräch wird.

VII. Sie sprechen hauptsächlich über sich und den Vorteil, den Sie von einer Anstellung hätten.

VIII. Sie antworten auf eine Frage, indem Sie zwischen 2 und 15 Minuten ununterbrochen reden.

IX. Sie treten als Bittsteller auf und hoffen unterwürfig auf einen Job, wie bescheiden er auch sein mag.

X. Sie schreiben nicht sofort nach dem Gespräch einen Dankesbrief.

Die zehn Gebote zum Thema Vorstellungsgespräch

Wie Sie Ihre Chancen auf einen Job drastisch steigern

I. Wenden Sie sich an kleine Unternehmen mit maximal 20 Beschäftigten, denn dort werden die meisten neuen Stellen eingerichtet.

II. Bemühen Sie sich mithilfe von Freunden und Bekannten um ein Vorstellungsgespräch, denn eine Jobsuche erfordert 80 Paar Augen und Ohren.

III. Bevor Sie mit einem Unternehmen Kontakt aufnehmen, informieren Sie sich gründlich durch informelle Gespräche, Nachschlagewerke aus Bibliotheken und über das Internet.

IV. Finden Sie heraus, wer in dem betreffenden Unternehmen die Macht hat, Sie für die Position einzustellen, die Sie gern hätten, und versuchen Sie mithilfe von Kontakten, an den Betreffenden heranzukommen.

V. Wenn Sie ein Gespräch vereinbaren, bitten Sie nur um 20 Minuten Zeit, und halten Sie sich daran.

VI. Halten Sie selbst einen Leitfaden für das Gespräch bereit, stellen Sie Ihre Fragen und nutzen Sie die Gelegenheit herauszufinden, ob diese Stelle das Richtige für Sie ist.

VII. Wenn Sie über sich selbst sprechen, dann stellen Sie immer dar, wie Sie dem Unternehmen nützen bei seinen »Problemen«.

VIII. Wenn Sie Fragen beantworten, dann sprechen Sie nur zwischen 20 Sekunden und 2 Minuten lang ohne Unterbrechung.

IX. Treten Sie grundsätzlich als eine Person mit Ressourcen auf, der dem Unternehmen etwas zu bieten hat und ihm mehr nützen kann als jeder seiner Vorgänger.

X. Schreiben Sie nach jedem Gespräch noch am selben Abend einen Dankesbrief und schicken Sie ihn spätestens am nächsten Morgen ab.

KAPITEL 11

10 Tipps zum Vorstellungsgespräch für Schlauberger

Sie sind Idioten. Sie reißen sich Ihren Arsch für nichts und wieder nichts auf, und niemand interessiert sich dafür. Sie sind nicht dazu bereit, Zeit zu opfern, um sich über ein Unternehmen zu informieren, für das Sie gerne arbeiten würden. Warum entscheiden Sie sich nicht endlich, für wen Sie gerne arbeiten würden, und versuchen, dort einen Job zu bekommen?

Albert Shapiro

WIE man sich einen Job angelt – von Dummies, Schlaubergern und anderen

Trendforscher und andere Leute, die sich mit den menschlichen Gepflogenheiten beschäftigen, berichten immer von den neuesten Hits im Hinblick auf alles Mögliche – sei es die Vergreisung der Gesellschaft, die Bedeutung des »X-Gens«, der Einfluss der »Baby-Boom-Generation« oder die Migration bestimmter Minderheiten in die Metropolen beziehungsweise aus ihnen heraus. Über einen der wichtigsten Trends der letzten ein bis zwei Dekaden herrscht dagegen ein schier ohrenbetäubendes Schweigen. Ich spreche von der explosionsartigen Vermehrung derjenigen, die sich selbst als »Dummies« oder »Idioten« bezeichnen.

Als vor vielen Jahren die ersten Buchtitel in der Art von »Soundso für Dummies« erschienen, traute ich meinen Augen kaum. Ich fragte mich, wie viele Menschen wohl ein Buch kaufen würden, das sie unverblümt als Dummkopf oder Idioten bezeichnet – und ich war überzeugt: keiner.

Welch ein Irrtum! Die Reihen wurden wahre Verkaufsrenner.

Hach, wie schön zu wissen, dass die Welt noch Humor hat. Und ich offenbar auch. Ich wuchs in einem Haus auf, in dem reichlich gelacht wurde und in dem die Anrede »Idiot« nur eine etwas flapsige Art der Liebeserklärung war. Ich hatte einen Bruder und eine Schwester. Mein Vater alberte ständig herum, vor allem beim Abendessen. Wenn er ganz besonders über die Stränge schlug, legte meine Mutter ihm immer liebevoll die Hand an die Wange und sagte: »O Don, du Idiot!« Sie sagte es bewundernd, liebevoll, als Würdigung eines Menschen, der nicht den ausgetretenen Pfaden folgte, sondern immer darauf aus war, andere zum

Lachen zu bringen, auch wenn er sich dabei selbst ein wenig lächerlich machte. Er war ein großartiger Mann. (Jack Benny, ein Held meiner Kindheit, hatte die gleiche Art Humor – er münzte seinen Spott eher auf sich selbst, als sich auf Kosten anderer zu amüsieren, wie es in jüngerer Zeit in Mode gekommen ist.) Ich kannte das Wort »Idiot« schon von klein auf als Kosenamen, der mit einem unübersehbaren, liebevollen Zwinkern am Esstisch ausgesprochen wurde.

Dank dieser Vorgeschichte amüsieren mich Bücher für »Dummköpfe« oder »Idioten« natürlich, wenn ich sie in den Auslagen der Buchhandlungen sehe. Sie erinnern mich an die Abendessen meiner Kindheit, bei denen es liebevoll und heiter zuging.

Aber bei dieser Gelegenheit muss ich auch eine kleine Ungerechtigkeit ansprechen, die ich meine, entdeckt zu haben. Auch Sie haben sicher schon bemerkt, dass die »Schlauberger« eine stark vernachlässigte Gruppe sind. Sehen Sie sich einmal in einer Buchhandlung um. Sie werden massenhaft Bücher für »Dummies« finden – aber haben Sie schon einmal ein Buch für »Schlauberger« gesehen? – Ich auch nicht. Ich finde, es ist höchste Zeit, etwas gegen diese Ungleichbehandlung zu unternehmen. Daher nenne ich dieses Kapitel: »Vorstellungsgespräche für Schlauberger«. Und damit sind natürlich Sie gemeint. Jawohl, Sie.

Erster Tipp für Schlauberger: Über Form und Inhalt

Erfolgreiche Jobsuchende fanden es hilfreich, sich das Vorstellungsgespräch als ein Bild mit Rahmen vorzustellen. Der Rahmen besteht darin, wie Sie sich *vorher* mental auf das Vorstellungsgespräch einstellen und es strukturieren. Das Bild innerhalb des Rahmens ist der Inhalt – das, was Sie *während* des Vorstellungsgesprächs sagen wollen.

Bücher und Artikel über Vorstellungsgespräche beschränken sich häufig auf das *Bild* – die Frage, was Sie sagen sollen, wenn Sie Ihrem Gesprächspartner erst einmal gegenüberstehen oder -sitzen. Aber ebenso wichtig ist der Rahmen – die Frage, wie Sie das Vorstellungsgespräch vorstrukturieren, und zwar erstens im Kopf und zweitens durch die Vereinbarungen, die Sie im Vorfeld treffen.

Beginnen wir also mit ein paar Tipps zum *Rahmen*:

> **Wenn Sie ein erstes Gespräch vereinbaren, dann bitten Sie um maximal 20 Minuten.**

Wenn Sie von sich aus um ein Vorstellungsgespräch bitten, dann bitten Sie nur um 20 Minuten Zeit und halten Sie das Limit strikt ein. Achten Sie während des Gesprächs immer auf die Zeit und bleiben Sie *nicht eine einzige Minute länger* als vereinbart – es sei denn, der Arbeitgeber bittet Sie von sich aus darum (und ich meine *bittet*). Betonen Sie, dass Ihnen daran liegt, die ursprüngliche Vereinbarung einzuhalten. Das hinterlässt bei Arbeitgebern immer einen guten Eindruck!

> **Sammeln Sie Informationen über die Organisation, bevor Sie hingehen.**

Nutzen Sie jede Möglichkeit, schon vor einem Vorstellungstermin Informationen über die betreffende Organisation zu sammeln. Damit heben Sie sich (aus der Sicht des Arbeitgebers) im Gespräch von anderen Bewerbern ab.

Fragen Sie darum gleich bei der Terminvereinbarung, ob es schriftliches Informationsmaterial gibt. Wenn ja, dann bitten Sie darum, es zugeschickt zu bekommen, damit Sie es noch vor dem Gespräch lesen können. Wenn der Termin schon für den nächsten Tag angesetzt ist, fragen Sie, ob Sie vorbeikommen dürfen, um es sich selbst abzuholen.

Sehen Sie sich auch die Homepage des Unternehmens an (sofern es eine hat) und studieren Sie die Rubrik »Wir über uns«.

Gehen Sie außerdem in Ihre Bibliothek, und lassen Sie sich vom Bibliothekar dabei helfen, aktuelle Zeitungsartikel oder weitere Informationen über die Organisation zu finden.

Und schließlich fragen Sie all Ihre Freunde, ob sie jemanden kennen, der in dem Unternehmen arbeitet oder gearbeitet hat. Wenn das der Fall sein sollte, dann bitten Sie darum, mit dem Betreffenden bekannt gemacht zu werden. Erklären Sie, dass Sie dort ein Vorstellungsgespräch haben und dass Sie gern so viel wie möglich über das Unternehmen erfahren möchten.

Es geht darum, dass Sie sich mit der Geschichte, der Ausrichtung und den Zielen des Unternehmens vertraut machen. Jede Organisation, ob groß oder klein, ob im Profit- oder Non-Profit-Bereich, fühlt sich geschmeichelt, wenn man sich für sie interessiert. Wenn Sie sich all die Mühe gegeben haben, sich so gründlich zu informieren – und das bevor Sie auch nur einen Fuß in die Tür gesetzt haben –, dann werden Sie schwer Eindruck machen, darauf können Sie sich verlassen. Die meisten Jobsuchenden machen sich diese Mühe nämlich nicht, sondern sind völlig ahnungslos, wenn sie zum Gespräch erscheinen. Und das macht die Arbeitgeber *rasend*.

Ein Mitarbeiter der Personalabteilung von IBM fragte einmal einen Hochschulabsolventen gleich zu Anfang des Gesprächs, wofür die Buchstaben IBM ständen. Der Bewerber wusste es nicht, und damit war das Gespräch beendet.

Ein andermal erzählte ein Arbeitgeber mir: »Ich habe es so satt, dass Jobsuchende zu mir kommen und erst mal fragen: ›Hallo, was machen Sie eigentlich?‹ Den Nächsten, der zu mir kommt und schon etwas über uns weiß, werde ich vom Fleck weg engagieren.« Und das tat er dann innerhalb einer Woche.

Wenn *Sie* also zu einem Unternehmen kommen und vorher gründlich Ihre Hausaufgaben gemacht haben, dann heben Sie sich positiv von anderen Stellensuchenden ab und erhöhen dadurch drastisch Ihre Einstellungschancen.

> **Beachten Sie während des Vorstellungsgesprächs die »50:50«-Regel.**

Studien haben belegt, dass im Allgemeinen diejenigen Bewerber am ehesten eingestellt werden, bei denen Reden und Zuhören im Vorstellungsgespräch etwa gleich verteilt sind, die also während der Hälfte der Zeit selbst sprechen und während der anderen Hälfte das Reden dem Arbeitgeber überlassen. Bewerber, bei denen dieses Gleichgewicht nicht stimmte, hatten geringere Chancen auf eine Einstellung.[1] Ich erkläre mir diese Beobachtung folgendermaßen: Wenn Sie zu viel von sich erzählen, erwecken Sie den Eindruck, dass Sie den Bedürfnissen Ihrer Arbeitgeber nicht genügend Aufmerksamkeit widmen würden; wenn Sie dagegen zu wenig sprechen, erwecken Sie den Eindruck, Sie hätten etwas zu verbergen.

Studien[2] haben belegt, dass Sie im Gespräch den günstigsten Eindruck hinterlassen, wenn Ihre Äußerungen oder Antworten nicht länger als zwei

> **Wenn Sie auf Fragen antworten, beachten Sie die »20 Sekunden bis zwei Minuten«-Regel.**

Minuten am Stück dauern. Manchmal nimmt eine gute Antwort auf eine Frage des Arbeitgebers auch nur 20 Sekunden in Anspruch. Das sollten Sie sich vor Augen führen und Ihre Redebeiträge entsprechend planen, damit das Vorstellungsgespräch ein Erfolg wird – denn das soll es ja schließlich.

> **Treten Sie im Vorstellungsgespräch nicht als Bittsteller auf, sondern als jemand, der über Ressourcen verfügt und etwas zu bieten hat.**

Konzentrieren Sie sich während des Vorstellungsgesprächs darauf, herauszustellen, was Sie dem Arbeitgeber zu bieten haben, statt hauptsächlich darauf einzugehen, was der Arbeitgeber Ihnen zu bieten hat. Der Arbeitgeber soll Sie als potenzielle *Bereicherung* wahrnehmen, nicht als *Bittsteller*. Stellen Sie sich als jemanden dar, der nicht einfach nur fleißig ist, sondern tatsächlich Probleme löst. Machen Sie während des Vorstellungsgesprächs deutlich, dass Sie gekommen sind, um mündlich vorzutragen, was *Sie* für das Unternehmen tun können, um ihm bei *seinen* Problemen zu helfen. Und lassen Sie nach dem Gespräch eine sorgfältig formulierte schriftliche Version zum gleichen Thema folgen. Sie sehen natürlich sofort, wie stark dieser Ansatz sich von dem der meisten Jobsuchenden abhebt, die den Arbeitgeber als Erstes nach dem Gehalt und den Urlaubsansprüchen fragen! Aber werden Sie mit Ihrem völlig anderen Ansatz auch ankommen? In den meisten Fällen schon, darauf können Sie wetten. Arbeitgeber *reißen sich* schließlich um Problemlöser und Leute, die eine Bereicherung für das Unternehmen sind.

> **Stellen Sie sich als Teil der Lösung dar, nicht als Teil des Problems.**

Bei jeder Organisation spielen im Alltagsgeschäft zwei Bereiche eine wesentliche Rolle: die *Probleme*, die es zu bewältigen gilt, und die *Lösungen*, die ihre Mitarbeiter dafür entwickeln. Der Arbeitgeber versucht daher während des Vorstellungsgesprächs vor allem eins herauszufinden: ob Sie in der betreffenden Position zur Lösung beitragen würden oder lediglich ein weiterer Teil des Problems wären.

Überlegen Sie sich am besten schon vor dem Gespräch, was ein schlechter Angestellter alles »vermasseln« würde. Er würde zum Beispiel zu spät kommen, sich zu oft frei nehmen, nach seiner eigenen Pfeife tanzen, statt sich in bestehende Abläufe einzufügen, und so weiter. Stellen Sie sich dem Arbeitgeber im Gespräch als das genaue Gegenteil dessen dar: Ihnen geht es einzig und allein darum, die Leistung, die Kundenfreundlichkeit und den Gewinn des Unternehmens zu steigern.

Machen Sie sich die Qualitäten bewusst, auf die es Arbeitgebern heutzutage ankommt, unabhängig von der Position, nach der Sie suchen. Der ideale Mitarbeiter ist korrekt, erscheint pünktlich zu Arbeitsbeginn oder früher, bleibt bis zum Feierabend oder länger, ist zuverlässig, hat eine positive Einstellung, bringt Motivation, Energie und Begeisterung mit, will mehr als nur seine Brötchen verdienen, ist diszipliniert, gut organisiert, dynamisch und fähig, sich seine Zeit gut einzuteilen; er kann mit Menschen umgehen, ist sprachgewandt, versiert im Umgang mit dem Computer, aufgeschlossen für Teamarbeit, flexibel und in der Lage, sich auf ungewohnte Situationen einzustellen oder sich an veränderte Arbeitsbedingungen anzupassen, lernfähig und lernwillig, projekt- und zielorientiert, kreativ und fähig, Problemlösungen zu entwickeln, integer und loyal seinem Arbeitgeber gegenüber; und er ist in der Lage, Chancen wahrzunehmen und zukünftige Märkte und Trends zu erkennen. Gefragt sind Mitarbeiter, die mehr Geld einbringen, als sie kosten. Streichen Sie alle diese Qualitäten im Vorstellungsgespräch deutlich heraus (sofern Sie sie besitzen).

> **Machen Sie sich bewusst, dass der Arbeitgeber Ihr Vorgehen bei der Jobsuche als Arbeitsprobe betrachtet.**

Versuchen Sie, die Qualitäten, die Sie für sich als Mitarbeiter in Anspruch nehmen, schon während Ihrer Jobsuche an den Tag zu legen. Wenn Sie sich im Vorstellungsgespräch beispielsweise als sorgfältiger und gewissenhafter Mitarbeiter darstellen wollen, dann beweisen Sie Ihre Sorgfalt und Gewissenhaftigkeit, indem Sie sich im Voraus entsprechend gründlich über die Organisation informieren. Die meisten Arbeitgeber gehen nämlich davon aus, dass Ihr Vorgehen bei der Jobsuche Ihre allgemeine Lebens- und Arbeitseinstellung widerspiegelt. Wenn sie merken, dass Sie bei der Stellensuche nachlässig und halbherzig vorgehen (»Na, was macht Ihr denn hier so?«), dann schließen sie daraus, dass Sie auch Ihren Job nachlässig und halbherzig erledigen würden, und werden sich hüten, Sie einzustellen.

> **Legen Sie, wenn möglich, Arbeitsproben vor.**

Überlegen Sie sich, wie Sie Ihre Fähigkeiten beim Vorstellungsgespräch plausibel belegen können. Wenn Sie Künstler oder Handwerker sind oder sonst ein Produkt herstellen, sollten Sie möglichst eine Arbeitsprobe mitbringen – im Original, auf Fotos oder sogar in Form einer Videodokumentation.

> **Reden Sie im Vorstellungsgespräch nicht negativ über frühere Arbeitgeber.**

Achten Sie darauf, sich in Vorstellungsgesprächen niemals negativ über frühere Arbeitgeber zu äußern. Arbeitgeber sind untereinander loyal, fast als gehörten sie einer Bruderschaft an. Vermitteln Sie während des Gesprächs den Eindruck, dass Sie *alle* Mitglieder dieser Bruderschaft mit Höflichkeit und Respekt behandeln. Wenn Sie sich negativ über einen früheren Arbeitgeber äußern, wird Ihr Gesprächspartner sich fragen, wie Sie über *ihn* reden werden, wenn er Sie erst einmal eingestellt hat.

Ich weiß das aus eigener Erfahrung. Ich habe einmal gegenüber meinem damaligen Chef freundlich über einen früheren Arbeitgeber gesprochen. Dabei wusste ich nicht, dass mein Gegenüber bereits wusste, wie schlecht dieser frühere Chef mich behandelt hatte. Er hielt es mir sehr zugute, dass ich keine schmutzige Wäsche wusch, und sprach noch nach Jahren über diesen Vorfall. Glauben Sie mir, es hinterlässt immer einen guten Eindruck, wenn Sie Ihre früheren Arbeitgeber nicht schlechtmachen.

Suchen Sie lieber nach einer Gelegenheit, etwas Nettes über Ihren früheren Arbeitgeber zu sagen. Und falls Sie befürchten müssen, dass Ihr früherer Arbeitgeber sich bei Nachfragen negativ über Sie äußern wird, packen Sie am besten gleich den Stier bei den Hörnern, indem Sie beispielsweise sagen: »Normalerweise komme ich mit jedem gut aus, aber zwischen meinem früheren Arbeitgeber und mir hat es einfach nicht geklappt. Ich weiß nicht, woran es lag. Das ist mir noch nie passiert und ich hoffe, es passiert mir auch nicht wieder.«

> **Betrachten Sie das Vorstellungsgespräch als Teil Ihrer Informationssuche, nicht als reine Verkaufssituation.**

Wenn es zum Vorstellungsgespräch kommt, haben Sie natürlich zunächst eines im Kopf: »Wie bringe ich diesen Arbeitgeber dazu, mich einzustellen?« Aber das ist die falsche Frage. Sie setzt voraus, dass Sie sich schon darüber im Klaren sind, dass dies der ideale Arbeitsplatz und der ideale Arbeitgeber für Sie wäre, sodass Sie sich nur noch gut verkaufen müssen. Dabei wissen Sie in den meisten Fällen trotz gründlicher Recherchen noch nicht genug über das Unternehmen, um das wirklich beurteilen zu können. Sie *müssen* das Gespräch als Chance nutzen, Näheres über die betreffende Organisation und den Chef zu erfahren.

Wenn Sie sich das beim Vorstellungsgespräch vor Augen führen, dann haben Sie 98 Prozent aller Jobsuchenden etwas voraus. Allzu viele gehen nämlich zum Vorstellungsgespräch wie ein Lamm zur Schlachtbank oder wie ein Verbrecher zur Gerichtsverhandlung.

Aus der Sicht des Arbeitgebers stehen Sie allerdings tatsächlich auf dem Prüfstand.

Aber trösten Sie sich – der Arbeitgeber und die Organisation stehen ebenfalls auf dem Prüfstand, nämlich aus *Ihrer* Sicht.

Auf diese Weise wird das Vorstellungsgespräch zu einer erträglichen oder sogar erfreulichen Situation: Sie versuchen, sich ein Bild von dem betreffenden Arbeitgeber zu machen, während er seinerseits versucht, sich ein Bild von Ihnen zu machen.

Zwei Menschen, die sich gegenseitig taxieren. Woran erinnert Sie das? Natürlich, an ein *Rendezvous*.

Beim Vorstellungsgespräch geht es im Grunde um etwas Ähnliches wie beim Rendezvous. Sie beide müssen einander mögen, bevor Sie an eine »feste Bindung«, also eine Anstellung, denken. Da sitzen Sie also und taxieren einander.

Man kann gar nicht genug betonen, wie wichtig es ist, dass Sie die Beurteilung nicht ausschließlich dem Arbeitgeber überlassen, sondern Ihrerseits das Gespräch dazu nutzen, sich ein Urteil über ihn, die Organisation und den Job zu bilden. Die Regel ist, dass man einen Job sucht, die Stelle antritt und erst in den folgenden drei Monaten herausfindet, ob sie einem überhaupt gefällt. Wenn nicht, dann kündigt man eben wieder.

Sie als Schlauberger begehen diese verbreitete Dummheit natürlich nicht, sondern nutzen das Vorstellungsgespräch dazu, sich ein Bild von der Organisation zu machen, *bevor* Sie sich dafür entscheiden, dort zu arbeiten. Wenn das, was Sie dabei herausfinden, Ihnen nicht zusagt, dann kündigen Sie quasi, bevor Sie den Job überhaupt angeboten bekommen, und nicht erst nachdem Sie ihn angetreten haben. Ihr Arbeitgeber wird Ihnen Ihre Schlauheit danken, alle Welt wird sie Ihnen danken und vor allem natürlich nicht zuletzt Sie selbst.

Zweiter Tipp für Schlauberger

So viel zum Thema »Rahmen« beim Vorstellungsgespräch. Weiter geht es mit dem »Bild« darin, also mit dem Inhalt. Was sagen Sie beim Vorstellungsgespräch? Vorweg eine einfache Feststellung.

> **Der Arbeitgeber hat beim Vorstellungsgespräch oft genauso viel Angst wie Sie.**

Machen Sie sich bewusst, dass derjenige, der über Ihre Einstellung zu entscheiden hat, ebenso aufgeregt in das Vorstellungsgespräch hineingeht wie Sie. Warum? Weil diese Methode, einen Mitarbeiter auszuwählen, nicht eben besonders zuverlässig ist. Laut einer Studie, die vor einigen Jahren bei einem englischen Topunternehmen durchgeführt wurde,[3] lagen die Chancen eines Arbeitgebers, mithilfe von Vorstellungsgesprächen einen guten Mitarbeiter zu finden, nur um *3 Prozent höher*, als wenn er nach dem Losverfahren entschieden hätte. Wenn das Gespräch von jemandem geführt wurde, der direkt mit dem Betreffenden zusammenarbeiten sollte, dann lag die Erfolgsrate paradoxerweise sogar um *2 Prozent niedriger*, als es beim Losverfahren der Fall gewesen wäre. Und wenn das Vorstellungsgespräch von einem so genannten Personalexperten geführt wurde, fiel die Erfolgsquote glatte *10 Prozent niedriger* aus, als wenn nach dem Zufallsprinzip entschieden worden wäre.

Nein, mir ist leider nicht bekannt, wie man zu diesen Zahlen gekommen ist. Aber sie sind wirklich ein Hohn! Und was noch wichtiger ist: Sie stimmen völlig mit dem überein, was ich in den vergangenen 30 Jahren über die Welt der Personalauswahl erfahren habe. Ich habe erlebt, dass so genannte Personalexperten immer wieder die *miserabelsten* Entscheidungen trafen, wenn sie Mitarbeiter für ihr eigenes Büro auswählten. Wenn sie mir ihre Fehlentscheidung einige Monate später kleinlaut gestanden, zog ich sie damit auf und fragte: »Wenn Sie nicht einmal in der Lage sind, für sich selbst gute Mitarbeiter auszuwählen, wie können Sie dann guten Gewissens andere Unternehmen bei der Einstellung ihrer Mitarbeiter beraten?« Ihre reumütige Antwort lautete: »Wir *tun so, als ob* es eine Wissenschaft wäre.« Lassen Sie es sich gesagt sein, lieber Leser: Vorstellungsgespräche sind *keine* Wissenschaft. Sie sind eine sehr vage Kunst, die die meisten Arbeitgeber und Personalberater trotz all ihrer Erfahrung, trotz bester Absichten und trotz haufenweise guten Willens mehr schlecht als recht beherrschen.

Das Vorstellungsgespräch ist nicht das, was es zu sein scheint. Man denkt gemeinhin, eine Person (nämlich Sie) stände dabei Todesängste aus, während eine zweite (der Arbeitgeber) gelangweilt und strotzend vor Selbstbewusstsein da säße.

In Wahrheit sitzen Sie beide da und stehen Todesängste aus – Sie und der Arbeitgeber. Allerdings mit dem Unterschied, dass der Arbeitgeber seine Ängste besser verbergen kann, weil er darin geübter ist.

Aber der Arbeitgeber ist auch nur ein Mensch wie Sie und ich. Er hat es sich nicht ausgesucht, solche Gespräche zu führen, sondern sie gehören eben zu seinem Job. In seiner Not hat er ein paar Mal bei Bewerbungsgesprächen zugesehen und versucht jetzt, ähnliche Fragen zu stellen wie seine Kollegen. Vielleicht ist ihm sogar bewusst, dass er nicht gerade gut darin ist.[4]

Darum hat er Angst.

Dritter Tipp für Schlauberger

> Es hilft, wenn Sie sich vor dem Gespräch nicht Ihre eigenen Befürchtungen, sondern die des Arbeitgebers vor Augen führen.

Vor folgenden Dingen – einzelnen davon oder allen zusammen – hat der Arbeitgeber Angst:

- dass Sie für die Stelle ungeeignet sind – dass Ihnen die erforderlichen Fähigkeiten oder Erfahrungen fehlen und dass dies beim Vorstellungsgespräch nicht ans Licht gekommen ist,
- dass Sie, wenn Sie die Stelle bekommen, nicht regelmäßig Ihr volles Arbeitspensum leisten,
- dass Sie nach der Einstellung ständig krank sind oder aus anderen Gründen immer wieder fehlen,
- dass Sie nach der Einstellung nur einige Wochen oder bestenfalls einige Monate bleiben und Ihre Stelle dann kurzfristig und ohne Vorwarnung wieder aufgeben,
- dass es zu lange dauert, bis Sie sich eingearbeitet haben und für das Unternehmen gewinnbringend arbeiten können,
- dass Sie mit den anderen Mitarbeitern, die dort bereits beschäftigt sind, nicht auskommen oder dass es zu persönlichen Konflikten mit dem Chef kommt,
- dass Sie nur das Allernötigste leisten und nicht den vollen Einsatz bringen, den man sich bei der Einstellung von Ihnen versprochen hat,
- dass Sie ständig auf neue Anweisungen warten, was Sie als nächstes zu tun haben, statt selbst die Initiative zu ergreifen – dass Sie nur reagieren, statt selbst etwas anzupacken,
- dass Sie einen persönlichen Makel haben, der Ihre Arbeit beeinträchtigt – dass Sie sich etwa als unehrlich, verantwortungslos, als Querulant oder als faul herausstellen, dass Sie unterschlagen, tratschen, andere sexuell belästigen, Drogen oder Medikamente nehmen, ein Trinker, ein Lügner oder inkompetent sind – kurz, ein *Problemfall*,
- dass Ihr Versagen auf denjenigen zurückfällt, der Sie eingestellt hat (sofern es sich um ein großes Unternehmen handelt und er nicht selbst der oberste Chef ist), dass Sie seine Abteilung oder Niederlassung in

Verruf bringen und dass die Entscheidung, Sie einzustellen, ihn seinen Ruf und womöglich seine Karriere kosten kann,
- dass es das Unternehmen teuer zu stehen kommt, wenn es den Fehler begeht, Sie einzustellen. Fehlentscheidungen bei der Mitarbeiterauswahl verursachen Arbeitgebern heutzutage oft Kosten in Höhe eines Jahresgehalts, wenn man Umzugs- und Ausfallkosten sowie Abfindungen einrechnet – falls das Unternehmen selbst beschließt, sich von Ihnen zu trennen –, vom Imageverlust ganz zu schweigen.

Kein Wunder, dass der Arbeitgeber angesichts dieser Verantwortung ins Schwitzen kommt.

Hinzu kommt, dass das Vorstellungsgespräch mittlerweile eine entscheidende Bedeutung gewonnen hat. Direkte Informationen bei früheren Arbeitgebern einzuholen, ist – zumindest offiziell – nicht die Regel (kommt aber in der Praxis durchaus vor). Durch das deutsche Arbeitsrecht sind Arbeitgeber zudem ausdrücklich dazu angehalten, in Arbeitszeugnissen wohlwollende Beurteilungen abzugeben. Da mittlerweile fast jeder Arbeitnehmer die »Geheimsprache in Arbeitszeugnissen« kennt, haben auch Zeugnisse immer geringere Aussagekraft. Es kommt sogar vor, dass Mitarbeiter regelrecht »weggelobt« werden. Auch im deutschsprachigen Raum gehen potenzielle Arbeitgeber zunehmend dazu über, Arbeitszeugnisse grundsätzlich zu ignorieren und stattdessen nur noch kurze Telefoninterviews zu führen, um sich einen persönlichen Eindruck vom Bewerber zu verschaffen. Arbeitszeugnisse taugen nur sehr eingeschränkt dazu, sich ein objektives Bild von einem Bewerber zu machen.[5]

Ihr Gesprächspartner ist also völlig auf sich gestellt. Er muss herausfinden, ob Sie es wert sind, eingestellt zu werden. Er ist genau so nervös wie Sie, weil für ihn aus den oben genannten Gründen viel von dem Vorstellungsgespräch abhängt.

Vierter Tipp für Schlauberger

> Lernen Sie nicht stundenlang »gute Antworten« auf mögliche Fragen des Arbeitgebers auswendig – eigentlich gibt es nur fünf Fragen, auf die es wirklich ankommt.

Natürlich wird der Arbeitgeber mithilfe unterschiedlicher Fragen versuchen zu entscheiden, ob er Ihnen ein Angebot machen soll oder nicht. Bücher über Vorstellungsgespräche, von denen es ja zahlreiche gibt, enthalten häufig Listen mit diesen Fragen – oder nennen zumindest einige typische Beispiele. Dazu gehören unter anderem die folgenden Fragen:

- Was wissen Sie über unsere Firma?
- Erzählen Sie etwas über sich.
- Warum bewerben Sie sich um diese Position?
- Wie würden Sie sich selbst beschreiben?
- Was sind Ihre größten Stärken?
- Was ist Ihre größte Schwäche?
- Welche Art von Arbeit mögen Sie am liebsten?
- Was machen Sie in Ihrer Freizeit?
- Was sind Ihre wichtigsten Erfolge?
- Warum haben Sie Ihren letzten Job aufgegeben?
- Warum sind Sie entlassen worden (wenn das der Fall war)?
- Wo sehen Sie sich selbst in fünf Jahren?
- Was sind Ihre persönlichen Lebensziele?
- Wie viel haben Sie in Ihrer letzten Stelle verdient?

Die Liste ist endlos. In manchen Büchern finden Sie an die hundert Fragen oder sogar noch mehr.

Anschließend wird Ihnen erklärt, dass Sie sich auf Ihr Vorstellungsgespräch vorbereiten sollten, indem Sie sich zu *sämtlichen* Fragen schlaue Antworten überlegen, sie aufschreiben und auswendig lernen – Antworten, die Sie in solchen Büchern natürlich ebenfalls zuhauf finden.

All das geschieht in bester Absicht und galt jahrzehntelang auch als der Weisheit letzter Schluss. Aber, lieber Leser, jetzt kommt die gute Nachricht! Wir befinden uns in einem neuen Jahrtausend, und die Dinge werden einfacher.

Abgesehen von den Unmengen möglicher Fragen, die der Arbeitgeber Ihnen stellen könnte, wissen wir jetzt, dass es eigentlich nur fünf grundlegende Fragen gibt, auf die Sie wirklich achten sollten.

Fünf. Nur fünf. Die Person, die über Ihre Einstellung zu entscheiden hat, möchte in der Regel diese fünf Punkte klären – entweder indem sie direkt danach fragt oder indem sie versucht, die Antwort auf indirekte Weise herauszufinden.

1. **»Warum sind Sie hier?«** Das bedeutet: »Warum wollen Sie hier arbeiten und nicht in einem anderen Unternehmen?«

2. **»Was können Sie für uns tun?«** Das bedeutet: »Wenn ich Sie einstellen würde, wären Sie dann Teil der Probleme, die ich ohnehin schon habe, oder würden Sie zu deren Lösung beitragen? Welche Fähigkeiten haben Sie und wie gut kennen Sie sich in den Themen oder Bereichen aus, die für uns von Interesse sind?«

3. **»Was für ein Mensch sind Sie?«** Das bedeutet: »Haben Sie eine Persönlichkeit, die es Menschen leicht macht, mit Ihnen zusammenzuarbeiten, und teilen Sie die Wertvorstellungen, die wir in diesem Unternehmen vertreten?«

4. **»Was unterscheidet Sie von 19 anderen Menschen, die die gleichen Fähigkeiten haben wie Sie?«** Das bedeutet: »Haben Sie eine positivere Arbeitshaltung als die 19 anderen, sind Sie früher da, bleiben Sie länger, arbeiten Sie gründlicher, schneller, qualitativ besser, strengen Sie sich mehr an, oder … was sonst haben Sie zu bieten?«

5. **»Kann ich Sie mir leisten?«** Das bedeutet: »Wie viel wird es uns kosten, Sie zu bekommen, wenn wir uns für Sie entscheiden, und wollen oder können wir diesen Betrag aufbringen? Wir haben ein beschränktes Budget und können Ihnen natürlich auch nicht das Gleiche zahlen wie Ihrem Vorgesetzten.«

Das sind die fünf Punkte, die die meisten Arbeitgeber für ihr Leben gern herausfinden wollen. Das gilt auch, wenn während des gesamten Vorstellungsgesprächs keine einzige dieser Fragen tatsächlich gestellt wird. Sie schwingen trotzdem unterschwellig mit, egal worum das Gespräch sich gerade dreht. Alles, was Sie während des Vorstellungsgesprächs zur Klärung dieser fünf Fragen beitragen, ist für den Arbeitgeber ein Pluspunkt.

Sie brauchen also nicht listenweise Antworten auswendig zu lernen.

Wenn Sie nur die Hausaufgaben in diesem Buch machen, sollte es Ihnen nicht schwerfallen, diese fünf Fragen zu beantworten. Und das ist alles.

Fünfter Tipp für Schlauberger

> Finden Sie die Antworten auf eben die Fragen heraus, die der Arbeitgeber Ihnen gern stellen würde.

Es ist Ihr gutes Recht – sogar Ihre Pflicht –, im Vorstellungsgespräch die gleichen fünf Fragen zu stellen, auf die es dem Arbeitgeber ankommt, nur in etwas abgewandelter Form. Ihre Version der Fragen sieht etwa so aus:

1. »**Worin besteht dieser Job?**« Sie möchten genau herausfinden, welche Aufgaben Sie dort erwarten, damit Sie entscheiden können, ob diese Tätigkeit wirklich das Richtige für Sie wäre.
2. »**Welche Fähigkeiten müsste der ideale Mitarbeiter für diese Stelle mitbringen?**« Sie möchten wissen, ob Ihre Fähigkeiten denen entsprechen, die der ideale Mitarbeiter nach Ansicht des Arbeitgebers haben sollte, um den Job gut zu machen.
3. »**Sind dies die Menschen, mit denen ich gern zusammenarbeiten würde, oder nicht?**« Achten Sie unbedingt auf Ihre Intuition, wenn Ihnen nicht wohl ist bei der Vorstellung, mit diesen Menschen zusammenzuarbeiten. Versuchen Sie herauszufinden, ob Sie in diesem persönlichen Umfeld gut arbeiten könnten und ob die Werte, die Ihnen wichtig sind, geachtet werden.
4. »**Angenommen, wir sind uns sympathisch und würden gern zusammenarbeiten – kann ich überzeugend darstellen, was mich von 19 anderen mit der gleichen Qualifikation unterscheidet?**« Sie müssen sich schon vorher überlegen, was Sie von 19 anderen Menschen unterscheidet, die den gleichen Job ausüben könnten. Wenn Sie beispielsweise gut in Problemanalyse sind – wie gehen Sie dabei vor? Sorgfältig? Intuitiv und spontan? Indem Sie andere Kapazitäten in diesem Bereich befragen? Sie sehen, das macht einen Unterschied. Versuchen Sie, Ihren per-

sönlichen »Arbeitsstil« oder Ihre »Arbeitsweise« auf den Punkt zu bringen – in der Hoffnung, dass sie dem Arbeitgeber zusagt.
5. **»Kann ich das Gehalt durchsetzen, das ich brauche oder haben möchte?«** Das erfordert einige Kenntnisse Ihrerseits, wie man eine Gehaltsverhandlung führt. Dazu mehr im nächsten Kapitel.

Die ersten beiden Punkte werden Sie wahrscheinlich direkt erfragen, den dritten werden Sie im Stillen abhaken. Die Fragen vier und fünf können Sie einbringen, wenn der Zeitpunkt im Vorstellungsgespräch günstig ist (auch dazu mehr im nächsten Kapitel).

Wie leiten Sie diese Fragen ein? Sie können damit beginnen, Ihrem Gesprächspartner zu erklären, wie Sie bei Ihrer Jobsuche vorgegangen sind und was Sie bei der Recherche gerade an *diesem* Unternehmen so beeindruckt hat, dass Sie sich entschieden haben, sich dort um ein Vorstellungsgespräch zu bemühen. Im weiteren Verlauf des Gesprächs konzentrieren Sie sich dann darauf, die Antworten auf die oben genannten Fragen herauszufinden – und zwar auf Ihre Weise.[6]

Ja, eigentlich sind es nur fünf Fragen, auf die es im Vorstellungsgespräch wirklich ankommt – aber diese fünf spielen wirklich überall hinein! Sie tauchen auch dann (wiederum in veränderter Form) auf, wenn Sie sich nicht um eine vorhandene Stelle bewerben, sondern darüber verhandeln, ob für Sie eine Stelle eingerichtet wird. Wenn Sie ein derartiges Gespräch führen beziehungsweise auf diese Art mit einer Organisation Kontakt aufnehmen, werden aus den fünf Fragen fünf *Aussagen*, die Sie gegenüber der Person treffen, die die Macht hat, Sie einzustellen. Erzählen Sie,

1. was Ihnen an dieser Organisation *gefällt,*
2. welche *Anforderungen* Sie in diesem Tätigkeitsfeld und in dieser Organisation interessant finden (Sie sollten auf keinen Fall das Wort »Problem« in den Mund nehmen, selbst wenn Ihr Gegenüber es selbst ausspricht. Die meisten Arbeitgeber ziehen neutraler klingende Synonyme vor, etwa »Herausforderungen« oder »Anforderungen«),
3. welche *Fähigkeiten* man Ihrer Meinung braucht, um diesen Anforderungen gerecht zu werden,
4. konkrete *Belege* aus Ihren früheren Erfahrungen, die zeigen, dass Sie die fraglichen Fähigkeiten tatsächlich besitzen und auch auf die Art einsetzen, wie Sie es behaupten,

5. auf welche *besondere* Art *Sie* diese Fähigkeiten einsetzen. Wie oben bereits erwähnt: Jeder potenzielle Arbeitgeber möchte wissen, was Sie von 19 anderen Menschen unterscheidet, die im Prinzip die gleiche Arbeit leisten können wie Sie. Darüber *müssen* Sie sich im Klaren sein. Und sprechen Sie nicht nur darüber, sondern zeigen Sie es im Vorstellungsgespräch. Wenn Sie zum Beispiel zum Ausdruck bringen wollen: »Ich würde sehr gewissenhaft für Sie arbeiten«, belegen Sie das durch die gewissenhafte Recherche, die Sie vor dem Gesprächstermin über das Unternehmen durchgeführt haben. Das ist der konkrete *Beleg*, den der Arbeitgeber mit eigenen Augen sehen kann.

Sechster Tipp für Schlauberger

> Arbeitgeber interessieren sich nicht wirklich für Ihre Vergangenheit; sie betrachten sie nur als Anhaltspunkt für Ihre Zukunft (als Arbeitnehmer).

Arbeitgeber dürfen nach geltendem Recht im Vorstellungsgespräch nur Fragen stellen, die einen Bezug zu der betreffenden Position haben. Fragen wie etwa die nach der Zugehörigkeit zu einer Partei oder dem Stand der Familienplanung sind unzulässig. Sie haben in solchen Fällen das Recht, mit einer (Not-)Lüge zu antworten, für die Sie später nicht juristisch belangt werden können. Jede andere Frage, die sich auf Ihre Vergangenheit bezieht, ist *fair*. Lassen Sie sich aber nicht verwirren, wenn sich ein Arbeitgeber sehr stark mit Ihrer Vergangenheit beschäftigt. Sie sollten sich der Tatsache bewusst sein, dass die einzige Sorge des Arbeitgebers Ihrer Zukunft gilt – und zwar der *bei ihm*. Weil diese Zukunft schwer vorherzusagen ist, versucht er in der Regel, Ihr zukünftiges Verhalten einzuschätzen, indem er Fragen zu Ihrem früheren Verhalten stellt. Viele geschulte Personalexperten setzen eine spezielle Form dieser verhaltensorientierten Interviewtechnik ein. Der Hintergrund dieser weit verbreiteten Technik ist, dass Verhaltensweisen aus der Vergangenheit die zuverlässigste Prognose über zukünftige Verhaltensweisen und damit über den Erfolg im Beruf ermöglichen.

Der neueste Ratgeber für Pessimisten

Man sucht also nach konkreten Beispielen aus der Vergangenheit des Bewerbers, durch die bestimmte Merkmale des Anforderungsprofils erkennbar werden sollen.

Versuchen Sie daher im Vorstellungsgespräch bei jeder Frage, die Ihnen der Arbeitgeber stellt, herauszufinden, welche Befürchtung bezüglich der Zukunft sich dahinter verbirgt – um dann direkt oder indirekt auf diese Befürchtung einzugehen.

Wie gesagt: In den meisten Fällen hat derjenige, der über Ihre Einstellung entscheiden muss, Angst. Wenn Sie das für ein zu starkes Wort halten, setzen Sie stattdessen »Befürchtungen« oder »Sorgen« ein. Und diese Befürchtungen liegen allen seinen Fragen zugrunde.

Hier einige Beispiele:

10 Tipps zum Vorstellungsgespräch für Schlauberger

Frage des Arbeitgebers	Die Befürchtung, die hinter der Frage steckt	Der Aspekt, den Sie vermitteln wollen	Mögliche Redewendungen
»Erzählen Sie mir etwas über sich!«	Ihr Gesprächspartner befürchtet, er würde vielleicht kein gutes Gespräch führen, weil er es versäumt, die richtigen Fragen zu stellen. Oder er hat Angst, dass mit Ihnen etwas nicht stimmen könnte, und hofft, dass Ihnen das rausrutschen könnte.	Sie sind ein guter Mitarbeiter, wie Sie in der Vergangenheit in Ihren früheren Jobs unter Beweis gestellt haben. (Geben Sie einen wirklich kurzen Überblick darüber, wer Sie sind, wo Sie geboren wurden und aufgewachsen sind, was Ihre Interessen und Hobbys sind und welche Art von Arbeit Sie bislang am liebsten getan haben.) Beschränken Sie sich auf maximal zwei Minuten.	Wenn Sie über Ihre berufliche Vergangenheit reden, nutzen Sie jede Redewendung, die Sie ins rechte Licht rückt: »kann hart arbeiten«, »habe früh angefangen, ging spät nach Hause«, »habe immer mehr getan, als man von mir erwartete« ...
»Nach welcher Art von Arbeit suchen Sie?«	Der Arbeitgeber befürchtet, dass Sie vielleicht nach einem anderen Job suchen könnten als dem, den er besetzen will. Beispiel: Er sucht einen Sekretär, Sie dagegen wollen Büroleiter werden.	Sie suchen genau nach der Art von Arbeit, die der Arbeitgeber anbietet. (Sagen Sie das jedoch nicht, wenn es nicht wahr ist.) Wiederholen Sie in Ihren eigenen Worten, was Ihr Gesprächspartner über den Job gesagt hat, und heben Sie die Fähigkeiten hervor, über die Sie genau dafür verfügen.	Wenn der Arbeitgeber die Stelle gar nicht beschrieben hat, sagen Sie: »Ich würde Ihnen die Frage gerne beantworten, aber ich muss erst genau wissen, worin dieser Job besteht.« Dann antworten Sie wie links beschrieben.
»Haben Sie diese Art von Arbeit schon einmal getan?«	Der Arbeitgeber befürchtet, dass Sie nicht die notwendigen Fähigkeiten und Erfahrungen besitzen, um diesen Job zu machen.	Sie haben Fähigkeiten, die übertragbar sind, aus früheren Jobs (was immer das war) und Sie haben gute Arbeit geleistet.	»Ich nehme neuen Stoff sehr schnell auf«, »Ich habe mich sehr schnell in jeden Job eingearbeitet, in dem ich bisher tätig war.«

Frage des Arbeitgebers	Die Befürchtung, die hinter der Frage steckt	Der Aspekt, den Sie vermitteln wollen	Mögliche Redewendungen
»Warum haben Sie Ihre letzte Stelle gekündigt?« »Wie sind Sie mit Ihrem früheren Chef und Ihren Mitarbeitern ausgekommen?«	Der Arbeitgeber befürchtet, dass Sie nicht mit anderen Menschen, vor allem Vorgesetzten, auskommen und wartet darauf, dass Sie schlecht über Ihren früheren Chef oder Ihre früheren Kollegen reden, um einen Beweis dafür zu finden.	Erwähnen Sie so viele positive Dinge wie eben möglich über Ihren früheren Chef und Ihre früheren Kollegen. Erzählen Sie jedoch keine Lügen. Heben Sie hervor, dass Sie normalerweise gut mit anderen Menschen auskommen – und stellen Sie das unter Beweis, indem Sie nett über Ihre früheren Kollegen und Vorgesetzten reden.	Wenn Sie von sich aus gegangen sind: »Mein Chef und ich hatten beide das Gefühl, dass ich in einem Job glücklicher und effektiver wäre, in dem ich (hier beschreiben Sie Ihre größten Stärken, zum Beispiel:) mehr Möglichkeiten hätte, meine Kreativität und Eigeninitiative unter Beweis zu stellen.« Wenn Sie entlassen wurden: »Normalerweise komme ich mit anderen Menschen gut aus, aber in diesem Fall haben mein Chef und ich uns einfach nicht verstanden. Schwer zu sagen, warum.« Mehr müssen Sie dazu nicht sagen. Wenn Sie entlassen wurden und Ihre Stelle danach nicht mehr besetzt wurde: »Meine Stelle wurde wegrationalisiert.«
»Wie ist Ihre gesundheitliche Verfassung?« »Wie oft haben Sie in Ihrer früheren Position gefehlt?«	Der Arbeitgeber befürchtet, dass Sie häufig krank feiern oder fehlen werden, wenn Sie eingestellt werden.	Sie werden nicht fehlen. Wenn Sie gesundheitliche Probleme haben sollten, betonen Sie, dass Sie das nicht von der täglichen Arbeit abhalten wird. Ihre Produktivität ist ausgezeichnet, im Vergleich mit der von anderen Arbeitnehmern.	Wenn Sie in Ihrem früheren Job nicht häufig gefehlt haben: »Ich denke, es ist die Aufgabe eines Arbeitnehmers, an jedem Arbeitstag zur Arbeit zu erscheinen.« Wenn Sie häufig gefehlt haben, sagen Sie, warum, und betonen Sie, dass dies durch Schwierigkeiten bedingt war, die der Vergangenheit angehören.

10 Tipps zum Vorstellungsgespräch für Schlauberger

Frage des Arbeitgebers	Die Befürchtung, die hinter der Frage steckt	Der Aspekt, den Sie vermitteln wollen	Mögliche Redewendungen
»Können Sie mir erklären, warum Sie so lange nicht gearbeitet haben?« »Können Sie mir die Lücken in Ihrem Lebenslauf erklären?«	Der Arbeitgeber befürchtet, dass Sie zu den Menschen gehören, die ihren Job in dem Augenblick aufgeben, in dem sie feststellen, dass ihnen irgendetwas daran nicht gefällt; mit anderen Worten, dass Sie kein Durchhaltevermögen haben.	Sie lieben es zu arbeiten, und Sie betrachten Zeiten, in denen es nicht so läuft, wie Sie es gerne hätten, als Herausforderung, der Sie sich mit Freude stellen.	»Während der Lücken in meinem Lebenslauf habe ich studiert/war ich ehrenamtlich tätig/habe ich mich intensiv damit auseinander gesetzt, was ich in meinem Leben erreichen will/habe ich mich neu orientiert.«
»Würde diese Stelle für Sie nicht einen Abstieg bedeuten?« »Ich glaube, dieser Job läge weit unter Ihren Fähigkeiten und Ihrer Erfahrung.« »Meinen Sie nicht, dass Sie für diese Stelle überqualifiziert wären?«	Der Arbeitgeber befürchtet, dass Sie woanders ein höheres Gehalt erwarten könnten und ihn deshalb verlassen werden, sobald Sie etwas Besseres in Aussicht haben.	Sie werden bei diesem Job bleiben, so lange Sie und der Arbeitgeber darin übereinstimmen, dass dies der Ort ist, an dem Sie arbeiten sollten.	»Diese Stelle bedeutet für mich keinen Abstieg. Es ist ein Schritt nach vorn – aus der Arbeitslosigkeit heraus.« »Wir haben gemeinsame Befürchtungen: Jeder Arbeitgeber hat Angst, dass ein guter Mitarbeiter zu schnell wieder gehen könnte, und jeder Arbeitnehmer fürchtet sich davor, aus geringfügigem Anlass gefeuert zu werden.« »Ich arbeite gern, und ich gebe in jedem Job mein Bestes.«
»Erzählen Sie mir, was Ihre größte Schwäche ist.«	Der Arbeitgeber befürchtet, Sie könnten irgendeine Charakterschwäche haben, und hofft nun, dass Sie diese offenbaren werden.	Sie haben Ihre Grenzen, wie jeder andere Mensch auch, aber Sie arbeiten ständig an sich, um sich zu verbessern und ein immer effektiverer Mitarbeiter zu werden.	Erwähnen Sie eine Schwäche und betonen Sie einen positiven Aspekt daran: »Ich mag es nicht, zu sehr kontrolliert zu werden, weil ich ein hohes Maß an Eigeninitiative habe und weil ich Probleme gerne vorwegnehme, bevor sie überhaupt entstehen.«

Siebter Tipp für Schlauberger

Achten Sie im Vorstellungsgespräch darauf, auf welche Zeiträume die Fragen des Arbeitgebers sich beziehen.

Wenn das Vorstellungsgespräch sich in Ihrem Sinne entwickelt, durchläuft der zeitliche Bezug der Fragen, die Ihnen gestellt werden, in der Regel folgende Phasen:

1. die fernere Vergangenheit, beispielsweise: »Wo haben Sie Ihre Ausbildung gemacht?«
2. die jüngste Vergangenheit, beispielsweise: »Erzählen Sie mir von Ihrer letzten Stelle«
3. die Gegenwart, zum Beispiel: »Welche Art von Arbeit suchen Sie?«
4. die nähere Zukunft, zum Beispiel: »Könnten Sie in einer Woche zu einem weiteren Gespräch vorbeikommen?«
5. die fernere Zukunft, zum Beispiel: »Wo möchten Sie heute in fünf Jahren stehen?«

Wenn der Arbeitgeber mit seinen Fragen von der Vergangenheit allmählich zur Zukunft übergeht, ist das ein gutes Zeichen für Sie. Wenn er dagegen beharrlich bei der Vergangenheit bleibt, stehen die Zeichen nicht so günstig. Na ja, man kann eben nicht immer alles haben!

Wenn der Arbeitgeber mit seinen Fragen deutlich auf die Zukunft übergeht, dann ist das der richtige Zeitpunkt für Sie, konkretere Fragen zu dem betreffenden Job zu stellen. Experten empfehlen für diesen Punkt folgende Fragen:

- Wie sieht die Position, für die ich in Frage komme, im Einzelnen aus?
- Welche Pflichten hätte ich, wenn ich eingestellt würde?
- Wofür wäre ich verantwortlich?
- Für welche Aufgaben würden Sie mich einstellen?
- Würde ich in einem Team oder einer Gruppe arbeiten? An wen würde ich berichten?
- Wer wäre dafür zuständig, dass ich die notwendige Weiterbildung erhalte, damit ich mich möglichst rasch einarbeiten kann?
- Wie würde ich beurteilt, in welchen Abständen und durch wen?
- Welche waren die Stärken und Schwächen der Vorgänger in diesem Job?
- Warum haben Sie selbst sich dafür entschieden, hier zu arbeiten?
- Was hätten Sie im Nachhinein gern über dieses Unternehmen gewusst, bevor Sie anfingen?
- Welche besonderen Merkmale haben Ihnen Ihrer Meinung nach in dieser Stellung zum Erfolg verholfen?
- Kann ich denjenigen kennen lernen, mit dem oder für den ich arbeiten soll (sofern Sie das nicht Sie selbst sind)?

Seien Sie sich bei diesem wechselseitigen Taxieren bewusst, dass es nicht um eine wissenschaftliche Beurteilung geht. Wie Nathan Azrin schon vor vielen Jahren gesagt hat, gleicht der Auswahlprozess bei der Stellenbesetzung eher der Suche nach einem Lebenspartner als der Entscheidung, ob man ein Haus kauft oder nicht. Um den Vergleich noch ein wenig zu verdeutlichen: Bei der Entscheidung, jemanden einzustellen, sind ähnliche Mechanismen am Werk wie bei der Entscheidung, jemanden zu heiraten. Diese Mechanismen sind natürlich impulsiv, intuitiv, irrational, unergründlich und oft aus dem Augenblick geboren.

Achter Tipp für Schlauberger

> Vorstellungsgespräche scheitern im Allgemeinen eher an der Mücke als am Elefanten, und zwar häufig schon in den ersten zwei Minuten.

Denken Sie daran: Sie können alle Fähigkeiten dieser Erde besitzen, Sie können bis zum Umfallen über die Organisation recherchiert haben, Vorstellungsgespräche so lange geübt haben, bis Sie die »richtigen Antworten« nur so aus dem Ärmel schütteln, Sie können in jeder Hinsicht ideal für den Job geeignet sein und im Vorstellungsgespräch trotzdem scheitern – aus irgendeinem kleinen, persönlichen Grund. Vielleicht weil Sie Mundgeruch haben. Das ist, als würden Sie losziehen, um es mit Löwen aufzunehmen, und dann an einem Bienenstich zugrunde gehen.

Darum scheitern Vorstellungsgespräche, wenn sie scheitern, meist in den ersten zwei Minuten. Ob Sie es glauben oder nicht.

Sehen wir uns doch einmal im Einzelnen an, was da in den ersten zwei Minuten für Mücken angeschwirrt kommen können, sodass derjenige, der über Ihre Einstellung zu entscheiden hat, innerlich anfängt zu grummeln: »Ich hoffe nur, wir haben noch weitere Kandidaten ...«

1. **Ihre äußere Erscheinung und Ihre persönlichen Gewohnheiten:** Die Erfahrung hat gezeigt, dass Sie als Mann eher eingestellt werden, wenn

   – Sie frisch geduscht und rasiert sind beziehungsweise Ihr Haar und Ihr Bart frisch geschnitten sind und ein Deodorant benutzen,
   – Sie saubere, gepflegte Kleidung, eine Hose mit akkurater Bügelfalte und frisch geputzte Schuhe tragen,
   – Sie keinen Mundgeruch haben, keinen Knoblauch-, Zwiebel-, Zigaretten- oder Alkoholgeruch ausdünsten, Ihre Zähne geputzt und mit Zahnseide gereinigt haben,
   – Ihr Aftershave nicht so aufdringlich ist, dass man Sie 15 Meter gegen den Wind riecht, wenn Sie den Raum betreten.

Noch einmal: Die Bewerberauswahl für einen Job gleicht eher einer Partnerwahl als der Entscheidung, ob man ein Haus kauft oder nicht. Der Arbeitgeber versucht zunächst einmal herauszufinden, ob er Sie mag. Wenn Sie einen der oben aufgeführten Punkte verpatzen, beschließt derjenige, der über Ihre Einstellung zu entscheiden hat, womöglich, dass er Sie nicht mag. In dem Fall werden Sie die Stelle nicht bekommen, ganz gleich wie qualifiziert Sie sind. Dasselbe gilt übrigens auch für Ihren Flirt.

Wenn Sie eine Frau sind, werden Sie erfahrungsgemäß eher eingestellt, wenn

- Sie frisch geduscht sind, nicht kiloweise Make-up im Gesicht tragen, Ihr Haar frisch frisiert haben, saubere, eventuell sorgfältig maniküre Fingernägel haben, die nicht zehn Zentimeter lang sind, und wenn Sie ein Deodorant benutzen,
- Sie einen BH tragen, Ihre Kleidung sauber und gepflegt ist, Sie ein Kostüm oder ein dezentes Kleid und Schuhe (keine Sandalen) tragen und Ihre Kleidung nicht allzu gewagt ist – das könnte heutzutage, da sexuelle Belästigung am Arbeitsplatz ein großes Thema ist, sowohl männliche als auch weibliche Arbeitgeber ziemlich nervös machen. Natürlich gibt es Arbeitgeber, für die ein gewagtes Outfit einen Pluspunkt darstellt, aber glauben Sie mir – für solche Chefs werden Sie kaum arbeiten wollen. (Ich beziehe mich bei diesen Punkten ausschließlich auf Ihre Einstellungschancen, unabhängig davon, was ich von Arbeitgebern halte, die nur auf das Äußere fixiert sind.)
- Sie keinen Mundgeruch haben, keinen Knoblauch-, Zwiebel-, Zigaretten- oder Alkoholgeruch ausdünsten, Ihre Zähne geputzt und mit Zahnseide gereinigt haben,
- Sie keine Parfümwolke um sich verbreiten, die man 15 Meter gegen den Wind riecht, wenn Sie den Raum betreten.

Noch einmal: Es geht zunächst einmal darum, ob »die Chemie stimmt«. Wenn Sie einen der oben aufgeführten Punkte verpatzen und sich die Sympathie desjenigen verscherzen, der über Ihre Einstellung zu entscheiden hat, dann hilft Ihnen alle Qualifikation nichts.

2. Ticks und Zeichen von Nervosität: Es schreckt Arbeitgeber ab, wenn

- Sie ständig den Blickkontakt zum Arbeitgeber meiden (das ist ein *wirklich gravierendes* Minus),
- Sie einen schlaffen Händedruck haben,
- Sie sich während des Gesprächs in Ihren Sessel lümmeln oder ständig nervös hin und her rutschen, mit den Fingern knacken oder dauernd mit Ihren Händen oder Haaren spielen.

Auch hier geht es um den persönlichen Eindruck, nicht um die berufliche Qualifikation.

3. Mangelndes Selbstbewusstsein: Es schreckt Arbeitgeber ab, wenn

- Sie so leise sprechen, dass man Sie kaum versteht, oder so laut, dass man Sie auch noch zwei Räume weiter hören kann,
- Sie auf Fragen extrem zögernd antworten,
- Sie auf Fragen extrem einsilbig antworten,
- Sie dem Arbeitgeber ständig ins Wort fallen,
- Sie Ihre Leistungen oder Fähigkeiten herunterspielen oder im Gespräch ständig selbstkritische Kommentare äußern.

Wiederum: Es geht zuallererst um den persönlichen Eindruck, den Sie beim Arbeitgeber hinterlassen. Wenn dieser negativ ausfällt, können Sie noch so qualifiziert sein – Sie werden die Stelle nicht bekommen.

4. Ihr Umgang mit anderen Menschen: Es schreckt Arbeitgeber ab, wenn

- Sie es gegenüber den Mitarbeitern am Empfang, im Sekretariat oder (beim Essen) den Kellnern und Kellnerinnen an Höflichkeit fehlen lassen,
- Sie sich kritisch über Ihre früheren Arbeitgeber und Kollegen äußern,
- Sie Hochprozentiges trinken (ohnehin sollten Sie, wenn Sie mit einem Arbeitgeber essen gehen, keine alkoholischen Getränke bestellen. Er könnte sich sonst fragen, ob Sie immer nach dem ersten Glas aufhören. Das gilt auch dann, wenn der Arbeitgeber selbst etwas trinkt.),
- Sie vergessen, Ihrem Gegenüber nach dem Vorstellungsgespräch beim Abschied zu danken, oder vergessen, anschließend ein Dankesschreiben zu schicken. Wie ein Personalleiter einmal sagte:

»Ein prompter, kurzer, geschäftsmäßiger Brief per Fax mit einem Dankeschön für meine Zeit und einer (kurzen!) Zusammenfassung der besonderen Merkmale des Bewerbers zeigt mir, dass diese Person ein selbstbewusster, motivierter, kundenorientierter Verkäufer ist, der Technologie einsetzen kann und die Spielregeln kennt. Das sind Qualitäten, auf die es mir ankommt. Zurzeit kommt bei mir ein derartiger Brief auf 15 Kandidaten, mit denen ich Vorstellungsgespräche geführt habe.«

Wiederum: Der persönliche Eindruck zählt!

Übrigens achten manche Arbeitgeber natürlich darauf, ob Sie rauchen – sei es im Büro oder beim Essen. Bei einem Kopf-an-Kopf-Rennen zwischen zwei gleich qualifizierten Bewerbern fällt die Entscheidung in der Regel zugunsten des Nichtrauchers. Es gibt natürlich eine Menge Ratschläge zum Thema »Wie verberge ich, dass ich Raucher bin«.

Ich persönlich halte allerdings nicht viel davon. Wenn Sie die Stelle erst einmal haben, kommt es früher oder später doch heraus, dass Sie rauchen. Und wenn Ihr Chef Raucher hasst, wird er immer einen Vorwand finden, Sie wieder loszuwerden, ohne auch nur das Wort »Rauch« zu erwähnen. Ich rate Ihnen darum: Versuchen Sie erst gar nicht, es zu verbergen.

Andererseits ist es durchaus legitim, das Thema wenn möglich hinauszuzögern. Wenn Ihnen der Job dann tatsächlich angeboten wird, halte ich es für wichtig, dem Arbeitgeber zu sagen, dass Sie rauchen, und ihm eine Rückzugsmöglichkeit zu bieten: »Wenn Sie daran so starken Anstoß nehmen, dass Sie niemanden beschäftigen wollen, der raucht, dann möchte ich lieber jetzt zurücktreten, als zu riskieren, dass das Problem später zwischen uns steht.« Mit solcher Umsicht und Rücksichtnahme können Sie die Vorbehalte des Arbeitgebers Ihnen gegenüber beträchtlich abmildern. In vielen Betrieben gibt es die Möglichkeit, in bestimmten Abständen eine Rauchpause außerhalb des Büros einzulegen.

5. Ihre Wertvorstellungen: Folgendes wirkt auf die meisten Arbeitgeber abschreckend:

- Anzeichen von Arroganz oder starker Aggressivität, Unpünktlichkeit oder Nachlässigkeit im Einhalten von Terminen und Zusagen (das gilt bereits für das Vorstellungsgespräch selbst),
- Anzeichen von Faulheit oder mangelnder Motivation,
- Anzeichen für einen Hang, sich ständig zu beschweren oder die Schuld auf andere abzuwälzen,
- Anzeichen von Unaufrichtigkeit oder Lügen – sei es in Ihrer Bewerbung oder sei es im Vorstellungsgespräch,
- Anzeichen von Verantwortungslosigkeit oder Drückebergerei,
- Anzeichen dafür, dass Sie Anweisungen nicht befolgen und sich über Regeln hinwegsetzen,
- Anzeichen mangelnder Begeisterung für die Organisation und ihre Anliegen,
- Anzeichen für Unausgeglichenheit, aufbrausendes Verhalten oder dergleichen,
- andere Anzeichen Ihrer Wertvorstellungen, zum Beispiel was im Büro Eindruck auf Sie macht und was nicht; welche Opfer Sie bringen würden, um den Job zu bekommen, und welche nicht; Ihr Enthusiasmus für die Arbeit; die Sorgfalt, mit der Sie sich im Vorfeld über das Unternehmen informiert haben – oder der Mangel daran – und so weiter.

Auch dieser Punkt kann für den persönlichen Eindruck entscheidend sein – und dieser wiederum dafür, ob Sie die Stelle bekommen.

So, lieber Leser, liebe Leserin, hier haben wir nun also die Mücken, die Ihnen zum Verhängnis werden können, wenn Sie sich im Vorstellungsgespräch ganz auf die Elefanten konzentrieren.

Eine Bitte: Schreiben Sie mir nicht, um mir zu sagen, wie kleinkariert und idiotisch manches davon ist. Glauben Sie mir, das weiß ich schon. Ich schreibe hier nicht über die Welt, wie sie sein sollte, und ganz bestimmt nicht, wie ich sie gern hätte. Ich schreibe darüber, wie es bei der

Bewerberauswahl *tatsächlich* zugeht – und dass es sich so verhält, haben endlose Reihen von Studien belegt.

Sie haben die Wahl, ob Sie sich all diese Punkte zu Herzen nehmen oder sie einfach ignorieren. Aber wenn Sie sich dafür entscheiden, sie zu ignorieren, und dann – trotz zahlreicher Vorstellungsgespräche – nie ein Angebot bekommen, dann sollten Sie Ihre Haltung möglicherweise noch einmal überdenken. Vielleicht sind es eben doch die Mücken, die Ihnen zum Verhängnis werden, und nicht die Elefanten.

Das Gute daran ist: Sie können all diese Mücken erledigen. Jawohl, diese Faktoren stehen sämtlich in Ihrer Macht.

Gehen Sie sie noch einmal von Anfang bis Ende durch. Es ist nicht einer darunter, den Sie nicht beeinflussen oder ändern könnten. Es ist Ihre Entscheidung, vor dem Vorstellungsgespräch ein Bad zu nehmen, es ist Ihre Entscheidung, Ihre Schuhe zu putzen, es ist Ihre Entscheidung, nicht zu rauchen. All diese Kleinigkeiten, die Ihren Erfolg im Vorstellungsgespräch torpedieren können, unterliegen Ihrem Einfluss, und Sie können etwas daran ändern, wenn Ihre Jobsuche daran scheitert.

Neunter Tipp für Schlauberger

> Ein paar Fragen müssen Sie noch stellen, ehe das Vorstellungsgespräch beendet ist.

Es gibt sechs Fragen, die Sie vor dem Ende jedes Vorstellungsgesprächs stellen sollten.

1. »Gibt es in diesem Unternehmen Stellen, für die Sie mich aufgrund meiner Fähigkeiten und meiner Erfahrung in Betracht ziehen?« Diese Frage stellen Sie, wenn Sie sich nicht um eine bestimmte Stelle beworben haben.
2. »Können Sie mir für diese Stelle ein Angebot machen?« *Ich weiß, wie dumm das klingt, aber ich selbst staune immer wieder, wie viele Jobsuchende eine Stelle bekommen haben, weil sie dreist genug waren, am Ende des Vorstellungsgesprächs eine Frage zu stellen wie »Kann ich*

diesen Job bekommen?« Ich weiß nicht, *warum* das so ist. Ich weiß nur, *dass* es so ist. Vielleicht hat es etwas damit zu tun, dass Arbeitgeber nicht gern »nein« sagen, wenn sie direkt gefragt werden. Wenn Sie also alles über diesen Job und dieses Unternehmen gehört haben und Sie wirklich gern dort arbeiten würden, dann fragen Sie danach. Das Schlimmste, was ein Arbeitgeber sagen kann, ist »nein« oder »Wir müssen all die Vorstellungsgespräche, die wir gerade führen, erst noch auswerten.«

3. »Möchten Sie, dass ich noch einmal zu einem weiteren Gespräch komme, wenn vielleicht einer der anderen Entscheidungsträger dabei ist?« Wenn Sie nach Ansicht des Arbeitgebers ein ernsthafter Kandidat für diesen Job sind, gibt es normalerweise eine »zweite Runde« von Bewerbungsgesprächen. Oft sogar noch eine dritte und vierte. Sie möchten natürlich in die nächste Runde kommen. Viele Experten sagen sogar, dass beim ersten Vorstellungsgespräch Ihr *einziges* Ziel sein sollte, zu einem weiteren Gespräch eingeladen zu werden. Wenn Sie das erreicht haben, können Sie das erste Gespräch als Erfolg betrachten.

4. »Wann darf ich damit rechnen, wieder von Ihnen zu hören?« Überlassen Sie die weiteren Schritte niemals allein dem Arbeitgeber. Bleiben Sie selbst am Ball. Geben Sie sich nicht damit zufrieden, wenn der Arbeitgeber sagt: »Wir brauchen Zeit, um darüber nachzudenken«, oder »Wir werden Sie wegen eines zweiten Gesprächs anrufen«. Nageln Sie ihn auf einen Termin fest.

5. »Darf ich fragen, wann ich spätestens wieder von Ihnen hören werde?« Der Arbeitgeber hat Ihnen wahrscheinlich die optimistische Variante in Aussicht gestellt. Nun wollen Sie wissen, was das Worst-Case-Szenario ist. Ein Arbeitgeber antwortete mir auf diese Frage einmal: »Niemals!« Ich dachte, er hätte einen ausgeprägten Sinn für Humor. Aber wie sich herausstellte, meinte er es völlig ernst. Ich hörte nie wieder etwas von ihm, obwohl ich noch mehrmals versuchte, Kontakt zu ihm aufzunehmen.

6. »Darf ich nach diesem Termin nochmals mit Ihnen Kontakt aufnehmen, falls Sie mich aus irgendeinem Grund nicht erreichen konnten?« Manche Arbeitgeber mögen diese Frage überhaupt nicht. Sie fragen eingeschnappt zurück: »Trauen Sie mir etwa nicht?« Die meisten Arbeitgeber reagieren jedoch positiv darauf, weil es auch für sie eine zusätzliche Sicherheit bedeutet. Ihnen ist klar, dass sie vor lauter Arbeit vergessen

könnten, Sie wie versprochen zu kontaktieren. Es ist für sie beruhigend zu wissen, dass Sie in dem Fall die Sache selbst in die Hand nehmen.

(Gegebenenfalls 7. »Kennen Sie jemanden, der Interesse daran haben könnte, mich einzustellen?« Diese Frage stellen Sie nur, wenn Sie auf die erste der oben aufgeführten Fragen eine negative Antwort bekommen haben.)

Notieren Sie alle Antworten, dann stehen Sie auf, bedanken sich freundlich für die Zeit, die man Ihnen gewidmet hat, verabschieden sich mit einem festen Händedruck und gehen. Schreiben Sie am selben Abend einen Dankesbrief und schicken Sie ihn unbedingt gleich am nächsten Morgen ab.

Zehnter Tipp für Schlauberger

> **Schicken Sie grundsätzlich immer spätestens am selben Abend ein Dankesschreiben.**

Jeder Bewerbungsexperte wird Ihnen zweierlei sagen: 1. Jeder Jobsuchende *muss* nach *jedem* Vorstellungsgespräch ein Dankesschreiben schicken, und 2. die meisten Jobsuchenden ignorieren diesen Rat. Von allen Schritten bei der gesamten Jobsuche wird dieser am häufigsten übersehen. »Manchmal hilft ein kurzes Danke«, schreibt das *Handelsblatt*. Eine Studie einer Personalberatung habe ergeben, dass es durchaus sinnvoll sei, nach dem Gespräch einen Dankesbrief zu schreiben, da die Unternehmen dies durchweg positiv werteten. In Anbetracht dessen sei es allerdings erstaunlich, dass diese Briefe nur so selten tatsächlich eingesetzt würden: In Deutschland bekämen gerade einmal 10 Prozent der Unternehmen nach Vorstellungsgesprächen Dankesbriefe.[7]

Wenn Sie sich positiv von Ihren Mitbewerbern abheben wollen, dann schicken Sie am gleichen Tag ein Dankesschreiben an *alle* Personen, mit denen Sie bei Ihrer Jobsuche zu tun hatten. Abgesehen von der Tatsache, dass Sie dadurch womöglich den Job bekommen, gibt es noch sechs weitere Gründe, ein Dankesschreiben zu schicken – besonders an den Arbeitgeber, der das Vorstellungsgespräch mit Ihnen geführt hat.

Erstens wollen Sie sich schließlich als jemand darstellen, der gut mit Menschen umgehen kann. Ihr Verhalten rund ums Vorstellungsgespräch muss Beispiele dafür liefern. Ein Dankesschreiben erfüllt diesen Zweck. Es zeigt dem Arbeitgeber, dass Sie wirklich gut mit Menschen umgehen können – Sie denken daran, sich bei ihnen zu bedanken.

Zweitens hilft es dem Arbeitgeber, sich an Sie zu erinnern.

Drittens hat die Person, die das Vorstellungsgespräch mit Ihnen geführt hat, etwas in der Hand, das sie anderen Entscheidern zeigen kann, falls mehr als eine Person am Auswahlprozess beteiligt ist.

Viertens kann das Dankesschreiben *Ihr* Interesse an weiteren Gesprächen unterstreichen, wenn das Interview recht positiv verlaufen ist und der Arbeitgeber seinerseits an weiteren Gesprächen interessiert zu sein schien.

Fünftens gibt das Dankesschreiben Ihnen die Möglichkeit, einen falschen Eindruck zu korrigieren. Wenn Sie etwas Bestimmtes vergessen haben zu erwähnen, können Sie es auf diesem Weg noch nachtragen. Außerdem können Sie noch einmal die zwei oder drei wesentlichen Punkte des Gesprächs hervorheben, an die der Arbeitgeber sich besonders erinnern soll.

Und schließlich können Sie selbst dann noch von dem Gespräch profitieren, wenn es nicht in Ihrem Sinne verlaufen ist und Sie selbst anschließend nicht mehr daran interessiert sind, bei diesem Unternehmen zu arbeiten. Sie können Ihre Gesprächspartner dann in Ihrem Dankesschreiben bitten, an Sie zu denken, wenn Sie von anderen freien Stellen hören sollten. Wenn man Ihnen wohlgesonnen ist, bekommen Sie so vielleicht noch nützliche Hinweise.

In den folgenden Tagen halten Sie sich an all das, was Sie vereinbart haben, und nehmen abgesehen von dem obligatorischen Dankesschreiben keinen Kontakt auf – bis zu dem Termin, an dem Sie spätestens wieder von dem Arbeitgeber hören sollten (siehe Frage 4). Wenn das vereinbarte Datum verstrichen ist und Sie auf Ihre Nachfrage zu hören bekommen, es sei alles noch in der Schwebe, dann müssen Sie wiederum die Fragen 3, 4 und 5 stellen. Und immer so weiter, bis Sie etwas Konkretes erfahren.

Es spricht übrigens nichts dagegen, nach jedem Gespräch oder telefonischen Kontakt weitere Dankesschreiben in das laufende Verfahren einfließen zu lassen. Halten Sie diese Briefe aber kurz.

Wenn Sie trotz allem nie über das erste Gespräch hinauskommen

Es gibt keinen Zaubertrick, durch den die Jobsuche immer und bei jedem zum Erfolg führt. Glauben Sie niemandem, der Ihnen so etwas weismachen will. Ich erfahre immer wieder von Jobsuchenden, dass sie alle Hinweise aus diesem Kapitel und den übrigen beachtet haben und auch öfter zu Vorstellungsgesprächen eingeladen werden, letztendlich aber dennoch keine Stelle bekommen. Sie wollen dann natürlich wissen, was sie falsch machen.

Manchmal lautet die Antwort leider: »Vielleicht gar nichts.« Ich weiß nicht, *wie oft* das vorkommt, aber ich weiß, *dass* es vorkommt – weil mehr als ein Arbeitgeber es mir gestanden hat und ich es auch einmal selbst erlebt habe. Manche Arbeitgeber treiben nämlich mit Jobsuchenden ein falsches Spiel, indem sie sie zu Vorstellungsgesprächen einladen, obwohl sie schon jemanden für die fragliche Position ausgewählt haben und von Anfang an wissen, dass sie überhaupt nicht die Absicht haben, Sie einzustellen – nicht in einer Million Jahren. Das gilt übrigens auch oft für Stellen im öffentlichen Dienst, die ja grundsätzlich ausgeschrieben werden müssen, selbst wenn intern längst klar ist, wer die Position besetzen soll.

Sie sind natürlich begeistert, mit welcher Leichtigkeit es Ihnen gelungen ist, zum Vorstellungsgespräch eingeladen zu werden. Sie können ja nicht wissen, dass der Arbeitgeber seine Entscheidung bereits getroffen hat und nur pro forma ein Bewerbungsverfahren durchführt, weil seine Richtlinien es vorschreiben. Er wählt also zum Schein zehn Kandidaten aus (unter denen sich auch derjenige befindet, dem die Stelle zugedacht ist) und lädt sie zu Vorstellungsgesprächen ein. Dabei steht jedoch von Anfang an fest, dass die übrigen neun Kandidaten abgelehnt werden. Wenn Sie die Ehre haben, unter diesen neun zu sein, bekommen Sie also automatisch eine Absage – selbst wenn Sie viel besser geeignet sind. Der Arbeitgeber besetzt die Stelle mit seinem Wunschkandidaten und benutzt Sie lediglich dazu, den Schein eines regulären Bewerbungsverfahrens aufrechtzuerhalten.

Sie können sich natürlich nicht erklären, warum Sie abgelehnt wurden. Das Problem ist, dass Sie nie sicher sein können, ob Sie in einem bestimmten Fall tatsächlich diesem Trick zum Opfer gefallen sind. Sie sind zunächst einmal einfach sehr deprimiert.

Wenn Sie *niemals* zu einem zweiten Gespräch eingeladen werden, dann drängt sich natürlich der Verdacht auf, dass keine Spiele gespielt werden. Wenn Sie eine Absage nach der anderen bekommen, dann scheint tatsächlich etwas mit Ihrem Verhalten im Vorstellungsgespräch nicht zu stimmen.

Arbeitgeber werden Ihnen das kaum jemals direkt sagen. Sie werden nie etwas zu hören bekommen wie: »Sie sind im Vorstellungsgespräch einfach zu großspurig und arrogant aufgetreten.« Fast immer tappen Sie völlig im Dunkeln, was Sie nun tatsächlich falsch machen.

Eine Möglichkeit, das verhängnisvolle Schweigen zu brechen, ist folgende: Wenn Sie bereits eine ganze Reihe von Vorstellungsgesprächen hinter sich haben, können Sie sich an den freundlichsten Gesprächspartner wenden, dem Sie im Laufe Ihrer bisherigen Jobsuche begegnet sind, und ihn um ein *allgemeines* Feedback bitten. Rufen Sie den Betreffenden an, bringen Sie sich bei ihm in Erinnerung und stellen Sie dann Ihre Frage – aber bewusst ganz allgemein gehalten, vage, ohne Bezug zu dem jeweiligen Unternehmen und vor allem auf die Zukunft gerichtet. Etwa folgendermaßen: »Wissen Sie, ich hatte schon einige Vorstellungsgespräche bei verschiedenen Unternehmen, von denen ich leider immer eine Absage erhalten habe. Gibt es nach Ihrem Eindruck etwas an mir, das dazu beitragen könnte, dass ich abgelehnt werde? Wenn Ihnen etwas dazu einfällt, wäre ich Ihnen sehr dankbar für einen Hinweis, damit ich weiß, worauf ich bei zukünftigen Vorstellungsgesprächen achten muss.«

„Ich sage Ihnen, warum ich diesen Job haben will. Ich löse gern Probleme. Ich suche Herausforderungen. Ich will gefordert werden. Außerdem will ich mein Auto wieder auslösen."

Die meisten Gesprächspartner werden dann immer noch davor zurückschrecken, etwas zu sagen, das Sie verletzen, Ihnen aber auch weiterhelfen könnte. Schließlich wissen sie nicht, wie Sie den Hinweis auffassen würden, und befürchten Unannehmlichkeiten. Ein »alter Hase« sagte einmal zu mir: »Früher hielt ich es für meine Pflicht, jedem die Wahrheit ins Gesicht zu sagen. Jetzt beschränke ich mich auf diejenigen, die etwas damit anfangen können.«

Aber Sie haben immerhin die Chance, an jemanden zu geraten, der das Risiko eingeht, weil er Ihnen zutraut, dass Sie das Feedback angemessen nutzen. In diesem Fall danken Sie Ihrem Gesprächspartner von ganzem Herzen, so schmerzhaft die Wahrheit auch sein mag. Wenn Sie seinen Rat ernst nehmen und Ihre Strategie entsprechend anpassen, kann das der entscheidende Schritt zum erfolgreichen Bewerbungsgespräch sein.

Wenn Sie kein hilfreiches Feedback von einem ehemaligen Gesprächspartner bekommen, können Sie einen befreundeten Geschäftsmann bitten, mit Ihnen ein Vorstellungsgespräch zu simulieren. Vielleicht fällt ihm in dem Rollenspiel auf Anhieb etwas auf, wodurch Sie einen schlechten Eindruck hervorrufen.

Wenn nichts mehr hilft, würde ich Ihnen empfehlen, sich in die sanften, erfahrenen Hände eines professionellen Karriereberaters zu begeben. Spielen Sie mit ihm ein Vorstellungsgespräch durch und nehmen Sie seine Ratschläge ernst (immerhin haben Sie dafür bezahlt).

Zusammenfassung

Ich habe in diesem Kapitel das Thema Gehaltsverhandlung ausgeklammert. Es wird im folgenden Kapitel separat behandelt.

Mit diesen Ratschlägen und den oben behandelten zehn Tipps werden Sie Ihre Vorstellungsgespräche hoffentlich erfolgreich meistern. Und wenn Sie dann eingestellt sind, sollten Sie auf der Stelle eine Entscheidung treffen: Nehmen Sie sich vor, Ihre Erfolge in diesem neuen Job wöchentlich zu dokumentieren. Tragen Sie sie am Ende jeder Woche in Ihr privates Tagebuch ein. Experten wie Bernard Haldane empfehlen, das regelmäßig zu tun. Sie können dann jährlich eine Zusammenfassung Ihrer Erfolge auf einem Blatt erstellen, um sie Ihrem Chef vorzulegen, wenn das Thema Gehaltserhöhung zur Sprache kommt oder die jährlichen Zielvereinbarungen beim Mitarbeitergespräch diskutiert werden.[8]

KAPITEL 12

Die sieben Geheimnisse der Gehaltsverhandlung

*Arbeit ist sichtbar gemachte Liebe.
Und wenn ihr nicht mit Liebe,
sondern nur mit Unlust arbeiten könnt,
dann ist es besser, eure Arbeit zu verlassen
und euch ans Tor des Tempels zu setzen,
um Almosen zu erbitten von denen,
die mit Freude arbeiten.*

Kahlil Gibran, *Der Prophet*

WIE Sie Ihr Gehalt verhandeln

Ich erinnere mich an ein Gespräch mit einer aufgeregten Hochschulabsolventin, die gerade eben ihren ersten Job bekommen hatte. »Wie viel verdienen Sie denn?«, fragte ich. Sie stutzte. »Ich weiß nicht«, sagte sie, »danach habe ich gar nicht gefragt. Ich denke, ich werde schon ein faires Gehalt bekommen.« Oha! Das gab ein schlimmes Erwachen, als sie ihre erste Gehaltsabrechnung sah. Die Bezahlung war so elend niedrig, dass sie ihren Augen nicht traute. Und so lernte sie auf schmerzhafte Art, was auch Sie lernen müssen: Bevor Sie einen Job annehmen, müssen Sie immer nach dem Gehalt fragen. Danach *fragen* und darüber *verhandeln*.

Beim Thema *Verhandeln* wird Ihnen natürlich bange. Sie denken, das könnten Sie gar nicht gut. Dabei ist es überhaupt nicht so schwierig. Man könnte zu diesem Thema zwar ganze Bücher schreiben (die es ja auch gibt), aber im Grunde muss man nur sieben Geheimtipps kennen.

Das erste Geheimnis
der erfolgreichen Gehaltsverhandlung

Diskutieren Sie *niemals* über Ihr Gehalt, bevor das Gespräch zum Ende kommt und man Ihnen definitiv zu verstehen gegeben hat, dass man Sie haben will.

Wann ein Gespräch »zum Ende kommt«, ist schwer zu definieren. Es geht um den Zeitpunkt, an dem der Arbeitgeber sagt oder denkt: »Diesen Bewerber müssen wir haben!« Das kann am Ende des ersten (und damit auch letzten) Vorstellungsgesprächs sein, es kann aber auch erst am Ende einer ganzen Reihe von Gesprächen mit unterschiedlichen Personen innerhalb derselben Organisation geschehen. Angenommen, die Dinge entwickeln sich also zu Ihrem Vorteil, ob nach dem ersten, dem zweiten, dem dritten oder dem vierten Gespräch. Das Unternehmen gefällt Ihnen, und Sie gefallen dem Unternehmen, sodass man Ihnen ein Angebot macht. Dann – und erst dann – stellt sich die Gehaltsfrage. Sie lautet aus der Sicht des Arbeitgebers: »Wie viel wird diese Person mich kosten?«, und aus Ihrer Sicht: »Wie viel verdiene ich bei diesem Job?«

Wenn der Arbeitgeber Sie schon früher nach Ihrer Gehaltsvorstellung fragt, dann sollten Sie sofort drei Antworten parat haben.

Erste Antwort: Wenn der Arbeitgeber ein umgänglicher Zeitgenosse zu sein scheint, könnte die beste und diplomatischste Antwort lauten: »Bevor Sie nicht endgültig entschieden haben, dass Sie mich einstellen wollen, und bevor ich nicht endgültig beschlossen habe, dass ich Ihnen bei Ihrer Aufgabe helfen kann, habe ich den Eindruck, dass der Zeitpunkt verfrüht ist, über dieses Thema zu reden.« Das wird in den meisten Fällen helfen.

Zweite Antwort: Es gibt Situationen, in denen das nicht funktioniert. Sie können an einen Arbeitgeber geraten, der sich nicht so leicht abwimmeln lässt, sondern von Ihnen erwartet, dass Sie sich innerhalb der ersten zwei

Minuten des Vorstellungsgesprächs zu Ihren Gehaltsvorstellungen äußern. Dann ist die zweite Antwort angebracht: »Ich möchte mich gern mit Ihnen über dieses Thema unterhalten, aber können Sie mir erst genauer erklären, was diese Position beinhaltet?«

Dritte Antwort: In den meisten Fällen ist die zweite eine gute Antwort. Aber was, wenn der Arbeitgeber daraufhin energischer wird: »Na los, kommen Sie, treiben Sie keine Spielchen mit mir. Ich will wissen, wie viel Sie verdienen möchten.« Für diesen Fall haben Sie die dritte Antwort parat. Sie nennen eine Spanne, beispielsweise: »Ich möchte ein Jahresgehalt zwischen 35 000 und 45 000 Euro.«

Wenn der Arbeitgeber immer noch versucht, Sie festzunageln, dann überlegen Sie einmal, was das bedeutet. Na klar, Sie haben es mit jemandem zu tun, der nicht bereit ist, sich auf Verhandlungsspielräume einzulassen. Für ihn steht und fällt alles mit einer bestimmten Summe. Verhandelt wird nicht.[1]

Das geschieht deshalb, weil für viele Arbeitgeber das Gehalt das Hauptkriterium darstellt, nach dem sie entscheiden, wen sie von – sagen wir – 19 möglichen Kandidaten einstellen und wen nicht.

> Viele Arbeitgeber spielen heutzutage wieder das alte Spiel: »Von zwei gleich qualifizierten Kandidaten bekommt der den Job, der weniger Gehalt fordert.«

Wenn Ihnen das passiert und Sie den Job auf jeden Fall haben wollen, dann müssen Sie sich wohl oder übel darauf einlassen. Fragen Sie nach den Gehaltsvorstellungen des Arbeitgebers und treffen Sie Ihre Entscheidung. (Natürlich sollten Sie immer sagen: »Ich brauche etwas Zeit zum Nachdenken.«)

Aber die geschilderten Fälle sind nur ein *Worst-Case-Szenario* und nicht die Regel. Bei Weitem nicht. Normalerweise sind Arbeitgeber heutzutage durchaus bereit, die Gehaltsverhandlung bis zu dem Punkt des Vorstellungsgesprächs aufzuschieben, an dem sie definitiv entschlossen sind, Ihnen ein Angebot zu machen (und Sie sich ebenfalls für sie entschieden haben). Und wenn es erst einmal so weit gekommen ist, dann lässt sich über das Gehalt verhandeln.

Wann verhandeln Sie über Ihr Gehalt?

Erst dann, wenn die folgenden Bedingungen erfüllt sind:

- Man hat Sie von Ihrer besten Seite kennen gelernt, und es ist deutlich geworden, wodurch Sie sich von den Mitbewerbern positiv abheben.
- Sie haben das Unternehmen so umfassend wie möglich kennen gelernt, sodass Sie wissen, wann es unnachgiebig und wann flexibel ist.
- Sie wissen ganz genau, was alles zu den Aufgaben gehört.
- Das Unternehmen hatte Gelegenheit zu erkennen, wie gut Sie zu dem Anforderungsprofil passen.
- Sie haben beschlossen: »Ich will wirklich gern hier arbeiten.«
- Man hat Ihnen gesagt: »Wir wollen Sie haben.«
- Man hat Ihnen gesagt oder zu verstehen gegeben: »Wir müssen Sie haben.«

Erst dann sollten Sie sich auf Gehaltsverhandlungen mit diesem Arbeitgeber einlassen.

Die folgende Grafik soll das Ganze noch einmal veranschaulichen.[2]

Warum ist es für Sie vorteilhaft, die Gehaltsverhandlung bis zum Schluss aufzuschieben? Weil man Ihnen vielleicht am Ende ein höheres Gehalt anbieten wird, als man zu Beginn des Vorstellungsgesprächs vorhatte, nachdem Sie dort wirklich brilliert haben und man nach dem positiven Verlauf des Gesprächs ernsthaft entschlossen ist, Ihre Dienste in Anspruch zu nehmen.

Frank & Ernest, © NFA, Inc.

Das zweite Geheimnis der erfolgreichen Gehaltsverhandlung

Finden Sie heraus, wie viel der Arbeitgeber maximal zu zahlen bereit ist, um Sie zu bekommen.

Die Gehaltsverhandlung wäre nie ein Thema, wenn jeder Arbeitgeber in jedem Vorstellungsgespräch von Anfang an dazu bereit wäre, den höchsten Betrag zu nennen, den er für die Position zu zahlen bereit ist. Manche Arbeitgeber tun das tatsächlich, wie oben erwähnt – und das ist das Ende jeder Gehaltsverhandlung. Aber die meisten Arbeitgeber vermeiden es natürlich. Sie gehen zunächst von einem niedrigeren Betrag aus, als sie grundsätzlich zu zahlen bereit sind, weil sie hoffen, Sie auf diese Weise für weniger Geld zu bekommen. Dadurch entsteht eine *Spanne*. Und um diese Spanne geht es bei der Gehaltsverhandlung.

Wenn ein Arbeitgeber jemanden beispielsweise für höchstens 12 Euro pro Stunde einstellen möchte, eröffnet er die Verhandlung vielleicht mit einem Angebot von 8 Euro pro Stunde. Die Spanne liegt also zwischen 8 und 12 Euro. Oder wenn er nicht mehr als 20 Euro pro Stunde zahlen

„Während du darauf wartest, dass das Schiff einläuft, könntest du dich auf dem Pier ein wenig nützlich machen."

möchte, steigt er wahrscheinlich mit 16 Euro in die Verhandlung ein. In diesem Fall liegt seine Spanne zwischen 16 und 20 Euro pro Stunde.

Und worum geht es Ihnen nun in der Verhandlung? Nun, wenn es eine solche Spanne gibt, ist es Ihr gutes Recht, herausfinden zu wollen, wo die Obergrenze liegt.

Der Arbeitgeber versucht, Geld zu sparen. Sie versuchen, so viel Geld zu bekommen wie möglich – schließlich sind Sie selbst und Ihre Liebsten sich am nächsten. Beides sind legitime Ziele. Aber das bedeutet, wenn das Angebot des Arbeitgebers niedrig ist, dann ist eine Gehaltsverhandlung angemessen und wird sogar in gewissem Maße erwartet.

Das dritte Geheimnis der erfolgreichen Gehaltsverhandlung

Lassen Sie dem Arbeitgeber den Vortritt.

Wenn das Thema Gehalt am Ende tatsächlich auf den Tisch kommt, sollten Sie es nach Möglichkeit vermeiden, als Erster einen Betrag zu nennen.

Jahrelange Erfahrungen haben gezeigt: Wer auch immer als Erster konkrete Zahlen nennt, verliert die Gehaltsverhandlung letztendlich. Niemand kann das erklären, aber so ist es, daran gibt es nichts zu deuten.

Unerfahrene Arbeitgeber oder Personalverantwortliche kennen diese merkwürdige Regel oft nicht. Alte Hasen kennen sie aber sehr wohl und versuchen darum immer wieder, Ihnen den Schwarzen Peter zuzuschieben, indem sie zum Beispiel harmlos fragen: »Was haben Sie sich denn als Gehalt vorgestellt?« – Wie nett, mich nach meinen Wünschen zu fragen, denken Sie vielleicht. Nein, mit Freundlichkeit hat das nichts zu tun. Ihr Gesprächspartner hofft, dass Sie als Erster einen Betrag nennen, weil er weiß, dass er damit im Vorteil ist.

Wenn Sie also nach einem konkreten Betrag gefragt werden, sollten Sie darauf etwa folgendermaßen reagieren: »Nun, Sie haben doch diese Position geschaffen, also werden Sie doch einen Betrag im Kopf haben – und mich würde wirklich interessieren, wie hoch er liegt.«

Das vierte Geheimnis der erfolgreichen Gehaltsverhandlung

> Überlegen Sie sich vor dem Vorstellungsgespräch genau, wie viel Sie verlangen müssen, wenn Sie die Stelle angeboten bekommen.

Nehmen wir einmal an, Sie bekommen zwölf Euro pro Stunde angeboten und halten das für ein Supergehalt, stellen dann aber nach einem Monat fest, dass Sie davon nicht leben können. Ihnen wird klar, dass Sie eigentlich 18 Euro Stundenlohn benötigen, selbst wenn Sie knapp kalkulieren. Das Problem ist also, dass Sie sich nicht rechtzeitig ausgerechnet haben, was Sie mindestens zum Leben brauchen.

Sie müssen also Ihre Hausaufgaben machen, unbedingt! Und wie gehen Sie dabei vor?

Es gibt zwei Möglichkeiten: a) Sie stellen wilde Vermutungen an – und riskieren, nachträglich festzustellen, dass Sie von diesem Gehalt unmöglich leben können (so gehen hierzulande die meisten vor), oder b) Sie

John Kovalic, © Shetland Productions.

setzen sich *jetzt* hin und listen Ihre monatlichen Ausgaben detailliert auf, und zwar folgendermaßen:

Bearbeiten Sie zunächst die Übung in Anhang A ab Seite 359. Das Ergebnis ist der Betrag, den Sie monatlich benötigen. Multiplizieren Sie diesen Betrag mit zwölf, um das Jahresgehalt zu ermitteln. Wenn Sie das Ergebnis durch 2 000 teilen, erhalten Sie in etwa den Stundenlohn, den Sie benötigen. Wenn Sie also beispielsweise 2 000 Euro monatlich benötigen, um Ihre laufenden Kosten zu decken, entspricht das (mit zwölf multipliziert) 24 000 Euro pro Jahr, und wenn Sie diese Zahl durch 2 000 teilen, kommen Sie auf einen Stundenlohn von 12 Euro.

Sie können übrigens auch zwei Alternativversionen Ihres monatlichen Budgets errechnen: eine mit den Ausgaben, die Sie gern tätigen würden, die andere mit dem Minimalbudget, um das es hier geht – dem *Mindestbetrag*, den zu unterschreiten Sie sich einfach nicht erlauben können.

Das fünfte Geheimnis der erfolgreichen Gehaltsverhandlung

Recherchieren Sie vor dem Vorstellungsgespräch, welche Gehälter in der betreffenden Branche und/oder Organisation üblich sind.

Wie bereits erwähnt ist das Gehalt *immer* dann verhandelbar, wenn der Arbeitgeber nicht von vornherein den Höchstbetrag nennt, sondern die Diskussion mit einer geringeren Summe eröffnet.

Und dies ist nun die 64 000-Euro-Frage: Woran erkennen Sie, ob die genannte Summe das *Einstiegsgebot* für die weitere Verhandlung oder bereits der *Höchstbetrag* ist?

Ich höre Sie schon sagen: »So ein Aufwand – lohnt sich das überhaupt?« Durchaus, wenn es Ihnen wirklich ernst ist.

Wenn es Ihnen ernst ist, sollten Sie diesen Schritt auf keinen Fall überspringen. Die Recherche über Gehälter zahlt sich ganz erheblich aus, verlassen Sie sich darauf.

Angenommen, Sie benötigen einen bis drei Tage, um Informationen über die drei oder vier Organisationen einzuholen, die Sie am meisten interessieren. Und angenommen Sie sind aufgrund dieser Recherche am Schluss des Vorstellungsgesprächs in der Lage, ein Gehalt zu fordern und auch durchzusetzen, das um 4 000 Euro höher liegt als das, was Sie sonst bekommen hätten. Dank Ihrer Gehaltsrecherche verdienen Sie also in den folgenden drei Jahren 12 000 Euro mehr. Kein schlechtes Honorar für einen bis drei Tage Arbeit! Und es kann sogar noch mehr sein. Ich kenne viele Jobsuchende und Berufsumsteiger, die so vorgegangen sind. Sie sehen also, dass diejenigen, die sich nicht die Mühe machen oder sich nicht die Zeit nehmen, diesen Punkt gründlich zu recherchieren, dadurch letztlich finanzielle Nachteile haben. Um es noch deutlicher zu sagen: Wenn Sie diese Recherche nicht machen, dann wird es Sie teuer zu stehen kommen!

Gut, und wie gehen Sie nun vor? Es gibt zwei Möglichkeiten: mit Internet oder ohne. Sehen wir sie uns nacheinander an.

Die Gehaltsrecherche mithilfe des Internets

Wenn Sie Zugang zum Internet haben und über die Gehaltsstruktur unterschiedlicher Regionen, Positionen, Berufe und Branchen recherchieren möchten, finden Sie im Anhang einige kostenlose Webseiten, die Ihnen vielleicht weiterhelfen können (ab Seite 395).

Die Gehaltsrecherche außerhalb des Internets

Wie können Sie außerhalb des Internets nach Gehältern recherchieren? Ganz einfach: Legen Sie sämtliche Bücher zur Seite und reden Sie mit

Menschen. Nutzen Sie Bücher und Büchereien nur als zweitrangige Quelle oder letzte Möglichkeit (die Informationen sind häufig veraltet).

Sie erhalten sehr viel umfassendere und aktuellere Informationen, wenn Sie sich direkt an Menschen wenden, die im selben Job, aber bei einem anderen Arbeitgeber tätig sind. Oder an Leute im entsprechenden Fachbereich einer nahe gelegenen Universität oder Fachhochschule. Dozenten und Professoren sollten eigentlich wissen, was ihre Absolventen verdienen.

Wie gehen Sie im Einzelnen vor, um diese Informationen im direkten Gespräch mit Menschen einzuholen? Betrachten wir ein paar konkrete Beispiele.

> *Erstes Beispiel:* Ihr allererster Aushilfsjob, beispielsweise in einem Fastfood-Restaurant

Vielleicht ist gar keine Recherche nötig, weil das Gehalt ohnehin feststeht. Sie können einfach hingehen, nach einem Job fragen und um ein Gespräch mit dem Geschäftsführer bitten. Man wird Ihnen im Normalfall sofort sagen, wie hoch die Bezahlung ist. Einen Spielraum haben Sie hier meistens nicht. Aber immerhin entdecken Sie auf diese Weise, wie einfach es sein kann, die Höhe der Bezahlung herauszufinden.

Übrigens sind Sie, wenn Sie einen Bewerbungsbogen ausfüllen oder zum Vorstellungsgespräch gehen, keineswegs verpflichtet, den Job anzutreten – aber das wissen Sie vielleicht schon. Sie können jederzeit und an jedem Arbeitsplatz ein Angebot ablehnen. Darum ist die Recherche wirklich harmlos.

> *Zweites Beispiel:* Ein Job bei einem Unternehmen, bei dem Sie nicht direkt herausfinden können, wie hoch die Bezahlung liegt, beispielsweise in einem Bauunternehmen

Wenn Sie Schwierigkeiten haben herauszufinden, wie viel das Bauunternehmen, bei dem Sie gern arbeiten würden, bezahlt, dann gehen Sie zu einem anderen Bauunternehmen in der gleichen Stadt – einem, für das Sie sich nicht so sehr interessieren – und fragen Sie, wie es *dort* aussieht.

Erkundigen Sie sich, welche Jobs es zurzeit gibt (und welche es in der Zukunft geben könnte). An dieser Stelle können Sie auch unauffällig Fragen nach dem möglichen Gehalt stellen.

Nachdem Sie diese Recherche irgendwo durchgeführt haben, wo Sie ohnehin nicht arbeiten wollen, gehen Sie zu dem Unternehmen, das Sie wirklich interessiert, und bewerben Sie sich dort. Sie wissen dann zwar immer noch nicht genau, was man Ihnen zahlen wird, aber Sie wissen, was die Konkurrenz zahlt – und das ist normalerweise nicht weit von der tatsächlichen Summe entfernt.

> *Drittes Beispiel:* Ein Bürojob, beispielsweise als Sekretärin

In diesem Bereich gewinnen Sie eine recht gute Orientierung über die üblichen Gehälter, wenn Sie ein bis zwei Wochen lang die Stellenangebote in der Tagespresse studieren. In den meisten Anzeigen wird zwar kein Gehalt genannt, aber es gibt Ausnahmen. Notieren Sie die höchsten und niedrigsten Beträge und versuchen Sie, Gründe für die Unterschiede herauszufinden. Es ist interessant, wie viel Sie auf diese Weise über Gehälter erfahren können. Ich weiß das, denn ich war selbst einmal Sekretär – vor langer Zeit, als noch Dinosaurier die Erde bevölkerten.

Eine andere Möglichkeit, Informationen über Gehälter zu sammeln, besteht darin, sich von einer *Zeitarbeitsfirma* als Schreibkraft an verschiedene Unternehmen vermitteln zu lassen; je mehr, desto besser. Es ist relativ leicht, die Höhe des Gehaltes zu recherchieren, wenn Sie in einem Unternehmen arbeiten. (Es geht darum, was das Unternehmen an die Zeitarbeitsfirma zahlt, nicht was Sie von der Agentur bekommen.) Wenn Sie sich mit den übrigen Mitarbeitern gut verstehen, können Sie von ihnen ganz leicht eine Menge erfahren, auch über Gehälter.

Das sechste Geheimnis der erfolgreichen Gehaltsverhandlung

> Erkunden Sie die Spanne, von der der Arbeitgeber ausgeht, und legen Sie eine entsprechende Spanne für sich selbst fest.

Die Gehaltsspanne des Arbeitgebers

Bevor Sie Ihre Recherche beenden, bevor Sie das Unternehmen zum letzten Vorstellungsgespräch aufsuchen, müssen Sie herausfinden, wie weit die Gehaltsspanne für Ihre Position ist. Was ist der Mindestbetrag, den der Arbeitgeber Ihnen vielleicht anbieten wird, und was ist der Höchstbetrag, den zu zahlen er vielleicht bereit ist? In jeder Organisation, die mehr als fünf Angestellte hat, ist diese Spanne relativ leicht herauszufinden. Sie werden weniger verdienen als die Person, die in der Hierarchie über Ihnen steht, aber mehr als die Person, die in der Hierarchie unter Ihnen steht, zum Beispiel:

Die Person *unter* Ihnen verdient	Die Person *über* Ihnen verdient	Also beträgt die Spanne für Ihre Position
45 000 Euro	55 000 Euro	47 000–53 000 Euro
30 000 Euro	35 000 Euro	31 500–33 500 Euro
15 000 Euro	18 000 Euro	16 500–17 200 Euro

Ein klitzekleines Problem: Wie finden Sie heraus, wie viel Ihre Kollegen über und unter Ihnen verdienen? Als Erstes müssen Sie natürlich ihre Namen und ihre Positionen herausfinden. Wenn Sie sich für ein kleines Unternehmen mit maximal 20 Angestellten interessieren, sollte das ein Leichtes sein. Jeder Mitarbeiter des Unternehmens müsste die Antwort kennen, und Sie können normalerweise über Ihre Beziehungen Kontakt zu diesen Mitarbeitern – oder selbst zu ehemaligen Mitarbeitern – aufnehmen. Da die überwiegende Mehrheit aller neuen Stellen von Unternehmen dieser Größe geschaffen wird, werden Sie mit hoher Wahrscheinlichkeit ohnehin in derartigen Firmen recherchieren.

Wenn Sie sich für ein größeres Unternehmen interessieren, müssen Sie wieder einmal auf den bekannten Rettungsanker zurückgreifen, nämlich all Ihre Kontakte (Familie, Freunde, Bekannte, Verwandte, Geschäftskontakte oder Freizeitbekanntschaften), die die Firma kennen und damit auch über die Informationen verfügen, die Sie brauchen. Sie suchen also »jemanden, der jemanden kennt«, der in dem betreffenden Unternehmen oder den Unternehmen, für die Sie sich interessieren, entweder arbeitet oder gearbeitet hat und Ihnen daher diese Informationen verschaffen kann.

Wenn Sie bei einem speziellen Unternehmen auf eine undurchdringliche Mauer des Schweigens stoßen (weil alle Angestellten zu Stillschweigen verpflichtet sind), beschaffen Sie sich die Information über den engsten Konkurrenten in derselben Region. Nehmen wir zum Beispiel an, Sie informieren sich über Bank X, die sich jedoch hinsichtlich der Gehälter, die sie ihren Managern zahlt, als unergründlich erweist. Dann wenden Sie sich an Bank Y, um herauszufinden, ob die Informationen dort leichter zu beschaffen sind. Sie gehen von der Annahme aus, dass die beiden Banken vergleichbare Gehaltsstrukturen aufweisen und dass das, was Sie über Bank Y erfahren haben, auch auf Bank X zutrifft. Gehaltsstudien über einzelne Bereiche werden auch regelmäßig in Wirtschaftszeitungen und Fachzeitschriften veröffentlicht. Ausführliche Studien von Anbietern werden vorwiegend an Firmen verkauft und sind für Normalverbraucher in der Regel unerschwinglich. In Anhang B finden Sie ab Seite 395 weitere Informationsquellen für die Gehaltsrecherche.

Experten weisen darauf hin, dass es auch in den meisten Institutionen des öffentlichen Dienstes Stellen gibt, die denen in privaten Unternehmen entsprechen. Auch dort können Sie also über Gehälter recherchieren, denn die Informationen über Stellenbeschreibung und Bezahlung sind öffentlich zugänglich. Gehen Sie in die nächste Stadt-, Landes- oder Bundesbehörde, suchen Sie die Stellenbeschreibung, die der von Ihnen Gesuchten in der freien Wirtschaft am nächsten kommt, und informieren Sie sich über die Eingangsstufe bei der Bezahlung.

Ihre eigene Gehaltsspanne

Nachdem Sie herausgefunden haben, wie die Spanne des Arbeitgebers zu der betreffenden Stelle aussehen könnte, definieren Sie Ihre eigene Spanne entsprechend. Angenommen, Sie vermuten beispielsweise, dass die Spanne des Arbeitgebers (wie in der obigen Tabelle) von 16 500 bis 17 200 Euro reicht. Dementsprechend müssen Sie jetzt eine »Forderungs«-Spanne für sich formulieren, bei der Ihr Mindestgehalt knapp unter dem Höchstbetrag des Arbeitgebers liegt.

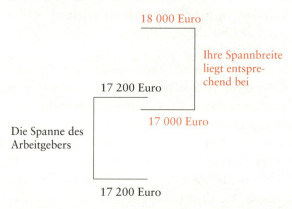

Wenn der Arbeitgeber eine Zahl genannt hat (wahrscheinlich an der untersten Grenze, also um 16 500 Euro), können Sie daraufhin in etwa so reagieren: »Ich habe natürlich Verständnis für die Einschränkungen, denen alle Organisationen in diesen wirtschaftlich schlechten Zeiten unterliegen, aber ich glaube, dass meine Produktivität so hoch ist, dass dies ein Gehalt von ... rechtfertigen würde ...« – und hier nennen Sie eine entsprechende Spanne, deren Untergrenze knapp unterhalb des Betrags liegt, den man Ihnen voraussichtlich höchstens anbieten würde – in diesem Fall »zwischen 17 000 Euro und 18 000 Euro.«

Sie sollten während der Verhandlungen nach Möglichkeit hervorheben, auf welche Weise Sie dem Unternehmen helfen könnten, Geld zu verdienen oder einzusparen, sodass das höhere Gehalt, das Sie dafür im Gegenzug erwarten, auch tatsächlich gerechtfertigt ist. Mit ein wenig Glück werden Sie auf diese Weise auch das Gehalt bekommen, das Sie sich vorstellen.

Es ist auch denkbar, dass Sie und ein Arbeitgeber es wirklich gut miteinander getroffen haben und Sie für Ihr Leben gern dort arbeiten würden, der Arbeitgeber aber nicht in der Lage ist, Ihnen das erforderliche Gehalt zu zahlen. Für diesen Fall empfiehlt der Jobexperte Daniel Porot aus Genf, dass Sie anbieten, auf Teilzeitbasis dort anzufangen. Wenn Sie beispielsweise 25 000 Euro brauchen und auch meinen, dass das ein angemessenes Gehalt wäre, das Unternehmen aber nur 15 000 Euro zahlen kann, dann könnten Sie in Erwägung ziehen, für diese 15 000 Euro drei Tage pro Woche dort zu arbeiten (15/25 = 3/5). Damit hätten Sie zwei Tage frei, um noch einer zusätzlichen Beschäftigung nachzugehen. Sie werden an diesen drei Tagen natürlich so viel leisten, dass der Arbeitgeber begeistert ist, Sie überhaupt beschäftigen zu dürfen.

Das siebte Geheimnis der erfolgreichen Gehaltsverhandlung

> Ziehen Sie die Gehaltsverhandlung konsequent bis zum Ende durch – lassen Sie nichts »in der Schwebe«.

Ihre Gehaltsverhandlung mit dem jeweiligen Arbeitgeber ist nicht wirklich abgeschlossen, bevor Sie ihn auch auf die so genannten »Benefits«, also die Zusatzleistungen, angesprochen haben. Dazu gehören solche Dinge wie eine Lebensversicherung, Urlaubs- und Weihnachtsgeld, eine Betriebsrente, die Übernahme von Mitgliedsbeiträgen, Gruppenverträge bei Versicherungen, die Übernahme der Umzugskosten, Sonderkonditionen bei der Anmietung von Urlaubsunterkünften und dergleichen. Wenn es um einen hoch dotierten Job geht, umfasst die Palette der Benefits unter Umständen auch Firmenwagen, Gewinnbeteiligung, Belegschaftsaktien,

Sabbaticals (unbezahlter oder bezahlter Urlaub mit Wiedereinstiegsgarantie), Weiterbildung, flexible Arbeitszeiten, Freistellung für ehrenamtliche Aufgaben und vieles andere mehr.

Der Wert dieser Zusatzleistungen kann durchaus 30 Prozent des Grundgehalts betragen. Das bedeutet für einen Angestellten mit 3 000 Euro Monatsgehalt weitere 1 000 Euro »on top«.

Sie sollten sich daher vor einem Bewerbungsgespräch darüber im Klaren sein, welche Benefits für Sie besonders relevant sind, um am Ende der Gehaltsverhandlung auf jeden Fall danach zu fragen – und auch entsprechend zu verhandeln, falls es nötig sein sollte. Wenn Sie rechtzeitig darüber nachdenken, haben Sie es nachher erheblich leichter, angemessen zu verhandeln.

Sie wollen natürlich auch wissen, wie die Chancen auf spätere Gehaltserhöhungen aussehen. Darauf können Sie am Ende der Gehaltsverhandlung zu sprechen kommen, indem Sie sagen: »Welche Kriterien gibt es für eine Gehaltserhöhung und wann steht sie an, wenn ich den Job zu Ihrer Zufriedenheit erledige – wovon ich ausgehe – oder Ihre Erwartungen sogar übertreffe?«

Am Ende müssen Sie sich all das noch einmal schriftlich bestätigen lassen. Bitten Sie immer um eine schriftliche Erklärung oder darum, dass die Vereinbarungen in den Arbeitsvertrag aufgenommen werden. Wenn man Ihnen das verweigert, sollten Sie sich unbedingt fragen, warum. Der Weg zur Hölle ist gepflastert mit mündlichen Zusagen, die nicht schriftlich bestätigt und letztendlich auch nicht eingehalten werden.

Viele Führungskräfte »vergessen« leider, was sie Ihnen im Einstellungsgespräch zugesagt haben, oder leugnen später, gewisse Dinge je gesagt zu haben.

Außerdem kann es passieren, dass derjenige, der Sie eingestellt hat, später zu einem anderen Unternehmen wechselt und sein Nachfolger oder der oberste Chef die Verantwortung für mündliche Zusagen des Vorgängers rundweg ablehnt – »Ich weiß nicht, was ihn dazu bewogen hat, Ihnen so etwas zu versprechen, aber er hat damit eindeutig seine Kompetenzen überschritten, und deshalb fühlen wir uns natürlich nicht daran gebunden.«

Zusammenfassung: Das größte Geheimnis

All das setzt natürlich voraus, dass Ihr Vorstellungsgespräch und Ihre Gehaltsverhandlung gut verlaufen. Es kommt allerdings auch vor, dass zunächst alles gut zu gehen scheint und die Vereinbarungen dann plötzlich aus heiterem Himmel wieder über den Haufen geworfen werden. Sie werden eingestellt, sollen am nächsten Montag anfangen, und am Freitag davor teilt man Ihnen plötzlich telefonisch mit, dass die Einstellung aus unerfindlichen Gründen »zurückgestellt« wurde. Sie stehen wieder »auf der Straße«. Ich habe das über die Jahre sehr häufig erlebt, und nachdem ich erfolgreiche und erfolglose Jobsuchende seit nunmehr über einem Vierteljahrhundert studiert habe, ist mir klar geworden, dass das einzige und größte Geheimnis erfolgreicher Jobsuchender ist, *dass sie sich grundsätzlich immer Alternativen offen halten*:

- alternative Lebensentwürfe,
- alternative berufliche Vorstellungen,
- alternative Wege bei der Jobsuche (nicht nur über das Internet, nicht nur durch schriftliche Bewerbungen, Vermittlungsagenturen und Anzeigen),
- alternative Jobs in Aussicht,
- alternative potenzielle Arbeitgeber, an die sie sich noch wenden können,
- alternative Arten der Kontaktaufnahme zu Arbeitgebern.

Für Sie und Ihre Suche nach den Geheimnissen der Jobsuche bedeutet das: Halten Sie sich immer mehrere Wege offen, bis Sie eine Stelle tatsächlich angetreten haben. Mag sein, dass dieses Unternehmen, dieses Büro, diese Gruppe, diese Kirche, diese Fabrik, diese öffentliche Institution, diese gemeinnützige Einrichtung, auf die Sie sich konzentrieren, der ideale Arbeitgeber für Sie wäre. Aber so verlockend Ihnen diese erste Wahl auch vorkommen mag, so sehr die Vorstellung, dort zu arbeiten, Sie auch reizt – für Ihre Jobsuche ist es glatter Selbstmord, wenn Sie sich nicht auch nach anderen Möglichkeiten umsehen. Vielleicht gehen Ihre Träume ja tatsächlich auf einen Schlag in Erfüllung. Aber wenn nicht – wie sieht Plan B aus? Sie müssen sich *jetzt* um Alternativen bemühen, nicht erst wenn Ihr Kartenhaus in drei Monaten zusammenbricht. Sie müssen mit mehr als einer Organisation Kontakt aufnehmen. Ich empfehle wenigstens fünf.

> **Versuchen Sie Ihr Glück bei kleineren Organisationen**
>
> Was ich täte, wenn ich mir morgen einen Job suchen müsste? Ich würde zuerst ermitteln, wie mein idealer Job aussähe. Anschließend würde ich eine Liste der Unternehmen in meiner Umgebung aufstellen, bei denen es entsprechende Stellen gibt. Dabei würde ich die Namen und Adressen sämtlicher kleiner Organisationen markieren (zunächst auf die mit maximal 25 Beschäftigten beschränkt) – und mich dann so mit ihnen beschäftigen, wie ich es in den vorigen Kapiteln beschrieben habe. Wie der Abstieg der Dotcom-Unternehmen gezeigt hat, bergen allerdings auch kleine Organisationen ihre Risiken (kometenhafter Aufstieg, gefolgt vom plötzlichen Absturz ins Schwarze Loch). Ich würde mich daher hauptsächlich auf kleine Organisationen konzentrieren, die bereits etabliert oder gerade im Wachstum begriffen sind. Wenn ich in der Kategorie der »Organisationen mit 25 oder weniger Beschäftigten« vielleicht nicht genügend Hinweise fände, dann würde ich meine Suche auf »Organisationen mit 50 oder weniger Beschäftigten« ausweiten, und zuletzt – wenn immer noch nichts herausgekommen sein sollte – auf »Organisationen mit 100 oder weniger Beschäftigten.« Auf jeden Fall würde ich mit einer kleinen Zahl anfangen. Mit einer sehr kleinen.

Denken Sie daran, dass zur Jobsuche immer auch eine Portion Glück gehört. Aber mit ein klein wenig Glück und einer großen Menge harter Arbeit plus Entschlossenheit sollte diese Anleitung für die Jobsuche auch bei Ihnen zum Erfolg führen, so wie sie schon bei Abertausenden vor Ihnen zum Erfolg geführt hat.

Lassen Sie sich von deren Beispiel ermutigen!

Kapitel 13

Schreckgespenst Arbeitslosigkeit

*Das chinesische Wort für Krise besteht aus zwei Schriftzeichen.
Eines bedeutet »Gefahr«, das andere »versteckte Geglegenheit«.*

M. Scott Peck

Auf die richtige Perspektive kommt es an

Bisher sind wir in diesem Buch von der Sichtweise ausgegangen, dass Sie als Jobsuchender nicht arbeitslos sind, sondern Ihr gegenwärtiger Job eben die Stellensuche ist. Aber auch wenn Sie sämtliche Tipps aus den vorangegangenen Kapiteln befolgen, sind Sie nicht gegen Misserfolge gefeit. Und dann – wenn die Stellensuche sich als problematisch erweist und sich vielleicht lange hinzieht –, brauchen Sie Strategien, um nicht dem »Schreckgespenst Arbeitslosigkeit« zu erliegen. Wenn alle Ihre Bemühungen sich als vergeblich erweisen und Sie das erleiden, was ich im Folgenden als »Ablehnungstrauma« bezeichne, brauchen Sie vielleicht Unterstützung bei der Jobsuche. In diesem Kapitel werden verschiedene mögliche Wege aus der Arbeitslosigkeit und Hilfsangebote für Arbeitslose vorgestellt. Der Rest des Kapitels ist dem Thema Depressionen gewidmet – der Unterscheidung zwischen einfacher Niedergeschlagenheit und ernsthafter Depression und der Frage, wie Sie sich bei länger andauernder Arbeitslosigkeit davor schützen können, in Depressionen zu verfallen.

Beginnen wir mit dem Phänomen, das die Jobsuche zu einem so traumatischen Erlebnis machen kann: dem Ablehnungstrauma.

Das Ablehnungstrauma

In Kapitel 1 haben wir gesehen, wie vorsintflutlich unser Jobsuchsystem ist und wie frustrierend daher die Stellensuche oft verläuft. Millionen

Menschen scheitern Jahr für Jahr bei dem Versuch, einen Job zu finden, der ihrer Qualifikation, ihren Interessen und Vorlieben entspricht. Und Millionen Menschen finden überhaupt keine Stelle, so sehr sie sich auch anstrengen.

Wenn – und falls – Ihnen das widerfährt, erleben Sie womöglich das, was ich als »Ablehnungstrauma« bezeichne – einen psychischen Schockzustand, der mit einem schleichenden oder rapiden Verlust Ihres Selbstwertgefühls einhergeht. Sie gelangen immer mehr zu der Überzeugung, dass mit *Ihnen* etwas nicht stimmt. Sie schrauben Ihre Ansprüche zurück, verfallen in Depressionen, Verzweiflung und Hoffnungslosigkeit.

Es ist schlimm genug, keine Arbeit zu finden. Wenn dann noch dieses Ablehnungsgefühl hinzukommt, gerät man schnell in eine Krise. Die meisten von uns *hassen* es, abgelehnt zu werden. Wir verbringen einen nicht unerheblichen Teil unseres Lebens damit, dieses Gefühl zu vermeiden – egal ob es um ein Rendezvous geht oder ob wir neue Ideen präsentieren wollen. Wir sind sogar imstande, andere abzulehnen, wenn wir das Gefühl haben, sie seien kurz davor, dasselbe mit uns zu tun. Wir tun alles, um eine Ablehnung zu vermeiden, und damit meine ich wirklich *alles*. Mit zunehmendem Alter gelingt es uns immer besser, das Thema Ablehnung aus unserem Leben zu verbannen.

Aber dann steht plötzlich die Jobsuche an. Durchschnittlich drei- bis viermal müssen wir diesen schmerzhaften Prozess im Laufe unseres Lebens durchmachen. Und wenn man einmal von seinem guten Ende absieht, ist er nichts anderes als eine einzige Folge von Ablehnungen.

Das ist wirklich traumatisch! Dagegen ist eine Zahnwurzelbehandlung ein Kinderspiel.

Wenn wir uns an Personalexperten aus der Wirtschaft wenden und sie bitten, uns »eine bessere Methode« aufzuzeigen, wird deutlich, dass viele von ihnen in ruhigen Stunden beim Thema Jobsuche eigentlich vor demselben Rätsel stehen wie wir.

Dies zeigt sich insbesondere dann, wenn sie selbst ihren Job verloren haben – keineswegs außergewöhnlich in einer Zeit, da Fusionen, Firmenübernahmen und Restrukturierungsmaßnahmen an der Tagesordnung sind – und sich in die Schlange derjenigen einreihen, die »Klinken putzen« müssen. Man könnte annehmen, dass sie jetzt völlig in ihrem Element seien und genau wüssten, was zu tun ist. Aber der durchschnittliche Personalmanager, der gestern noch Vorstellungsgespräche geführt hat und heute selbst arbeitslos ist, steht genauso auf verlorenem Posten wie jeder andere, weil er auch nicht weiß, wie er die Jobsuche systematisch, methodisch und erfolgreich angehen soll.

Sehr häufig fällt ihm für sich selbst auch nur das ein, wozu er früher anderen geraten hat: das Glücksspiel. Alter Wein in neuen Schläuchen: Stellenangebote und -gesuche, Initiativbewerbungen und Arbeitsvermittlungen.

Dabei werden – wie wir schon in Kapitel 3 gesehen haben – die Unternehmen heutzutage förmlich mit Bewerbungen überschwemmt und wissen kaum, wie sie der Berge von Post Herr werden sollen. In größeren Betrieben ist es oft die Hauptaufgabe der Personalabteilung, Bewerber auszusieben oder schlicht »abzuwimmeln«. Entsprechend schlecht stehen die Chancen in dem »Glücksspiel Bewerbung«.

Bewerbungen haben wir schon ausführlich behandelt. Betrachten wir nun der Vollständigkeit halber noch die übrigen Punkte, um zu sehen, was sie zu bieten haben.

Stellenangebote

Printmedien spielen in Deutschland, Österreich und der Schweiz nach wie vor eine größere Rolle als das Internet. Dennoch schauen wir uns beide an. Stellenanzeigen werden an den unterschiedlichsten Stellen und unter den verschiedensten Rubriken geschaltet: »Kleinanzeigen«, »Aushilfe gesucht«, »Arbeitsmarkt«, »Chancen« oder einfach unter »Stellenangebote«. Bedenken Sie, dass Stellenanzeigen (im Internet ebenso wie in der Presse) keinesfalls den gesamten Arbeitsmarkt repräsentieren. Studien zeigen, dass in Deutschland im Jahre 1997 nur 35 Prozent (Westdeutschland) beziehungsweise 14 Prozent (Ostdeutschland) aller Stellenbesetzungen über Inserate erfolgten.

Der offene Stellenmarkt in Deutschland geht über regionale Zeitungen, der qualifiziertere in der Regel über die großen überregionalen Zeitungen. Die oben dargestellten Erfahrungen können im Wesentlichen auch auf Österreich und die Schweiz übertragen werden. Demzufolge sind Stellenanzeigen also nichts anderes als »freie Stellen, die der Arbeitgeber auf anderem Wege nicht füllen konnte«.

Stellenbesetzungen

	Westdeutschland	Ostdeutschland
Zeitungsinserate	35 %	14 %
Mitarbeiterhinweise	21 %	19 %
Initiativbewerbungen	15 %	13 %
Arbeitsamt	15 %	31 %
Interne Stellenausschreibung	4 %	3 %
Stellengesuche	2 %	1 %
Private Arbeitsvermittlung	1 %	1 %
Aushang im Unternehmen	1 %	–

Heutzutage gibt es mindestens drei Möglichkeiten, Stellenangebote zu finden:

In Zeitungen

Der Stellenmarkt in Zeitungen ist in den deutschsprachigen Ländern derzeit immer noch der üblichste Weg. Experten raten Ihnen dazu, die Stellenanzeigen der Vollständigkeit halber in jeder Ausgabe Ihrer Tages- oder Wochenzeitung zu durchforsten – und zwar alle, von A bis Z. Einige Zeitungen sortieren ihre Stellenangebote nach Kategorien, und manchmal ist die Position, nach der Sie Ausschau halten, in einer Kategorie versteckt, in der Sie sie niemals vermuten würden. Die wichtigsten Zeitungen in Deutschland, Österreich und der Schweiz finden Sie im Informationsteil in Anhang B.

Im Internet

Ausführliche Informationen hierzu finden Sie in den ersten Kapiteln und im Informationsteil (Anhang B) dieses Buches.

In Fachzeitschriften, Info-Briefen oder Verbandsblättern

Jede Berufssparte, jede Interessenvertretung oder Branche hat normalerweise ein Mitteilungsblatt, einen Verband oder eine sonstige Interessensvertretung oder einen »Stellenmarkt«. Erkundigen Sie sich, welche Blätter für Sie infrage kommen könnten.

Stellengesuche

Wie wir oben bei den Zahlen über Stellenbesetzungen gesehen haben, spielen diese in der Praxis eine sehr untergeordnete Rolle. Nur 1 bis 2 Prozent aller Stellen werden durch Zuschriften von Firmen auf Stellengesuche besetzt. Trotz dieser extrem niedrigen Zahl lassen viele Arbeitssuchende sich nicht davon abbringen, es auf diese Weise zu versuchen. Vor allem in überregionalen Zeitungen erscheinen regelmäßig massenhaft Stellengesuche. Fraglich ist allerdings, welcher potenzielle Arbeitgeber sich die Zeit nimmt, diese wirklich zu lesen – und dann noch genau dieses eine Mal, wenn das betreffende Inserat erscheint. Zudem muss man durchaus auch mit unseriösen Angeboten rechnen. Immerhin: Es gibt auch hier Erfolgsbeispiele.

Arbeitsvermittlung

Nun lassen Sie uns einen Blick auf die Arbeitsvermittlung werfen.

Die Arbeitsvermittlung scheint vor allem dann sehr attraktiv zu sein, wenn wir mit dem Rücken zur Wand stehen. Uns gefällt die Vorstellung, dass es irgendwo jemanden gibt, der weiß, wo die freien Stellen sind. Doch leider hat niemand in diesem Land auch nur die leiseste Ahnung, wo all die Jobs sind. Bestenfalls finden wir Hinweise darauf, wo *einige* freie Stellen zu finden sind. Das wissen Arbeitsvermittlungen, von denen wir hier zwei Arten unterscheiden: das Arbeitsamt und private Vermittler.

In Deutschland hatte die Bundesanstalt für Arbeit bis 1994 das Monopol für Arbeitsvermittlung inne. Vergleichbar war auch die Situation in Österreich, wo das frühere »Arbeitsamt« jetzt »Arbeitsmarktservice« (AMS) heißt. In der Schweiz wurde die Personalvermittlung traditionell schon immer sehr liberal gehandhabt. Gemessen an der Einwohnerzahl hat die Personaldienstleistungsbranche hier einen sehr hohen Anteil. Im Folgenden erfahren Sie mehr darüber.

Bei der deutschen Bundesanstalt für Arbeit hat man in der Regel mit den jeweiligen regionalen Arbeitsämtern zu tun. Man findet sie im Internet unter *www.arbeitsamt.de*. Es gibt bundesweit über 200 Arbeitsämter, deren Aufgaben die Beratung, die Vermittlung und die Weiterbildung sind. Die Leistungen sind kostenlos. Arbeitsämter haben auch Listen offener Stellen und einen Zugang zum »Stellen-Informations-System« (SIS), einer bundesweiten elektronischen Datenbank mit Stellenangeboten, dem »Ausbildungs-Stellen-Informations-Service« (ASIS) und seit April 1998 dem »Arbeitgeber-Informations-Service« (AIS), womit die Arbeitsämter über die weltweit größten Arbeitsmarkt- und Ausbildungsdatenbanken verfügen.

Dennoch werden nur etwa ein Drittel aller offenen Stellen überhaupt dem Arbeitsamt gemeldet (41 Prozent der sofort zu besetzenden und 25 Prozent der später zu besetzenden), und zwar vorwiegend solche aus dem unteren Segment des Arbeitsmarktes. Je höher die Qualifikation eines Jobsuchenden, desto geringer ist die Wahrscheinlichkeit, dass er über das Arbeitsamt eine Stelle findet. Arbeitsvermittler betreuen zudem durchschnittlich 800 Arbeitslose und beraten täglich 15 bis 25 Jobsuchende. Damit sind sie natürlich heillos überfordert.

Für Fach- und Führungskräfte gibt es die Zentralstelle für Arbeitsvermittlung (ZAV) mit einer »Managementvermittlung« in Frankfurt und einer »Internationalen Arbeitsvermittlung« in Berlin. Die deutschlandweite Managementvermittlung National bietet jährlich etwa 3 500 Stellenangebote und vermittelt durchschnittlich 700 Fach- und Führungskräfte pro Jahr. Das Büro Führungskräfte der Wirtschaft, das zur ZAV gehört, teilt in einer Broschüre mit, es habe »seit seiner Gründung im Jahr 1957 mehr als 1 000 Führungskräfte der obersten Leitungsebene vermittelt«. (Innerhalb eines Jahres, nämlich 1998, wurden aber 55 000 Positionen für Fach- und Führungskräfte durch Personalberater besetzt!) Die internationale Arbeitsvermittlung der ZAV konnte 1998 knapp 7 100 Arbeitskräfte ins Ausland vermitteln, davon mehr als zwei Drittel Fach- und Führungskräfte. Die ZAV fördert aber auch Universitätsabsolventen und bietet für Abiturienten, Studenten und andere junge Leute eine Reihe von Job-Programmen während der Sommerferien, meist Hilfstätigkeiten.

Abgesehen von der fraglichen Effektivität bei der Arbeitsvermittlung (die derzeit in der aktuellen Diskussion ist und die Forderung nach strukturellen Veränderungen laut werden lässt) bietet das Arbeitsamt in den 181 Berufsinformationszentren (BIZ) insbesondere für Schüler eine Fülle von Informationen zu Berufsbildern, Ausbildungswegen und Weiterbildungsmöglichkeiten in Form von Informationsmappen, Broschüren, Vortragsveranstaltungen, Filmen, Datenbanken, Hörprogrammen und vielem mehr. Das Arbeitsamt ist auch eine gute Anlaufstelle für Menschen mit gesundheitlichen Einschränkungen, für ältere und für sozial benachteiligte Personen. Es gibt Informationen über Qualifizierungsmaßnahmen und Umschulungen und führt kostenlose Bewerbungsseminare durch. Neuerdings besteht für Arbeitslose unter bestimmten Voraussetzungen auch die Möglichkeit, Vermittlungsgutscheine für private Arbeitsvermittler zu bekommen.

Und die Effektivität: Wie sie sich aufgrund dieser Neuerungen entwickeln wird, bleibt abzuwarten.

Ähnlich wie in Deutschland wurde in Österreich die bisherige Arbeitsmarktverwaltung (AMV) 1994 aus dem Bundesministerium für Arbeit, Gesundheit und Soziales ausgegliedert und der Arbeitsmarktservice (AMS) als Dienstleistungsunternehmen des öffentlichen Rechts konstituiert. Der AMS ist in Bundes-, Landes- und Regionalorganisationen gegliedert. Er vermittelt Arbeitskräfte auf offene Stellen und versucht, die Eigeninitiative von Arbeitsuchenden und Unternehmen durch Beratung, Information, Qualifizierung und finanzielle Förderung zu unterstützen. Sie finden Informationen über den Arbeitsmarktservice im Internet unter *www.ams.or.at*. Trotz einiger Reformen ist der AMS noch immer mehr eine Verwaltung als eine Serviceinstitution. Die Dienstleistungen und die Effektivität sind vergleichbar mit denen in Deutschland. In einer Datenbank wird eine Auswahl an Lehrstellen, offenen Stellen und Stellen in Europa geboten. Das Stellenangebot ist in den Geschäftsstellen und über Internet abrufbar.

Auch immer mehr private Beratungsstellen übernehmen die Betreuung von Arbeitsuchenden. Sie werden aber fast ausschließlich vom Staat subventioniert und sind daher finanziell abhängig, also auch anfällig für Budgetkürzungen. Zur Unterstützung bei der Jobsuche gibt es neben vielen schriftlichen Informationen, die Sie entweder beim AMS oder über das Internet anfordern können, auch eine neue *Praxismappe Jobsuche*, die in mehreren Abschnitten das Rüstzeug für eine systematische Arbeitssuche anbietet.

In der Schweiz existieren viele Amtsstellen und Angebote, die wegen der föderalistischen Struktur von Kanton zu Kanton unterschiedlich strukturiert und benannt sind. Zuoberst gibt es das Bundesamt für Wirtschaft und Arbeit (BWA) in Bern, *www.bwa.ch*, sowie die Kantonalen Volkswirtschaftsdirektionen. Diesen sind jeweils die Ämter für Wirtschaft und Arbeit (AWS, so benannt im Kanton Zürich) oder auch Kantonale Ämter für Industrie, Gewerbe und Arbeit (KIGA) unterstellt. Auf kommunaler Ebene gibt es die Arbeitsämter.

Gesamtschweizerisch und einheitlich gibt es weiterhin die Regionalen Arbeitsvermittlungszentren (RAV). Für Arbeitslose sind dies die wichtigsten Anlaufstellen zur Wiedereingliederung in den Arbeitsmarkt. Dort erhält man Beratung, Vermittlung und Angebote zu Weiterbildungskursen. Auch in der Schweiz gibt es Berufsinformationszentren (BIZ) und akademische Berufsberatung. 1998 haben alle von den Kantonen geplanten 150 RAV ihren Betrieb aufgenommen. Im Vergleich zu Deutschland ist die personelle Ausstattung mit einem Berater für durchschnittlich 130 Stellensuchende, davon 100 Arbeitslose, recht üppig.

Private Arbeitsvermittlung

Nachdem 1994 in Deutschland das Vermittlungsmonopol der Bundesanstalt für Arbeit aufgehoben wurde, beantragten zahlreiche Personen und Firmen bei den Landesarbeitsämtern eine Zulassung als private Arbeitsvermittler. Sie witterten in der Konkurrenz zum Arbeitsamt einen lukrativen Markt, wie er bereits in Ländern wie der Schweiz oder Großbritannien bestand.

Die Adressen von privaten Arbeitsvermittlern kann man über den Bundesverband Personalvermittlung e. V. (BPV), Vorgebirgsstraße 39, 53119 Bonn, erfahren. Private Arbeitsvermittler findet man vereinzelt auch in den *Gelben Seiten* unter »Arbeitsvermittlung« oder »Personalvermittlung«, manche auch im Internet. Viele sind auf bestimmte Gebiete spezialisiert. Sie vermitteln bisher kaum Akademiker mit höheren Einkommen. Es gibt auch Vermittlungsfirmen, die freie Mitarbeiter für bestimmte Projekte vermitteln.

Private Arbeitsvermittler stellen ihr Honorar dem Arbeitgeber in Rechnung. Die Vermittlungsgebühr entspricht durchschnittlich eineinhalb bis zwei Bruttomonatsgehältern des neuen Mitarbeiters. Sie leben also davon, dass sie Arbeitgeber finden, die dazu bereit sind, ein Vermittlungshonorar zu zahlen. Entsprechend bemühen sie sich, den Arbeitgebern nur möglichst interessante Bewerber anzubieten. Berufsumsteiger haben daher in der Regel schlechte Karten.

Seit kurzem erhalten Arbeitslose unter bestimmten Voraussetzungen auf Wunsch von ihrem Arbeitsamt einen Vermittlungsgutschein, sodass auch sie einen Vermittler ihrer Wahl einschalten können. Dieser bekommt sein Honorar, wenn die Vermittlung erfolgreich verlaufen ist. Private Arbeitsvermittler brauchen zukünftig auch nicht mehr die Genehmigung der Bundesanstalt für Arbeit für ihre Tätigkeit. Es bleibt abzuwarten, ob sich dieses System bewähren wird.

Auch in Österreich sind die traditionellen Strukturen eher verkrustet. Es gibt aber auch hier mittlerweile wie in Deutschland private Personalvermittler. Diese unterliegen strengen Auflagen. In Österreich müssen sie sogar für die Erteilung der Lizenz eine Prüfung ablegen. Auch hier müssen die Auftraggeber für die Dienste der Personalvermittler zahlen.

Da in der Schweiz qualifizierte Kräfte traditionell Mangelware sind, blüht hier im Gegensatz zu den beiden Nachbarländern seit eh und je das Geschäft der Stellenvermittler. Sie benötigen zwar eine staatliche Lizenz, die aber wie in Deutschland leicht zu erhalten ist. 1997 gab es in der Schweiz insgesamt 2 349 private Personaldienstleister, die meisten davon (755) im Wirtschaftsraum Zürich.

Zeitarbeitsfirmen

Zeitarbeit war in Deutschland bis 1957 verboten und galt auch danach noch lange als moderne Form der Sklavenhaltung. Im internationalen Vergleich ist der Anteil der Zeitarbeit in Deutschland immer noch gering. In den letzten Jahren ist Zeitarbeit aber salonfähig geworden. Sogar Banken gründeten eigene Zeitarbeitsfirmen, um ihre Mitarbeiter nicht entlassen zu müssen und um Schäden am Ansehen oder der Unternehmenskultur zu vermeiden.

Im Juristendeutsch heißt die Zeitarbeit »Leiharbeit«, die Tätigkeit der

Zeitarbeitsunternehmen nennt sich »Arbeitnehmerüberlassung«. Zum gewerbsmäßigen Verleih von Arbeitskräften benötigen die Zeitarbeitsfirmen eine Erlaubnis des Landesarbeitsamtes. Zeitarbeitnehmer erhalten vom Verleiher einen schriftlichen, grundsätzlich unbefristeten Arbeitsvertrag mit den üblichen Leistungen: Sozialversicherung, bezahlter Urlaub, Lohnfortzahlung im Krankheitsfall, gesetzlicher Kündigungsschutz, oft auch Qualifikation und Schulungen. Die Ausleihdauer ist pro Kunde auf 24 Monate begrenzt. Zeitarbeitsfirmen leben von der Differenz zwischen dem, was die Auftraggeber für die ausgeliehenen Mitarbeiter zahlen, und dem, was sie an den Arbeitnehmer weitergeben – abzüglich anfallender Nebenkosten, sodass der Verdienst in der Regel geringer ist als auf dem freien Arbeitsmarkt. Im Schnitt verdienen die »Leiharbeiter« nach einer Studie des IAB nur 65 Prozent des entsprechenden Einkommens in der Privatwirtschaft, andere schätzen die Differenz auf 10 bis 20 Prozent.

Zeitarbeitsfirmen haben sich in den letzten Jahren wie die Kaninchen vermehrt, insbesondere ausländische Firmen drängten auf den Markt. 1987 gab es in ganz Deutschland gerade einmal 511 Zeitarbeitsfirmen, Mitte 2000 gab es 12 500 gemeldete Firmen.[1] Zeitarbeit ist einer der am stärksten expandierenden Zweige in der Gesamtwirtschaft. Experten rechnen bis zum Jahr 2006 mit einer Verfünffachung des Zeitarbeitsanteils in Deutschland.

Man findet die Namen der regional vertretenen Zeitarbeitsfirmen in den *Gelben Seiten*. Viele Zeitarbeitsunternehmen sind auch mit eigenen Seiten im Internet vertreten. Vom Bundesverband Zeitarbeit (BZA), Vorgebirgsstr. 39, 53119 Bonn, *www.bza.de* oder *info-bza@t-online.de*, kann man eine Liste der Mitgliedsunternehmen erhalten.[2] Viele der früher klassischen Zeitarbeitsfirmen nennen sich mittlerweile »Personal-Dienstleister« und bieten ein breiteres Spektrum an Leistungen als nur die eigentliche Zeitarbeit, nämlich private Arbeitsvermittlung, Beratung von Firmen bei Outplacement und Outsourcing oder den Betrieb von Call-Centern. Die unterschiedlich spezialisierten Agenturen decken mittlerweile fast alle denkbaren Berufe ab.

Viele Zeitarbeitsfirmen klagen sogar über einen Mangel an geeignetem Personal. Im Gegensatz zum regulären Arbeitsmarkt eröffnen sich hier auch noch Chancen für gering oder gar nicht qualifizierte Kräfte. Auch wer beim Studium gebummelt oder die Abschlussprüfung nicht gerade mit Glanz und Gloria bestanden hat, kann bei Zeitarbeitsunternehmen seine Chance bekommen. Viele Mitarbeiter nutzen Zeitarbeit als Sprungbrett in die Festanstellung.

Erst wenige Leiharbeitnehmer haben ein Studium abgeschlossen, allerdings steigt die Tendenz. Für Manager bieten Zeitarbeitsfirmen und mittlerweile auch Tochterunternehmen von etablierten Personalberatern die Möglichkeit des Interimsmanagements an.

Und die Effektivität? Sie liegt sicher höher als bei der typischen privaten Arbeitsvermittlung, obwohl in bestimmten Regionen und bei Spezialgebieten und Agenturen die Aussichten für den Arbeitsuchenden auch hier eher düster sind. Während des ersten Halbjahres 1997 konnten 89 000 Menschen ihre Arbeitslosigkeit durch Zeitarbeit beenden, darunter 18 000 Langzeitarbeitslose. Zwei Drittel der im Jahr 2000 eingestellten Personen kamen aus der Arbeitslosigkeit.

In Österreich und der Schweiz ist die Situation vergleichbar. 1997 gab es in der Schweiz etwa 200 reine »Personalverleihbetriebe« und zirka 650 gemischte Betriebe, die Verleih und Vermittlung gleichzeitig betrieben.

Berater, die von Arbeitgebern beauftragt werden

Sie heißen Personalberater, betreiben Executive Search (Direktansprache) und werden auch »Headhunter« genannt. Der gesamte Personalberatungsmarkt wird auf etwa 2 300 überwiegend kleine Anbieter geschätzt. Wie bereits erwähnt, wurden 1998 nach Informationen des Bundes Deutscher Unternehmensberater 55 000 Positionen durch Personalberater besetzt. Der Begriff Personalberater ist, im Gegensatz zu den strengen gesetzlichen Kriterien für Personalvermittlung und Zeitarbeit, kein geschützter Titel. Die Mitgliedschaft im Bund Deutscher Unternehmensberater (BDU) oder in der Vereinigung der Executive Search Berater (VDESB) soll grundsätzlich Seriosität garantieren.

Die Zahl der Personalberater ist in den letzten Jahren stark angestiegen. Auch mancher arbeitslose Manager hat Personalberatung als lukratives Geschäftsfeld entdeckt, wenn auch derzeit eine Flaute herrscht und viele dieser Unternehmen selbst massiv abbauen. Personalberater leben von dem Honorar, das der Auftraggeber bezahlt. Wie immer sie sich selbst nennen, gerade diese neu entstandenen Firmen sind natürlich daran interessiert, Namen von vielversprechenden Kandidaten zu bekommen – oft geben sie ihnen auch die Gelegenheit zu einem persönlichen Gespräch.

Schauen Sie vor allem im Stellenteil der großen, überregionalen Zeitungen nach den Namen der Firmen. Viele, gerade große und bedeutende Firmen finden Sie hier allerdings nicht, da diese ausschließlich über Direktansprache gehen. Auch in den *Gelben Seiten* finden Sie nur wenige Einträge. Berateradressen und Informationen über die Seriosität von Beratern gibt der BDU, *www.bdu.de*.

Und die Effektivität? Nach einer Studie des BDU fällt fast die Hälfte aller durch Personalberater platzierten Kandidaten in die Altersklasse der 35- bis 44-Jährigen. Schwierig zu vermitteln seien nach wie vor die über 50-Jährigen. Nahezu 80 Prozent der vermittelten Bewerber hatten einen Hochschul- oder Fachhochschulabschluss, und 40 Prozent verfügten über eine kaufmännische oder praktische Ausbildung. 50 Prozent der Akademiker können weitere Qualifikationen vorweisen. Wenn Sie ein solcher Idealkandidat und nicht gerade arbeitslos sind, können Sie Ihr Glück bei einem Personalberater versuchen. Solange Sie nicht nur auf dieses eine Pferd setzen, haben Sie nichts zu verlieren – höchstens ein paar Bögen Briefpapier und einige Briefmarken.

Personalberater gibt es auch in Österreich und der Schweiz. Besonders in der Schweiz, wo sie im Gegensatz zu Deutschland ebenfalls eine staatliche Lizenz benötigen, spielen sie traditionell eine große Rolle. Im Gegensatz zu den Stellenvermittlern, die eher im unteren Bereich angesiedelt sind, werden Positionen von mittleren Führungskräften aufwärts durch Personalberater besetzt, die über Anzeigen und Direktansprache gehen. Hier bewegen sich fast alle internationalen Organisationen, aber auch einige rein schweizerische mit internationalen Partnerschaften.

Outplacement

Outplacement-Firmen werden auf Kosten des Unternehmens eingeschaltet, wenn es »unfreiwillige Trennungen« von Mitarbeitern gibt. Ein Argument für die Auftraggeber im Hinblick auf diese in der Regel recht kostspielige Beratung ist unter anderem, dass dadurch noch höhere Kosten (zum Beispiel für Abfindungen), unschöne Auseinandersetzungen und daraus resultierende Image-Schäden vermieden werden sollen.

Outplacement-Firmen sind eine Art »besseres Arbeitsamt«. Sie versuchen, den freigesetzten Managern möglichst rasch zu einer neuen, attraktiven Position zu verhelfen. Traditionell wird dieser Service vorwiegend für Führungskräfte angeboten. Das Honorar orientiert sich am Jahresgehalt der jeweiligen Person. Es liegt bei etwa 20 Prozent, ist also für Privatpersonen in der Regel kaum erschwinglich. Seit einiger Zeit wird auch Gruppen-Outplacement angeboten.

Die Outplacement-Beratung hat ihren Ursprung in den USA. In Deutschland sind seit Ende der siebziger Jahre Outplacement-Gesellschaften aktiv. Neben einer Hand voll traditioneller Outplacement-Firmen bieten mittlerweile auch viele Einzelpersonen, Management- und Personalberatungsfirmen Outplacement an, da hier offenbar ein lukratives Geschäft winkt. Im internationalen Vergleich ist Outplacement in Deutschland aber noch relativ wenig verbreitet. Da Unternehmen nach Aussage verschiedener Wirtschaftszeitungen immer weniger dazu bereit sind, sich dieses »Feigenblatt« etwas kosten zu lassen, weichen Outplacement-Firmen auch zunehmend auf klassische Dienstleistungen wie Personalberatung, Karriereberatung und Coaching aus, um neue Geschäftsbereiche zu erschließen

Und die Effektivität? Immerhin sucht auch ein Manager im Durchschnittsalter zwischen 40 und 50 Jahren sogar mithilfe von Outplacement in der Regel zwischen sieben und acht Monate lang nach einem Job.

Karriere- und Bewerbungsberatung

Einzelpersonen und viele der genannten Firmen bieten auch Karriere- beziehungsweise Bewerbungsberatung an. Näheres zum Thema Karriereberater finden Sie in Anhang B.

Wie gut funktioniert dieses Spiel?

Blicken wir den Tatsachen ins Auge – auch oder gerade wenn die Statistiken gegen uns sprechen.

Für viele Menschen zahlt sich dieses Glücksspiel aus, und sie können außerordentlich gute Ergebnisse vorweisen. Sie haben zum guten Schluss genau den Job, den sie wollten, und sie sind geradezu euphorisch angesichts dieses Weges – besonders, wenn sie ziellos herumgeirrt sind, bevor sie diesen Plan für sich entdeckt haben. Es funktioniert also, entgegen unserer Vermutungen, wunderbar – für viele Menschen.

Manche Menschen kommen auf diese Art und Weise noch zu annehmbaren Ergebnissen. Sie bekommen irgendeinen Job und irgendein Gehalt, auch wenn es rückblickend nicht gerade die Arbeit ist, die sie eigentlich suchten, und das Gehalt nicht annähernd dem entspricht, was sie sich erhofften oder was sie eigentlich benötigten. Aber: Ein Job ist ein Job und besser, als arbeitslos zu bleiben. (Es sei nur nebenbei erwähnt, dass die hier beschriebene Methode der Arbeitssuche Menschen so lange in Angst und Schrecken versetzt, bis sie mehr als bereit sind, ihre Ansprüche und ihr Selbstwertgefühl zurückzustellen und sich mit einem Job zufrieden zu geben, der weit unterhalb ihrer ursprünglichen Erwartungen angesiedelt ist.)

Für den Rest der Menschen, die sich dieser Methoden der Arbeitssuche bedienen, funktioniert es schlicht und ergreifend überhaupt nicht: Sie bleiben arbeitslos. Menschen, die versuchen, einen anderen Beruf als bisher zu ergreifen, haben in diesem Glücksspiel besonders schlechte Karten.

In dieser Woche, in der nächsten Woche, im nächsten Monat werden Tausende von Menschen, die Arbeit suchen, 400, 500, 600, 800, 1 000 oder mehr Bewerbungen verschicken, ihr Stellengesuch auf Dutzenden von Internetseiten veröffentlichen, 100 Stellenangebote aus Zeitungen oder aus dem Internet beantworten, 20 Arbeitsvermittlungen aufsuchen und trotzdem nicht eine einzige Einladung zu einem Vorstellungsgespräch erhalten. Das geschieht ständig. Das ist mir passiert, und das könnte Ihnen passieren.

Und was dann?

Wenn der Job auf sich warten lässt – Depressionen vermeiden

Die meisten von uns erbringen in schwierigen Situationen hervorragende Leistungen, vorausgesetzt, dass es nur um einen kurzen Zeitraum geht: Wir überstehen mühelos eine dreitägige Eiseskälte. Wir schaffen es ohne weiteres, eine Mahlzeit auszulassen. Wir können 30 Sekunden lang die Luft anhalten. Wir schaffen einen 100-Meter-Lauf problemlos. Wir ertragen Ehe- oder Beziehungsprobleme, sofern sie nicht länger als eine Woche anhalten. Aber wir können es wirklich nicht leiden, wenn derartige Zustände zu lange andauern. Das macht uns mit der Zeit fertig.

Genau das ist jedoch die Situation, in der wir uns befinden, wenn wir arbeitslos sind. Dauert unsere Arbeitslosigkeit nur zwei Wochen an – kein Problem! Aber wenn kein Ende in Sicht ist, neigen viele Menschen zu Depressionen. Wie wahrscheinlich ist es aber, dass die Arbeitslosigkeit länger andauert, als wir es gern hätten? Lassen Sie uns einen Blick auf die Statistiken werfen.

Etwa 18 Prozent der abhängigen Erwerbspersonen in den westlichen Bundesländern Deutschlands und 30 Prozent in den östlichen Bundesländern müssen damit rechnen, innerhalb eines Jahres arbeitslos zu werden. Davon sind viele, vor allem in bestimmten Branchen wie dem Bau, kurzzeit beschäftigt und werden oft sogar mehrfach innerhalb eines kurzen Zeitraums arbeitslos. Die durchschnittliche Bezugsdauer von Arbeitslosengeld in den westlichen Bundesländern beträgt etwa 33 Wochen. Der Anteil der Langzeitarbeitslosen – zu denen alle Personen gerechnet werden, die länger als ein Jahr arbeitslos sind – betrug in Deutschland 33 Prozent für den Westen beziehungsweise 27 Prozent für den Osten.

Sie haben also, wenn Sie »gefeuert«, »entlassen«, aufgrund von Restrukturierungsmaßnahmen »abgebaut« oder durch Fusionen »überflüssig« werden oder wenn Sie von sich aus gehen, in der Regel eine geringe Chance, sofort wieder eine neue adäquate Stelle zu finden. Realistisch ist es, sich auf einige Monate Arbeitslosigkeit einzustellen. Bei manchem Arbeitslosen kann es sich sogar um Jahre handeln. Wenn sich die Jobsuche hinzieht – egal wie lange –, kann sie zu einer echten Depression führen.

Ernsthafte Depressionen

Was verstehen wir unter einer Depression? Der Begriff hat üblicherweise zwei unterschiedliche Bedeutungen: Im engeren, diagnostischen Sinn wird er von Psychiatern oder Psychotherapeuten benutzt, im weiteren Sinn, der alltäglichen Bedeutung, wird er von den Menschen auf der Straße gebraucht.

Wenn wir also arbeitslos sind und auf der Straße einem Bekannten begegnen, dem wir erzählen: »Ich habe Depressionen«, so meinen wir damit normalerweise: »Ich bin niedergeschlagen.« Wir meinen: »Ich bin traurig.« Wir meinen: »Ich bin nicht ich selbst.« Wir meinen: »Ich fühle mich schlecht, weil es schwierig ist, in dieser Situation optimistisch oder fröhlich zu sein.« Wir meinen: »Ich bin fertig.« Dieses Gefühl der Depression ist unsere emotionale Antwort auf diese eine bestimmte Situation. Sobald wir Arbeit gefunden haben, verschwindet es wieder, und wir fühlen uns so glücklich und unbeschwert wie zuvor.

Psychiater und Psychotherapeuten sehen jedoch in ihren Praxen Tag für Tag eine ganz andere Form der Depression. Dabei handelt es sich um eine Krankheit, mit der der Betroffene oft schon sehr lange lebt. Ihre Schwere variiert: Manchmal ist sie vergleichbar mit einer Erkältung, manchmal mit einer Lungenentzündung. Sie verschwindet nicht einfach, wenn unser Leben sich wieder »bessert«. Wenn wir es mit einer Depression dieser Art zu tun haben, fühlt es sich oftmals an, als würde sie uns regelrecht erdrücken und unser Leben zum Erlöschen bringen. Ein Gefühl völliger Wertlosigkeit und Selbstmordgedanken gehören ebenfalls dazu. Eine Depression wird häufig »die dunkle Seite der Seele«[1] genannt.

Viele tapfere Menschen ertragen diese dunkle Seite der Seele schon jahrelang und mit erstaunlichem Mut, aufgrund ihrer Konstitution, mithilfe ihres Glaubens, einer Psychotherapie oder von Medikamenten, die die Erkrankung teilweise, überwiegend oder völlig eindämmen. Experten schätzen, dass allein in Deutschland jährlich zwischen 4,8 und 8 Millionen Menschen an einer länger andauernden Depression oder an Angstzuständen erkranken.

Und natürlich sind einige von ihnen arbeitslos. Aber wenn es sich um eine solche Depression handelt, ist sie in der Regel nicht erst durch die Arbeitslosigkeit entstanden, sondern der Betroffene hat bereits jahrelang mit ihr gerungen. Die Arbeitslosigkeit kann sie allerdings in eine wahre »Heimsuchung« verwandeln und führt häufig zu einer gravierenden Verschlechterung des Zustandes.

Wenn wir während der Zeit unserer Arbeitslosigkeit unter dieser Art Depression leiden, ist es wichtig zu wissen, dass es sich um eine Krankheit und keinesfalls um eine Charakterschwäche handelt – etwas, dessen wir uns entledigen könnten, wenn wir nur über einen »stärkeren Willen« verfügten. Nein, nein. Masern sind keine Charakterschwäche, und ebensowenig ist es diese Krankheit.

In der seit 1993 weltweit geltenden »Internationalen Klassifikation psychischer Störungen« werden die Leitsymptome folgendermaßen beschrieben:

Die Person ... leidet gewöhnlich unter gedrückter Stimmung, Interessenverlust, Freudlosigkeit und einer Verminderung des Antriebs. Die Verminderung der Energie führt zu erhöhter Ermüdbarkeit und Aktivitätseinschränkungen. Deutliche Müdigkeit tritt oft nach nur kleinen Anstrengungen auf. Andere häufige Symptome sind:

- verminderte Konzentration und Aufmerksamkeit,
- vermindertes Selbstwertgefühl und Selbstvertrauen,
- Schuldgefühle und Gefühle von Wertlosigkeit,
- negative und pessimistische Zukunftsperspektiven,
- Suizidgedanken, erfolgte Selbstverletzung oder Suizidhandlungen,
- Schlafstörungen,
- verminderter Appetit.

Um es vorauszuschicken: Eine Depression kann organische Ursachen haben. Und sie kann auch durch bestimmte Krankheiten verschlimmert werden, zum Beispiel durch eine Schilddrüsenfehlfunktion, durch einen Mangel an Serotonin im Gehirn oder durch Nebenwirkungen von Medikamenten, die wir aus anderen Gründen einnehmen.

Wenn Sie also den Eindruck haben, unter einer echten Depression zu leiden, dann ist es Ihre Pflicht Ihnen selbst und Ihren Angehörigen gegenüber, diese Möglichkeit in Erwägung zu ziehen und einen qualifizierten Arzt aufzusuchen, der herausfinden wird, ob eine organische Ursache vorliegt, die die Depression verschlimmert.

Wenn Sie unter einer Depression leiden und Selbstmordgedanken haben, sollten Sie noch heute einen Facharzt für Psychiatrie, einen approbierten ärztlichen oder psychologischen Psychotherapeuten oder Ihren Hausarzt aufsuchen. Selbstmordgedanken oder -absichten zeigen an, dass Ihre Depression zu einem medizinischen Notfall geworden ist, vergleichbar einer Herzattacke. Gehen Sie mit derartigen Gedanken nicht verantwortungslos um, denken Sie nicht: »Ach, das geht vorbei.« Handeln Sie! Gehen Sie zu jemandem, der Ihnen sofort therapeutische oder medikamentöse Hilfe anbieten kann. In vielen Städten und Regionen gibt es auch die Telefonseelsorge, die im Telefonbuch zu finden ist. Dort erfahren Sie, wo Sie weitere Hilfe bekommen. Bei akuter Selbstmordgefahr hilft der ärztliche Notdienst. Auch Krankenkassen bieten Informationsmaterial zum Thema an.

Wenn Ihre Depression nicht ganz so schwer ist, Ihnen aber dennoch zu schaffen macht, und wenn die ärztliche Untersuchung ergeben hat, dass es keine körperlichen Ursachen gibt, sollten Sie die Möglichkeit in Betracht ziehen, dass die Ursachen in Ihrer derzeitigen oder früheren Situation und den damit verbundenen Gefühlen – besonders Gefühlen von Ärger – zu suchen sind.

Wenn Sie also deprimiert sind, beginnen Sie zu reden. Reden Sie über alles, was Sie in der Vergangenheit und in der Gegenwart stört. Reden Sie zuerst mit Ihrem Lebensgefährten, Ehepartner, Ihrer Familie, Ihren Freunden. Wenn das nicht hilft, sollten Sie sich an einen qualifizierten ärztlichen oder psychologischen Psychotherapeuten wenden. »Psychotherapeut« dürfen sich nur noch Ärzte und approbierte Diplom-Psychologen nennen, die neben einem abgeschlossenen Studium bestimmte Zusatzqualifikationen nachgewiesen haben. Es gibt eine Vielzahl ähnlicher Bezeichnungen, die oft irreführend sind. Wenn die Depression in Ihrem Fall eine Erkrankung darstellt, wird die Behandlung von Ihrer Krankenkasse übernommen. Eine Liste der behandlungsberechtigten Psychotherapeuten erhalten Sie bei Ihrer Krankenkasse oder bei der zuständigen Kassenärztlichen Vereinigung.

Nachdem ich über Depression als Krankheit gesprochen habe, möchte ich wieder zu der nicht-wissenschaftlichen Bedeutung kommen, in der wir den Begriff Depression in unserer Alltagssprache benutzen. Wie ich schon sagte, betrifft dies eher die Verfassung, in der wir uns für eine gewisse Zeit befinden. Etwa wenn wir arbeitslos sind und eines Morgens aufwachen und denken: »Ich bin fertig«, »Ich bin in einem Tief« oder »Ich kann das Leben im Moment wirklich nicht genießen«. Ich bezeichne dies, wie gesagt, als Depression durch Arbeitslosigkeit.

Die vier Ursachen einer Depression durch Arbeitslosigkeit

Es gibt meiner Ansicht nach vier Ursachen für Depressionen, die durch Arbeitslosigkeit entstehen. Es sind emotionale, mentale, spirituelle und organische Ursachen. Jede davon trägt etwas zu den Gefühlen der Depression bei. In diesem Sinne sind Depressionen wie ein Fluss, der von vier Bächen gespeist wird. Wir müssen also Maßnahmen ergreifen, um diesen vier Ursachen begegnen zu können.

Die emotionalen Wurzeln einer Depression durch Arbeitslosigkeit

Wir leiden unter einer Depression, weil wir Ärger verspüren. Wenn wir keine Arbeit haben, weil wir entlassen wurden, besonders wenn die Arbeitslosigkeit uns unvorbereitet trifft oder die Entlassung auf schäbige Art und Weise geschehen ist, verspüren wir vielleicht mit Recht Wut und Ärger.

Wir wurden abgelehnt, und das hassen wir.

Wenn wir nach Arbeit suchen und nichts finden, dann verspüren wir spätestens nach der hundertsten Absage Wut.

Wir wurden wiederum abgelehnt, und das hassen wir.

Und wenn wir all dies nicht im Geringsten erwartet haben, dann leiden wir unter dem, was ich das *Ablehnungstrauma* nenne.

Niemand wird gern abgelehnt. Weder am Arbeitsplatz noch während der Jobsuche. Wir hassen es.

All diese aufgestaute Wut verschwindet nicht einfach mit der Zeit; sie kann sich, wie oben beschrieben, zu einer Depression ausweiten.

Ich brauche wohl nicht ausdrücklich zu erwähnen, wie schnell wir unsere Wut vergessen würden, wenn wir relativ leicht eine andere Stelle finden könnten, in der wir grundsätzlich die Arbeit verrichten, die wir gern tun, mit dem gleichen Maß an Verantwortung und dem gleichen Gehalt, in derselben Stadt und mit einem Chef, der noch besser ist als der vorherige. Aber in Anbetracht unseres vorsintflutlichen Jobsuchsystems ist das nicht so. Es ist nicht leicht, solche Jobs zu finden, selbst wenn sie vorhanden sind.

Deshalb sollte sich unsere Wut in erster Linie gegen dieses so genannte Jobsuchsystem richten – das uns mit dem Gefühl allein lässt, wertlos und für Wochen, Monate, manchmal Jahre ein Außenseiter der Gesellschaft zu sein. Unsere Wut ist gerechtfertigt und verständlich – zunächst.

Aber wenn sie anhält, ist das etwas anderes. Und wenn sich unsere Wut nicht gegen das Jobsuchsystem richtet, sondern gegen unsere ehemaligen Arbeitgeber, ist das der Anfang allen Ärgers. Ich beobachte dies häufig in Gesprächen zwischen entlassenen Arbeitnehmern, die über ihre frühere

Firma reden: »Ich werde ihnen nie verzeihen. Sie haben mein Leben ruiniert.«

Natürlich können unsere früheren Arbeitgeber unser Leben nur dann ruinieren, wenn wir ihnen dabei zur Hand gehen, indem wir an unserem Ärger festhalten. Das wird uns für den Rest unseres Lebens ruinieren. Ich habe diese Entwicklung bei vielen Arbeitslosen miterlebt.

Auswege

- Sie müssen Ihren Blick nach vorn in die Zukunft richten, nicht nach hinten auf Ihre Vergangenheit. Wenn Sie sich Ihrer Wut hingeben, bleiben Sie in der Vergangenheit verhaftet.
- Reden Sie über Ihre Wut mit jemandem, der gut zuhören kann, verständnisvoll und mitfühlend ist: Lebensgefährte, Ehepartner, Freund, Therapeut.
- Wenn Sie immer noch Wut im Bauch haben und das Bedürfnis verspüren, auf jemanden (zum Beispiel Ihren früheren Arbeitgeber) einzuschlagen, *tun Sie es nicht*. Lassen Sie Ihre Wut an einem Kissen aus. Einem großen Kissen. Oder an Ihrer Matratze. Schlagen Sie fest zu.
- Wenn Sie ein gläubiger Mensch sind, übergeben Sie Ihre Wut Gott. Richten Sie dann Ihren Blick auf die Zukunft.

Die mentalen Wurzeln der Depression durch Arbeitslosigkeit

Wir leiden unter Depressionen, weil wir das Gefühl haben, machtlos zu sein. Monatelang, jahrelang, vielleicht jahrzehntelang haben wir uns selbst über diesen Job bei dieser Firma definiert. Er gab unserem Leben seinen Zusammenhalt, er bestimmte den Tagesablauf, er gab uns unsere Identität. »Wer sind Sie?« – »Ach, ich bin Vorarbeiter in dem Stahlwerk dort hinten.« Das haben wir vielleicht jahrelang gesagt. Und wenn wir entlassen werden, bedeutet dies das Ende einer Ära. Was sagen wir nun? »Wer sind Sie?« – »Ach, ich weiß es selbst nicht mehr.« Kein Wunder, dass wir unter Depressionen leiden.

Oft führt das dazu, dass wir einen großen Teil unserer Zeit damit verbringen, nachzugrübeln, was wohl falsch läuft. Was stimmt nicht mit anderen Menschen, was läuft in unserem Leben schief, was stört uns an unserer Situation, an diesem und jenem? Wenn wir mit Freunden oder

Verwandten reden, konzentrieren wir uns darauf, was wir an den Gesprächen – oder an unserem Gegenüber – nicht gut finden. Wenn wir einen Film oder ein Theaterstück sehen, konzentrieren wir uns nur auf das, was uns missfällt. Wenn wir reisen, konzentrieren wir uns nur darauf, was uns an den Orten, die wir gesehen haben, nicht passte. Wir nehmen nur noch wahr, was andere Menschen unserer Meinung nach falsch gemacht haben, was nicht nach unseren Vorstellungen geschieht, was (aus unserer Sicht) fehlt. Und dadurch werden wir erst recht depressiv.

Je machtloser wir uns fühlen, umso tiefer versinken wir in die Depression. Und sich wie besessen nur damit zu beschäftigen, was falsch läuft, ist der beste Weg, sich immer ohnmächtiger zu fühlen.

Auswege

- Denken Sie immer daran: Sie sind nie machtlos – Sie haben es immer in der Hand, die Perspektive, aus der Sie Ihre Situation betrachten, zu verändern und damit im Laufe der Zeit auch Ihre Situation zum Besseren zu wenden.
- Verbringen Sie Ihre Zeit damit, sich selbst in einem neuen Licht zu sehen. Arbeiten Sie die Übungen in diesem Buch durch, damit Sie lernen, sich nicht über Ihre Berufsbezeichnung, sondern über Ihre Gaben und Talente zu definieren. »Ich bin ein Mensch, der ...«
- Verbringen Sie Ihre Zeit damit, darüber nachzudenken, wie Sie den Rest Ihres Lebens gestalten wollen. Betrachten Sie es als eine philosophische und spirituelle Erneuerung Ihrer selbst.
- Wenn Sie einen Ausweg aus Ihrer Depression suchen wollen, ist es für Sie von wesentlicher Bedeutung, Ihre Aufmerksamkeit auf die schönen Dinge des Lebens zu richten. Legen Sie eine nachsichtigere Haltung gegenüber der Welt an den Tag, sehen Sie sie so, wie sie ist, nicht so, wie Sie sie gern hätten. Und wie Baltasar Gracián sagte: »Gewöhnen Sie sich an die Fehler Ihrer Freunde, Verwandten, Bekannten ...« – Und Ihrer Chefs. Und Ihrer Kollegen.
- Bleiben Sie nicht ständig allein. Verbringen Sie Ihre Zeit mit Ihren Freunden und Ihrer Familie, reden Sie mit ihnen, nehmen Sie sie in den Arm, machen Sie Ausflüge, treiben Sie Sport, gehen Sie spazieren, singen Sie, hören Sie gute Musik, setzen Sie sich gemeinsam vor den Kamin (in dem dann hoffentlich ein Feuer brennt). Wenn Sie keinen Kamin besitzen, stellen Sie eine Kerze auf den Tisch, vor sich und einen Menschen, den Sie lieben.

Die spirituellen Wurzeln der Depression durch Arbeitslosigkeit

Wir leiden unter Depressionen, weil wir den Eindruck haben, das Leben habe keinen Sinn. Sie werden mit hoher Wahrscheinlichkeit Depressionen verspüren, wenn Sie arbeitslos sind und die Erfahrung, entlassen worden zu sein und lange nach einer neuen Stelle suchen zu müssen, als willkürliches, überflüssiges und sinnloses Ereignis in Ihrem Leben betrachten.

Auf einem medizinischen Symposium, an dem ich vor einigen Jahren teilnahm, referierte ein Arzt über die Rätsel des Heilungsprozesses: Von zwei Patienten gleichen Alters und mit der gleichen Krankheitsgeschichte, die sich beide der gleichen Operation unterziehen, wird einer schnell wieder gesund, während der andere sich nur langsam erholt. Die Ärzte hatten keine Erklärung für dieses verbreitete Phänomen. Sie gaben eine Studie an einem großen Krankenhaus in New York in Auftrag um herauszufinden, welche Faktoren den unterschiedlichen Heilungsverlauf erklären können. Alle Daten, die über die Patienten zur Verfügung standen, wurden in einen Computer eingegeben und unter bestimmten Fragestellungen verglichen.

Zeichneten sich die Patienten mit rascher Heilung durch Optimismus aus, während diejenigen, die sich nur langsam erholten, nicht optimistisch waren? Nein, sagte der Computer, das treffe nicht zu.

Besaßen diejenigen, die sich zügig erholten, irgendeine Art von Religiosität oder Gläubigkeit, während diejenigen, die sich nur langsam erholten, nicht gläubig waren? Nein, sagte der Computer, auch das treffe nicht zu.

Und so weiter.

Die Antwort lautete schließlich: Diejenigen, die sich durch einen raschen Heilungsprozess auszeichneten, waren überzeugt, dass jedes Ereignis, das ihnen in ihrem Leben widerfahre, einen Sinn habe, selbst wenn ihnen im Augenblick nicht klar sei, welchen. Die Patienten, deren Heilungsprozess langsam voranschritt, empfanden dagegen das meiste, was ihnen widerfuhr, als bedeutungslos und zufällig. Und so war zu erklären, dass sich von zwei Patienten nach einer Krebsoperation derjenige, der die Krebserkrankung als etwas Bedeutungsvolles in einem größeren Sinnzusammenhang auffasste, schneller erholte, während derjenige, der die Krebserkrankung als sinnlose und überflüssige Unterbrechung seines Lebens betrachtete, einen langwierigen Heilungsprozess durchmachte.

Wir können all dies auch auf die Situation der Arbeitslosigkeit übertragen. Wenn jemand entlassen wird, handelt es sich dabei nur selten um das unfassbare, sinnlose Ereignis, als das es uns im ersten Augenblick erscheint. Als ich das letzte Mal gefeuert wurde, erhielt ich die Kündigung kurz vor der Mittagspause, und um drei Uhr desselben Nachmittags hatte ich einen Termin beim Zahnarzt. Ich wusste bereits, dass er auch würde bohren müssen, und dachte voller Sarkasmus: »Das wird noch ein richtig schöner Tag heute ...«

Wie auch immer, mein Zahnarzt war einige Jahre älter als ich und verfügte über eine reiche Lebenserfahrung. Als ich ihm von meinen Sorgen erzählte, sagte er einen Satz, den ich niemals vergessen habe: »Eines Tages werden Sie sagen: ›Das war das Beste, was mir jemals passiert ist.‹ Ich erwarte nicht, dass Sie mir das glauben, aber warten Sie nur ab. Ich habe es schon bei so vielen Menschen beobachtet, dass ich sicher bin, es wird auch Ihnen so ergehen.«

Natürlich hatte er vollkommen Recht. Heute kann ich mit voller Überzeugung sagen, dass diese Kündigung das Beste war, was mir in meinem ganzen Leben widerfahren ist, weil sie dazu führte, dass ich noch einmal über mein ganzes Leben nachdachte – und darüber, was ich in der Welt verändern wollte. Sie führte letztendlich dazu, dass ich dieses Buch verfasste. Aus der Dunkelheit entstand Licht.

Die Jobsuche bietet eine Chance für grundlegende Veränderungen im ganzen Leben. Sie kann zum Wendepunkt werden für die Art, wie wir unser Leben führen. Sie bietet uns eine Chance, abzuwägen und nachzudenken, unseren geistigen Horizont zu erweitern und tiefer in den Grund unserer Seele vorzudringen. Sie bietet uns damit eine Chance, uns mit der Frage zu beschäftigen, warum wir auf der Welt sind. Wir wollen uns nicht wie ein unbedeutendes Sandkorn fühlen auf dem großen Strand, der Menschheit heißt, ohne eigene Merkmale und verloren inmitten von fünf Milliarden anderer Menschen.

Wir möchten mehr tun, als einfach so durchs Leben zu trotten, zur Arbeit hin und danach wieder heim zu gehen. Wir wollen eine bestimmte Art von Freude empfinden, »die uns niemand nehmen kann« und die daher rührt, dass wir ein Gefühl dafür haben, was unsere Lebensaufgabe ist.

Wir möchten fühlen, dass wir zu einem bestimmten Zweck hier auf der Erde sind, um eine einzigartige Arbeit zu verrichten – etwas, das nur wir selbst leisten können. Wir möchten wissen, was unsere Berufung ist.

Wenn der Begriff »Berufung« im Zusammenhang mit unserem Leben und unserer Arbeit verwendet wird, hat er in seiner ursprünglichen Bedeutung immer einen Bezug zu Sinnfragen oder religiösen Konzepten. Spirituelle Überzeugungen und die Arbeitswelt existieren meist in getrennten geistigen Welten innerhalb desselben Kopfes. Die Arbeitslosigkeit bietet uns die Chance, die beiden Welten wieder miteinander zu verbinden, über die Berufung und die Lebensaufgabe nachzudenken – eben darüber nachzudenken, warum wir auf der Welt sind.

Daher kann gerade die Phase der Arbeitslosigkeit unser Leben grundlegend verändern. Nutzen Sie diese Gelegenheit, indem Sie sich Gedanken über Ihre Wertvorstellungen machen – sich vor Augen führen, welche nicht-materiellen Werte Ihnen etwas bedeuten, welche Überzeugungen Sie vertreten und welche Sie ablehnen.

Fangen Sie ganz praktisch an, indem Sie sich ein Blatt Papier nehmen und Ihre *Lebensphilosophie* niederschreiben. Verfassen Sie ein Statement darüber, warum und wozu Sie Ihrer Meinung nach auf der Welt sind, was Ihrer Meinung nach im Leben wichtig ist und was nicht, mit welchen Werten unserer Gesellschaft Sie übereinstimmen und mit welchen nicht. Betrachten Sie den folgenden Katalog als Anregung und wählen Sie selbst einige der Punkte aus.

- **Dienst:** Was wir Ihrer Meinung nach mit unseren Gaben anfangen sollten.
- **Entscheidung:** Was ihr Wesen und ihre Bedeutung ist.
- **Erbarmen:** Was Ihrer Meinung nach seine Bedeutung ist und wie es im Alltag gezeigt werden sollte.
- **Ereignisse:** Was Ihrer Meinung nach Dinge hervorbringt und wie wir uns selbst dies erklären.
- **Freier Wille:** Wie Sie darüber denken, ob Ereignisse »vorherbestimmt« sind oder ob sie durch den freien Willen hervorgerufen werden.
- **Gemeinschaft:** Auf welche Art wir zueinander gehören und welche Verantwortung wir füreinander tragen.
- **Helden:** Wer die Ihren sind.
- **Höchstes Wesen:** Ihre Ansichten darüber, ob und wie man sich ein höheres Wesen vorstellen kann.
- **Humanität:** Was Ihrer Meinung nach einen wirklich »humanen« Menschen auszeichnet.

- **Liebe:** Was Ihrer Meinung nach ihr Wesen und ihre Bedeutung ist, auch im Zusammenhang mit verwandten Begriffen.
- **Opfer:** Was es im Leben Ihrer Meinung nach wert ist, dass man dafür Opfer bringt, und zu welcher Art von Opfern Sie bereit sind.
- **Prinzipien:** Für welche Sie einzutreten bereit sind, auf welchen Sie Ihr Leben begründen.
- **Realität:** Was Ihnen zum Wesen der Realität bedeutsam erscheint.
- **Selbst:** Was Sie über das Selbst, das Ich, Egoismus und Selbstlosigkeit glauben.
- **Sinn:** Warum wir Ihrer Meinung nach hier auf der Erde sind, worin Sie den Sinn Ihres Lebens sehen.
- **Tod:** Was Sie darüber denken und was Ihrer Meinung nach danach geschieht.
- **Überzeugungen:** Welches Ihre stärksten Überzeugungen sind.
- **Verhalten:** Wie wir uns auf dieser Welt Ihrer Meinung nach verhalten sollten.
- **Verwirrung und Ambivalenz:** Mit wie viel davon wir uns Ihrer Meinung nach im Leben abfinden müssen.
- **Werte:** Welche Ihnen die wertvollsten, heiligsten und wichtigsten sind.

Beim letzten Stichwort können Sie davon ausgehen, sich über die Bedeutung weiterer Begriffe Gedanken zu machen, zum Beispiel »Wahrheit« (In welchen Bereichen bedeutet Ihnen Wahrheit am meisten?), »Schönheit« (Welche Art Schönheit mögen Sie am liebsten?), Fragen der »Moral« (mit welchen sind Sie am meisten beschäftigt – Justiz, die Hungrigen ernähren, den Obdachlosen helfen, AIDS-Kranke trösten) und die Bedeutung von »Liebe«. Schreiben Sie nicht nur alles spontan nieder, sondern nehmen Sie sich auch Zeit zum Nachdenken.

Wenn Sie plötzlich ohne den Job dastehen, den Sie vielleicht seit Jahren hatten, finden Sie möglicherweise in Ihrem Glauben an Gott eine Stärke, die es Ihnen ermöglicht, jeden einzelnen Tag in dieser schweren Zeit durchzustehen. Aber wenn Sie gläubig sind, müssen Sie sich auch dieser Tatsache bewusst sein: Nichts, was Ihnen widerfährt, ist sinnlos. Wenn die Arbeitslosigkeit nicht enden will, dann hat das eine Bedeutung, auch wenn Sie in dieser Situation nicht herausfinden können, worin sie besteht. Wer sich dem Gefühl ergibt, dass alles, was ihm widerfährt, weder Sinn noch Bedeutung hat, verfällt leicht in Depressionen.

> **Auswege**
>
> - Wenn sich Ihre Jobsuche ewig hinzieht, sollten Sie die Strategie ändern und sich auf Kapitel 5, 6 und 7 in diesem Buch stürzen. Legen Sie in Ihrer Jobsuche ein neues Verhalten an den Tag und wenden Sie neue Methoden an.
> - Setzen Sie sich hin und schreiben Sie Geschichten über Zeiten nieder, in denen es Ihnen schlecht ging. Schreiben Sie auf, welchen Sinn Sie in diesen Ereignissen heute sehen.
> - Fühlen Sie sich nicht von Gott verlassen, nur weil Ihnen *das* passiert ist. Halten Sie sich an den Grundsatz, dass Gott die Gläubigen nicht vor schweren Zeiten bewahrt. Gläubige müssen harte Zeiten ebenso durchstehen wie Nichtgläubige. Vermeiden Sie vor allem die flehentliche Klage: »Warum gerade ich?«
> - Beschränken Sie Ihren Glauben nicht auf das, was Sie fühlen können. Wenn Sie Gottes Gegenwart in dieser schweren Zeit nicht spüren können, bedeutet das gar nichts. Gefühle haben häufig keine Entsprechung in der Realität. Wir können von Nebelschwaden umgeben sein, die unsere Sicht trüben. Folgen Sie Ihrem Glauben.

Die organischen Wurzeln der Depression durch Arbeitslosigkeit

Wir werden depressiv, weil wir körperliche Wesen sind. Schlafmangel und Erschöpfung können beispielsweise depressive Zustände auslösen.

Für jemanden, der zu wenig geschlafen hat, sieht die Welt nie rosig aus.

Für jemanden, der an einer Depression leidet, sieht die Welt ebenfalls nie rosig aus.

Diese beiden Zustände sind deshalb leicht miteinander zu verwechseln. Was Sie als Depression empfinden, kann unter Umständen nur das Gefühl sein, das aus einem gravierenden Schlafmangel entsteht.

Ich sagte, wir werden depressiv, weil wir körperliche Wesen sind. Das schließt einige weitere Aspekte ein.

Als körperliche Wesen brauchen wir ein Dach über dem Kopf, Essen auf dem Tisch und Kleidung am Körper. In unserer »Zwei-Drittel-Gesellschaft« ist für ein Drittel aller Erwachsenen die finanzielle Situation ohnehin kritisch – ob sie nun Arbeit haben oder nicht. Unter den Arbeitslosen liegt der Prozentsatz entsprechend höher – weil viele Menschen dann darauf angewiesen sind, sich von einer Arbeitslosengeldzahlung zur nächsten zu hangeln. Je länger dieser Zustand des »Von-der-Hand-in-den-Mund-Lebens« anhält, desto schlechter fühlen wir uns.

Auswege

- Ich habe in den vergangenen Jahren mit großem Erstaunen bemerkt, wie viel wohler und glücklicher sich viele Jobsuchende fühlen, wenn sie nur ihren Schlaf aufholen. Schalten Sie um 22 Uhr den Fernseher aus und gehen Sie ins Bett! Sie werden sich schon bald besser fühlen – in manchen Fällen um ein Vielfaches besser.
- Versuchen Sie, einen geregelten Tagesablauf einzuhalten, gehen Sie abends immer zur gleichen Zeit ins Bett und stehen Sie auch unbedingt jeden Morgen zur gleichen Zeit auf!
- Wenn Sie länger als eine halbe Stunde wach liegen, stehen Sie auf und lesen Sie, schreiben oder meditieren Sie, bis Sie müde werden. Tun Sie das nicht im Bett. Ihr Bett sollte nur zum Schlafen und Lieben da sein. Erlernen Sie eine Entspannungstechnik wie autogenes Training oder die progressive Muskelentspannung.

Außer der Sache mit dem Schlaf gibt es noch weitere Aspekte, die Sie beachten müssen, um während der Zeit Ihrer Arbeitslosigkeit körperlich fit zu bleiben. Die folgenden Dinge hielt ich für sehr wichtig, als ich selbst arbeitslos war:[2]

- Gehen Sie so oft wie möglich in die Sonne hinaus oder halten Sie sich in einem hellen Raum beziehungsweise in der Nähe einer Lichtquelle auf, besonders im Winter (es ist ein bekanntes Phänomen, dass viele Menschen vor allem im Winter unter Depressionen leiden, weil ihnen Licht fehlt – besonders Sonnenlicht).[3]
- Treiben Sie regelmäßig Sport, oder gehen Sie wenigstens einmal pro Tag spazieren.
- Wenn Sie tatsächlich sehr knapp bei Kasse sind, greifen Sie auf Aushilfsjobs zurück – jede ehrliche Arbeit, die Sie finden und mit der Sie ein wenig Geld verdienen können, während Sie einen Job suchen. Suchen Sie vor allem nach Zeitarbeitsfirmen in Ihrer Stadt oder Region und finden Sie heraus, ob eine von ihnen sich vielleicht darauf spezialisiert hat, Arbeitnehmer mit Ihrer Erfahrung und Ihrem Wissen zu vermitteln. Sie finden sie in den *Gelben Seiten* unter Z wie »Zeitarbeit«.
- Schließlich sollten Sie diese Zeit nutzen, um darüber nachzudenken, worin Ihre wesentlichen Bedürfnisse im Leben bestehen. Überlegen Sie, ob Sie sich vielleicht mit einem einfacheren Leben anfreunden können, in dem Sie von weniger materiellen Werten umgeben sind und stattdessen mehr Zeit mit Menschen verbringen, die Sie lieben. Vielleicht ist dieser »freiwillige Verzicht« ja genau das, wonach Sie sich insgeheim sehnen.

Entwickeln Sie Aktivität!

Das Problem: Sie werden wahrscheinlich deprimiert sein, wenn Sie während Ihrer Phase der Arbeitslosigkeit nur ein Ziel verfolgen.

Versuchen Sie sich vorzustellen, wie Sie einen Kurzurlaub planten, als Sie noch Arbeit hatten: Sie dachten vielleicht, dass Sie sich erholen und bestimmt nicht an Ihrem Zufluchtsort arbeiten wollten. Andererseits dachten Sie, dass Sie etwas aufarbeiten müssten, was sich während der letzten Zeit angesammelt hatte. Da Sie sich nicht sicher waren, nahmen Sie vorsichtshalber etwas Arbeit mit, beschlossen aber, kein schlechtes Gewissen zu haben, wenn Sie in Ihrem Urlaub nichts davon erledigen würden. Sie wussten schon vor Ihrem Aufbruch, dass Ihre Ferien sich auf diese Art in jedem Fall lohnen würden.

Warum? Weil Sie zwei Alternativen hatten und eine von beiden auf jeden Fall erreicht würde. Entweder würde es ein schöner Erholungsurlaub oder Sie würden einige Arbeit erledigen. So konnten Sie nicht verlieren.

Die Hälfte unseres Kummers in unserem auf Ziele fixierten Leben entspringt unserer Unfähigkeit, für einen bestimmten Zeitraum zwei alternative Ziele zu verfolgen. Immer wieder setzen wir uns nur ein Ziel. Und wenn wir es dann verfehlen, wie es angesichts der unvorhersehbaren Wechselfälle des Lebens so häufig vorkommt, werden wir depressiv. Es ist deshalb kein Wunder, dass wir die Arbeitslosigkeit auf die gleiche Art angehen. Wenn wir entlassen werden, das Beschäftigungsverhältnis endet oder wir aus anderen Gründen vor der Arbeitslosigkeit stehen, setzen wir uns nur ein Ziel für diese Phase: einen (sinnvollen) Job zu finden. Wenn uns das nicht in absehbarer Zeit gelingt, werden wir depressiv. Es ist daher wichtig, dem Problem der mangelnden Aktivität entgegenzutreten, das zu dieser Depression beiträgt, und es zu beseitigen. Wie man es beseitigt, liegt auf der Hand.

Sie müssen auch während der Zeit der Arbeitslosigkeit mehr als nur ein Ziel haben. Sie müssen diese Phase in Vorsätzen wie dem folgenden definieren: »Meine Ziele während dieser Arbeitslosigkeit sind: erstens einen guten Job zu finden und zweitens ...« – Da liegt die Crux: Was zweitens?

Das zweite Ziel muss auf alle Fälle erreichbar sein. Denn es tut unserem Selbstwertgefühl später nicht gut, wenn wir zwei Ziele haben und keines davon erreichen. Manche Ziele, die sich zunächst möglicherweise anbieten, werden dadurch ausgeschlossen – beispielsweise das Ziel, während der Arbeitslosigkeit dauerhaft 10 Kilogramm an Gewicht abzunehmen. Solche zweifelhaften Ziele können Ihre depressiven Gefühle noch verstärken, wenn Sie nämlich keinen Job finden *und* nicht abnehmen.

Welche Ziele sind dann aber erreichbar? Nachdem ich mehr als 20 Jahre lang Jobsuchende beobachtet habe, ist mir klar geworden, dass es mehrere gibt. Deren Angemessenheit hängt davon ab, wie lange Sie schon aus dem normalen Arbeitsleben heraus sind. Ich werde sie entsprechend zusammenfassen. Sie sollten diese Zeitangaben nicht allzu buchstäblich nehmen. Wenn klar ist, dass Sie aus finanziellen Gründen die Jobsuche beschleunigen müssen, dann werden Sie die Dauer der Phasen entsprechend verkürzen – etwa auf einen Monat, zwei Monate, drei Monate und vier Monate.

Wenn Sie bis zu zwei Monate lang arbeitslos sind

Ihr Ziel für diese Phase der Arbeitslosigkeit ist es, die Zeit dafür zu nutzen, einen (sinnvollen) Job zu finden und sich damit zu beschäftigen, welche Art Mensch Sie sind und welche Art Mensch Sie gern wären.
Machen Sie eine Bestandsaufnahme davon, was Sie schon getan haben: Ihre Fähigkeiten, Ihre Wissensgebiete, Ihre Werte ... Das Material dazu finden Sie in diesem Buch. Schreiben Sie dann auf, welche Art Mensch Sie gern wären und was Sie gern mit Ihrer Familie und Ihren Freunden erleben würden. Arbeiten Sie einen Plan aus, wie Sie das realisieren könnten. Denken Sie viel nach über das, was Sie geschrieben haben, vor allem draußen im Freien oder im Haus bei schöner Musik.

Hat jemand, der keinen Job hat, überhaupt noch eine Bedeutung in der großen, weiten Welt? Das ist die Frage, die viele Menschen beschäftigt, wenn sie aus dem Arbeitsleben nicht mehr als zwei Monate heraus sind. Wenn das bei Ihnen der Fall ist, dann könnten Sie zweifellos etwas Bestätigung dafür brauchen, dass Sie als Mensch noch etwas wert sind. Die oben genannte Übung kann immens dazu beitragen. In Wahrheit ist es wichtiger, wer wir sind, als was wir tun. Und wer sind wir? Jemand, der dazu bestimmt ist, ein Segen für diesen Planeten Erde zu sein.

> **Wenn Sie vier Monate oder länger arbeitslos sind**
>
> Ihre Ziele für diese Phase der Arbeitslosigkeit sind es, die Zeit dafür zu nutzen, einen (sinnvollen) Job zu finden und anderen ehrenamtlich zu helfen, denen es schlechter geht als Ihnen. Es ist wichtig, vier Werktage für die Jobsuche zu reservieren, aber einen Werktag dafür zu nutzen, anderen zu helfen, die weniger glücklich sind. Es gibt viele Möglichkeiten, ehrenamtlich zu helfen. Hier einige wenige Beispiele:
>
> - Organisationen, die Mahlzeiten und Unterkunft für Obdachlose zur Verfügung stellen,
> - Frauenhäuser oder Organisationen, die missbrauchten Kindern helfen,
> - Organisationen, die mit Behinderten arbeiten,
> - Organisationen, die mit Alten und Sterbenden arbeiten.

Wenn Sie seit vier Monaten oder länger ohne Arbeit sind, werden Sie wahrscheinlich nach Bestätigung lechzen, dass Sie einen sinnvollen Beitrag zur Gesellschaft leisten. Einmal wöchentlich ehrenamtlich zu arbeiten, kann eine Möglichkeit sein, sich diese Bestätigung zu holen. Ehrenamtliche Arbeit ist recht verbreitet. Dabei spielt es keine Rolle, ob Sie einen Job haben oder nicht. Es ist eine Art, Ihre Zeit sinnvoll zu verbringen, anderen zu helfen und dabei auch neue Fähigkeiten zu erwerben.

Der entscheidende Aspekt ist, dass Sie bei dieser Arbeit nicht nur in einem Büro am Schreibtisch sitzen, sondern direkten Kontakt zu Menschen haben, die wirklich in Not sind. Natürlich hat auch die Tätigkeit im Büro ihren Wert, aber es ist nicht die Art Betätigung, die Sie zu diesem Zeitpunkt brauchen. Ihr Ziel ist dabei, sich von Selbstmitleid und Depression zu befreien, indem Sie erleben, dass andere schlimmer leiden und unglücklicher sind als Sie und dass Sie etwas tun können, dieses Leiden zu lindern.

Eine wichtige Warnung an dieser Stelle: Stürzen Sie sich nicht so sehr auf Ihr zweites Ziel für die Zeit der Arbeitslosigkeit, dass Sie Ihr primäres Ziel – einen Job zu finden – vergessen oder vernachlässigen. Die Regel ist: vier Werktage an Ihrem primären Ziel (der Jobsuche) arbeiten und einen Werktag Ihrem sekundären Ziel (beispielsweise der ehrenamtlichen Arbeit) widmen. Lassen Sie sich auf keinen Fall dazu verleiten, vier Werktage lang ehrenamtlich zu arbeiten und einen Werktag auf Jobsuche zu gehen – jedenfalls nicht, wenn Sie nicht genügend finanzielle Reserven haben, um das lange Zeit durchzustehen.

> **Wenn Sie sechs Monate oder länger arbeitslos sind**
>
> Ihre Ziele für diese Phase der Arbeitslosigkeit sind es, die Zeit dafür zu nutzen, einen (sinnvollen) Job zu finden, und sich bei Ihrer Volkshochschule einzuschreiben oder an einer Weiterbildungsmaßnahme teilzunehmen, um etwas Neues zu erlernen. »Etwas Neues« könnte zum Beispiel sein:
>
> - Ein Thema, das Sie fasziniert hat, als Sie darüber in Zeitungen oder Zeitschriften gelesen haben.
> - Ein Thema, das Ihre Fähigkeiten in Ihrem derzeitigen (unterbrochenen) Beruf auf den neuesten Stand bringt.
> - Etwas, das Ihnen in einem möglichen neuen Beruf nützen könnte, über den Sie gerade nachdenken.

Noch einmal etwas Neues zu erlernen, ist ein verbreiteter Wunsch. Solange man eine Vollzeitbeschäftigung ausübt, geht er häufig im Zeitdruck unter. Die Phase der Arbeitslosigkeit ist dagegen genau der richtige Zeitpunkt, sich den lang gehegten Wunsch zu erfüllen und einmal etwas Neues in Angriff zu nehmen. Eine Weiterbildungsmaßnahme ist beispielsweise eine gute Möglichkeit, Ihre Gedanken mit etwas anderem zu beschäftigen als mit Ihrem derzeitigen Unglück.

Hier noch einmal dieselbe Warnung wie schon weiter oben: Stürzen Sie sich nicht so auf dieses sekundäre Ziel für die Zeit der Arbeitslosigkeit, dass Sie Ihr primäres Ziel – einen Job zu finden – vergessen oder vernachlässigen. Auch hier gilt die Regel: vier Werktage an Ziel 1 arbeiten (der Jobsuche), einen Tag an Ziel 2 (einen oder zwei Kurse besuchen) – es sei denn, Sie verfügen über die nötigen finanziellen Reserven, um eine längere Zeit ohne Job durchzustehen, und haben sich für einen Berufswechsel mit einer umfangreichen Umschulung oder Weiterbildung entschieden. In diesem Fall lesen Sie bitte vorher gründlich das Kapitel 6 in diesem Buch.

Wenn es eine Uni in Ihrer Nähe gibt, gehen Sie hin und sehen Sie im Vorlesungsverzeichnis nach, was angeboten wird. Vielleicht können Sie als Gasthörer Vorlesungen oder Seminare besuchen. Auch die Volkshochschulen und sonstige Anbieter haben Interessantes zu bieten.

Wenn das ein finanzielles Problem für Sie darstellt, sollten Sie beim Arbeitsamt nachfragen, welche Maßnahmen eventuell dort für Sie infrage kommen. Wenn Sie auf dem Land leben und es weit und breit keine entsprechenden Angebote gibt, sollten Sie sich nach Fernkursen erkundigen. (Auch wenn Sie in der Großstadt wohnen, können Sie diese Art des Unterrichts wählen. Da aber die Jobsuche oft ein einsames Unterfangen ist, würde ich es in jedem Fall vorziehen, mit anderen Menschen zusammen an einem Kurs teilzunehmen. Alles, was Ihnen dabei hilft, Ihr Leben während der Jobsuche weniger einsam zu gestalten, sollte nicht unterschätzt werden.)

Zusammenfassung

Auch wenn Sie all dies berücksichtigt und umgesetzt, alle Ursachen diagnostiziert, alle Auswege versucht haben, kann es vorkommen, dass die Depression anhält – besonders dann, wenn Sie einfach nicht aus der Arbeitslosigkeit herauskommen. Sie haben alles ausprobiert. Sie haben die Übungen durchgearbeitet, Sie haben jedes einzelne Kapitel dieses Buches verschlungen. Sie haben gebetet. Sie haben alles gegeben. Was dann?

An einem solchen Punkt ist es meiner Meinung nach wichtig, eine langfristige Perspektive zu haben. Stellen Sie sich vor, Sie seien beispielsweise während einer Wanderung in ein Unwetter geraten. Es sieht aus, als würde der Himmel nie wieder aufklaren. Aber Sie wissen, dass es geschehen wird, und das macht Ihnen Mut.

Und deshalb müssen wir in Zeiten der Arbeitslosigkeit realisieren, dass das Leben naturgemäß in wechselnden Phasen verläuft:

> Mal ist das Leben trüb, mal heiter.
> Mal ist das Leben schwer, mal leicht.
> Mal ist das Leben bitter, mal süß.
> Mal ist das Leben schlechter, mal besser.
> Mal zwingt uns das Leben zu kämpfen, mal lässt es uns treiben.
> Mal bringt das Leben Krankheit, mal wieder Gesundheit.
> Mal ist das Leben deprimierend, mal begeisternd.
> Mal bringt das Leben Leid, mal Glück.
> Mal bringt das Leben Tod, mal Auferstehung.
> Mal macht es uns fertig, mal gibt es uns Auftrieb.
> Mal ist das Leben eine Schlacht, mal ist es ein Fest.

Das Leben hat seinen eigenen Rhythmus, es ist ein endloser Kreislauf von Tod und Wiedergeburt. Eine Phase, in der es Ihnen schlecht geht, in der Sie entlassen oder schlecht behandelt werden, in der Sie schwere Zeiten durchmachen, während Sie nach Arbeit suchen, gehört einfach zum Leben dazu. Es ist eine der Perioden, die wir in unserem Leben zwangsläufig durchmachen.

Aber das Leben verläuft in wechselnden Rhythmen. Diese schwierige, von Depression bestimmte Zeit wird vielleicht einer Zeit des Glücks und der Zufriedenheit Platz machen, und das in gar nicht so ferner Zukunft. Sie müssen das wissen und sich die Aussicht auf eine solche Zeit bewusst machen.

Nach drei Monaten sollten Sie sich neben Ihrer Jobsuche mit anderen Dingen beschäftigen. Bitten Sie einen Karriereberater um Hilfe. Gehen Sie aus, werden Sie aktiv, beginnen Sie ehrenamtlich zu arbeiten, belegen Sie einen Kurs an der Volkshochschule oder in einer Familienbildungsstätte, seien Sie ein Segen für diese Erde, auch wenn Sie gerade keine Arbeit haben. In guten Zeiten werden auch die positiven Seiten des Lebens wieder sichtbar werden.

Anhang A

Die Blume: Ein Bild Ihres Traumjobs

Übungen
Ihre Blume

Um nach Ihrem Traumjob oder zumindest einer angemessenen Alternative suchen zu können, müssen Sie ein Bild davon im Kopf haben. Je klarer das Bild, desto leichter wird es sein, danach zu suchen. Ziel dieser Übungen ist es, Ihnen zu diesem Bild Hilfestellungen zu geben.

Wir haben uns für eine Blume als Symbol für dieses Bild entschieden. Sie steht dafür, dass Sie in manchen (Arbeits-)Umgebungen aufblühen, während Sie in anderen vor sich hin welken. Mit der Erstellung dieser Blume, die ein Abbild Ihrer Persönlichkeit sein soll, verfolgen wir das Ziel, Ihnen bei der Definition des Arbeitsklimas zu helfen, in dem Sie wachsen und gedeihen können und die bestmögliche Arbeit tun werden. Sie sollten zwei Ziele gleichzeitig verfolgen: zum einen, in Ihrem Job so glücklich wie nur irgend möglich zu sein, zum anderen, so effektiv wie möglich zu arbeiten. In der Grafik auf Seite 326 finden Sie das Bild einer Blume, das Sie als Arbeitsbogen benutzen können.

Wie Sie sehen können, stehen Ihre Fähigkeiten im Zentrum der Blume, so wie sie auch im Zentrum Ihrer Berufung, Ihres Berufes oder Ihres Jobs stehen. Sie sind in der Reihenfolge ihrer Bedeutung aufgeführt. Um sie herum finden Sie sechs Blütenblätter. In der Reihenfolge Ihrer Bearbeitung sind das:

- Region,
- Interessengebiete/Tätigkeitsfelder
- Menschen,
- Werte und Ziele,
- Arbeitsbedingungen,
- Gehalt und Verantwortung.

Wenn Sie alle Fähigkeiten und Blätter ausgefüllt haben, sehen Sie die vollständige

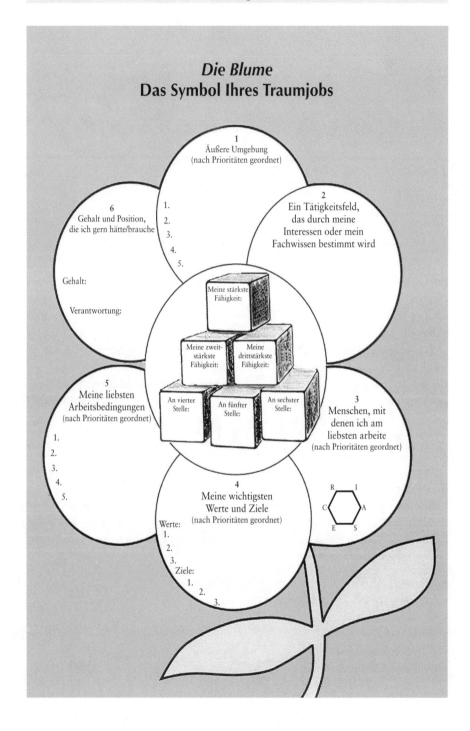

Darstellung Ihres Traumjobs in Form einer Blume vor sich. Alles klar? Dann nehmen Sie einen Stift zur Hand, und los geht's.

Ihre Lieblingsfähigkeiten

Wir beginnen mit den Fähigkeiten. Sie müssen als Erstes Ihre liebsten (übertragbaren) Fähigkeiten bestimmen, die zu benutzen Ihnen am meisten Freude macht, und sie nach Ihrer persönlichen Gewichtung ordnen. Dazu gehen Sie in fünf Schritten vor.

Schreiben Sie Ihre erste Geschichte

Sie müssen sieben Geschichten schreiben über etwas, das Sie aus reiner Freude an der Sache, aus Abenteuerlust oder aus persönlichem Ehrgeiz getan haben.

Es spielt keine Rolle, ob jemals irgendwer von Ihren Erfolgen erfahren hat. Jede Geschichte kann etwas zum Inhalt haben, das Sie während der Arbeit, in der Schule oder in Ihrer Freizeit getan haben – und kann aus jedem Abschnitt Ihres Lebens stammen. Die Geschichte sollte nicht mehr als zwei oder drei Absätze umfassen.

Auf Seite 329 finden Sie eine Vorlage, die Ihnen das Schreiben Ihrer sieben Geschichten erleichtern soll. (Sie sollten diese Vorlage sicherlich im nächsten Kopiergeschäft siebenmal kopieren, bevor Sie beginnen, das erste Formular auszufüllen.)

Wenn Sie ein Beispiel dazu benötigen, was Sie in die fünf Spalten eintragen könnten, schlagen Sie noch einmal Seite 160 auf. Wenn Sie Ihre erste Geschichte verfasst haben, werden wir Ihnen zeigen, wie Sie sie im Hinblick auf die übertragbaren Fähigkeiten, die darin zum Ausdruck kommen, analysieren.

Analysieren Sie die Geschichte im Hinblick auf Ihre übertragbaren Fähigkeiten

Nachdem Sie Ihre erste Geschichte verfasst haben (und bevor Sie die anderen sechs schreiben), müssen Sie sie hinsichtlich der übertragbaren Fähigkeiten, die Sie darin benutzt haben, analysieren. (Sie können später entscheiden, ob Sie diese Fähigkeiten mögen oder nicht. Hier geht es nur um eine Bestandsaufnahme.)

Schlagen Sie die folgenden Seiten auf, um diese Bestandsaufnahme durchzuführen. Dort finden Sie Schaubilder, auf denen in Form einer Schreibmaschinentastatur Listen von Fähigkeiten dargestellt sind. Übertragbare Fähigkeiten lassen sich in drei Kategorien einteilen:

- *Körperliche Fähigkeiten:* Fähigkeiten, die Sie mögen und bei denen Sie vorwiegend *Ihre Hände oder Ihren Körper* benutzen – bei Gegenständen oder in der Natur;
- *Geistige Fähigkeiten:* Fähigkeiten, die Sie mögen und bei denen Sie vorwiegend den *Verstand* benutzen – bei Daten/Informationen, Ideen oder Themen;
- *Zwischenmenschliche Fähigkeiten:* Fähigkeiten, die Sie mögen und die vor allem *persönliche Beziehungen* betreffen – wenn Sie Menschen dienen oder helfen, wenn Sie auf ihre Bedürfnisse oder Probleme eingehen.

Sie finden darum auf den folgenden Seiten drei unterschiedliche »Tastaturen« mit den dazugehörigen Fähigkeiten, die entsprechend gekennzeichnet sind. Wenn Sie sich jedes Kästchen in den drei Gruppen anschauen, müssen Sie sich jeweils fragen: »Habe ich diese Fähigkeit in dieser Geschichte benutzt?« Das ist (vorläufig) die einzige Frage, die Sie sich stellen. Wenn Sie die Frage mit »ja« beantworten können, füllen Sie das kleine Kästchen mit der Nr. 1 unterhalb der Taste aus, wie unten dargestellt:

Habe ich diese Fähigkeit in Geschichte Nr. ... eingesetzt?

Ja

Ignorieren Sie die übrigen Kästchen vorläufig, sie gehören zu den anderen Geschichten. (Alle Kästchen, die die Nummer 2 tragen, gehören zu zweiten Geschichte, die Kästchen, die die Nummer 3 tragen, gehören zur dritten Geschichte und so weiter.) Wenn die Antwort »nein« lautet, bleibt das Kästchen leer, wie unten dargestellt.

Schreiben Sie sechs weitere Geschichten und untersuchen Sie diese auf übertragbare Fähigkeiten

Mit Ihrer ersten Geschichte sind Sie fertig. Aber »eine Schwalbe macht noch keinen Sommer«, und die Tatsache, dass Sie in dieser ersten Geschichte bestimmte Fähigkei-

Sieben Geschichten aus meinem Leben

Spalte 1	Spalte 2	Spalte 3	Spalte 4	Spalte 5
Ihr Ziel: Was wollten Sie erreichen?	Irgendein Hindernis (oder eine Einschränkung, eine Hürde, eine Barriere, die es zu überwinden galt, bevor Sie es erreichen konnten).	Was Sie Schritt für Schritt getan haben. (Vielleicht ist es hilfreich, wenn Sie sich vorstellen, Sie würden die Geschichte einem vierjährigen Kind erzählen, das immer wieder fragt: »Und was hast du dann gemacht? Und dann?«)	Beschreibung des Ergebnisses. (Was Sie erreicht haben.)	Mengenangaben beziehungsweise etwas, das Ihre Leistungen messbar macht.

Meine körperlichen Fähigkeiten

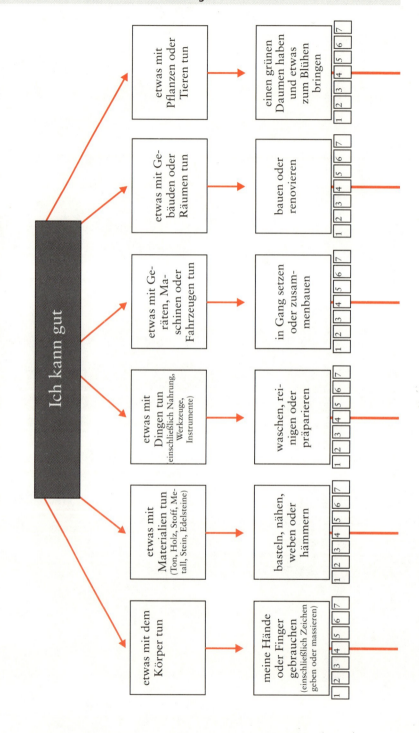

Die Blume: Ein Bild Ihres Traumjobs

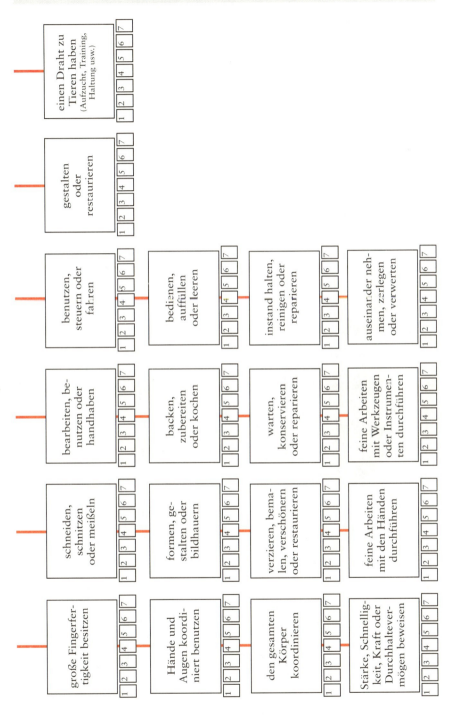

Anhang A
Die Blume: Ein Bild Ihres Traumjobs

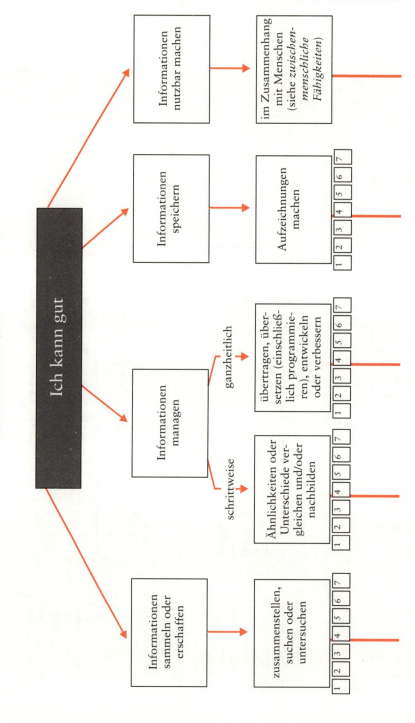

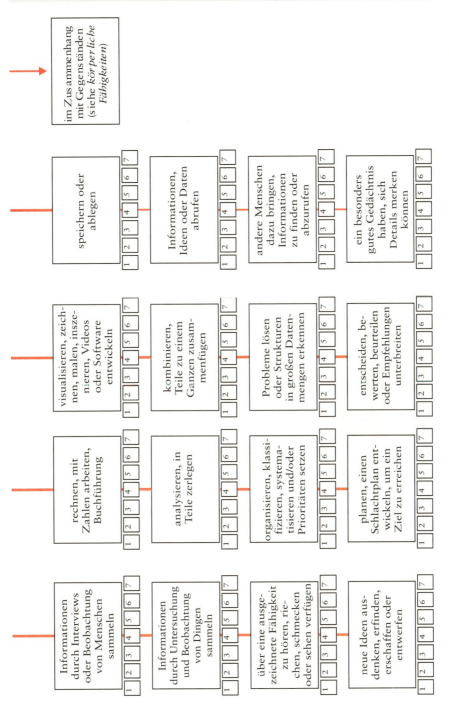

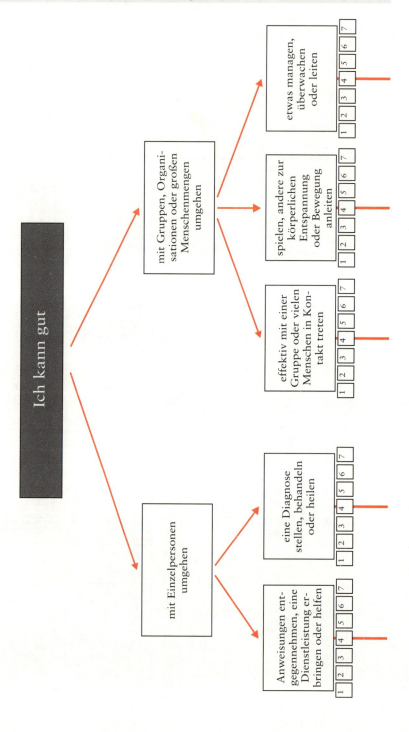

Die Blume: Ein Bild Ihres Traumjobs 335

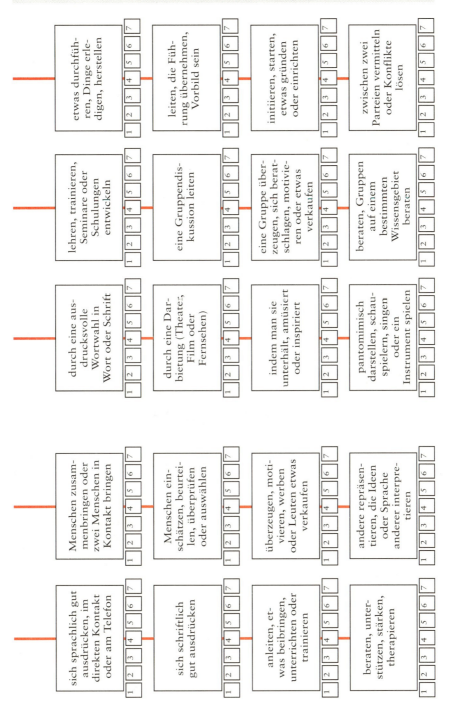

ten eingesetzt haben, sagt noch nicht viel über Ihre Fähigkeiten aus. Sie suchen nach Mustern, nach übertragbaren Fähigkeiten, die in jeder Geschichte aufs Neue vorkommen. Diese tauchen deshalb immer wieder auf, weil sie Ihre besten und liebsten sind (vorausgesetzt, Sie haben sich für Geschichten entschieden, in denen Sie etwas wirklich mit Freude getan haben).

Schreiben Sie also jetzt Ihre zweite Geschichte aus irgendeiner Phase Ihres Lebens auf. Analysieren Sie sie wiederum mithilfe des Schemas, bis Sie alle sieben Geschichten geschrieben und analysiert haben.

Entscheiden Sie, welche Fähigkeiten Ihre Favoriten sind, und bringen Sie diese in Ihre persönliche Reihenfolge

Wenn Sie alle sieben Geschichten aufgeschrieben und analysiert haben, sollten Sie nochmals einen Blick auf die sechs Seiten mit dem Überblick über die Fähigkeiten werfen, um zu sehen, welche Fähigkeiten Sie am häufigsten eingesetzt haben. Schreiben Sie sie auf.

Streichen Sie alle Fähigkeiten, die Sie nicht mögen. Ordnen Sie die verbleibenden nach Ihren persönlichen Prioritäten. Dazu verwenden Sie die Vorlagen auf den Seiten 337 und 338, die eine Entscheidungsmatrix zeigen.

Die Entscheidungsmatrix: Wie Sie beliebige Listen der Priorität nach ordnen

Ich stelle Ihnen jetzt eine Methode vor, mit der Sie herausfinden können, welches von, sagen wir, zehn Merkmalen für Sie das wichtigste ist, welches das zweitwichtigste und so weiter. (Da Sie diese Entscheidungsmatrix in den folgenden Übungen mehr als einmal benutzen werden, sollten Sie die Vorlage kopieren, bevor Sie sie zum ersten Mal ausfüllen.)

Tragen Sie die Merkmale, die Sie nach bestimmten Prioritäten ordnen wollen, in Spalte A ein. Dann vergleichen Sie jeweils zwei Merkmale miteinander und kreisen in Abschnitt B die zugehörige Zahl desjenigen ein, das Sie favorisieren. Welches ist Ihnen wichtiger? Formulieren Sie die Fragestellung für alles Mögliche. Im Fall der regionalen Kriterien könnten Sie fragen: »Wenn ich zwei Positionen angeboten bekäme, eine bei der ich Fähigkeit A brauche, nicht aber B, eine andere, bei der ich Fähigkeit B brauche, nicht aber A, bei sonst gleichen Bedingungen – welchen Job würde ich nehmen?« Kreisen Sie die betreffende Nummer ein. Dann fahren Sie mit dem nächsten Paar fort ...

Die Blume: Ein Bild Ihres Traumjobs

```
1  1  1  1  1  1  1  1  1  1  1  1  1  1  1  1  1  1  1  1  1  1  1
2  3  4  5  6  7  8  9  10 11 12 13 14 15 16 17 18 19 20 21 22 23 24

2  2  2  2  2  2  2  2  2  2  2  2  2  2  2  2  2  2  2  2  2  2
3  4  5  6  7  8  9  10 11 12 13 14 15 16 17 18 19 20 21 22 23 24

3  3  3  3  3  3  3  3  3  3  3  3  3  3  3  3  3  3  3  3  3
4  5  6  7  8  9  10 11 12 13 14 15 16 17 18 19 20 21 22 23 24

4  4  4  4  4  4  4  4  4  4  4  4  4  4  4  4  4  4  4  4
5  6  7  8  9  10 11 12 13 14 15 16 17 18 19 20 21 22 23 24

5  5  5  5  5  5  5  5  5  5  5  5  5  5  5  5  5  5  5
6  7  8  9  10 11 12 13 14 15 16 17 18 19 20 21 22 23 24

6  6  6  6  6  6  6  6  6  6  6  6  6  6  6  6  6  6
7  8  9  10 11 12 13 14 15 16 17 18 19 20 21 22 23 24

7  7  7  7  7  7  7  7  7  7  7  7  7  7  7  7  7
8  9  10 11 12 13 14 15 16 17 18 19 20 21 22 23 24

8  8  8  8  8  8  8  8  8  8  8  8  8  8  8  8
9  10 11 12 13 14 15 16 17 18 19 20 21 22 23 24

9  9  9  9  9  9  9  9  9  9  9  9  9  9  9
10 11 12 13 14 15 16 17 18 19 20 21 22 23 24

10 10 10 10 10 10 10 10 10 10 10 10 10 10
11 12 13 14 15 16 17 18 19 20 21 22 23 24

11 11 11 11 11 11 11 11 11 11 11 11 11
12 13 14 15 16 17 18 19 20 21 22 23 24

12 12 12 12 12 12 12 12 12 12 12 12
13 14 15 16 17 18 19 20 21 22 23 24

13 13 13 13 13 13 13 13 13 13 13
14 15 16 17 18 19 20 21 22 23 24

14 14 14 14 14 14 14 14 14 14
15 16 17 18 19 20 21 22 23 24

15 15 15 15 15 15 15 15 15
16 17 18 19 20 21 22 23 24

16 16 16 16 16 16 16 16
17 18 19 20 21 22 23 24

17 17 17 17 17 17 17
18 19 20 21 22 23 24

18 18 18 18 18 18
19 20 21 22 23 24

19 19 19 19 19
20 21 22 23 24

20 20 20 20
21 22 23 24

21 21 21
22 23 24

22 22
23 24

23
24
```

Summe der Entscheidungen für die Zahl

1	2	3	4	5	6
7	8	9	10	11	12
13	14	15	16	17	18
19	20	21	22	23	24

Prioritätenraster für 24 Merkmale

Anhang A
Die Blume: Ein Bild Ihres Traumjobs

Anhang A

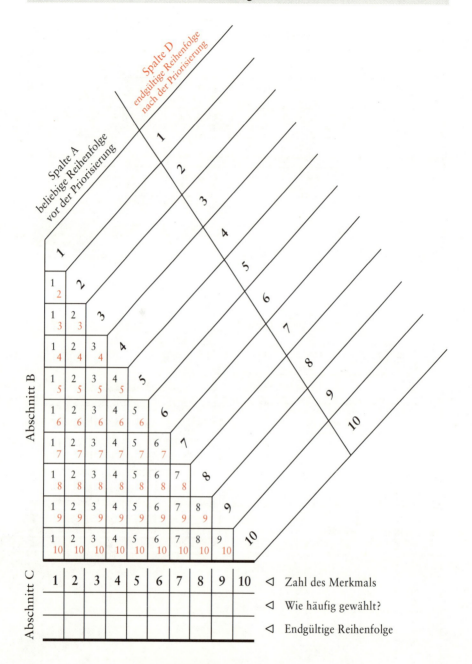

**Prioritätenraster
für 10 Merkmale**

Wenn Sie fertig sind, zählen Sie, wie häufig Sie sich für die Nummer jedes einzelnen Merkmals entschieden haben. Tragen Sie diesen Wert in die obere Zeile (»Wie häufig ...«) von Abschnitt C ein. Daraus, wie oft jedes Merkmal eingekreist wurde, können Sie ersehen, wie hoch es in Ihrer Rangfolge steht. Das am häufigsten eingekreiste Merkmal steht an oberster Stelle, das am zweithäufigsten eingekreiste ist die Nr. 2 und so weiter. Tragen Sie diese Rangfolge in die untere Zeile (»endgültige Reihenfolge«) in Abschnitt C ein. Wenn Sie zwei Faktoren gleich häufig eingekreist haben, sehen Sie in Abschnitt B nach, für welchen Sie sich entschieden haben, als Sie die beiden direkt miteinander vergleichen mussten. Listen Sie die Merkmale, nun in ihrer endgültigen Reihenfolge, in Spalte D auf.

Wenn Sie Ihre zehn Lieblingsfähigkeiten auf diese Weise ermittelt und geordnet haben, übertragen Sie die ersten sechs in die Blume am Anfang dieses Kapitels.

Gestalten Sie Ihre Lieblingsfähigkeiten mit Ihren Eigenschaften weiter aus

Eigenschaften beschreiben in allgemeiner Form:

- wie Sie mit Zeit und Pünktlichkeit umgehen,
- wie Sie mit Menschen und Gefühlen umgehen,
- wie Sie mit Autorität umgehen und damit, *was* Sie in Ihrem Job tun sollen,
- wie Sie mit Fachaufsicht umgehen und damit, *wie* Sie Ihren Job tun sollen,
- wie Sie mit Ihrem inneren Widerspruch zwischen Spontaneität und Disziplin umgehen,
- wie Sie mit Ihrem inneren Widerspruch zwischen Eigeninitiative und Reaktivität umgehen,
- wie Sie mit Krisen und Problemen umgehen.

Sobald Sie Ihre stärksten Eigenschaften herausgefunden haben, bringen Sie sie in eine Reihenfolge. (Benutzen Sie dazu, falls erforderlich, eine Kopie der Entscheidungsmatrix.) Dann übertragen Sie diese Eigenschaften in die Grundbausteine mit den übertragbaren Fähigkeiten wie auf Seite 326 dargestellt.

Eine Checkliste meiner ausgeprägtesten Eigenschaften

Ich bin sehr:

- ☐ abenteuerlustig
- ☐ anpassungsfähig
- ☐ antriebsstark
- ☐ aufgeschlossen
- ☐ ausdauernd
- ☐ außergewöhnlich
- ☐ begeisterungsfähig
- ☐ beharrlich
- ☐ belesen
- ☐ beschützend
- ☐ besonnen
- ☐ charismatisch
- ☐ diplomatisch
- ☐ diskret
- ☐ dominant
- ☐ durchsetzungsfähig
- ☐ dynamisch
- ☐ effektiv
- ☐ eindringlich
- ☐ einfallsreich
- ☐ einzigartig
- ☐ enthusiastisch
- ☐ entschlussfreudig
- ☐ erfahren
- ☐ flexibel
- ☐ geduldig
- ☐ genau

- ☐ geschickt
- ☐ gründlich
- ☐ gutgelaunt
- ☐ impulsiv
- ☐ innovativ
- ☐ kenntnisreich
- ☐ kompetent
- ☐ kontaktfreudig
- ☐ kooperativ
- ☐ kostenbewusst
- ☐ kraftvoll
- ☐ kreativ
- ☐ kultiviert
- ☐ lebhaft
- ☐ leistungsorientiert
- ☐ lernfähig
- ☐ loyal
- ☐ menschlich
- ☐ methodisch
- ☐ mitreißend
- ☐ mutig
- ☐ objektiv
- ☐ praktisch
- ☐ professionell
- ☐ pünktlich
- ☐ rational
- ☐ realistisch

- ☐ ruhig
- ☐ sachkundig
- ☐ scharfsinnig
- ☐ schnell (mit der Arbeit)
- ☐ schwungvoll
- ☐ selbstbewusst
- ☐ selbstständig
- ☐ sensibel
- ☐ sicherheitsbewusst
- ☐ sorgfältig
- ☐ standhaft
- ☐ stark
- ☐ taktvoll
- ☐ überlegt
- ☐ unabhängig
- ☐ unermüdlich
- ☐ ungewöhnlich
- ☐ unterstützend
- ☐ verantwortungsbewusst
- ☐ verlässlich
- ☐ verständnisvoll
- ☐ vielseitig
- ☐ vorsichtig
- ☐ weitsichtig
- ☐ zuverlässig

Probleme, die bei der Analyse der Fähigkeiten auftreten können

Es ist nicht ungewöhnlich, wenn bei der Analyse Ihrer Fähigkeiten Probleme auftreten. Lassen Sie uns einen Blick auf die fünf häufigsten werfen, die erfahrungsgemäß bei Jobsuchenden vorkommen.

> »*Wenn ich meine Geschichten schreibe, weiß ich nicht genau, was ein Erfolg ist.*«

Wenn Sie eine Geschichte beziehungsweise Leistung suchen, die Ihre Fähigkeiten verdeutlicht, suchen Sie nicht nach etwas, das in der gesamten Weltgeschichte überhaupt nur Sie allein jemals vollbracht haben. Das, wonach Sie suchen, ist viel einfacher: Sie suchen nach einem Lebensabschnitt, in dem Sie – aus damaliger Sicht – etwas getan haben, das Sie mit Stolz erfüllt hat und für Sie eine Leistung war. Die Geschichte könnte beispielsweise davon handeln, wie Sie Fahrrad fahren gelernt haben oder wie Sie zum ersten Mal durch Arbeit Geld verdient haben. Es könnte ein besonders bedeutendes Projekt sein, das Sie später in Ihrem Leben geplant und durchgeführt haben. Dabei spielt es überhaupt keine Rolle, ob es außer Ihnen noch jemandem gefallen hat; es ist nur wichtig, dass es Ihnen gefiel.

Ich halte viel von Bernard Haldanes Definition des Begriffs »Erfolg«. Er sagt, sie sei etwas, wovon Sie selbst den Eindruck haben, Sie hätten es gut und mit Freude gemacht, und worauf Sie stolz waren. Anders gesagt: Sie suchen nach einer Leistung, die Ihnen in zweierlei Hinsicht Freude bereitet hat – die Freude an der Tätigkeit selbst und die Zufriedenheit, die aus dem Ergebnis resultiert. Das schließt nicht aus, dass Sie dabei ins Schwitzen geraten sind oder manches daran gehasst haben. Vor allem heißt es aber, dass Sie den überwiegenden Anteil daran mochten. Die Freude bestand nicht nur in dem Ergebnis, sondern auch in dem Weg dorthin. Allgemein gesagt umfasst einen Erfolg alle Aspekte, die ab Seite 160 aufgeführt wurden.

> *Ich verstehe nicht, warum ich nach Fähigkeiten suchen soll, die ich mag; es scheint mir, als wollten Arbeitgeber nur wissen, welche Fähigkeiten ich habe. Es interessiert sie doch nicht, ob ich sie gern einsetze oder nicht.*

Sicherlich ist es wichtig für Sie, vor allem die Fähigkeiten herauszufinden, die Sie haben. Aber es ist im Allgemeinen sehr schwierig, eine solche Einschätzung für sich selbst vorzunehmen. Kann ich das gut oder nicht? Im Vergleich zu wem? Selbst Eignungstestverfahren können dieses Dilemma nicht für Sie lösen. Deshalb ist es sinnvoll, die folgende Faustregel zugrunde zu legen, die sich in langjähriger Praxis als zutreffend erwiesen hat:

Wenn es sich um eine Fähigkeit handelt, in der Sie gut sind, macht sie Ihnen in der Regel auch Freude. Und umgekehrt: Wenn Sie eine Fähigkeit gern mögen, dann in der Regel aus dem Grund, weil Sie gut darin sind.

Mithilfe dieser Gleichungen werden Sie (weil die Aussagen sich ja entsprechen) sehen, dass es viel sinnvoller ist, sich zu fragen: »Setze ich diese Fähigkeit gern ein?«, statt der schwer fassbaren Frage nachzujagen: »Bin ich gut darin?« Ich wiederhole: Die Fähigkeiten aufzuschreiben, die Sie gern mögen und die Sie am liebsten einsetzen, ist in den meisten Fällen gleichbedeutend damit, die Fähigkeiten aufzuschreiben, in denen Sie am besten sind.

Dass diese Idee – die Freude zum entscheidenden Kriterium zu machen – bei so vielen Menschen Unbehagen verursacht, liegt in der weit verbreiteten Vorstellung begründet, dass man im Leben keine wirkliche Freude haben dürfe. Tugendhaft sei es, zu leiden.

Ein Beispiel: Zwei Mädchen arbeiten als Babysitter. Die eine hasst den Job, die andere liebt ihn von ganzem Herzen. Welches Mädchen ist tugendhafter? Nach herkömmlicher Ansicht ist es das Mädchen, das die Kinderbetreuung abscheulich findet. Einige Menschen haben diese Einstellung verinnerlicht, selbst wenn ihnen der Verstand sagt, wie dumm das eigentlich ist.

Wir leiden unter der unterschwelligen Angst, dass wir bestraft werden, wenn man uns dabei ertappt, dass wir das Leben genießen. Wie in der Geschichte von den beiden Schotten, die sich eines Tages auf der Straße begegnen: »Ist das nicht ein wunderschöner Tag heute?«, fragt der eine. »Ja«, sagt der andere, »aber wir werden dafür büßen müssen.«

Wir finden es in Ordnung, über Fehlschläge zu reden, aber nicht über unsere Erfolge. Über unsere Erfolge zu sprechen erscheint wie Prahlerei. Wir sollten möglichst nicht viel an uns selbst gut finden. Aber sehen Sie sich die Vögel am Himmel an oder beobachten Sie Haustiere beim Spiel. Sie tun das, wozu sie bestimmt sind, was sich in echter Freude ausdrückt. Freude ist zweifellos auch ein wichtiger Bestandteil im menschlichen Leben. Wenn wir also unsere Talente nutzen, begleitet uns stets ein Gefühl großer Freude.

Schlechte Arbeitgeber scheren sich nicht darum, ob Sie eine bestimmte Aufgabe gern tun oder nicht. Aber gute Arbeitgeber legen sehr großen Wert darauf. Sie wissen, dass die Qualität der Arbeit darunter leidet, wenn ein Mitarbeiter nicht wirklich mit Freude bei der Sache ist.

> *»Ich habe keine Probleme dabei, Geschichten aus meinem Leben zu finden und aufzuschreiben, die ich als erfreuliche Erfolge ansehe. Aber wenn sie erst einmal geschrieben sind, habe ich große Probleme, daran zu erkennen, was meine Fähigkeiten sind – selbst wenn ich stundenlang auf die Übersicht der Fähigkeiten in den Übungen starre. Ich brauche Hilfe von einem Außenstehenden.«*

Vielleicht bitten Sie zwei Freunde oder Familienmitglieder, sich mit Ihnen hinzusetzen und Ihnen bei der Analyse Ihrer Fähigkeiten zu helfen. In meinem Buch *Where Do I Go From Here With My Life?* beschreibe ich ausführlich eine Methode, die ich vor gut 20 Jahren zur Lösung dieses Problems entwickelt habe und »Trio-Technik« nenne. Um Ihnen die Lektüre des Buches zu ersparen, erkläre ich im Folgenden kurz, wie diese Methode funktioniert:

- Jeder von Ihnen Dreien schreibt still für sich eine Geschichte über eine Leistung in seinem Leben auf, die er gern erbracht hat.

- Jeder analysiert zunächst still für sich seine eigene Geschichte, um herauszufinden, welche Fähigkeiten er selbst darin sieht, und schreibt sie auf.
- Einer macht freiwillig den Anfang und liest seine Geschichte laut vor. Die anderen beiden notieren während des Vorlesens die Fähigkeiten, die sie in der Geschichte zu erkennen glauben. Wenn die Zuhörer Probleme haben mitzuhalten, bitten sie um eine kurze Unterbrechung. Am Ende liest der Vortragende auch die Fähigkeiten vor, die er selbst in seiner Geschichte erkannt hat.
- Dann sagt die zweite Person, was auf ihrer Liste steht – welche Fähigkeiten sie aus der Geschichte herausgehört hat. Der Vortragende notiert sie unter seiner eigenen Liste, selbst wenn er nicht mit allen Punkten einverstanden ist.
- Dann sagt die dritte Person, welche Fähigkeiten sie aus der Geschichte herausgehört und auf ihrer Liste notiert hat. Der Vortragende notiert auch diese Punkte unter seinen eigenen, selbst wenn er nicht mit allen einverstanden ist.
- Wenn beide fertig sind, kann der Vortragende nachfragen, falls er Verständnisschwierigkeiten hat: »Was meinst du mit dieser Fähigkeit? An welcher Stelle der Geschichte habe ich sie deiner Meinung nach gezeigt?«
- Dann sind die anderen beiden an der Reihe, und die Schritte 3 bis 6 werden jeweils mit ihren Geschichten wiederholt.
- Anschließend schreiben alle drei eine weitere Geschichte und gehen die ganze Prozedur erneut durch – und so weiter, mit insgesamt sieben Geschichten.

»Ich mag die Begriffe nicht, mit denen Sie die Fähigkeiten in den Übungen bezeichnen. Kann ich nicht meine eigenen Worte benutzen, mit denen ich durch meine frühere Tätigkeit vertraut bin?«

Es ist völlig in Ordnung, wenn Sie Ihre Fähigkeiten mit Ihren eigenen Begriffen benennen, aber es ist nicht sinnvoll, Ihre übertragbaren Fähigkeiten im Fachjargon Ihres früheren Jobs zu bezeichnen, wie im Fall eines ehemaligen Pfarrers: »Ich kann gut predigen.« Wenn Sie Ihren Beruf wechseln und in Zukunft in der so genannten säkularen Welt arbeiten wollen, sollten Sie nicht die Sprache benutzen, die Sie an die Vergangenheit bindet oder die den Eindruck erweckt, dass Sie nur in diesem einen Beruf gut waren. Aus diesem Grund ist es wichtig, dass Sie fachspezifische Begriffe wie »predigen« in übergeordnete Begriffe übersetzen. Vielleicht »lehren«? »Menschen motivieren«? »Menschen dazu inspirieren, sich mit den Tiefen ihres Daseins auseinander zu setzen«? Sie allein können sagen, was für Sie stimmt. Aber versuchen Sie in jedem Fall, Bezeichnungen für Ihre Fähigkeiten zu finden, die Sie nicht an Ihren früheren Beruf binden.

»Sobald ich meine Lieblingsfähigkeiten aufgeschrieben habe, sehe ich sofort eine Berufsbezeichnung vor mir, auf die sie deutlich hinweisen. Ist das in Ordnung?«

Nein. Wenn Sie die Analyse Ihrer Fähigkeiten vorgenommen haben, sollten Sie es zunächst vermeiden, den Fähigkeiten voreilig eine bestimmte Berufsbezeichnung zuzuordnen. Fähigkeiten können auf viele verschiedene Berufe verweisen, die eine Vielzahl von Bezeichnungen tragen. Legen Sie sich also nicht vorzeitig fest. »Ich suche nach einem Job, in dem ich die folgenden Fähigkeiten einsetzen kann« ist angemessen. Aber: »Ich suche nach einem Job, in dem ich als (Berufsbezeichnung) arbeiten kann« ist zu diesem Zeitpunkt der Jobsuche ein Tabu. Definieren Sie immer, *was* Sie mit Ihrem Leben anfangen wollen und *was* Sie der Welt zu bieten haben – in Form Ihrer favorisierten Talente oder Fähigkeiten, nicht in Form einer Berufsbezeichnung. Auf diese Weise bleiben Sie flexibel inmitten dieser sich ständig wandelnden Weltwirtschaft, bei der Sie nie wissen, was als Nächstes geschieht.

Blatt 1:
Region

Selbst wenn Sie die Gegend, in der Sie derzeit leben, wirklich mögen oder wenn Sie aus bestimmten Gründen an einen Ort gebunden sind, wissen Sie nie, ob sich Ihnen in Zukunft nicht vielleicht plötzlich eine Möglichkeit bietet, woanders zu leben und zu arbeiten. Seien Sie darauf vorbereitet. Warten Sie nicht, bis der Fall eintritt, sondern beginnen Sie jetzt sofort mit der Übung.

Angenommen, Sie planen, dort zu bleiben, wo Sie gerade wohnen. Auch dann ist es für Sie von enormer Wichtigkeit, sich Gedanken darüber zu machen, welche Faktoren diese Gegend für Sie besonders interessant machen. Denn indem Sie sich darüber klar werden, erfahren Sie eine Menge über sich selbst. Und ein hohes Maß an Selbsterkenntnis ist von wesentlicher Bedeutung für eine erfolgreiche Jobsuche.

Die Frage, die Sie beantworten müssen, lautet: Wo würden Sie (abgesehen von Ihrem derzeitigen Wohnort) am liebsten arbeiten und leben, wenn Sie die Wahl hätten? Um diese Frage beantworten zu können, müssen Sie die Kriterien auflisten, die für Sie von Bedeutung sind.

Als Hilfestellung habe ich diese Tabelle entworfen. (Sie können sie auf ein größeres Papierformat kopieren, bevor Sie damit arbeiten. Und falls Sie diese Übung mit Ihrem Partner oder Lebensgefährten durchführen, sollten Sie die Tabelle auch für ihn kopieren, bevor Sie sie erstmals ausfüllen, sodass jeder von Ihnen eine »leere« Vorlage hat.)

Die Tabelle wird folgendermaßen benutzt; es gibt dafür sieben einfache Schritte:

- Schreiben Sie alle Städte (Orte, Regionen) auf, in denen Sie bisher gelebt haben. Tragen Sie diese in Spalte 1 ein.

- Schreiben Sie alle Merkmale auf, die Sie an diesen Orten nicht mochten. Natürlich wird es einige Wiederholungen geben. In diesem Fall markieren Sie jedes Merkmal, das Sie bereits notiert haben, nochmals mit einem Zeichen, wenn es wiederholt auftaucht. Alle diese negativen Merkmale tragen Sie in Spalte 2 ein.
- Übersetzen Sie jedes einzelne negative Merkmal in einen positiven Begriff. Dieser muss nicht unbedingt das logische Gegenteil bezeichnen. Aus »Dauerregen« wird nicht zwangsläufig »nur Sonnenschein«. Es kann auch heißen: »Sonnenschein an mehr als 200 Tagen im Jahr.« Sie sind gefragt. All diese positiven Merkmale tragen Sie in Spalte 3 ein. Natürlich können Sie jedes positive Merkmal der Orte in Spalte 1, an das Sie sich noch erinnern, zusätzlich am Ende dieser Spalte eintragen.
- Anschließend bringen Sie die positiven Aussagen (Spalte 3) in Ihre persönliche Reihenfolge. Das könnten Aspekte sein wie: »ein großes kulturelles Angebot«, »im Winter Skifahren möglich«, »eine gute Tageszeitung« oder Ähnliches. Tragen Sie Ihre zehn wichtigsten Merkmale in der entsprechenden Reihenfolge in Spalte 4 ein. Wenn Sie nicht sicher sind, wie Sie diese Merkmale in eine genaue Rangfolge bringen sollen, benutzen Sie die Entscheidungsmatrix auf Seite 337 oder auf Seite 338. Wenn Sie die Matrix benutzen, sollten Sie sich beim direkten Vergleich jedes Paares die Frage stellen: »Wenn ich an einem Ort leben könnte, auf den Merkmal A zutrifft, nicht aber Merkmal B, oder an einem anderen Ort, auf den Merkmal B zutrifft, nicht aber Merkmal A – an welchem Ort würde ich dann lieber leben?« Tragen Sie Ihre zehn wichtigsten Merkmale in genauer Reihenfolge in Spalte 4 ein.
- Wenn Sie fertig sind, zeigen Sie allen Menschen, die Sie kennen, diese Liste mit den zehn positiven Merkmalen und fragen Sie, ob sie Städte, Orte oder Regionen kennen, auf die alle diese Merkmale oder die meisten davon zutreffen. Legen Sie dabei besonders auf die Merkmale Wert, die für Sie am wichtigsten sind. Wenn die Orte, die Ihre Freunde Ihnen nennen, nur einen Teil der Kriterien erfüllen, dann stellen Sie sicher, dass die Übereinstimmung eher bei den Merkmalen liegt, die auf Ihrer Liste ganz oben stehen.
- Wählen Sie aus sämtlichen Orten, die Ihre Freunde Ihnen vorschlagen, die drei aus, die Ihnen am interessantesten erscheinen. Bringen Sie sie auf der Grundlage Ihres derzeitigen Wissensstands in Ihre persönliche Reihenfolge. Tragen Sie sie in Spalte 5 ein. Dies sind die Orte, über die Sie mehr herausfinden möchten, bis Sie Gewissheit darüber haben, welcher Ort letztendlich Ihre oberste Priorität ist, welcher die zweite und die dritte.
- Jetzt nehmen Sie wieder die Abbildung mit der Blume auf Seite 326 zur Hand und übertragen Spalte 5 (oder 7) auf das Blatt mit den »regionalen Kriterien«. Das Thema Region wäre damit geschafft! Sie kennen nun die Orte, über die Sie mehr herausfinden wollen ...

Regionale Präferenzen
Entscheidungsfindung für Sie allein

Spalte 1	Spalte 2	Spalte 3	Spalte 4	Spalte 5
Orte, an denen ich gelebt habe	Aus der Vergangenheit – negative Merkmale	Übertragung der negativen Merkmale in positive	Reihenfolge der positiven Merkmale	Orte, auf die diese Kriterien zutreffen
	Faktoren, die ich an diesem Ort nicht mochte und immer noch nicht mag		1. 2. 3. 4. 5. 6. 7. 8. 9. 10.	
		Faktoren, die ich an diesem Ort mochte und immer noch mag	11. 12. 13. 14. 15. 16. 17. 18.	

Unsere regionalen Präferenzen
Entscheidungsfindung für Sie und einen Partner

Spalte 6 Reihenfolge der Präferenzen	Spalte 7 Kombination unserer beiden Listen (Spalten 4 und 6)	Spalte 8 Orte, auf die diese Kriterien zutreffen
1.	1.	
2.	2.	
3.	3.	
4.	4.	
5.	5.	
6.	6.	
7.	7.	
8.	8.	
9.	9.	
10.	10.	
11.	11.	
12.	12.	
13.	13.	
14.	14.	
15.	15.	
16.	16.	
17.	17.	
18.	18.	

> **Anmerkung**
>
> Wenn Sie dies gemeinsam mit Ihrem Partner oder Lebensgefährten herausfinden wollen, benötigen Sie Spalte 5 nicht. Stattdessen übertragen Sie die Liste Ihres Partners in Spalte 6. Kombinieren Sie dann abwechselnd Ihre ersten fünf Merkmale und die ersten fünf Merkmale Ihres Partners, bis Sie eine Liste von insgesamt zehn Merkmalen aufgestellt haben. (Nehmen Sie als Erstes das oberste Merkmal Ihres Partners, dann Ihr eigenes, anschließend das zweitwichtigste Merkmal Ihres Partners, dann Ihr zweitwichtigstes und so weiter). Tragen Sie dies in Spalte 7 ein. Diese Liste mit den zehn positiven Merkmalen zeigen Sie dann allen Menschen, die Sie kennen, und fragen, ob sie Städte, Orte oder Regionen kennen, auf die alle oder zumindest die meisten dieser Merkmale zutreffen. Beginnen Sie mit den für Sie wichtigsten Merkmalen. Wählen Sie aus allen Namen, die Ihre Freunde Ihnen vorschlagen, drei aus, die Ihnen am interessantesten erscheinen, und erstellen Sie erneut eine Rangfolge. Diese tragen Sie in Spalte 8 ein.

Blatt 2:
Interessensgebiete/Tätigkeitsfelder

Eine Anleitung zu dieser Bestandsaufnahme finden Sie in Kapitel 9. Vielleicht haben Sie sich bereits dort mit den Übungen beschäftigt. Wenn das der Fall ist, dann nehmen Sie wieder die Abbildung mit der Blume zur Hand und tragen Sie auf dem zweiten Blatt die Tätigkeitsfelder, die Sie ausgewählt haben, sowie Ihre größten Interessen in der Reihenfolge ihrer persönlichen Gewichtung ein.

Blatt 3:
Menschen

Seit man sich in den vergangenen Jahren verstärkt mit der Bedeutung des Umfelds befasst hat, wurde zunehmend deutlich, dass auch Jobs Umfelder sind beziehungsweise besitzen. Als bedeutsamster Faktor des Umfelds stellen sich immer wieder die Menschen heraus, weil man es bei jedem Job mehr oder weniger mit Menschen zu tun hat.

Schon manch ein guter Job ist durch die Menschen im Umfeld verdorben worden. Deshalb ist es wichtig, darüber nachzudenken, welche Art von Menschen Sie gern um sich haben möchten.

Die Blume: Ein Bild Ihres Traumjobs

John L. Holland gibt die aus meiner Sicht beste Beschreibung des menschlichen Umfelds. Er unterscheidet sechs grundsätzlich verschiedene Arten:

- *Realistisches Umfeld:* Hier finden sich vorwiegend Menschen, die Aktivitäten mögen, bei denen es um eine »eindeutige, geordnete oder systematische Einwirkung auf Gegenstände, Werkzeuge, Maschinen oder Tiere geht«.
  R (»realistic«) = Menschen, die Natur, Sport, Werkzeuge oder Maschinen mögen.
- *Intellektuelles Umfeld:* Hier finden sich vorwiegend Menschen, die Aktivitäten mögen, in denen es um »die Beobachtung und die symbolische, systematische, kreative Analyse physikalischer, biologischer oder kultureller Phänomene geht«.
  I (»investigative«) = Menschen, die sehr wissbegierig sind, die gern Dinge untersuchen und analysieren.
- *Kreatives Umfeld:* Hier finden sich vorwiegend Menschen, die Aktivitäten mögen, in denen es um »mehrdeutige, freie, unsystematische Aktivitäten und Fähigkeiten geht, mit denen Formen oder Produkte künstlerischer Art erschaffen werden«.
  A (»artistic«) = Menschen, die künstlerisch veranlagt, fantasievoll und innovativ sind.
- *Soziales Umfeld:* Hier finden sich vorwiegend Menschen, die Aktivitäten mögen, in denen es um die »Einwirkung auf Menschen durch Information, Ausbildung, Entwicklung, Therapie oder spirituelle Betreuung geht«.
  S (»social«) = Menschen, die dazu neigen, anderen Menschen zu helfen, sie zu unterrichten oder für sie Dienstleistungen zu erbringen.
- *Unternehmerisches Umfeld:* Hier finden sich vorwiegend Menschen, die Aktivitäten mögen, in denen es um die »Einwirkung auf andere Menschen geht, um organisatorische oder eigene Ziele zu erreichen«.
  E (»enterprising«) = Menschen, die gern Projekte oder Organisationen aufbauen, andere Menschen beeinflussen oder überzeugen.
- *Konventionelles Umfeld:* Hier finden sich vorwiegend Menschen, die Aktivitäten mögen, bei denen es um die »eindeutige, geordnete, systematische Einwirkung auf Daten geht, wie Protokolle, Ablage, Reproduktion von Stoff, die Anordnung von schriftlichem oder Zahlenmaterial nach einem vorgegebenen Plan, die Bedienung von Büromaschinen und Computern«. »Konventionell« bezieht sich auf die Werte, die Menschen in einer solchen Umgebung normalerweise teilen – und die damit die große Mehrheit unserer Kultur repräsentieren.
  C (»conventional«) = Menschen, die gern mit Details zu tun haben und die gern Aufgaben oder Projekte durchführen.

Nach Hollands Erkenntnissen favorisiert jeder Mensch drei dieser sechs Menschentypen für sein persönliches Umfeld. Die Kennbuchstaben der drei Menschentypen, mit denen Sie am liebsten umgehen, ergeben Ihren so genannten Holland-Code. Holland hat dazu eigene Fragebögen und Verfahren entwickelt. Ich selbst habe (vor vielen Jahren) eine einfache Übung erarbeitet, mit deren Hilfe Sie in etwa Ihren Holland-Code herausfinden können. Ich nenne diese Übung die »Party-Übung«. Und so funktioniert sie:

Hier finden Sie den Grundriss eines Raumes, in dem eine zweitägige Party stattfindet. Bei dieser Party haben sich alle Menschen mit gleichen oder ähnlichen Interessen jeweils in einer bestimmten Ecke des Raumes versammelt.

- Welche Ecke des Raumes würde Sie automatisch anziehen, weil dort die Menschen sind, in deren Gegenwart Sie sich am längsten wohl fühlen würden? (Lassen Sie an dieser Stelle außer Acht, ob Sie zu schüchtern sind oder ob Sie mit ihnen reden müssten.) Tragen Sie den Buchstaben für die entsprechende Ecke hier ein:

- Nach 15 Minuten gehen alle Personen aus Ihrer Gruppe außer Ihnen selbst zu einer anderen Party. Welche der noch verbliebenen Gruppen würde Sie jetzt am stärksten anziehen, weil dort die Menschen sind, in deren Gegenwart Sie sich am längsten wohl fühlen würden? Tragen Sie den Buchstaben für die entsprechende Ecke hier ein: _____
- Nach weiteren 15 Minuten geht wieder die gesamte Gruppe außer Ihnen auf eine andere Party. Welcher der verbleibenden Gruppen würden Sie sich jetzt gern anschließen? Tragen Sie den Buchstaben für die entsprechende Ecke hier ein: _____

Die drei Buchstaben, die Sie soeben in drei Schritten ermittelt haben, werden Holland-Code genannt. Und so geht es weiter:

- Kreisen Sie auf der Abbildung die entsprechenden Ecken ein. Ziehen Sie um Ihre Lieblingsecke drei Kreise, um Ihre zweitliebste Ecke zwei Kreise und um die drittliebste Ecke einen Kreis.
- Anschließend notieren Sie kurz, wie infolgedessen Ihr zukünftiger Job aussehen sollte. Tragen Sie die Beschreibung in das Blatt »Menschen« der Blume ein.
  Wenn Ihr Code sich zum Beispiel als IAS herausgestellt hat, dann könnten Sie schreiben: »Ich würde am liebsten einen Job oder Beruf ausüben, bei dem ich mit Menschen zu tun hätte, die sehr wissbegierig sind, gern Dinge untersuchen oder analysieren (I), die sehr innovativ sind (A) und die gern anderen Menschen helfen oder etwas für sie tun wollen (S).«
- Zuletzt sehen Sie sich hier die Fähigkeiten an, die Sie gerade für andere Menschen beschrieben haben, und schauen, was davon auch auf Sie selbst zutrifft. Ein Prinzip, das ich als »Spiegeltheorie« bezeichne, besagt, dass wir uns häufig selbst am besten erkennen, indem wir uns andere Menschen ansehen. Wenn wir also die Menschen beschrieben haben, mit denen wir gern zusammenarbeiten würden, haben wir damit häufig auch uns selbst beschrieben (»Gleich und Gleich gesellt sich gern«). Betrachten Sie also die Merkmale auf dem Blatt »Menschen«. Sind diese vielleicht auch Ihre eigenen Vorlieben, Fähigkeiten oder Aufgaben? Oder nicht?

Blatt 4:
Werte und Ziele

Werte sind etwas, das Ihnen an jedem Tag, bei jeder Aufgabe, bei jeder Begegnung mit einem anderen Menschen Orientierung gibt. Trotzdem ist uns häufig nicht klar, was unsere Werte sind.

Eine Möglichkeit, sich Ihrer Werte bewusst zu werden, besteht darin, sich vorzustellen, Sie wären kurz vor Ihrem Lebensende zu einem Essen eingeladen – und zu Ihrer großen Überraschung sind aus dem ganzen Land und aus aller Welt Menschen gekommen, um an diesem Essen zu Ihren Ehren teilzunehmen.

Während des Essens werden zu Ihrer großen Verlegenheit immer wieder Reden gehalten – über all die guten Dinge, die Sie getan haben, oder darüber, was für ein guter Mensch Sie in Ihrem Leben waren. Mit keinem Wort werden die Teile Ihres Lebens erwähnt, an die Sie nicht erinnert werden möchten. Nur die guten Seiten.

Das wirft einige Fragen auf. Was würden Sie gern bei einer Rückschau auf Ihr Leben hören, wenn Sie ab sofort das Leben führen könnten, das Sie wirklich führen möchten? Wenn Sie in Ihrem Leben das erreichen, was Sie sich vorstellen, welche Dinge wären es, an die man sich im Zusammenhang mit Ihnen gern erinnern sollte, wenn Sie diese Erde verlassen haben? Hier ist eine Checkliste, die Ihnen dabei helfen soll:

Es wäre ein gutes Leben, wenn die Menschen mich nach meinem Tode folgendermaßen in Erinnerung behalten würden:

☐ hat Menschen geholfen, die hilfebedürftig oder in Not waren,
☐ hat alle beeindruckt und stets alle Erwartungen übertroffen,
☐ konnte gut zuhören,
☐ hat alle Anweisungen zur Zufriedenheit ausgeführt oder Projekte zu einem erfolgreichen Abschluss gebracht,
☐ beherrschte eine Technik oder ein Wissensgebiet meisterhaft,
☐ hat etwas getan, was andere für unmöglich hielten,
☐ hat etwas getan, was niemand zuvor getan hat,
☐ hat immer hervorragende Leistungen erbracht,
☐ hat neue Technologien erforscht oder erfunden,
☐ hat etwas repariert, was kaputt war,
☐ hat Dinge wieder funktionsfähig gemacht, wenn alle anderen bereits aufgegeben hatten oder gescheitert waren,

☐ hat etwas verbessert oder perfektioniert,
☐ hat gegen eine schlechte Idee oder Ideologie gekämpft – und sich durchgesetzt oder zumindest durchgehalten,
☐ hat Menschen beeinflusst und einen überwältigenden Zuspruch von ihnen erfahren,
☐ hatte Einfluss und bewirkte Veränderungen,
☐ hat eine Arbeit verrichtet, die der Welt zu mehr Informationen oder Aufrichtigkeit verholfen hat,
☐ hat eine Arbeit verrichtet, die der Welt zu mehr Schönheit verhalf, durch Gärten, Gemälde, Dekorationen, Design oder was auch immer,
☐ hat eine Arbeit vollbracht, durch die die Welt an Gerechtigkeit und Aufrichtigkeit gewann,
☐ führte Menschen näher zu Gott,
☐ verfolgte das große Ziel, an Weisheit und Mitgefühl zu wachsen,
☐ hatte eine Vision und trug dazu bei, diese Wirklichkeit werden zu lassen,
☐ entwickelte oder baute etwas, wo vorher nichts war,
☐ hat ein neues Unternehmen gegründet oder hat ein Projekt von Anfang bis Ende durchgeführt,
☐ hat irgendeine Situation oder einen Markt aufgespürt, entwickelt und beeinflusst, bevor andere das Potenzial erkannten,
☐ hat ein geniales Team zusammengestellt, das in einem bestimmten Bereich, in einer Branche oder einer Gemeinschaft große Veränderungen bewirken konnte,
☐ zeichnete sich durch hervorragende Entscheidungen aus,
☐ wurde von allen Menschen als Führungspersönlichkeit anerkannt und übernahm Verantwortung,
☐ hatte in einer Branche oder Gemeinschaft einen hohen Stellenwert,
☐ stand im Rampenlicht, wurde anerkannt und war berühmt,
☐ schaffte den Aufstieg in Hinblick auf Ruf, Prestige, Gehalt,
☐ konnte sich Besitz, Geld oder andere materielle Werte aneignen,
☐ andere Ziele, die mir einfallen: _____

Wenn Sie all die Werte angekreuzt haben, die für Sie von Bedeutung sind, gehen Sie die Liste noch einmal durch, suchen Sie die zehn Punkte heraus, die für Sie am wichtigsten sind, und ordnen Sie diese nach Ihren persönlichen Prioritäten. Wenn Ihnen das nicht aus dem Stegreif gelingt, benutzen Sie wieder die Entscheidungsmatrix.

Die Frage, die Sie sich stellen sollten, wenn Sie die einzelnen Paare in der Entscheidungsmatrix miteinander vergleichen, lautet: »Wenn am Ende meines Lebens nur diese eine Feststellung über mich zutreffen würde und nicht die andere, welche würde ich vorziehen?« Versuchen Sie, sich nicht davon beeinflussen zu lassen, was andere über Sie denken könnten, wenn sie wüssten, dass dies Ihr Herzenswunsch ist. Hier geht es nur um Sie allein.

Tragen Sie Ihre drei obersten Werte in das Blatt »Werte und Ziele« in der Blume auf Seite 326 ein.

Nach den Werten wenden wir uns nun den Zielen zu.

Ziele sind etwas, das Sie gern erreichen würden, bevor Sie sterben. Das Verständnis davon, was wir vor dem Ende unseres Lebens gern erreichen würden, verhilft uns zu einer besseren Orientierung bei unseren aktuellen Entscheidungen hinsichtlich der Berufswahl. Hier sind einige Fragen in Form einer Checkliste, die dabei helfen könnten herauszufinden, welche Ziele Sie in Ihrem Leben verfolgen:

> **Bevor ich sterbe ist es mein Ziel, dazu fähig zu sein, Menschen bei folgendem Bedürfnis zu helfen:**
>
> - Kleidung: das Bedürfnis, angemessene und erschwingliche Kleidung zu finden. Mich interessiert hierbei besonders: _____
> - Nahrung: das Bedürfnis, sich zu ernähren, vor dem Hungertod gerettet zu werden oder schlechte Ernährungsgewohnheiten abzulegen. Mich interessiert hierbei besonders: _____
> - Wohnen: das Bedürfnis, angemessenen und bezahlbaren Wohnraum, Büroräume oder Grundstücke zu finden. Mich interessiert hierbei besonders: _____
> - Sprache: das Bedürfnis, sprechen, lesen und schreiben zu können oder eine Fremdsprache zu erlernen. Mich interessiert hierbei besonders: _____
> - Persönliche Dienstleistungen: das Bedürfnis, an andere Menschen zu delegieren, was man selbst nicht kann, für das man keine Zeit hat oder was man nicht machen möchte – von der Kinderbetreuung bis hin zur Hilfe in einem landwirtschaftlichen Betrieb. Mich interessiert hierbei besonders: _____
> - Finanzen: das Bedürfnis nach Hilfe im Umgang mit Steuern, Schulden, Finanzplanung, Vermögensmanagement und so weiter. Mich interessiert hierbei besonders: _____
> - Anschaffungen: das Bedürfnis nach Hilfe beim Erwerb irgendwelcher Dinge. Mich interessiert hierbei besonders: _____
> - Mobilität: das Bedürfnis, irgendwohin zu reisen oder sich innerhalb einer Region zu bewegen. Mich interessiert hierbei besonders: _____
> - Recht: das Bedürfnis nach fachkundigem Rat auf rechtlichem Gebiet. Mich interessiert hierbei besonders: _____
> - Erziehung: das Bedürfnis nach Hilfe bei verschiedenen Problemen in der Klein-

kindphase und in der Kindheit, einschließlich Verhaltensauffälligkeiten. Mich interessiert hierbei besonders: _____
- Körperliche Fitness: das Bedürfnis, den körperlichen Zustand durch Sport, Gymnastik, Physiotherapie oder Diät zu verbessern. Mich interessiert hierbei besonders: _____
- Gesundheit: das Bedürfnis nach Prävention oder Hilfe bei chronischen Leiden, Allergien oder Erkrankungen. Mich interessiert hierbei besonders: _____
- Heilen, alternative und ganzheitliche Heilmethoden: das Bedürfnis nach Behandlung bei Verletzungen, Leiden, chronischen Erkrankungen oder Krankheiten. Mich interessiert hierbei besonders: _____
- Medizin: das Bedürfnis nach Hilfe bei der Diagnose und Behandlung unterschiedlicher Erkrankungen. Mich interessiert hierbei besonders: _____
- Psychisches Wohlbefinden: das Bedürfnis, Hilfe im Umgang mit Stress, Depression, Schlafstörungen oder anderen Formen emotionaler Störungen in Anspruch zu nehmen. Mich interessiert hierbei besonders: _____
- Psychologische Beratung und Coaching: das Bedürfnis nach Unterstützung bei familiären Problemen, bei Störungen oder Krisensituationen des Lebens, einschließlich mangelnder Balance bei der Zeitplanung. Mich interessiert hierbei besonders: _____
- Stellensuche, Bewerbung oder berufliche Rehabilitation: das Bedürfnis von Menschen, Hilfe bei der Suche nach einer passenden Position zu bekommen, insbesondere wenn sie behindert, arbeitslos oder Sozialhilfeempfänger sind. Mich interessiert hierbei besonders: _____
- Berufsorientierung und Karriereplanung: das Bedürfnis nach Hilfe bei der Berufswahl oder bei der Planung eines sinnvollen Lebens. Mich interessiert hierbei besonders: _____
- Lernen und Weiterbildung: das Bedürfnis, sich beruflich oder privat weiterzubilden. Mich interessiert hierbei besonders: _____
- Unterhaltung: das Bedürfnis nach Unterhaltung durch Humor, Witz, Intelligenz oder Schönheit. Mich interessiert hierbei besonders: _____
- Sinnfragen, Philosophie, Ethik, Spiritualität oder Religion: das Bedürfnis, soviel wie möglich über den Sinn des Lebens herauszufinden, einschließlich der eigenen Werte und Prinzipien. Mich interessiert hierbei besonders: _____
- Die Bedürfnisse von Tieren oder Pflanzen: das Bedürfnis nach Nahrung, Pflege, Wachstum, Gesundheit und andere Lebenszyklen, die eine Art der Sensibilität erfordern, die häufig als »zwischenmenschliche Fähigkeiten« bezeichnet werden. Mich interessiert hierbei besonders: _____
- Die Herstellung, Produktion, Vermarktung oder Handhabung von Dingen: zum Beispiel von Antiquitäten, Autos, Bäumen, Blumen, Brücken, Büchern, Büroma-

schinen, Chemikalien, Computern, Diagrammen, Drogen, Elektrizität, Elektronik, Erde, Fahrrädern, Farben, Fischen, Flugzeugen, Flüssen, Gärten, Gebäuden, Geld, Getreide, Handbüchern, Häusern, Holz, Kameras, Katalogen, Kleidung, Kochgeräten, Kosmetika, Kücheneinrichtungen, Lebensmitteln, Maschinen, Medikamenten, Mineralien, Musik, Musikinstrumenten, Nähmaschinen, Papier, Pflanzen, Plänen, Radios, Rasenflächen, Ratgebern, Räumen, Segelbooten, Sicherheitssystemen, Skiausrüstungen, Spielzeugen, Telefonen, Videobändern, Wein, Werkzeugen, wertvollen Objekten, Wohnwagen/Wohnmobilen, Zeitschriften, Zeitungen, Zügen und vielem anderem mehr. Mich interessiert hierbei besonders: _____
- Weitere Ziele, die hier nicht aufgeführt sind und die mich interessieren:
_____

Wenn Sie alle Ziele angekreuzt haben, die für Sie von Bedeutung sind, gehen sie alle noch einmal durch, wählen Sie die zehn aus, die Ihnen am meisten bedeuten, und ordnen Sie sie nach Ihrer persönlichen Gewichtung. Wenn Ihnen das aus dem Stegreif nicht gelingt, benutzen Sie die Entscheidungsmatrix auf den Seiten 337 oder 338.

Tragen Sie Ihre drei wichtigsten Ziele in das Blatt »Werte und Ziele« der Blume am Anfang dieses Kapitels ein.

Blatt 5:
Arbeitsbedingungen

Pflanzen, die auf Meereshöhe wunderbar wachsen und gedeihen, verkümmern meist, wenn man versucht, sie in 3 000 Meter Höhe anzupflanzen. Wir Menschen sind ähnlich: Unter bestimmten Bedingungen verrichten wir unsere Arbeit hervorragend, unter anderen nicht. Und deshalb bedeutet die Frage »Welche Arbeitsbedingungen mögen Sie?« eigentlich: »Unter welchen Umständen erbringen Sie Ihre Arbeit am effektivsten?«

Am besten fangen Sie damit an herauszufinden, welche Dinge Sie an Ihren früheren Jobs nicht mochten. Sie können alle Faktoren in die dafür vorgesehene Tabelle eintragen. Wie Sie sehen, hat die Tabelle drei Spalten, die Sie in der gleichen Reihenfolge und auf die gleiche Art ausfüllen wie die Tabelle weiter oben, in der es um Ihre regionalen Vorlieben ging. Wenn Sie möchten, können Sie sich auch von dieser Tabelle vergrößerte Kopien anfertigen. Spalte A könnte mit Merkmalen beginnen wie zum

Unangenehme Arbeitsbedingungen

	Spalte A Unangenehme Arbeitsbedingungen	Spalte B Unangenehme Arbeitsbedingungen in ihrer Reihenfolge	Spalte C Die Schlüssel zu meiner Effektivität bei der Arbeit
Firmen, für die ich bisher in meinem Leben tätig war:	Ich habe aus der Vergangenheit gelernt, dass meine Effektivität bei der Arbeit abnimmt, wenn ich unter den folgenden Bedingungen arbeiten muss:	Unter den Merkmalen oder Eigenschaften, die ich in Spalte A aufgeführt habe, sind folgende, die ich am wenigsten mag (nach abnehmender Abneigung geordnet):	Das Gegenteil dieser Merkmale in entsprechender Reihenfolge: Ich glaube, dass meine Effektivität ihr absolutes Maximum erreichen könnte, wenn ich unter den folgenden Bedingungen arbeiten könnte:

Beispiel: »zu laut«, »zu viel Aufsicht«, »keine Fenster an meinem Arbeitsplatz«, »Arbeitsbeginn um 6 Uhr früh« und so weiter.

In Spalte B sollen Sie diese Merkmale aus Spalte A in Ihre persönliche Reihenfolge bringen.

Wenn Sie Schwierigkeiten dabei haben, diese Merkmale spontan in die genaue Reihenfolge zu bringen, benutzen Sie die Entscheidungsmatrix auf den Seiten 337 oder 338.

Die Frage, die Sie sich beim direkten Vergleich jedes Paares stellen sollten, lautet: »Wenn man mir zwei Positionen anbieten würde und ich bei der ersten diese unangenehme Arbeitsbedingung los würde, nicht aber die zweite; wohingegen ich bei der anderen die zweite unangenehme Arbeitsbedingung los wäre, nicht aber die erste – welche unangenehme Arbeitsbedingung würde ich lieber los?«

Beachten Sie, dass die Merkmale bereits geordnet sind, wenn Sie zu Spalte C kommen. Ihre einzige Aufgabe ist es an dieser Stelle, sich das Merkmal, das Sie (in Spalte B) so verabscheut haben, in seiner positiven Version vorzustellen. Das muss nicht unbedingt das logische Gegenteil sein. Beispielsweise muss aus »zu viel Aufsicht« (in Spalte B) nicht unbedingt »keine Aufsicht« (in Spalte C) werden. Es kann auch heißen: »ein geringeres Maß an Aufsicht, nur ein- bis zweimal täglich«.

Sobald Sie Spalte C ausgefüllt haben, tragen Sie die fünf obersten Merkmale in das Blatt »Arbeitsbedingungen« der Blume auf Seite 326 ein.

Blatt 6:
Gehalt und Position

Wie Sie in Kapitel 12 gesehen haben, ist die Höhe des Gehaltes ein Aspekt, den Sie frühzeitig berücksichtigen müssen, wenn Sie über Ihren Traumjob oder Traumberuf nachdenken. Die entsprechende Position mit ihrem jeweiligen Verantwortungsbereich beziehungsweise Entscheidungsspielraum geht natürlich Hand in Hand mit dem Gehalt.

Die erste Frage lautet, auf welcher Position Sie in Ihrem Traumjob gern arbeiten würden. Die Position hat damit zu tun, welches Maß an Verantwortung Sie sich in einer Organisation wünschen:

- Chef oder Geschäftsführer (das könnte bedeuten, dass Sie Ihr eigenes Unternehmen gründen müssen),

- Manager oder Führungskraft, die zwar selbst Anweisungen ausführt, aber auch anderen Anweisungen gibt,
- Leiter eines Teams,
- gleichberechtigtes Mitglied eines Teams,
- jemand, der zusammen mit einem gleichberechtigten Partner arbeitet,
- jemand, der allein arbeitet, entweder als Angestellter oder als Berater für eine Organisation oder als Einzelunternehmer.

Tragen Sie eine kurze Zusammenfassung (zwei oder drei Wörter) auf dem Blatt »Gehalt und Position« der Blume am Anfang dieses Kapitels ein.

Die zweite Frage lautet, welches Gehalt Sie haben möchten. Hier sollten Sie ein Minimum und ein Maximum vor Augen haben. Das Minimum ist das Gehalt, mit dem Sie »gerade noch über die Runden kommen«. Sie müssen wissen, wie viel das ist, bevor Sie irgendwo ein Vorstellungsgespräch führen (oder bevor Sie Ihr eigenes Unternehmen gründen, denn Sie müssen wissen, wie viel Gewinn Sie erwirtschaften müssen, um zu überleben).

Das Maximum könnte natürlich eine astronomische Summe sein, von der Sie kaum zu träumen wagen. Sinnvoller ist es jedoch, von einem Gehalt auszugehen, das Ihrer Meinung nach realistisch ist, wenn Sie Ihre gegenwärtige Kompetenz und Erfahrung zugrunde legen und für einen reellen, aber großzügigen Chef arbeiten. (Wenn dieses Maximum immer noch gering ausfällt, notieren Sie sich, wie hoch das Gehalt sein sollte, das Sie in fünf Jahren verdienen möchten.)

Machen Sie jetzt eine genaue Aufstellung aller voraussichtlichen Kosten, indem Sie auflisten, welche Beträge Sie monatlich für die folgenden Kategorien aufwenden:[1]

Haus/Wohnung
Miete, Hypotheken, Wohngeld: _____ Euro
Nebenkosten (Strom, Gas, Wasser, Müllabfuhr): _____ Euro
Telefon: _____ Euro
Rücklagen für Instandhaltung, Reparaturen: _____ Euro
Sonstiges: _____ Euro

Lebensmittel
Supermarkt, Markt, Bäcker, Metzger etc.: _____ Euro
Restaurantbesuche: _____ Euro
Sonstiges: _____ Euro

Kleidung
Kleidung und Schuhe: _____ Euro
Reinigung, Wäsche: _____ Euro
Sonstiges: _____ Euro

Fahrzeuge/Transport
Anschaffungskosten, Leasingrate: _____ Euro
Kraftstoff: _____ Euro
Reparaturen: _____ Euro
Öffentliche Verkehrsmittel: _____ Euro
Sonstiges: _____ Euro

Versicherungen
Auto: _____ Euro
Krankenversicherung: _____ Euro
Altersvorsorge, Rentenversicherung: _____ Euro
Lebensversicherung: _____ Euro
Haftpflichtversicherung: _____ Euro
Hausratversicherung: _____ Euro
Unfallversicherung: _____ Euro
Sonstiges: _____ Euro

Unterstützung von weiteren Familienmitgliedern
Kosten für Kinder: _____ Euro
Unterhalt für Kinder: _____ Euro
Unterstützung der Eltern: _____ Euro
Sonstiges: _____ Euro

Spenden und Beiträge
Spenden: _____ Euro
Mitgliedsbeiträge: _____ Euro
Sonstiges: _____ Euro

Kosten für Aus- und Weiterbildung
Privat: _____ Euro
Beruflich: _____ Euro
Sonstiges: _____ Euro

Haustiere
Futter: _____ Euro
Tierarzt: _____ Euro
Sonstiges: _____ Euro

Rechnungen und Schulden
Kreditkarten: _____ Euro
Ratenzahlungen: _____ Euro
Sonstiges: _____ Euro

Steuern
Einkommenssteuer: _____ Euro
Kfz-Steuer: _____ Euro
Steuerberatung: _____ Euro
Sonstiges: _____ Euro

Sparen
Sparen für Anschaffungen: _____ Euro
Rücklagenbildung, Altersvorsorge: _____ Euro
Sonstiges: _____ Euro

Freizeit
Kino, Theater: _____ Euro
Weitere Freizeitaktivitäten: _____ Euro
Bücher, Zeitungen, Zeitschriften: _____ Euro
Geschenke: _____ Euro
Sonstiges: _____ Euro

Sonstige regelmäßige Ausgaben
_____: _____ Euro
_____: _____ Euro

Gesamtbetrag _____ *Euro*

Multiplizieren Sie die monatliche Gesamtsumme mit 12, um den jährlichen Betrag zu erhalten. Teilen Sie den jährlichen Betrag durch 2 000, und Sie erhalten in etwa den Stundenlohn, den Sie benötigen. Wenn Sie also beispielsweise 2 000 Euro monatlich benötigen, um Ihre laufenden Kosten zu decken, entspricht das (mit zwölf multipliziert) 24 000 Euro pro Jahr, und wenn Sie diese Zahl durch 2 000 teilen, kommen Sie auf einen Stundenlohn von 12 Euro.

Sie können natürlich auch zwei unterschiedliche Versionen Ihres monatlichen Budgets errechnen: eine mit den Ausgaben, die Sie gern tätigen würden, die andere mit einem Mindestbudget, aus dem Sie ersehen können, wonach Sie hier suchen – die Basis, die zu unterschreiten Sie sich nicht erlauben können.

Tragen Sie das Maximum und das Minimum Ihrer Gehaltsvorstellungen in das Blatt »Gehalt und Position« der Blume auf Seite 326 ein.

Wenn Sie Merkmale in dieser Liste ankreuzen, bringen Sie Ihre Antworten in Ihre persönliche Reihenfolge und tragen Sie sie zusätzlich in das Blatt »Gehalt und Verantwortung« am Anfang dieses Kapitels ein.

Alternative

Vielleicht möchten Sie sich abgesehen vom Geld weitere Belohnungen notieren, die Sie sich in Ihrem zukünftigen Job oder Beruf erhoffen. Das könnten folgende Aspekte sein:

☐ Abenteuer,
☐ Herausforderung,
☐ Respekt,
☐ Macht und Einfluss,
☐ Popularität,
☐ Ruhm,
☐ intellektuelle Anregung durch weitere Mitarbeiter,
☐ die Chance, Führungskraft zu sein,
☐ die Chance, kreativ zu sein,
☐ die Chance, Entscheidungen treffen zu können,
☐ die Chance, Ihr Fachwissen anzuwenden,
☐ die Chance, anderen zu helfen,
☐ Sonstige: _____

Geschafft!

So, Ihre Blume sollte nun vollständig sein. An diesem Punkt sollten Sie sie noch einmal ganz genau angucken um festzustellen, ob diese neuen Erkenntnisse über Sie selbst und Ihren Traumjob Ihnen dabei weiterhelfen, das einzugrenzen, wonach Sie suchen.

Anhang B

Adressen, Tipps und Informationen

Wie finden Sie einen Karriereberater, wenn Sie den Eindruck gewinnen, dass Sie einen benötigen?

Karriereberatung bedeutet hier »Berufsorientierung im Rahmen der Lebensplanung«, reicht also weit über das Thema Bewerbung und Jobsuche hinaus. Es gibt in diesem Bereich auch Personen und Firmen, die »Bewerbungsberatung«, »Coaching«, »Outplacement« oder »Berufsberatung« anbieten. Sie sollten allerdings wissen, dass all diese Begriffe, genauso wie »Personalberatung« und »Unternehmensberatung«, nicht geschützt sind. Im Klartext heißt das, dass jeder sich so nennen kann. Daher sind die folgenden Ausführungen zur Auswahl eines geeigneten Beraters besonders wichtig.

Ich wünschte, dass jeder, der von sich behauptet, Karriereberater zu sein, absolut vertrauenswürdig wäre. Aber das ist keineswegs der Fall. Wie in so vielen Berufen gibt es auch unter den Karriereberatern drei Kategorien:

- diejenigen, die seriös sind und wissen, was sie tun,
- diejenigen, die seriös, aber inkompetent sind,
- diejenigen, die unseriös sind und die nur Ihr Geld wollen – zu einem Pauschalbetrag und natürlich im Voraus.

Sie wollen natürlich eine Liste der Karriereberater, die seriös sind und wissen, wovon sie sprechen. Nur leider besitzt niemand eine solche Liste. Sie müssen also selbst in Ihrer Region recherchieren oder Gespräche führen, wenn Sie keine schlechten Erfahrungen machen wollen.

Warum Sie das tun müssen? Sie, Sie und niemand anders als Sie? Nun, sagen wir, ein Freund rät Ihnen, einen Herrn XY aufzusuchen. Er ist ein wunderbarer Berater, erinnert Sie aber dummerweise an Ihren Onkel Harald. Niemand außer Ihnen weiß, dass Sie Onkel Harald schon immer gehasst haben. Und aus diesem Grund kann niemand außer Ihnen selbst diese Recherche machen – weil die eigentliche Frage nicht lautet: »Wer ist der Beste?«, sondern: »Wer ist der Beste für mich?« Die beiden letzten Wörter bedeuten, dass Sie selbst es sind, der den Telefonhörer zur Hand nimmt und anruft, das heißt, dass Sie wirklich selbst recherchieren müssen.

Natürlich sind Sie in Versuchung, diese Recherche zu überspringen, nicht wahr? »Na ja, ich rufe einen Berater an, und wenn ich einen guten Eindruck gewinne, dann werde ich ihn nehmen. Ich habe eine ziemlich gute Menschenkenntnis.« Richtig. Ich höre manch eine Geschichte von Menschen, die ihre Fähigkeiten, einen Scharlatan zu entlarven, deutlich überschätzt haben und zu spät feststellten, dass sie dem übelsten Ganoven weit und breit aufgesessen waren. Wenn sie mir ihre Geschichte erzählen, brechen sie am Telefon in Tränen aus. Meine Antwort lautet dann meist: »Es tut mir wirklich leid, dass Sie eine so enttäuschende Erfahrung gemacht haben. Das ist wirklich sehr traurig – aber: Sie haben Ihre Hausaufgaben nicht gemacht. Oft hätten Sie mit Leichtigkeit feststellen können, ob ein bestimmter Berater kompetent war oder nicht, ohne auch nur einen Cent zu riskieren. Sie hätten während Ihrer Recherche einfach nur die richtigen Fragen stellen müssen.«

Also: Sie müssen Ihre Hausaufgaben selbst machen. Sie müssen selbst recherchieren.

Wie stellen Sie es an, einen guten Berater zu finden? Beginnen Sie mit Ihrer Suche, indem Sie sich zunächst drei Berater aus Ihrer Region näher ansehen. Und wie finden Sie die? Dafür gibt es mehrere Möglichkeiten:

Erstens können Sie Ihre Freunde um Mithilfe bitten. Fragen Sie, ob jemand schon einmal Kontakt zu einem Karriereberater hatte. Wenn das der Fall ist, war er ihm sympathisch? Wenn ja, wie lautet der Name des Beraters?

Zweitens finden Sie ab Seite 372 eine Liste mit Namen. Sehen Sie nach, ob einer dieser Karriereberater in Ihrer Nähe tätig ist. Die Berater, die Sie für den deutschsprachigen Raum aufgeführt finden, haben eine Weiterbildung bei Dick Bolles absolviert und sind mit seinem Ansatz vertraut. Dennoch möchten wir bewusst keine Empfehlung aussprechen, sondern Sie nochmals auffordern, auf jeden Fall selbst Ihre Hausaufgaben zu machen. Der Autor lehnt jegliche Gewähr für die dort genannten Personen ausdrücklich ab. Vielleicht können die aufgeführten Berater Ihnen aber dabei helfen, weitere Namen in Ihrer Nähe ausfindig zu machen.

Haben Sie immer noch keine drei Namen gefunden? Dann versuchen Sie es mit den *Gelben Seiten*. Schlagen Sie unter den Kategorien Karriereberatung, Bewerbung, Personalberatung, Unternehmensberatung nach oder fragen Sie bei der Telefonauskunft.

Sobald Sie drei Namen ausfindig gemacht haben, vergleichen Sie deren Angebote. Sie sollten mit allen drei Beratern persönlich sprechen und erst dann entscheiden, an welchen der drei (wenn überhaupt) Sie sich schließlich wenden möchten.

Bitte versuchen Sie nicht, diese Recherche nur per Telefon durchzuführen. Sie können viel mehr erfahren, wenn Sie Ihrem Gegenüber direkt in die Augen sehen.

Meine Suche nach einem guten Karriereberater

Fragen, die ich stellen werde	Antwort von Berater 1	Antwort von Berater 2	Antwort von Berater 3
Wie sieht Ihr Programm aus?			
Wer wird es durchführen? Wie lange bieten Sie es schon an?			
Wie hoch ist die Erfolgsquote?			
Was kostet Ihr Angebot?			
Gibt es einen schriftlichen Vertrag?			

Wenn Sie Ihrem Berater oder einem Firmenvertreter gegenübersitzen, stellen Sie einem jeden die gleichen Fragen, die Sie oben aufgelistet finden. (Nehmen Sie ein Heft oder ein kleines Notizbuch mit, um die Antworten zu notieren.)

Nachdem Sie die drei Berater für Ihren Angebotsvergleich aufgesucht haben, gehen Sie wieder nach Hause, entspannen sich, sehen sich Ihre Aufzeichnungen an und vergleichen die drei miteinander. Sie müssen entscheiden, ob Sie keinen der drei wieder sehen möchten oder ob Sie mit einem von ihnen einen neuen Termin vereinbaren (und wenn ja, mit welchem). Denken Sie daran: Sie müssen keinen der drei auswählen, wenn Sie keinen wirklich überzeugend finden. Sollte dies der Fall sein, suchen Sie nach Namen von drei weiteren Beratern, holen wiederum Ihr Notizbuch hervor und ziehen erneut los. Vielleicht benötigen Sie ein paar weitere Sitzungen, um das zu finden, was Sie suchen. Aber Ihre Brieftasche, Ihr Geldbeutel, Ihre Jobsuche, Ihr Leben wird es Ihnen danken.

> **Kosten**
>
> Wenn es sich um eine Organisation handelt, die Ihnen eine Paketlösung zu verkaufen versucht, werden Sie wahrscheinlich das erste Gespräch kostenlos führen können. Wenn es sich dagegen um einen einzelnen Berater handelt, der auf Stundenbasis abrechnet, dann müssen Sie möglicherweise das Honorar für dieses Vorgespräch, eventuell für eine volle Stunde oder für einen Teil bezahlen – selbst wenn es nur fünf oder zehn Minuten sind. Setzen Sie nicht automatisch voraus, dass freiberufliche Berater es sich leisten können, Ihnen dieses erste Gespräch kostenlos anzubieten. Wenn sie das täten und viele Anfragen wie die Ihre hätten, wären sie niemals dazu imstande, auf diese Weise ihren Lebensunterhalt zu verdienen. Sie haben aber natürlich das Recht, schon vorher nachzufragen, welchen Betrag sie Ihnen für das Vorgespräch in Rechnung stellen werden.

Wenn Sie Ihre Aufzeichnungen ansehen, werden Sie bemerken, dass es kein Patentrezept für Sie gibt, um die Eignung eines Karriereberaters zu ermitteln. Das ist etwas, das Sie selbst im Kontakt mit dem Betreffenden subjektiv beurteilen müssen. Hier sind einige Hinweise:

Woran Sie schlechte Berater erkennen

Wenn man Ihnen den Eindruck vermittelt, man werde Ihnen die gesamte Arbeit abnehmen (auch die Auswertung von Tests und die Entscheidung über die Konsequenzen für die Wahl des Berufs und des Arbeitgebers), statt Sie bei Ihrer eigenen Arbeit beratend zu unterstützen:

15 Minuspunkte: Sie wollen doch lernen, wie Sie das alles selbst bewerkstelligen können, denn schließlich wissen Sie, dass Sie sich höchstwahrscheinlich eines Tages wieder auf die Suche nach einem Job machen müssen.

Wenn Ihr Ansprechpartner sagt, er sei nicht derjenige, der das Programm mit Ihnen durchführen wird, sich aber weigert, Ihnen die Person vorzustellen, mit der Sie zusammenarbeiten würden:

75 Minuspunkte: Sie sprechen offensichtlich mit einem Verkäufer. Machen Sie einen Bogen um alle Firmen, die einen Verkäufer haben.

Wenn Sie zwar die Gelegenheit haben, den Berater persönlich kennen zu lernen, ihn aber als Person nicht mögen:

150 Minuspunkte: Es ist egal, wie groß die fachliche Kompetenz ist. Wenn Sie ihn nicht mögen, werden Sie harte Zeiten durchmachen, bis Sie das bekommen, was Sie wollen, das garantiere ich Ihnen. Ein guter Draht ist alles.

Wenn Sie fragen, wie lange der Berater schon in diesem Bereich tätig ist und welchen fachlichen Hintergrund er hat (Ausbildung und Berufserfahrung), und er daraufhin beleidigt ist oder eine zweideutige Antwort gibt, wie zum Beispiel: »Ich habe achtzehn Jahre Erfahrung in der Wirtschaft und der Karriereberatung«:

20 Minuspunkte: Unter Umständen meint er damit: siebzehneinhalb Jahre als Verkäufer für Düngemittel und ein halbes Jahr als Karriereberater. Haken Sie nach: »Als was haben Sie vorher gearbeitet? Was qualifiziert Sie für die Tätigkeit? Welche Berufserfahrung haben Sie? Wie lange arbeiten Sie schon als Karriereberater?« Vielleicht interessiert es Sie, dass manch eine Personal- und Outplacementberatung die Kunden von gestern als Berater von heute einstellt – vor allem wenn sie akquisitionsstark sind. Diese neuen Berater werden dann erst in ihre neue Aufgabe eingearbeitet. Und es kann sein, dass Sie als Versuchskaninchen herhalten.

Wenn Ihr Gegenüber versucht, die Frage nach seiner Qualifikation zu beantworten, indem er auf Titel oder Referenzen verweist:

3 Minuspunkte: Titel oder Referenzen sind lediglich ein Beleg dafür, dass der Betreffende gewisse Prüfungen abgelegt hat, aber oftmals sagen diese Prüfungen mehr über andere Bereiche aus als über Kenntnisse in Methoden der kreativen Jobsuche.

Wenn Sie nach der Erfolgsquote des jeweiligen Beraters fragen und man Ihnen zur Antwort gibt, dass es noch nie einen Klienten gegeben habe, der keinen Job fand.

15 Minuspunkte: Das ist eine Lüge. Ich studiere seit 20 Jahren die Programme von Bewerbungs- und Karriereberatern, habe selbst an vielen Programmen teilgenommen, die Ergebnisse untersucht und kaum jemals – selbst bei Top-Beratern – ein Programm gesehen, mit dessen Hilfe mehr als bestenfalls 86 Prozent der Klienten einen Job fanden – und die Zahlen gehen eher weiter abwärts. Wenn der Berater dagegen klarstellt, dass er immer eine hohe Erfolgsquote hatte, dass es aber keine Garantie für einen Job gibt, wenn Sie nicht hart dafür arbeiten, geben Sie ihm drei Sterne.

Wenn man Ihnen Briefe von begeisterten früheren Klienten zeigt, aber seltsam zugeknöpft reagiert, wenn Sie darum bitten, mit einigen dieser früheren Klienten reden zu können:

45 Minuspunkte: Vergewissern Sie sich, dass die Referenzen wirklich stimmen. Lassen Sie sich nicht abwimmeln oder einschüchtern. Es ist heutzutage ein weit verbreitetes Phänomen, dass Referenzen gefälscht werden.

Wenn man behauptet, man würde nur fünf von 100 Klienten, die sich bewerben, annehmen und Ihr Name werde erst einem »Ausschuss« vorgelegt, bevor Sie aufgenommen würden:

1 000 Minuspunkte: Dies ist einer der ältesten Tricks. Sie sollen das Gefühl haben, etwas Besonderes zu sein, bevor Sie um Tausende von Euro erleichtert werden. Ich persönlich würde bei einem solchen Satz postwendend die Flucht ergreifen und mich nie mehr blicken lassen.

Wenn Sie fragen, was die jeweilige Dienstleistung kostet, und die Antwort lautet, es sei ein Pauschalbetrag, den Sie im Voraus oder kurz danach zu zahlen hätten, entweder auf einmal oder in Raten:

100 Minuspunkte: 25 Jahre lang habe ich es vermieden, dies zu sagen, aber ich habe genug von den Tränen der Jobsuchenden, die darauf hereingefallen sind. Deshalb warne ich Sie nun ohne Einschränkung: Wenn man Ihnen eine Pauschale in Rechnung stellt, statt nur der Stunden, die Sie wirklich in Anspruch nehmen, gehen Sie woanders hin. Jeder unseriöse und inkompetente Berater fordert einen Pauschalbetrag von Ihnen. Natürlich tun das auch einige kompetente und seriöse Berater. Das Problem ist, dass Sie nicht wissen, mit welcher Sorte Sie es zu tun haben, bis Sie Ihr gesamtes Geld los sind. Das Risiko und die Kosten sind zu hoch. Wenn Sie wirklich so gern spielen, tun Sie das besser in einer Spielbank.

Wenn Sie dazu aufgefordert werden, einen Vertrag zu unterschreiben:

1 000 Minuspunkte: Bei unseriösen und wenig kompetenten Beratern gibt es oft einen langfristig bindenden Vertrag. Diesen sollen Sie unterschreiben, bevor Ihnen überhaupt geholfen wird. Die Kosten dafür beginnen bei 500 Euro, die Skala ist nach oben offen.

Sie denken vielleicht, der Zweck eines solchen Vertrags bestehe darin, dass die Gegenseite Ihnen etwas zusagt, für das Sie sie zur Rechenschaft ziehen können. Im Gegenteil – meist dient ein Vertrag dazu, dass Sie der Gegenseite etwas versprechen sollen. Zum Beispiel Ihr Geld. Tun Sie das nicht.

Wenn Ihnen zugesagt wird, dass Sie Ihr Geld zurückbekommen, falls Sie mit der Leistung nicht zufrieden sind: Lassen Sie sich das schriftlich geben. Nur schriftliche Zusagen sind bindend. Mein Rat für den Fall, dass jemand Ihnen Hilfe bei der Jobsuche nur unter der Voraussetzung anbietet, dass Sie Tausende von Euro im Voraus zahlen: Schauen Sie sich um, wo die Tür ist, gehen Sie hinaus und lassen Sie sich dort nie wieder blicken.

Und noch eine dringende Empfehlung: Unterschreiben Sie bei niemandem, der Ihnen einen langfristig bindenden Vertrag anbietet oder nicht auf Stundenbasis abrechnet.

Wie hoch ist das Honorar? Sie werden feststellen, dass heutzutage die besten Karriereberater (und auch einige von den schlechtesten) ihr Honorar so ansetzen wie ein wirklich guter Coach oder wie ein Anwalt. Dies kann regional schwanken; in Großstädten kostet die Leistung meist mehr als in ländlichen Gegenden. Wie alle Beratungsleistungen ist Karriereberatung umsatzsteuerpflichtig; vergleichen Sie daher den Endpreis.

Beraterverzeichnis

Dieses Verzeichnis führt die Karriereberater im deutschsprachigen Raum – geordnet nach Postleitzahlen – auf, die im Laufe der letzten Jahre eine Weiterbildung bei Richard Bolles in einem seiner 15-Tage-Workshops in Oregon absolviert haben. Hierfür gab es keine fachlichen oder formalen Voraussetzungen. Die hier aufgeführten Berater sind in der Regel sehr qualifiziert, haben aber sehr unterschiedliche Schwerpunkte. Machen Sie sich daher am besten selbst ein Bild.

Karriereberater in Deutschland

Dr. Jutta Hastenrath/Arnulv Rudland
Hastenrath und Partner
An der Untertrave 96
23552 Lübeck
Telefon (04 51) 7 07 96–0
info@hastenrath.de
www.hastenrath.de

Jochen Kiel
Personalentwicklung
Wiesenstraße 7
27616 Stubben
Telefon (04748) 82 13 00
info@jochenkiel.de
www.jochenkiel.de

John Carl Webb
Meinenkampstraße 83a
48165 Münster-Hiltrup
Telefon (02501) 92 16 96
John@muenster.de
www.learn-line.nrw.de/angebote/lwp

Katja Wengel und Joachim Hipp
Systemische Organisationsberatung
An der Staufenmauer 4
60311 Frankfurt
Telefon (069)219 97 220
kw@wengelundhipp.de oder
jh@wengelundhipp.de
www.wengelundhipp.de

Maren Hartauer
Praunheimer Weg 35 b
60439 Frankfurt
Telefon (069) 58 84 02
M.Hartauer@t-online.de

Doris Brenner
Falkenstraße 11
63322 Rödermark
Telefon (06074) 86 24 44
Doris.Brenner@t-online.de
www.karriereabc.de

Madeleine Leitner
Ohmstraße 8
80802 München
Telefon (089) 33 07 94 44
Madeleine.Leitner@t-online.de
www.Madeleine-Leitner.de

Belinda Bolterauer
Götzstraße 11
80809 München
Telefon (089) 300 82 94
taichi@bolterauer.de

Dr. Gabriela Mendl
Mondstraße 2
81543 München
Telefon (089) 62 48 94 40
gabrielamendl@aol.com
www.career-consulting.de

Weitere Informationen über das Angebot beruflicher Beratung erhalten Sie über:

Deutscher Verband für Berufsberatung e. V.
c/o Hubert Haas
Bergstr. 9
55595 Roxheim
Telefon (0671) 45592
dvbl.haas@t-online.de

Da die Mitgliedschaft im dvb noch nicht an qualitative Vorbedingungen geknüpft ist, hat der dvb auch das

BerufsBeratungsRegister
Siebenpfeifferstraße 4
66424 Homburg
Telefon (06841) 150501
www.bbregister.de

ins Leben gerufen, in dem nur nach strengen Kriterien zertifizierte Berater aufgenommen wurden.

Karriereberater in Österreich

Dr. Gabriela Mendl
Josef-Poll-Straße 6
6020 Innsbruck
Telefon (0512) 39 72 72
gabrielamendl@aol.com
www.career-consulting.de

Doris Carstensen
Untere Teichstraße 3/7
8010 Graz
Telefon (0316) 42 72 47
oder   (0316) 3 80 10 60
doris.carstensen@uni-graz.at

Karriereberater in der Schweiz

Hans-Ulrich Sauser
Organisationsberatung + Busbildung
Rosenauweg 27
5430 Wettingen
Telefon (056) 4 26 64 09
husauser@freesurf.ch

Peter Kessler
LifeDesigning
Alpenblickstr. 33
8645 Jona bei Rapperswil
Telefon (055) 2 11 09 77
p.kessler@bluewin.ch
www.reife.ch

Urs W. Honegger
HCM Honegger Career Management
Scheitergasse 3
8001 Zürich
Telefon (01) 7 90 18 46
honegger@hcm.ch
www.hcm.ch

Dr. Peter A. Vollenweider
LifeProject
Bächleweg 29
8802 Kilchberg/Zrich
Telefon (01) 7 15 15 63
pvollenweider@bluewin.ch

Peter Baumgartner
Waldisberg 4
8807 Freienbach
Telefon (055) 4 10 67 12
lebensunternehmer@bluewin.ch

Marcus Klingenberg
Cäcilienstr. 26
3007 Bern
Telefon (076) 5 67 11 33
marcus_klingenberg@yahoo.de

Maria Bamert-Widmer
Berufs- und Lebensgestaltung
Churerstraße 26
8852 Bltendorf
Telefon (055) 4 42 55 76
lebe@dplanet.ch

Daniel Porot hat 20 Jahre lang eng mit Dick Bolles zusammengearbeitet. Sein Institut bietet vor allem in der französischsprachigen Schweiz sehr erfolgreiche Seminare für Arbeitslose an.

Cabinet Daniel Porot
8, Rue de la Terrassière
1207 Genève
Telefon (022) 700821–0
porot.info@vtxnet.ch
www.careergames.com
www.clubemploi.ch

Weitere Adressen der kantonalen und regionalen Berufsberatungsstellen, bei denen kostenlose Beratung erhältlich ist, erhalten Sie über:

Schweizerischer Verband für Berufsberatung
Zürichstraße 98
8066 Dübendorf
Telefon (01) 8 01 18 99

Adressen von kostenpflichtigen privaten, freiberuflichen Berufs- und Laufbahnberatern, Eignungs- und Persönlichkeitsabklärungen bietet:

Fachgruppe freischaffender Berufsberaterinnen und Berater (FFBB)
Urs Fankhauser
Falkengasse 3
6004 Luzern
Telefon (041) 4 10 21 59

Kostenpflichtige Berufs- und Laufbahnberatung, Standortbestimmungen oder Potenzialanalysen bieten auch die Institute für Angewandte Psychologie (IAP), die es in der gesamten Schweiz gibt, unter anderem in Zürich, Bern und Basel.

Recherchequellen allgemein

Dieser Teil bietet Ihnen eine Aufstellung weiterer Tipps und Ressourcen für Jobsuchende und Berufswechsler – Internetressourcen und Printmedien – für die Recherche und die Stellensuche.

Sobald Sie einen Beruf oder einen Tätigkeitsbereich als geeignet identifiziert haben, wollen Sie wahrscheinlich mehr darüber herausfinden. Wenn Sie Zugang zum Internet und zu Datenbanken haben, können Sie sich unter den folgenden Adressen zu unterschiedlichen Themen informieren.

Internet-Suchmaschinen und -kataloge

Das Internet ist der schnellste Weg, umfangreiche Informationen zu finden. Am einfachsten geht es mit Suchmaschinen wie *Google* (*www.google.de*), *Alta Vista* (*www.altavista.de*), *Lycos* (*www.lycos.de*), *Fireball* (*www.fireball.de*) oder *Excite* (*www.excite.de*).

Auch Webkataloge wie *Yahoo!* (*www.yahoo.de*) oder *Web.de* (*www.web.de*) eigenen sich gut zur Recherche.

Um brauchbare Ergebnisse zu bekommen, sollten Sie mehrere Suchbegriffe versuchen. Dafür bieten sich beispielsweise folgende Begriffe an: *Berufsbezeichnung, Berufsverband, Beruf, Berufsbeschreibung, Job, Arbeit, Arbeitsmarkt.*

Wenn Sie mehrere Wörter gleichzeitig eingeben wollen, um den Themenbereich einzugrenzen, müssen Sie die Begriffe bei einigen Suchmaschinen (zum Beispiel *Google*) lediglich durch Leerzeichen trennen, andere (zum Beispiel *Alta Vista*) arbeiten mit so genannten Booleschen Operatoren: Mit OR, AND, AND NOT und NEAR können dort Suchbegriffe logisch verknüpft werden. Wenn Sie einen zusammengesetzten Ausdruck suchen, sollten Sie die Begriffe in Anführungszeichen setzen, dann findet die Suchmaschine nur den betreffenden »String« (zum Beispiel »Richard Nelson Bolles«).

Wenn Sie mehr über die Funktionsweise von Suchmaschinen wissen wollen, erfahren Sie bei *Suchfibel* (*www.suchfibel.de*) alles über die richtige Recherche. Internet-Neulinge finden bei der *Erlerne-das-Netz-Kampagne* (*http://www.learnthenet.com/*

german/) den richtigen Einstieg, oder Sie besorgen sich die kostenlose Broschüre »Im Internet geht's weiter« des *Bundesministeriums für Wirtschaft und Technologie* (*www.bmwi.de/ Homepage/Politikfelder/informationsgesellschaft/publikationen*).

Falls Sie zu Hause keinen Internetzugang haben, besteht die Möglichkeit, in einem der mittlerweile zahlreichen Internetcafés zu surfen. Viele Stadtbibliotheken, Hoch- und Fachschulbibliotheken bieten diesen Service ebenfalls an. Auch bei Arbeitsämtern können Sie online gehen. Das *Netzwerk Digitale Chancen* (*www.digitale-chancen.de*) hält Tipps und Tricks für Einsteiger bereit und hat die Datenbank *Internet für Alle* (*www.internet.fuer.alle.de*) eingerichtet, über die Sie öffentliche Internetzugänge recherchieren können. Ein Verzeichnis von weltweit fast 4 000 Internetcafés finden Sie unter *www.worldofinternetcafes.de*.

Das Internet bietet auch Möglichkeiten zum Erfahrungsaustausch. Zahlreiche Newsgroups widmen sich dem Thema Arbeitsmarkt. Unter *groups.google.de* können Sie bequem nach verschiedenen Diskussionsgruppen recherchieren. Geben Sie in der Suchmaske einfach das Stichwort »Arbeit« ein. Der Server findet dann relevante Newsgroups wie *de.markt.arbeit.d* oder *de.markt.arbeit.biete*. Unter www.Madeleine-Leitner.de kann man Fragen stellen, sich austauschen und regionale Kontakte knüpfen.

Blick über die Grenzen

Für die Schweiz sind folgende Suchmaschinen und Kataloge besonders zu empfehlen: *www.sear.ch*, *www.search.ch*, *www.search11.ch*, *www. altavista.ch* und *swiss.web.ch*.

Datenbanken

Im Gegensatz zu den kostenlosen Suchmaschinen verlangen Datenbanken für das Bereitstellen von Informationen Gebühren. Die Preise für die Recherche sind oft beträchtlich, dafür sind die Informationen aber aktueller als die in den Printmedien verfügbaren.

Die *GENIOS-Wirtschaftsdatenbanken* bietet unter *www.genios.de* 60 Millionen Artikel in rund 550 Datenbanken aus Tages-, Wirtschafts- und Fachpresse, Nachrichtenagenturen sowie weiterführende Wirtschafts- und Unternehmensinformationen.

Bei *GBI – The contentmachine* (*www.gbi.de*) können Sie in mehr als 250 Datenbanken recherchieren. GBI bietet unter anderem Unternehmensdaten, archiviert Artikel aus Tages- und Wochenzeitungen sowie Fachzeitschriften und hält Personeninformationen bereit. Die kostenlose Suchfunktion gibt vorab Auskunft über die gefundenen Treffer und die anfallenden Kosten, sodass Sie entscheiden können, ob die Informationen Ihnen den angezeigten Betrag wert sind.

Unter der Adresse *www.qualitysearch.mckinsey.de* erhält jeder Nutzer Zugriff auf die Volltextsuche in den Publikationen von knapp 70 ausgewählten Zeitungen, Magazinen und Hochschulen auf der ganzen Welt. Das Besondere daran: die Recherche ist kostenlos.

Zeitungen und Zeitschriften

Die folgenden Recherchemöglichkeiten führen gleichzeitig die bedeutendsten deutschen Wirtschaftsmagazine und -zeitungen auf.

Das Onlineangebot des *Handelsblatts* (*www.handelsblatt.com*) bietet in der Rubrik »Handelsblatt Topix« für Abonnenten eine kostenlose Recherche in allen Artikeln an, die seit 1986 online erschienen sind. Nicht-Abonnenten können den Service kostenpflichtig nutzen.

Auch die *Wirtschaftswoche* (*www.wiwo.de*) bietet die kostenlose Nutzung des Online-Archivs. Hier finden sich alle Artikel der Onlineausgabe, die seit Oktober 1998 veröffentlicht wurden. Die Artikel der Printausgabe *Wirtschaftswoche Magazin* lassen sich nur über den bereits erwähnten kostenpflichtigen Informationsdienst GENIOS abrufen, ebenso wie die Artikel vom *Handelsblatt* und von *DM Euro* (*www.dmeuro.com*).

Das *Manager Magazin* (*www.manager-magazin.de*) bietet alle Artikel der Onlineausgabe sowie der letzten sechs Printausgaben kostenlos an. Ältere Artikel der Printausgabe (zurück bis Januar 1995) kann man recherchieren und online über den Leserdienst bestellen. Dieser Service kostet derzeit 2,55 Euro pro Artikel.

Capital (*www.capital.de*) bietet Recherchemöglichkeiten über die kostenpflichtige Gruner + Jahr Pressedatenbank (*www.pressedatenbank.guj.de*).

Das elektronische Archiv der *Frankfurter Allgemeinen Zeitung* (*www.faz.net*) reicht bis ins Jahr 1993 zurück, lässt sich aber nur über die kostenpflichtige Datenbank *GBI* abrufen.

Die *Süddeutsche Zeitung* in München (*www.sueddeutsche.de*) bietet alle Artikel der letzten 30 Tage zur kostenlosen Recherche im Internet an. Weiter zurückliegende Artikel finden sich kostenpflichtig im Dokumentations- und Informationszentrum (*www.medienport.de*) oder auf den Jahrgangs-CD-ROM.

Die *VDI-Nachrichten* (*www.vdi-nachrichten.de*) stellen in ihrem Onlineangebot jede Woche eine Artikelauswahl aus der aktuellen Printausgabe kostenfrei zur Verfügung. Im Online-Archiv können Sie die seit Oktober 1998 veröffentlichten Beiträge recherchieren; Artikel der Printausgabe sind nur über die kostenpflichtige Datenbank *GENIOS* zugänglich.

Beim *Spiegel* (*www.spiegel.de*) können Sie kostenlos alle Onlineartikel seit 1999 sowie die letzten 52 Ausgaben der Printausgabe abrufen. Artikel älterer Jahrgänge finden sich kostenpflichtig bei *GENIOS* oder auf den Jahrgangs-CD-ROM.

Focus (*www.focus.de*) bietet im Online-Archiv kostenlos die Artikel aller seit 1993 erschienenen Ausgaben des Magazins.

Branchenberichte findet man oft in den Wirtschaftszeitungen und in überregional bedeutenden Blättern. Neben den bereits genannten, die auch immer wieder Sonderbeilagen herausbringen, haben mittlerweile fast alle Zeitungen und Zeitschriften einen Karriereteil und oft sogar Sonderhefte zum Thema. Für Hochschulabsolventen und Nachwuchskräfte sind besonders zu nennen: *FAZ Hochschulanzeiger* (*www.ahaonline.de*), *Handelsblatt Junge Karriere* (*www.jungekarriere.com*) und *Computerwoche Young Professional* (*www.youngprofessional.de*).

Blick über die Grenzen

Die wichtigsten Tages- und Wirtschaftszeitungen in *Österreich*:

Der Standard (*www.derstandard.at*)
Die Presse (*www.diepresse.com*)
Der Kurier (*www.kurier.at*)
Das Wirtschaftsblatt (*www.wirtschaftsblatt.at*)
Die Salzburger Nachrichten (*www.salzburg.com*)
Die Tiroler Tageszeitung (*www.tirol.com*)
Die Vorarlberger Nachrichten (*www.vol.at*)
Kleine Zeitung (*www.kleine.co.at*)
Wiener Zeitung (*www.wienerzeitung.at*)
Oberösterreichische Nachrichten (*www.nachrichten.at*)
Trend (*www.trend.at*)
Gewinn (*www.gewinn.co.at*)
Profil (*www.profil.at*)

Die *Schweizer* Zeitungslandschaft ist, was die regionale Ausrichtung anbelangt, sehr vielfältig, auf nationaler Ebene dagegen stark konzentriert. Die wichtigsten Zeitungen und Wirtschaftsmagazine sind folgende:

Neue Zürcher Zeitung (*www.nzz.ch*)
Tages-Anzeiger (*www.tages-anzeiger.ch*)
Sonntagszeitung (*www.sonntagszeitung.ch*)
Facts (*www.facts.ch*)

Adressen, Tipps und Informationen

Blick (www.blick.ch)
Sonntagsblick (www.sonntagsblick.ch)
Cash (www.cash.ch)
Handelszeitung (www.handelszeitung.ch)
Weltwoche (www.weltwoche.ch)
Bilanz (www.bilanz.ch)
Alpha – Der Kadermarkt der Schweiz (www.alpha-online.ch)

Bibliotheken

Eine gute Anlaufstelle für die Recherche ist Ihre nächstgelegene Stadtbibliothek. Vergessen Sie aber auch nicht andere Büchereien in Ihrer Nähe wie Universitäts- oder Schulbibliotheken, die Bibliotheken der Industrie- und Handelskammer oder des Arbeitsamtes.

Viele öffentliche Bibliotheken verfügen über sehr effektive Suchmöglichkeiten mithilfe von Computern und können für Sie zu relativ bescheidenen Kosten Berichte über lokale Unternehmen »ausgraben« und Ihnen in Kopie zusenden. Wenn Sie sich also für eine Organisation in einer anderen Stadt interessieren, sollten Sie mit der nächsten großen öffentlichen Bibliothek vor Ort Kontakt aufnehmen und sehen, was die Bibliothekare für Sie herausfinden können (Bitte bedanken Sie sich anschließend mit einem kurzen Brief).

Es lohnt sich manchmal herauszufinden, welche speziellen Bibliotheken es über die öffentlich zugänglichen hinaus noch gibt. Der *Karlsruher Virtuelle Katalog* (*http:// www.ubka.uni-karlsruhe.de/kvk.html*) ist ein Dienst der Universitätsbibliothek Karlsruhe. Mithilfe der Suchmaske kann man in den wichtigsten deutschsprachigen Bibliotheken recherchieren.

Recherche zu Berufen und Tätigkeitsfeldern

Online-Informationen

Die *Bundesanstalt für Arbeit* mit ihren angeschlossenen Organisationen hat zahlreiche Informationen über den Arbeitsmarkt. Man findet diese in den 181 *Berufsinformationszentren (BIZ)* der über 200 Arbeitsämter, die es bundesweit gibt. Außerdem kann man sie auch schriftlich beziehen und online darauf zugreifen. Unter »BIZ-Online« (*http://www.arbeitsamt.de/ hst/services/bsw/biz/*) gibt es die *Berufskundlichen Kurzbeschreibungen* des BIZ von A–Z.

Unter *http://berufenet.arbeitsamt.de* führt das Arbeitsamt eine Datenbank mit Ausbildungs- und Tätigkeitsbeschreibungen, die man nach verschiedenen Kriterien durchsuchen kann. Dort finden sich Informationen zu 5 750 Berufen.

Ein Klassiker ist *Studien- und Berufswahl*, die offizielle Informationsbroschüre für Studenten, herausgegeben von der Bund-Länder-Kommission für Bildungsplanung und Forschungsführung und der Bundesanstalt für Arbeit. Die Broschüre ist als Buch oder als CD-ROM erhältlich; man findet sie auch im Internet unter *www.studienwahl.de* beziehungsweise unter *www.berufswahl.de*.

Detaillierte Arbeitsmarktinformationen gibt es für zahlreiche Fachgruppen, auch für viele akademische Berufe. Zu beziehen über die Zentralstelle für Arbeitsvermittlung (ZAV), Arbeitsmarktinformationsstelle, Villemombler Straße 76, 53123 Bonn. Die meisten Informationen lassen sich auch online abrufen unter: *http://www.arbeitsamt.de/zav/publikationen/srvams.html*.

Informativ sind auch die *Blätter zur Berufskunde* mit zirka 600 Einzelheften, die in fünf Bände gegliedert sind. Eine Übersicht über das Gesamtverzeichnis und die Bezugsbedingungen erhält man bei W. Bertelsmann Verlag, Postfach 10 06 33, 33506 Bielefeld. Onlineinformationen zu Berufen stellt der Verlag auch unter *www.berufsbildung.de* bereit.

Für Schülerinnen und Schüler gibt es die Broschüre *Beruf Aktuell* mit einem Überblick über die anerkannten Ausbildungsberufe, die Berufe mit geregelten Ausbildungsgängen an berufsbildenden Schulen, in Betrieben und Verwaltungen sowie Berufe nach einem Studium an Fachhochschulen. Das Heft wird jährlich neu aufgelegt und ist in Einzelexemplaren beim Arbeitsamt erhältlich.

Die Schriftenreihe *IBZ – Ihre berufliche Zukunft* informiert fachlich fundiert und optisch ansprechend über verschiedenste Themen und Branchen. Sie ist beim Arbeitsamt erhältlich.

Blick über die Grenzen

In Österreich stellt der *Arbeitsmarktservice AMS* (*www.ams.or.at*) auf seiner Website viele Berufsinformationsbroschüren über Jobchancen in verschiedenen Branchen zum Herunterladen bereit.

Außerdem finden Sie Informationen unter den folgenden Adressen:

Berufsförderungsinstitut Österreich (www.bfi.at/)
Berufsinformationszentrum der Wirtschaftskammer (www.biwi.at)
Berufsinfo.at (www.berufsinfo.at)
Verein für europäische Bildung, Forschung und Technologische Entwicklung in Österreich (www.danube.or.at)
Verein zur Förderung der europäischen Kooperation in Forschungs- und Entwick-

lungs- und Bildungsprogrammen (APS, *www.aps.tu-graz.ac.at*)
Central Austria Training in Technologies (CATT) in Salzburg (*www.techno-z.at*) und in Linz (*www.catt.at*)
Alpine Technology Training Association Center (ATTAC, *www.info.uibk.ac.at*)

In der Schweiz hält das *Regionale Arbeitsvermittlungszentrum* (RAV, *www.rav.ch*) zahlreiche Informationen zur Arbeitssuche bereit. Online können Sie die Adressen Ihrer örtlichen RAV-Stelle recherchieren, Broschüren herunterladen und weiterführende Links verfolgen. In den Filialen finden Sie Literatur, Videos und Informationsblätter zu einzelnen Berufsgruppen.

Bücher

Auch folgende Bücher können Ihnen weiterhelfen:

Berufswahllexikon 2002/2003, herausgegeben von Chris Hablitzel, Campus Verlag. Das Buch gibt Informationen über verschiedene Studiengänge und Ausbildungsberufe. Das »Berufelexikon« erleichtert Schulabgängern die schnelle und umfassende Orientierung und stellt alle anerkannten Ausbildungsberufe vor. Es werden Aufgabenbereiche, Bildungsvoraussetzungen, Anforderungsprofil, Ausbildung, Entwicklungsmöglichkeiten und alternative Berufe im Umfeld beschrieben.

Der Forum Verlag in Konstanz hat ein umfangreiches Buchprogramm für spezielle Bereiche wie Banking, Consulting und Marketing herausgebracht. Der *Praxisführer* bietet unter anderem Wissenswertes über aktuelle Branchentrends. Unter *www.forum-jobline.de* gibt es auch online zahlreiche Informationen zu verschiedenen Themen rund um die Stellensuche.

Branchenreporte findet man auch in den Publikationen des iba-Instituts Köln GmbH von Joerg Staufenbiel (*www.staufenbiel.de*). Die Publikationen *Berufsplanung für den Management-Nachwuchs* und *Berufsplanung für Ingenieure* beispielsweise werden jährlich aktualisiert. Das Onlineangebot bietet monatliche Specials zum Thema Berufseinstieg in unterschiedlichen Branchen.

In *Die Jobs der Zukunft. Neue Berufsbilder und was sich dahinter verbirgt*, erschienen beim Campus Verlag, porträtiert Sylvia Englert neu entstandene Berufe wie Bioinformatiker oder Teletutor und gibt praktische Hinweise und Adressen.

Martin Massow informiert im *Jobber-Atlas 2002. 1 000 Tipps für haupt- und nebenberufliche Tätigkeiten*, erschienen beim Ullstein Taschenbuch Verlag, über die juristischen Aspekte verschiedener Formen der Erwerbstätigkeit sowie über zahlreiche Jobs und Geschäftsideen.

Blick über die Grenzen

Österreich

Markus Gruber gibt den Ratgeber *Career2001*, CAREERsystem, Wien, 2000 heraus. Er hat darin Informationen und Adressen über österreichische Universitäten und Hochschulen, Wirtschaftsförderungs- und Berufsförderungsinstitute zusammengestellt sowie die Auslandsbüros der Universitäten recherchiert. Angaben über Wirtschaftskammern, Förderbanken, Lehrstellen der Wirtschaftskammern und Geschäftsstellen des Arbeitsmarktservice komplettieren das Informationsangebot.

Solutions (Hg.), *Dualer Studienführer 2001/2002 – Berufsbegleitendes Studieren in Österreich*, 2001. Das Buch informiert über Möglichkeiten der akademischen Aus- und Weiterbildung neben der Ausübung eines Berufes und ist direkt bei 3s – superior:skills:solutions (Tel. 0043/01/ 5134407–21) erhältlich.

Auch der *Karriereführer 2002* erscheint bei 3s – superior:skills:solutions, Wien, 2001.

Schweiz

Professionell zur neuen Position. Stellungssuche für Führungskräfte von Werner Büchi, Werd Verlag, 2000, informiert klar und verständlich über Wege der Stellensuche.

Success & Career. Zielsichere Stellensuche (www.success-and-career.ch) ist ein Buch mit praktischen Tipps, Bewerbungsstrategien, 150 Unternehmen, die rekrutieren, Angaben zu 1 400 Firmen in der Schweiz. Herausgegeben im Zusammenarbeit mit dem *Kompass*.

Eines der bekanntesten Handbücher für die Bewerbung ist das *Schweizerische Qualifikationsbuch* der Gesellschaft CH-Q (Schweizerisches Qualifikationsprogramm zur Berufslaufbahn). Es handelt sich um einen Leitfaden für Jugendliche und Erwachsene in der Weiterbildung.

Beim Beobachter Verlag erscheint *Stellensuche mit Erfolg*. Der Verlag gibt die in der Schweiz sehr beliebte unabhängige und kritische Zeitschrift *Der Beobachter* heraus. Das Buch behandelt alle relevanten Themenbereiche, darunter natürlich auch Bewerbung, Vorstellungsgespräch und Karriereplanung.

Außerdem ist in der Schweiz die CD-ROM *Swiss Job S&R* erhältlich, die Berufs- und Weiterbildungsinformationen zu mehr als 700 Berufen bietet. Aufschlussreich ist auch die Broschüre *Weiterkommen in Arbeit & Beruf*. Sie ist (wie weitere Bücher zu allen Fragen der Berufswahl und Laufbahn für Jugendliche und Erwachsene, insbesondere Peter Baumgartners Buch *Lebensunternehmer*) bei der *Berufswahlpraxis Schmid und Barmettler* (*www.bwp.ch*) erhältlich. Dort finden Sie auch Informationen über Berufsbilder.

Ein hervorragendes Buch, das sich vor allem an Hochschul- und Fachschul-Absolventen richtet, heißt *Zukunftschancen 2002*, WEKA Verlag (*www.weka.ch*). Es ist immer topaktuell, da es jedes Jahr überarbeitet wird. Studierende erhalten das Buch sogar kostenlos!

Auch der DSV Studentenverlag, ein Ableger der Forum-Verlagsgruppe, hat eine interessante Reihe herausgebracht und führt eigene Absolventenkongresse durch. Die Schweizer Ausgabe des *Forum Magazins* liegt kostenlos aus. Als Pendant zur deutschen Ausgabe gibt es auch einen *Praxisführer* Schweiz.

Informationen über größere Unternehmen und Organisationen

Manche der nachfolgenden Informationsquellen sind erschwinglich, sodass Sie sie bei Interesse selbst anschaffen können. Andere Bücher und Branchenverzeichnisse sind sehr teuer; es bietet sich darum eher an, in einer Bibliothek darin nachzuschlagen.

Der Hoppenstedt Verlag in Darmstadt (*www.hoppenstedt.com*) hat sich auf Informationen über Unternehmen verschiedener Größen spezialisiert. Ein Klassiker ist das *Handbuch der Großunternehmen* (*www.hoppenstedt-grossunternehmen.de*). Es erscheint jährlich aktualisiert im März in zwei Bänden und bietet Informationen auf über 4 000 Seiten. Auch eine CD-ROM ist erhältlich. Unabhängig von der Branche werden alle Betriebe mit mindestens 15 Millionen Euro Jahresumsatz und/oder mindestens 150 Beschäftigten aufgenommen, insgesamt 25 000 Unternehmen. Das Nachschlagewerk enthält beispielsweise Fakten über die Rechtsform, Entwicklung von Umsatz und Mitarbeiterzahl über die letzten Jahre sowie die Namen von Führungskräften. In Printform ist es allerdings – wegen der alphabetischen Aufteilung nach Firmensitz – etwas umständlich zu handhaben.

Der *Deutsche Maschinen- und Anlagenbau* erscheint jährlich im Hoppenstedt Verlag als Buch und als CD-ROM. Auf 700 Seiten werden ausführlich die Mitgliedsfirmen des VDMA (Verband Deutscher Maschinen- und Anlagenbau) und seiner Arbeitsgemeinschaften vorgestellt, insgesamt rund 7 000 Unternehmen.

Wer liefert was? Die Buchausgabe in acht Bänden bietet Informationen zu Produkten und Dienstleistungen von 184 000 internationalen Unternehmen. Auch als CD-ROM erhältlich oder kostenlos im Internet unter *www.wlw.de*.

Der Hoppenstedt Verlag gibt auch den *SEIBT Industriekatalog* (*www.industrie.seibt.com*) heraus. Dieser Klassiker der Industrienachschlagewerke erschient jährlich als Buch und CD-ROM und bietet auf 2 200 Seiten 44 000 Adressen aus dem Investitionsbereich.

Ebenfalls im Hoppenstedt Verlag erscheint *Verbände, Behörden, Organisationen der Wirtschaft Deutschland und Europa* als Buch oder CD-ROM mit 27 000 Einträgen.

Das *Verzeichnis der deutschen Stiftungen*, Hoppenstedt Verlag, porträtiert fast 8 000 Stiftungen. Erhältlich als Buch oder CD-ROM.

Der *Oeckl, Taschenbuch des öffentlichen Lebens*, vom Festland Verlag in Bonn ist das Standardwerk mit allen wichtigen Adressen. Es erschient jährlich in aktualisierter Ausgabe für Deutschland oder Europa.

Companies & Sectors (früher: *Handbuch der deutschen Aktiengesellschaften*) vom Hoppenstedt Verlag beschreibt in sieben Bänden die Top-Unternehmen in Deutschland, alle börsennotierten Gesellschaften, alle nichtnotierten Aktiengesellschaften mit mehr als 5 Millionen Euro Umsatz oder Bilanzsumme, alle publizierenden Firmen anderer Rechtsformen aus Handel, Industrie und Dienstleistung.

Das *Versicherungs-Jahrbuch*, Hoppenstedt Verlag, porträtiert über 500 Versicherungen, als Buch oder CD-ROM.

Das *Bankenjahrbuch*, Hoppenstedt Verlag, auch als CD-ROM, bietet umfangreiche Berichte über die größten am deutschen Markt tätigen Unternehmen der Kreditwirtschaft mit 1 300 Firmenprofilen.

Im *Who's Who* der internationalen Großkonzerne, erschienen im Heyne Verlag, werden die 100 größten Unternehmen der Welt aufgelistet.

Blick über die Grenzen

Österreich

Für Österreich gibt es ebenfalls eine Niederlassung des Verlags Hoppenstedt in Wien (*www.hoppenstedt.at*). *Große und mittelständische Unternehmen in Österreich*, erhältlich als CD-ROM, listet Informationen über die 14 000 größten Unternehmen in Österreich auf und wird jährlich überarbeitet.

Jährlich erscheint auch *Herold – der Firmenalmanach* als Buch oder CD-ROM, im

Internet unter *www.gelbeseiten.at*. Hier finden Sie fast alle Firmen Österreichs, übersichtlich gegliedert nach Namen und Branchen.

Auch der bereits erwähnte *Karriereführer 2002* von 3s – superior:skills:solutions enthält Informationen über größere Unternehmen und Organisationen in Österreich.

Schweiz

Das Schweizer Pendant zum Hoppenstedt Verlag ist der Kompass Verlag in Grosswiesen (*www.kompassonline.ch*). Dort erscheinen folgende Nachschlagewerke: *Kompass Schweiz Firmeninformationen*, auch als CD-ROM, mit mehr als 50 000 Unternehmen; *Kompass Produkte/Dienstleistungen* als Lieferantennachweis von über 25 000 Produkten und Dienstleistungen; *Kompass Kader*, auch als CD-ROM, über Führungskräfte; *Kompass Schweiz Branchenauszüge* in acht Bänden mit detaillierten Informationen aus allen Branchen.

Informationen über kleinere Unternehmen und Organisationen

Die Gelben Seiten (*www.gelbeseiten.de*) der DeTeMedien als regionale Buchausgaben oder als Deutschland-Version sind in bestimmten großen Postämtern einsehbar sowie als CD-ROM erhältlich und liefern Informationen über Firmen und Branchen.

Mittelständische Unternehmen (*www.hoppenstedt-mittelstaendischeunternehmen.de*) vom Hoppenstedt Verlag enthält in drei Bänden oder als CD-ROM Daten zu mehr als 55 000 Unternehmen des deutschen Mittelstands, weist aber weder Freiberufler noch Kleinunternehmer aus.

Eco-World 2002. Das alternative Branchenbuch (*www.eco-address.de*) von der ALTOP Verlags- und Vertriebsgesellschaft für umweltfreundliche Produkte in München ist ein umfassendes Nachschlagewerk mit 120 000 Adressen unter 120 Rubriken für Deutschland, Österreich und die Schweiz, auch als CD-ROM erhältlich.

Im Internet finden Sie über Suchmaschinen Informationen zu praktisch allen Branchen. Neben den *Gelben Seiten* können Sie auch die virtuellen Branchenbücher *www.yellowmap.de* oder *www.branchenbuch.com* versuchen. Speziell für die Schweiz gibt es *www.branchenbuch.com*.

Auch Messekataloge oder die Websites der Messeveranstalter sind hilfreich, um Namen und Adressen von Firmen zu recherchieren.

Informationen über Personen

Es gibt eine Vielzahl von Who's who. Da sie recht teuer sind, versuchen Sie es vielleicht in einer öffentlichen Bibliothek. Exemplarisch seien hier die folgenden Titel genannt: *Wer ist wer? – Das Deutsche Who's Who, Who's Who in Germany* oder *Who is Who in der Bundesrepublik Deutschland*.

Leitende Männer und Frauen in der Wirtschaft (*www.bizbook.de*), Hoppenstedt Verlag, erfasst über 56 000 Namen von Entscheidungsträgern in den Top-Etagen der deutschen Wirtschaft und Politik.

Blick über die Grenzen

Österreich

Über die Entscheidungsträger in österreichischen Firmen informiert *Wer leitet – Die Führungskräfte der österreichischen Wirtschaft* vom Hoppenstedt Verlag. Das Verzeichnis umfasst über 55 000 Manager, ist als Buch-CD-ROM erhältlich und wird jährlich aktualisiert.

Selbstständigkeit und Existenzgründung

Für den Fall, dass Sie sich selbstständig machen wollen, finden Sie hier eine Liste von Informationen über verschiedene Aspekte der Selbstständigkeit.

Im Internet finden Sie unter *www.gruenderlinx.de* und *www.gruenderstadt.de* umfassend kommentierte Link-Sammlungen zu Existenzgründung und Unternehmensführung. Selbstständige finden Beratungsangebote, Messetermine, Workshops, Kontaktforen und Porträts von erfolgreichen oder außergewöhnlichen Gründern.

Eine Adressenliste aller Technologie- und Gründerzentren erhalten sie beim *ADT – Arbeitsgemeinschaft Deutscher Technologie- und Gründerzentren e. V.* (*www.adt-online.de*).

Die *Bundesarbeitsgemeinschaft Alt hilft Jung* (*www.althilftjung.de*) ist eine Gruppe von Fachleuten, die aus dem Berufsleben ausgeschieden sind. Sie geben Starthilfe durch Beratung in kaufmännischen, finanziellen und organisatorischen Fragen. Die Hilfe ist ehrenamtlich – im Allgemeinen wird lediglich ein kleiner Unkostenbeitrag pro Beratung erhoben.

Adressen, Tipps und Informationen

Das *Bundesministerium für Wirtschaft und Technologie (www.bmwi.de)* hat zahlreiche Schriften herausgegeben, die man im Internet bestellen oder herunterladen kann. Auf der Website gibt es auch eine »Förderdatenbank« über die aktuellen Förderprogramme des Bundes, der Länder und der EU für die gewerbliche Wirtschaft.

Der *Bundesverband Junger Unternehmer der AUS e. V.* (BJU, *www.bju.de*) bietet ein Netzwerk für Existenzgründer mit Beratung, Vermittlung von Paten und anderem mehr. Dort können sich Interessierte auch für die Teilnahme an einer Gründerwerkstatt bewerben.

Die Initiative *Business Angel Netzwerk Deutschland* (BAND, *www.businessangels.de*) hat sich zum Ziel gesetzt, Existenzgründer mit Know-how und kapitalkräftigen Unternehmern zusammenzubringen. Informations- und Kontaktbörse ist das Internet. Über das *European Angels Network (www.eban.org)* finden Sie Links zu den Organisationen der europäischen Landesverbände.

CHANGE (www.change-online.de), die Internetplattform für Nachfolge und Existenzgründung, ist eine Gemeinschaftsinitiative des *Deutschen Industrie- und Handelskammertages (www.dihk.de)*, des *Zentralverbandes des Deutschen Handwerks (www.zdh.de)* und der *Deutschen Ausgleichsbank (www.dta.de)*. Das Netzwerk bringt mit seiner Datenbank Unternehmer mit Existenzgründern zusammen, die ihre Nachfolge antreten wollen.

Der bereits erwähnte *Deutsche Industrie- und Handelskammertag* (DIHK, *www.dihk.de)* ist die Spitzenorganisation der 82 Industrie- und Handelskammern. Dort finden Sie die Adresse Ihrer zuständigen IHK und können gegen Gebühr Informationsmaterial zu verschiedenen Themen anfordern.

Die ebenfalls oben erwähnte *Deutsche Ausgleichsbank* hat ein Gründerzentrum eingerichtet *(www.dta.de/dtaportal/Gruenderzentrum/)*. Dort finden Interessierte Infos zum Businessplan, Marketingkonzept, Finanzplan sowie Tipps und Adressen.

Unter *http://checkliste.de/unternehmen/existenzgruendung/* finden Sie zahlreiche Checklisten für Ihren Weg in die Selbstständigkeit.

Die *Kreditanstalt für Wiederaufbau* (KfW, *www.kfw.de*) informiert über Fördermittel und Anlaufstellen und bietet Servicetelefone zu verschiedenen Themen.

Das *Rationalisierungskuratorium der Deutschen Wirtschaft e. V.* (RKW, *www.rkw.de*) bietet eine internationale Kooperationsbörse an.

Blick über die Grenzen

Österreich

Für Österreich finden Sie hier Informationen:

Gründungsprogramm des Arbeitmarktservices (www.ams.or.at/sfa/txt513.htm)
Junge Wirtschaft, Wien (www.jungewirtschaftwien.at)
Young Enterprise Network (www.yen.at)
Smart Start (www.startsmart.at)

Franchising

Der *Deutsche Franchising Verband e. V.* (DFV, www.dfv-franchise.de) bietet umfangreiches Informationsmaterial für Franchisenehmer und -geber und stellt erfolgreiche Franchisenehmer in Porträts vor.

Das Magazin *Focus* (http://focus.de/D/DB/DBG/dbg.htm) hat auf seiner Website eine Datenbank mit allen 400 Verbandsmitgliedern des *Deutschen Franchise-Verbandes e. V.* zusammengestellt. Dort werden die Anbieter nach Fachgebiet, Adresse und Ansprechpartner aufgelistet.

Das *Franchising-Portal* (www.franchiseportal.de) hält umfassende Informationen zu Franchising sowie Tools, Know-how und Messekalender bereit. In der interaktiven Franchise-Datenbank finden Sie Auszüge aus der mit 4 500 Franchisegeber-Adressen und rund 900 Systembeschreibungen wohl umfangreichsten Franchise-Datenbank Europas.

Auch das *Franchise-Net* (www.franchise-net.de) hält eine Vielzahl von Nachrichten und Informationen für Existenzgründer bereit.

Der *Deutsche Franchise-Nehmer Verband e. V.* (DFNV, www.dfnv.de) ist die Interessenvertretung der Franchisenehmer in Deutschland.

Blick über die Grenzen

In Österreich finden Sie Informationen zu Franchising beim *Österreichischen Franchising-Verband* (www.franchise.at)

Telearbeit

OnForTe (www.onforte.de) ist die Abkürzung für Online Forum Telearbeit, die bundesweit erste arbeitnehmerorientierte Telearbeitsberatung. Hier finden Interessierte Tipps und Unterstützung, Best-Practice-Beispiele, Erklärungen zu den verschiedenen Organisations- und Beschäftigungsformen, Checklisten und vieles mehr. Für die persönliche Beratung gibt es ein kostenpflichtiges Call-Center.

Telewisa (www.telewisa.de) ist der gewerkschaftliche Service für Arbeitnehmerinnen und Arbeitnehmer, Angestellte, Teilzeitbeschäftigte, freie Mitarbeiter, Freelancer und Selbstständige, also alle, die Telearbeit leisten. Das »Forum Telearbeit« hält viele Informationen und Links zum Thema bereit.

Das *Bundesministerium für Arbeit und Sozialordnung* stellt für eine erste Orientierung viele Broschüren zu Telearbeit bereit. Diese können unter *www.bma.de/de/asp/broschueren/* heruntergeladen oder bestellt werden.

Blick über die Grenzen

Telearbeit.at (www.telearbeit.at) ist die österreichische Informationsplattform zum Thema Telearbeit. Ihr Ziel ist es, die Diskussion anzuregen und über Projekte, Initiativen, praktische Anwendungsbeispiele, Chancen und Risiken zu informieren.

Informationen für Erfinder

Für Erfinder ist das *Deutsche Patent- und Markenamt (www.dpma.de)* die erste Adresse. Dort gibt es Informationen für Einsteiger, Broschüren, Formulare und Merkblätter zum Herunterladen sowie weiterführende Links.

Die deutschen Patentinformationszentren (www.patentinformation.de) bieten auf ihren Seiten alles Wissenswerte über Patente, Gebrauchsmuster, Marken und Geschmacksmuster. Gut untergliedert finden sich dort Informationen zu allen Aspekten des Patentwesens, online einsehbar oder zum Herunterladen.

Das Bundesministerium für Bildung und Forschung hat den *bmbf Patentserver (www.patente.bmbf.de)* eingerichtet. Dort finden Sie Informationen zu Fördermaßnahmen für Erfindungen und Patente und können online nach einem Patentanwalt suchen.

Bücher über Selbstständigkeit

Jürgen Arnhold, *Existenzgründung – von der Idee zum Erfolg*, Max Schimmel Verlag, schildert umfassend die einzelnen Schritte der Gründungsphase. Das Buch enthält eine genaue Anleitung für die Erstellung eines schlüssigen Gründungskonzepts. Darüber hinaus bereitet es Existenzgründer auf Gespräche mit Beratern, Behörden, Kreditinstituten und Lieferanten vor und behandelt gründlich verschiedene Fragen rund um die spätere Organisation des Unternehmens, etwa zu Personal, Rechnungswesen und Recht.

Guido Baranowski und Uwe Heukeroth beschreiben in *Innovationszentren in Deutschland*, Weidler Buchverlag, detailliert die einzelnen Zentren, ihr Leistungsspektrum und ihr regionales Umfeld. Das Buch gibt auch Einblick in die Organisationsform des jeweiligen Innovationszentrums und dessen Gesellschafter. Es stellt die Unternehmen samt ihren Produktionslinien vor, die sich dort bereits niedergelassen haben.

Friedrich von Collrepp, *Handbuch Existenzgründung. Ein Ratgeber und Nachschlagewerk für die ersten Schritte in die dauerhaft erfolgreiche berufliche Zukunft*, Schäffer-Poeschel Verlag, mit CD-ROM, ein hilfreiches Handbuch zur Existenzgründung, ist Planungsgrundlage und Wegbegleiter zugleich. Es führt durch alle Planungsphasen, gibt Tipps für den Umgang mit Behörden, Banken und Versicherungen und hilft bei der Finanzplanung. Außerdem enthält es aktuelle Kontakt- und Beratungsadressen sowie eine Auflistung aller relevanten Förderprogramme. Auf der CD befinden sich 500 Adressen mit Musterformularen.

Carsten Rasner, Karsten Füser und Werner Faix, *Das Existenzgründer-Buch. Von der Geschäftsidee zum Geschäftsplan*, Verlag Moderne Industrie, zeigt die Marschroute in die erfolgreiche Selbstständigkeit. Von der Geschäftsidee bis zum perfekten Geschäftsplan bietet es in allen Phasen konkrete Hilfestellungen. Diese lassen sich mithilfe der beiliegenden Diskette sofort umsetzen.

Blick über die Grenzen

Aus dem Schweizer Beobachter-Verlag kommt eines der besten Bücher zum Thema: *Ich mache mich selbstständig. Von der Geschäftsidee zur erfolgreichen Firmengründung* von Norbert Winistörfer. Es beschreibt alle Schritte und zeigt auf, welche Hürden man dabei überwinden muss.

Jobsuche

Jobbörsen im Internet

Alle größeren Wirtschaftszeitungen führen mindestens einmal pro Jahr eine Umfrage durch oder geben eine Studie in Auftrag, in der Online-Jobbörsen getestet werden. Ein Ranking ist insofern schwierig, als es sich immer um eine Momentaufnahme handelt. Auch eine Hitliste nach bei der Jobbörse gespeicherten Profilen oder Stellenanzeigen sagt schließlich nichts darüber aus, wie viele Bewerber tatsächlich vermittelt werden.

Und Jobbörsen gibt es viele im deutschsprachigen Internet. Allein der Informationsdienst *Crosswater* (*www.crosswater-systems.com*) listet aktuell 481 Online-Jobbörsen in Deutschland auf. Komfortabel können Jobsuchende sich die Profile der einzelnen Börsen von A bis Z auflisten lassen oder gezielt zu den »Top 20« (gemessen an Angebot und Nachfrage) surfen. Ein weiterer Vorteil: Es sind auch Jobbörsen gelistet, die sich auf ein Teilsegment des Arbeitsmarktes spezialisiert haben, beispielsweise auf das Hotelfach oder Stellen im öffentlichen Dienst.

Jobdirectory.de (*www.jobdirectory.de*) hat es sich zur Aufgabe gemacht, »Licht in den Dschungel der Online-Rekrutierung« zu bringen. Auch hier findet sich eine Übersicht der deutschsprachigen Online-Jobbörsen. Mithilfe der Suchfunktion können Interessierte bequem die Jobbörsen eines bestimmten Marktsegments durchsuchen, etwa IT-Jobbörsen oder Jobbörsen zum Bereich Werbung und Medien. Als Service hat *Jobdirectory.de* eine Linkliste zu 1 000 Firmen zusammengestellt, die man alphabetisch oder nach Branche sortiert durchsuchen kann.

Gemessen an der Besucherzahl lag laut NetValue im Januar 2002 die Website des *Arbeitsamtes* (*www.arbeitsamt.de*) unter den Top-Domänen im Sektor Arbeitsmarkt an erster Stelle. Fast eine Million Nutzer besuchten die Website. Das sagt jedoch noch nichts darüber aus, wie viele dort auch einen Job gefunden haben und wie viele Arbeitgeber auf die Website gingen. Über die Dienste »Stellen-Informationssystem« (SIS), »Ausbildungs-Informationsservice« (ASIS) und »Arbeitgeber-Informations-Service« (AIS) standen im Januar 320 000 Stellenangebote und über 1,7 Millionen Bewerberprofile zur Verfügung.

An zweiter Stelle lag *Jobpilot* (*www.jobpilot.de*), »Europas Karrieremarkt im Internet«. Die Jobbörse ist außer in Deutschland auch in 13 weiteren europäischen Ländern vertreten, so auch in Österreich (*www.jobpilot.at*) und der Schweiz (*www.jobpilot.ch*). Jobsuchende können dort ihr Profil eingeben. Eine Matching-Software gleicht dann das Profil mit gelisteten offenen Stellen ab und benachrichtigt den Nutzer per E-Mail.

An nächster Stelle kommt das Karriereportal *Stepstone* (*www.stepstone.de*), das außer in Deutschland in elf weiteren europäischen Ländern vertreten ist, auch in Österreich (*www.stepstone.at*) und der Schweiz (*www.stepstone.ch*). Das Prinzip ist bei allen großen Jobbörsen ähnlich. Auch hier geben Bewerber ihr Profil ein und lassen sich Jobangebote per E-Mail zusenden.

Die Dritte im Bunde der meistbesuchten privaten Jobbörsen ist *Monster* (*www.monster.de*), in der Schweiz unter *www.monster.ch*. Diese Jobbörse, die sich selbst als »das weltweit größte Karriere-Netzwerk« bezeichnet, bietet über eine Million Jobs weltweit an. Im Übrigen unterschiedet sie sich kaum von den bereits Genannten.

Wer nach einem Job bei einem großen Unternehmen sucht, ist gut beraten, einen etablierten Anbieter – beispielsweise einen der oben genannten – aufzusuchen, da die Firmen oftmals Rahmenverträge mit diesen Jobbörsen abgeschlossen haben. Das heißt, sie melden oder inserieren dort ihre offenen Stellen. Zu den größten Jobbörsen zählt auch *www.worldwidejobs.de*, die Jobbörse, die nach dem Angebot des Arbeitsamtes mit den meisten offenen Stellen aufwarten kann.

Versum (*www.jobversum.de*) geht einen etwas anderen Weg. Es handelt sich hierbei um den Stellenanzeigenmarkt führender Tageszeitungen im Internet.

Ganz bequem geht die Arbeitssuche mit dem »Virtuellen Jobagenten«: Sie werden per E-Mail benachrichtigt, wenn ein Jobangebot für Sie vorliegt. Zu den Jobbörsen, die diesen Service anbieten, gehören die oben bereits genannten wie *www.jobpilot.de*, *www.monster.de* und *www.stepstone.de*, aber auch *www.jobs.de*, *www.jobscout24.de* (in Österreich unter *www.jobscout24.at*, in der Schweiz unter *www.jobscout24.ch*), *www.jobware.de*, *www.mamas.de* und *www.stellenanzeigen.de*.

Neben diesen allgemeinen Jobbörsen konzentrieren sich einige auf genau definierte Zielgruppen. Der Vorteil liegt für Bewerber und Unternehmen auf der Hand: Stellen können schneller besetzt werden, und das Angebotsspektrum ist größer. *JobUniverse.de* (*www.jobuniverse.de*), der Online-Stellenmarkt der Zeitschrift *Computerwoche*, konzentriert sich auf die Stellenvermittlung im IT-Bereich, in der Telekommunikation und im E-Business.

Genau den umgekehrten Ansatz verfolgen so genannte JobRobots. Bei diesen Angeboten wird auf einen Mausklick eine Vielzahl von Jobbörsen durchforstet, um den passenden Job für den jeweiligen Bewerber aufzuspüren.

Der Klassiker dieser Job-Suchmaschinen ist das Angebot der *Zeit* (*www.jobs.zeit.de*).

Täglich durchsucht sie rund 850 Angebote von Stellenmärkten, Universitäten und Firmen im Internet.

Auch *C.E.S.A.R.* (*www.cesar.de*) gehört zu den JobRobots der ersten Stunde. Mit einer Suchanfrage überprüft er 25 der größten Stellenmärkte im deutschsprachigen Raum des Internets nach Stellenangeboten – inklusive der Angebote des Arbeitsamtes.

Das Service-Portal *Evita* der Deutschen Post hat mit dem Bereich *Jobworld* (*www.evita.de/jobworld/*) eine Meta-Suche ins Leben gerufen, die gleichzeitig 26 Jobbörsen sowie die Angebote von derzeit elf Unternehmen durchsucht.

Jobrobot (*www.jobrobot.de*) ist besonders fleißig: 214 Jobbörsen durchkämmt die Suchmaschine. Zunächst wählt der Bewerber aus dem Jobkatalog einen Bereich aus, der ihn interessiert. Dann noch ein paar Häkchen, und die Suche geht los.

Blick über die Grenzen

Österreich

Neben den oben genannten Jobbörsen sind für Österreich noch die folgenden interessant: *Jobsearch* (*www.jobsearch.at*) bietet Links zu über 120 österreichischen Stellenanzeigen, vorwiegend aus dem IT-, Telekommunikations- und High-Tech-Bereich.

Jobfinder.at (*www.jobfinder.at*) bietet Stellenangebote, Bewerbungsmöglichkeiten und aktuelle Beiträge.

Jobnews.at (*www.jobnews.at*) ist die Jobbörse österreichischer Personalberater.

Career, the Management Site (*www.career.at*) wirbt mit dem Slogan »Das Portal für Führungskräfte und High Potentials«. Im Firmenteil finden sich über 15 000 Jobangebote, nach Branchen gegliedert.

Schweiz

Die großen Jobbörsen haben, wie oben erwähnt, auch eine Schweizer »Filiale.« Darüber hinaus lohnen folgende einen Besuch:

Topjobs.ch (*www.topjobs.ch*)
Jobs.ch (*www.jobs.ch*)
Jobwinner.ch (*www.jobwinner.ch*)
Jobclick (*www.jobclick.ch*)
JobWorld (*www.jobworld.ch*)

Bewerbungshilfen

Auch über die Stellensuche hinaus bietet das Internet für nahezu alle Bereiche der Jobsuche Hilfestellung. Auch die Jobbörsen verstehen sich eher als Karriere-Portale denn als reine Stellenvermittlung. Die meisten bieten Hilfestellung zum Verfassen des Lebenslaufes sowie Karrieretests und Tipps zur Karriereplanung.

Es gibt jedoch auch Angebote, die sich auf die Bewerbungshilfe spezialisiert haben.

»Alles, was Bewerber brauchen: ein bisschen Glück und *jova-nova.com*« (*www.jova-nova.com*) – so wirbt Gerhard Winkler für seine Website. Interessierte finden dort ein ganzes Online-Buch zum Thema Bewerbung, Arbeitsblätter zur Selbstanalyse, Hilfestellung für die Erstellung einer Bewerbungsmappe und vieles mehr.

Es gibt sogar Websites, die gegen Gebühr Musterbewerbungen zum Herunterladen anbieten, so etwa das *Berufszentrum-Online* (*www.berufszentrum.de*), oder bei der Formulierung des Lebenslaufes unter die Arme greifen wie *PersonalMarkt* (*www.personalmarkt.de*).

Bücher zum Thema Onlinebewerbung

Traumjob. Internet-Suche und -Bewerbung, Naumann u. Göbel Verlag. Das Buch stellt übersichtlich den Stellenmarkt im Internet mit seinen Vor- und Nachteilen vor. Für Internetanfänger interessant ist die Einführung zu Hard- und Software-Voraussetzungen, Einrichten eines E-Mail-Accounts und Benutzung des Internets.

Das Autorenduo Christian Püttjer & Uwe Schnierda gibt in *Die gelungene Online-Bewerbung. Vom ersten Kontakt zum Vorstellungsgespräch*, Campus Verlag. Tipps, wie Sie das Internet für Ihre Bewerbung nutzen können, und macht Sie mit vielen Übungen und Praxisbeispielen fit für den Online-Stellenmarkt.

Svenja Hofert beschreibt in *Online Bewerben. Wie Sie sich erfolgreich über das Internet präsentieren*, Eichborn Verlag, 2001, knapp und übersichtlich, was Sie für Ihre Online-Bewerbung wissen müssen. Dabei legt sie den Schwerpunkt auf die E-Mail-Bewerbung. Auch für Internetanfänger geeignet.

Bücher zum Thema schriftliche Bewerbung, Vorstellungsgespräch und sonstige Auswahlverfahren

Es gibt eine Vielzahl von Büchern zum Thema Bewerbung. Stöbern Sie doch einmal in Buchhandlungen – Sie werden überrascht sein. Hier folgen einige Titel, die sich mit unterschiedlichen Aspekten des Themas Bewerbung beschäftigen:

Christian Püttjer & Uwe Schnierda: *Überzeugen mit Anschreiben und Lebenslauf. Die optimale Bewerbungsmappe für Um- und Aufsteiger*, Campus Verlag. Darin erfahren Sie sehr ausführlich und in anschaulicher Darstellung, wie Sie sich optimal präsentieren, wenn Sie schriftliche Unterlagen benötigen. Die beiden Autoren haben auch zahlreiche weitere Bücher zum Thema Bewerbung, Vorstellungsgespräch und Gehaltsverhandlung geschrieben.

Hans Bürkle: *Aktive Karrierestrategie. Erfolgsmanagement in eigener Sache*, Gabler-Verlag. Dieser Klassiker richtet sich vor allem an Führungskräfte aus der Wirtschaft. Das Buch beschreibt im Kontext der Gesamtproblematik verschiedene Bewerbungstaktiken, die auf die jeweilige Situation abgestimmt sind. Es gibt auch konkrete Beispiele für Aufbau und Gestaltungsmöglichkeiten schriftlicher Unterlagen und bietet allgemeine Informationen zum Thema Karriere, vom Karriereknick über die innerbetriebliche Karriere bis zur Karriere durch Positionswechsel.

Doris und Frank Brenner, Birgit Giesen: *Individuell bewerben – Karrierestart für den Führungsnachwuchs*, Staufenbiel Institut für Studien- und Berufsplanung, Köln. Neben Aufbau und Inhalt der schriftlichen Bewerbung werden Varianten und aktuelle Alternativen (zum Beispiel Kurz-, Initiativ-, Telefonbewerbung und Bewerbung über neue Medien) dargestellt. Diese regelmäßig aktualisierte Reihe gibt einen Einblick in die Themen Bewerbung und Assessment-Center.

Markus Vorbeck: *Die Job-Strategie. Ideen für Berufseinsteiger, High Potentials und Jung-Manager*, Econ Verlag. Hier finden Sie viele Anregungen zu verschiedenen Auswahlinstrumenten, die sachlich aus Arbeitgebersicht erklärt werden. Auch weitere Aspekte der Karriereplanung werden behandelt.

Martin John Yate: *Das erfolgreiche Bewerbungsgespräch*, Campus Verlag. Ein äußerst empfehlenswerter Klassiker zum Thema Vorstellungsgespräch.

Gehaltsrecherche

Wenn Sie die erste Hürde genommen haben, müssen Sie sich überlegen, wie hoch Sie bei der Gehaltsverhandlung pokern möchten. Bei *Gehaltscheck.de* (*www.gehalt-*

scheck.de) haben Sie die Möglichkeit, Ihren aktuellen Marktwert zu prüfen. Auf der Basis von rund 45 000 Gehaltsprofilen erfahren Sie hier kostenlos und anonym, ob Ihr neuer Arbeitgeber Sie über den Tisch ziehen will.

Kostenlos ist auch der Service von *Evita* (*http://www.evita.de/artikel/ 0,3109, 1841,00.html*). Unter dem Motto »Was verdient Ihr Nachbar?« hat *Evita* 400 Durchschnittsgehälter aufgelistet – von A wie Abfalltechniker bis Z wie Zimmermann.

Das Magazin *Focus* (*http://focus.de/D/DB/DB28/db28.htm*) bietet verschiedene Tabellen auf Basis der Daten des geva-Instituts in München: »Was einzelne Branchen zahlen«, »Vergütung nach Ausbildungsabschluss«, »Womit Jungakademiker einsteigen« oder »Wie das Gehalt mit dem Alter steigt«. Ergänzt wird das Angebot durch einen kostenpflichtigen Gehaltscheck, den das geva-Institut auswertet.

Kostenpflichtig ist auch der Service von *PersonalMarkt* (*www.gehaltsanalyse.de*). Auf Grundlage von über 250 000 Datensätzen bekommen Sie hier eine persönliche zwölfseitige Gehaltsanalyse erstellt.

Blick über die Grenzen

Österreich

Informationen zu Gehältern in Österreich finden Sie beim *Gehaltsmonitor Österreich* (*www.gehalt.at*) oder bei *Lohn Online* (*www.lohnonline.at*).

Schweiz

Das Schweizer Wirtschaftsmagazin *Bilanz* (*www.bilanz.ch*) bietet in der Rubrik »Job & Karriere« einen Gehaltstest, der sämtliche Kriterien berücksichtigt: Größe des Unternehmens, Ebene des Verantwortungsbereichs, Region und Branche/Fachbereich.

Eine andere Möglichkeit bietet das Schweizer Magazin *Facts* (*www.facts.ch*). Über das Archiv findet man mithilfe des Suchbegriffs »Lohnumfrage« auf neun Seiten einen guten Überblick über die Gehaltsstrukturen einzelner Regionen und Branchen unter Berücksichtigung des Alters.

Die *Arbeitsgemeinschaft Schweizerischer Budgetberatungsstellen* (*www.asb-budget.ch*) bietet auf ihrer Website einen besonderen Service: Nach Eingabe des Einkommens erhält man eine Aufstellung darüber, welche Ausgaben man sich leisten kann, und bekommt so einen Überblick über die Lebenshaltungskosten.

Weitere empfehlenswerte Bücher

Peter Baumgartner: *Lebensunternehmer. Ein Lernpfad für Sinn-Sucher und Orientierungsläufer auf dem Arbeitsmarkt*, Berufswahlpraxis Schmid & Barmettler, Bülach. Peter Baumgartner beschreibt hier in einer optisch sehr ansprechenden Form den Workshop von Richard Bolles, an dem er erstmals 1994 teilnahm.

Wir möchten an dieser Stelle auch darauf hinweisen, dass Daniel Porot, der über 20 Jahre lang eng mit Richard Bolles zusammengearbeitet hat, eine Anzahl von fantastischen Büchern geschrieben und verlegt hat, die bisher leider nicht auf Deutsch erschienen sind.

Ein weiteres Buch von Richard Nelson Bolles, das der Campus Verlag herausgebracht hat, ist: *Durchstarten zum Traumjob – Das Workbook*. Sie finden darin eine ausführlichere »Blume« mit einer genauen Anleitung, wie Sie diese schrittweise für sich entwickeln, dazu ein Poster, in das Sie anschließend Ihr persönliches Ergebnis eintragen können. Das Buch ist auch eine gute Ergänzung zu diesem.

Barbara Sher: *Wishcraft. Vom Wunschtraum zum erfüllten Leben*, Universitas Verlag. Diese deutsche Ausgabe des amerikanischen Klassikers aus dem Jahre 1979 in der Übersetzung von Gudrun Schwarzer ist eine gute Ergänzung zu *Durchstarten zum Traumjob*. Sie finden darin eine praktische Anleitung, um Ihre Lebens- und Berufsträume herauszufinden. Von Barbara Sher stammt auch die Idee der Erfolgsteams, die im zweiten Teil des Buches beschrieben wird.

Anmerkungen

1. Was ist Ihr Ziel?

1 Die durchschnittliche Verweildauer in Beschäftigungsverhältnissen ist rückläufig. 31 Prozent aller Beschäftigungsverhältnisse dauern nur bis zu zwei Jahre (Quelle: Emnid Umfrage im Auftrag der Job- und Bewerberbörse Jobware vom 5. September 2001).
2 *Wirtschaftswoche*, Nr. 32, 2. August 2001.
3 Quelle: The Gallup Organization, Pressemeldung vom 24.09.2001.
4 Quelle: Statistisches Bundesamt Deutschland.

2. Die Turbo-Jobsuche

1 Quelle: Euro.net Welle 8, NFO InCom, 2001, zitiert nach: *Monitoring Informationswirtschaft*, 3. Faktenbericht 2001 im Auftrag des Bundesministeriums für Wirtschaft und Technologie. Eine Sekundärstudie von NFO Infratest, August 2001, S. 177.
2 Quelle: Euro.net Welle 8, NFO InCom, 2001, zitiert nach: *Monitoring Informationswirtschaft*, 3. Faktenbericht 2001, Band 1, im Auftrag des Bundesministeriums für Wirtschaft und Technologie. Eine Sekundärstudie von NFO Infratest. August 2001, S. 198.
3 Quelle: Jupiter Media Metrix, April 2001, zitiert nach: *Monitoring Informationswirtschaft*, August 2001, S. 202.
4 Quelle: GfK Online-Monitor, Welle 7, 2001. Zitiert nach: *Monitoring Informationswirtschaft*, August 2001, S. 213.
5 Quelle: NetValue, Februar 2002.
6 Quelle: GfK Online-Monitor, Welle 7, 2001, zitiert nach *Monitoring Informationswirtschaft*, 3. Faktenbericht 2001, Band 1, im Auftrag des Bundesmi-

nisteriums für Wirtschaft und Technologie. Eine Sekundärstudie von NFO Infratest, August 2001, S. 213.
7 Quelle: Net Value Deutschland GmbH, Februar 2002.
8 Quelle: Dr. Jäger Medienservice & Consulting GmbH: *Online-Personalbeschaffung (E-Cruiting)*, Königstein, Dezember 2001. Dies.: *Bewerberverhalten im Internet*, Dezember 2001. Mit freundlicher Genehmigung von Frau Dr. Martina Jäger.
9 Nach wie vor sind Bewerbungen per E-mail in Deutschland eher selten: Bei einer Untersuchung der Robert Half Personalberatung erhielten 72 Prozent der befragten Unternehmen höchstens 10 Prozent der Bewerbungen per E-mail. Auch das Image der elektronischen Bewerbungen war eher negativ. (*Handelsblatt* vom 3./4. August 2001)
10 Quelle: Dr. Jäger Medien-Service & Consulting GmbH: *E-Cruiting*, Dezember 2001. Eine Übersicht über Jobbörsen mit diesen virtuellen Jobagenten finden Sie in Anhang B.
11 Ich scheue mich ein wenig, in einer gedruckten Publikation einzelne Webseiten zu empfehlen. Wie die Jobexpertin Mary Ellen Mort einmal bemerkte: Das Internet katalogisieren zu wollen ist so, als wolle man eine Lawine dokumentieren. Heutzutage sollte eigentlich jeglicher Bezug auf eine Website, jede Beschreibung, jede Nennung einer url sozusagen mit einem Warnhinweis einhergehen: »wird ständig verändert/kann jederzeit plötzlich verschwinden«. Internetseiten werden zusammengelegt, verkauft, aufgegeben, verschwinden im Handumdrehen – von der Lebensdauer eines Buches gar nicht zu reden. Die *Computerwoche* 5/2002 berichtet, gerade jetzt beginne bei den Jobportalen der Kampf ums Überleben ...

3. Was tun, wenn es so nicht funktioniert?

1 Mein eigener fachlicher Hintergrund liegt nicht nur in den Themen Beruf und Beratung, sondern auch in Physik (Harvard) und Verfahrenstechnik (am Massachusetts Institute of Technology). Als »Techniker« hege ich immer die Hoffnung, dass die Technologie auch so funktioniert, wie sie angepriesen wird, und berichte nur ungern, dass das nicht der Fall ist.
2 Diese Angaben gelten überwiegend für Deutschland, wobei wir davon ausgehen, dass die Verhältnisse in Österreich und der Schweiz sehr ähnlich sind. Wenn wir zu bestimmten Aussagen keine Statistiken für den deutschsprachigen Raum gefunden haben, nennen wir die amerikanischen Zahlen. Ohnehin stellt sich mitunter die Frage, wen unter den Beteiligten derart niederschmet-

ternde Zahlen interessieren. Aber da die USA in der Regel Vorreiter in weltweiten Trends sind, ist anzunehmen, dass die Entwicklung in den deutschsprachigen Ländern ähnlich verlaufen wird.

3 Die Studie mit dem Titel *The Career Networks* wurde von Forrester Research im Frühjahr 2000 herausgegeben.
4 Quelle: »Karriere sichern« von C. Schlesinger in *Capital*, 27. Dezember 2001.
5 Quelle: Dr. Jäger Medien-Service & Consulting GmbH: *Online-Personalbeschaffung (E-Cruiting) 2001*, Königstein, Dezember 2001.
6 Dieses Ergebnis wurde in *WEDDLE's* vom 1. August 2000 berichtet.
7 Quelle: »Unsichere Zukunft« von Bärbel Schwertfeger, *Handelsblatt*, 22./23. März 2002.
8 Quelle: Creative Good, zitiert in *WEDDLE's*, 15. Februar 2000.
9 *Computerwoche* 5/2002.
10 Quelle: Studie von Frickenschmidt/Görgülü/Jäger: »Human Resources im Internet 2001«, zit. nach *Handelsblatt*, 19. Oktober 2001.
11 Quelle: Hans Königes in *Computerwoche* 5/2002.
12 Ina Honicke: »Zu viele Bewerber, zu wenig Arbeitgeber«, *Computerwoche* 5/2002.
13 Sicher wird Ihnen diese Liste ein wenig kurios erscheinen, wenn Sie dies hier lesen. Suchmaschinen entstehen, fusionieren und sterben in alarmierend hoher Anzahl.
14 Quelle: Nielsen/NetRatings, zitiert nach *WEDDLE's*, Juli 2000.
15 Quelle: Dr. Jäger Medien-Service & Consulting GmbH: *Bewerberverhalten im Internet*. Königstein, Dezember 2001.
16 Ich wurde erstmals darauf aufmerksam, als unsere Tageszeitung auf der Titelseite über einen Arbeitslosen berichtete, der sich eine Plastiktüte über den Kopf gezogen hatte und einen Abschiedsbrief hinterließ, in dem er schrieb: »Auch ein Genie findet keinen Job.« (Er war Mitglied der Hochbegabten-Vereinigung »Mensa«.)
17 Quelle: Mitteilung des Statistischen Bundesamtes vom 3. Mai 2002 aufgrund des Mikrozensus 2001.
18 Diese Studie wurde damals in Erie, Pennsylvania von A. Harvey Belitzsky und Harold L. Sheppard durchgeführt. Sie wurde unter dem Titel *The Job Hunt: Job-Seeking Behavior of Unemployed Workers in a Local Economy* herausgegeben, ist aber nicht mehr erhältlich. Für Deutschland liegt keine vergleichbare Studie vor. Wenn Sie wissen wollen, warum diese und ähnliche Untersuchungen, die hier zitiert werden, so alt sind und warum sie nicht aktualisiert wurden – der Grund ist folgender: Forscher haben herausgefunden, dass die Jobsuche eigentlich über die Jahrzehnte hinweg immer gleich verläuft. Die grundlegenden Aspekte ändern sich kaum, nur der äußere Rahmen (beispiels-

weise das Internet). Vor 30 Jahren fanden 5 Prozent aller Jobsuchenden mithilfe einer Personalvermittlungsagentur eine Stelle; die gleiche Zahl trifft auch heute noch zu.
19 Steven M. Bortnick und Michelle Harrison Ports: »Job search methods and results: tracking the unemployed, 1991«, zitiert nach: *Monthly Labor Review*, Dezember 1992, S. 33.
20 Quelle: Institut für Arbeitsmarkt- und Berufsforschung (IAB), Nürnberg.
21 Steven M. Bortnick und Michelle Harrison Ports: »Job search methods and results: tracking the unemployed, 1991«, zitiert nach *Monthly Labor Reviews*, Dezember 1992, S. 33.
22 Ich spreche hier von individuellen Jobsuchstrategien. Gruppenstrategien wie das Konzept der »Jobclubs« von Nathan Azrin, Chuck Hoffmanns Self-Directed Job-Search oder das Group Search Program von Dean Curtis haben Erfolgsquoten in der Größenordnung von 84 Prozent erreicht. Sie setzten vor allem auf telefonische Kontaktaufnahme zu Arbeitgebern.

4. Wie Arbeitgeber nach Arbeitnehmern suchen

1 Quelle: Diese Webseiten selbst (hier anonymisiert), die Peter Weddle als Erster auf seiner Website des *National Business Employment Weekly* veröffentlichte (übrigens nicht mehr existent). Abbildung mit freundlicher Genehmigung von Nbew.com, © 1998. Leider haben wir für den deutschsprachigen Raum keine entsprechende Statistik gefunden, aber die Verhältnisse dürften ähnlich sein.
2 In der Studie der Dr. Jäger Medien-Service & Consulting GmbH: *Online-Personalbeschaffung (E-Cruiting)* vom Dezember 2001 sehen 40 Prozent der befragten Unternehmen die eigene Homepage und die externen Jobbörsen als gleichwertige Rekrutierungsmöglichkeit an. 35 Prozent ziehen die externen Jobbörsen vor, und nur ein Viertel der Unternehmen setzt hauptsächlich auf die eigene Homepage. Kleinere und mittelständische Unternehmen betrachten die externen Jobbörsen als bessere Rekrutierungsmöglichkeit (59 Prozent).
3 Diesen Hinweis verdanke ich Debra Angel, die mir gestattet hat, ihn hier zu verwenden.

5. Dreiundzwanzig Tipps für die erfolgreiche Jobsuche

1 Quelle: *IAB Kurzbericht* Nr. 2/2002.

2 Leider haben wir hierzu für den deutschsprachigen Raum keine genauen Angaben gefunden. Die zitierte amerikanische Studie beruht auf Angaben des US Census Bureau und wird in »Job Search Assistance Programs: Implications for the School« erwähnt, dessen Autor der inzwischen verstorbene Robert G. Wegmann war. Sie erschien erstmals in *Phi Delta Kappa*, Dezember 1979, S. 271 ff. Die Zahlen sind noch heute gültig und dürften auch für den deutschsprachigen Raum in etwa zutreffen. Eher sind die Werte durch den Einfluss des Internets (mit seiner Turbogeschwindigkeit) sogar noch gesunken.
3 Quelle: *IAB-Kurzbericht* Nr. 1/2002.
4 Natürlich gibt es auch Verzögerungen, auf die man als Bewerber keinen Einfluss hat – zum Beispiel wenn ein bestimmtes Gremium lange braucht, um die Termine für die nächste Auswahlrunde für eine interessante Stelle anzusetzen (oft werden Sie zu zwei oder drei weiteren Gesprächen eingeladen, ehe die endgültige Entscheidung fällt). Aber das ändert nichts an der Grundaussage unseres Beispiels.
5 Wenn Sie bei größeren Unternehmen anklopfen, sind Sie gut beraten, die Personalabteilung zu meiden. Sie ist oft hauptsächlich dafür zuständig, den übrigen Abteilungen Bewerber vom Hals zu halten. Es gibt natürlich Ausnahmefälle, in denen die Personalabteilung hilfsbereit, freundlich und auch für Einstellungen zuständig ist. Aber das ist Glückssache. (Mit so einer Abteilung werden Sie es ohnehin nur zu tun bekommen, wenn Sie bei größeren Unternehmen vorsprechen, denn nur 15 Prozent aller Betriebe – hauptsächlich die großen – verfügen überhaupt über derartige Abteilungen.)
6 Quelle: *Handelsblatt*, 17./18.08.2001.

6. Die Kunst der Existenzgründung

1 Das Gedicht heißt im Original »The Road Not Taken«. Die hier abgedruckte Übersetzung von Paul Celan entstammt aus Robert Frost: *Gedichte*, herausgegeben von Eva Hesse. Ebenhausen bei München: Langewiesche-Brandt. Offensichtlich entstammte der Titel »The Road Less Travelled« von Scott Pecks modernem Klassiker aus diesem Gedicht.
2 Quelle: Studie des Familienministeriums und des Bayerischen Staatsministeriums für Arbeit und Sozialordnung, zitiert nach *Computerwoche* 7/2002.
3 Quelle: »Telechance« von Gabriele Winkler, zitiert nach *Freundin job @ business* 1/2002.
4 Heiner Schlüter: *Die Zufriedenheit von Franchisenehmern*, Internationales Centrum für Franchising und Cooperation, Mai 2000).

5 Es gibt Schätzungen zwischen 2,5 Millionen (Sylvia Englert in der *Süddeutschen Zeitung* vom 21./22. Juli 2001) und 4 Millionen (ein Vorstandsmitglied des Verbandes).
6 Ich hatte selbst einmal einen Übergangsjob, bei dem ich Gras mähen, Fußgängerwege asphaltieren und Schutzwälle bauen musste. Das war eine der lehrreichsten Erfahrungen meines Lebens. Und im Übrigen brachte es mir genau die Summe ein, die ich gerade dringend benötigte.
7 Diese Idee verdanke ich einer meiner Leserinnen, Tatyana Pshevlozky.
8 Das sind Arbeitnehmer, die gern einen Vollzeitjob hätten, aber keinen finden und stattdessen vorläufig einen Teilzeitjob annehmen.

7. Das Geheimnis, Ihren Traumjob zu entdecken

1 Ein von Dick Bolles hoch geschätztes Buch, das Ihnen bei der Suche nach Ihren Träumen helfen kann, ist endlich auch auf Deutsch erschienen. Es stammt von Barbara Sher und trägt in der deutschsprachigen Bearbeitung von Gudrun Schwarzer ebenso wie im Original den Titel *Wishcraft*, Universitas Verlag, Tübingen, 2001.
2 Das setzt natürlich voraus, dass Sie von Ihrem derzeitigen in den ausgewählten Beruf wechseln können, ohne allzu viel Zeit auf die »Umschulung« verwenden zu müssen.

9. Folgen Sie Ihrem Herzen

1 Zitiert nach H. Jackson Brown Jr.: *When You Lick a Slug, Your Tongue Goes Numb: Kids Share Their Wit and Wisdom*. Rutledge Hill Press, Nashville, Tennessee, 1994. Abdruck mit spezieller Genehmigung.
2 Diese Vorschläge verdanke ich Chuck Young, dem ehemaligen Leiter der Oregon Commission for the Blind, und Martin Kimeldorf, der als Berufsberater und Autor tätig ist.
3 Eine ausführliche Blume mit einem dazugehörenden Poster finden Sie auch in *Durchstarten zum Traumjob – Das Workbook*, das ebenfalls beim Campus Verlag erschienen ist.
4 Wenn es keinen Psychiater an einer akademischen Einrichtung in seiner Nähe gäbe, müsste er seine Recherche bei niedergelassenen Psychiatern durchführen – ihre Namen stehen in den *Gelben Seiten* – und sie um eine halbe Sitzung bitten, für die er notfalls auch bezahlen würde.

5 Wenn Sie Ihr Territorium nicht verkleinern – weil Sie der Ansicht sind, dass Sie überall glücklich sein können, wenn Sie nur Ihre Lieblingsfähigkeiten zum Einsatz bringen können – , dann scheidet praktisch kein Unternehmen im ganzen Land aus. Hierzulande gibt es eine Unmenge großer, mittelständischer und kleinerer potenzieller Arbeitgeber. Wenn Sie also nicht bereit sind, Ihr Territorium einzugrenzen, werden Sie *alle* aufsuchen müssen. Viel Glück, wir sehen uns in 43 Jahren wieder.

6 *Handelsblatt,* 17./18. August 2001.

7 Daniel Porot hat sein System in dem Buch *La PIE* zusammengefasst, das leider bisher nicht auf Deutsch erschienen ist – ein fantastisches Buch, das ich wärmstens empfehlen kann.

8 Ein nettes »Ach, Sie müssen schon gehen?« sollte so aufgefasst werden, wie es gemeint ist: als Höflichkeitsfloskel. Ihre Antwort sollte lauten:»Ja, ich habe versprochen, nur zehn Minuten Ihrer Zeit in Anspruch zu nehmen, und ich möchte mein Wort halten.« Das hinterlässt fast immer einen sehr guten Eindruck.

10. Hindernisse überwinden

1 Quelle: *IWD* – Informationsdienst des Instituts der deutschen Wirtschaft, 19. Januar 2001, Nr. 3, Jg. 27.

11. 10 Tipps zum Vorstellungsgespräch für Schlauberger

1 Diese Studie wurde durch einen Forscher am MIT (Massachusetts Institute of Technology) durchgeführt, dessen Name im Dickicht der Zeit verloren ging.

2 Diese wurde von meinem Freund und Kollegen Daniel Porot aus Genf durchgeführt.

3 Zitiert in *Financial Times Career Guide 1989 for the United Kingdom.* Ähnlich negative Befunde zur Qualität und Validität des Vorstellungsgesprächs gibt es auch für den deutschsprachigen Raum.

4 Dass jemand niemals gelernt hat, ein systematisches Vorstellungsgespräch zu führen, merken Sie daran, dass er hypothetische Fragen stellt:»Was täten Sie, wenn....«, oder spätestens bei der unsinnigsten aller Fragen überhaupt:»Was sind Ihre Stärken und Schwächen?« Die wenigsten Interviewer wissen allerdings, dass sie sich damit selbst entlarven. Profis, die wirklich etwas von

Interviewtechniken verstehen, erkennen Sie daran, dass sie konkrete, verhaltensorientierte Fragen stellen, die auf die Vergangenheit zielen.
5 Quelle: »Als Bewerbungsbestandteil verlieren Arbeitszeugnisse an Bedeutung«, von Doris Brenner in der *FAZ* vom 12. Januar 2002.
6 Weitere Fragen, mit denen Sie Näheres zu den oben genannten fünf Punkten herausfinden können:
- Welche entscheidenden Veränderungen hat das Unternehmen in den vergangen fünf Jahren durchlaufen?
- Welche Werte werden in diesem Unternehmen vertreten?
- Wodurch zeichnet sich der erfolgreichste Mitarbeiter dieses Unternehmens aus?
- Wie wird sich die Arbeit hier aus Ihrer Sicht in Zukunft entwickeln?
- Wen betrachten Sie in dieser Branche als Partner oder Verbündeten, wen als Konkurrenten?

7 *Handelsblatt,* 17./18. August 2001.
8 Es ist oft erstaunlich, wie wenig Beachtung Vorgesetzte in größeren Organisationen Ihren doch so bemerkenswerten Erfolgen schenken und wie wenig sie sich am Ende des Jahres der Tatsache bewusst sind, dass Sie eine Gehaltserhöhung verdienen. So bemerkenswert Ihre Erfolge auch sein mögen, keiner dokumentiert sie .... wenn Sie es nicht selbst tun. Vielleicht müssen Sie das Thema Gehaltserhöhung oder Beförderung sogar selbst auf den Tisch bringen. Wenn Sie darauf warten, dass Ihr Arbeitgeber es anspricht, dann können Sie womöglich ewig warten.

12. Die sieben Geheimnisse der Gehaltsverhandlung

1 Eine Jobsuchende sagte, dass ihre Vorstellungsgespräche immer mit der Gehaltsfrage anfingen. Egal, was sie darauf antwortete – das Vorstellungsgespräch war damit automatisch beendet. Es stellte sich heraus, dass diese Jobsuchende ihre sämtlichen Vorstellungsgespräche telefonisch führte. Darin lag ihr Problem. Als sie dazu überging, persönliche Gespräche zu führen, war das Gehalt nicht mehr der erste Punkt.
2 Abdruck mit Genehmigung des Verlags, aus *Ready, Aim, You're Hired* von Paul Hellmann, © 1986 Paul Hellmann. Publiziert durch AMACON, eine Abteilung der American Management Association, New York. Alle Rechte vorbehalten.

13. Schreckgespenst Arbeitslosigkeit

1 *Computerwoche*, Nr. 51/52, 2001.
2 Ebd.
3 Dieser Begriff wird manchmal von Mystikern gebraucht, die allerdings etwas anderes damit meinen – nämlich wenn sich die Seele fälschlicherweise fühlt, als sei sie von Gott verlassen. Das unterscheidet sich jedoch nicht so sehr von Depressionen, bei denen falsche Gefühle übermäßig stark vorhanden sind.
4 Natürlich haben diese Grundsätze auch dann Sinn, wenn Sie eine neue Stelle gefunden haben.
5 S. A. D. (Saisonal abhängige Depression), Krankheitsbild, das Mediziner vor etwa zehn Jahren definiert haben, um die besonders schwere Form von Befindlichkeitsstörungen bis hin zur schwerwiegenden Depression zu erfassen, die etwa 10 Prozent der Bevölkerung während der dunklen Jahreszeit erleiden und die über das normale Maß an Unwohlsein, Appetit auf Kohlenhydrate und Müdigkeit hinausgeht. Ursache ist der Mangel an Tageslicht, auf den diese relativ große Bevölkerungsgruppe besonders intensiv reagiert.

Anhang A: Die Blume: Ein Bild Ihres Traumjobs

1 Sie können einen Großteil der Informationen, die Sie hier benötigen, Ihren Kontoauszügen entnehmen. Aber vielleicht sind Sie über Ihre Ausgaben, die Sie bar oder per Kreditkarte tätigen, nicht im Bilde. Es gibt eine simple Lösung für dieses Problem: Notieren Sie zwei Wochen lang (oder länger) alle Ausgaben, vom Supermarkt bis zum Bäcker, in einem kleinen Notizbuch, das Sie immer bei sich tragen – und zwar unmittelbar nachdem Sie bezahlt haben.

Register

Ablehnungstrauma 53 ff., 289 f., 307
Ansatz
– intuitiver 172–176
– systematischer 176 f.
Arbeit, ehrenamtliche 192, 318, 321
Arbeitgeberverhalten 69–80, 98 f., 157 f., 225, 236–242, 247–252, 260, 263 f., 273 f.
Arbeitsamt 33, 90, 138, 293
– Arbeitsmarktservice (AMS) 293, 295
– Zentralstelle für Arbeitsvermittlung (ZAV) 294
Arbeitsbedingungen 356–358
Arbeitsklima 325
Arbeitslosigkeit 28, 83, 85, 287–321
– Statistik 57, 303
Arbeitsmarkt 8, 58, 92
Arbeitsort, -region 344–348
Arbeitsproben, -nachweise 73
Arbeitssuche *siehe* Jobsuche
Arbeitsvermittlung 17, 84, 121, 293–301
– Arbeitsamt 56, 293 f., 296
– private 56, 61, 65, 138, 293, 296 f.
Arbeitszeugnis 242

Bausteinkarriere 103
Begeisterung 143, 178, 208 f., 236
Beharrlichkeit 87 f.
Beratung *siehe* Karriereberatung; Personalberatung; Unterstützung

Beruf
– Definition 23 f., 135 f., 175
– Informationen *siehe auch* Gespräche, informelle 183, 175
Berufsbezeichnungen 134 f., 150, 180 ff., 188, 221, 343 f.
Berufsinformationszentrum (BIZ) 295 f.
Berufsumstieg, -wechsel 22, 24 ff., 62 f., 65, 88, 102, 119, 130 f., 140, 151 f., 154, 159, 178, 182, 185, 343
Bewerbung 17–20, 65, 73, 75, 78, 84, 142, 394 f.
– aussortieren 18 ff., 40 f., 51, 74, 77 f., 93, 226
– Erfolgsquote 18, 60, 65
– im Internet 20, 36 f., 40, 48–51, 69 f., 78, 394
– Regeln 40–43

Dankesbrief, -schreiben 98 f., 202 f., 207, 219, 226 f., 256, 261 ff.
Depressionen durch Arbeitslosigkeit 302–321

Eigenschaften 339 f.
Einstellung, persönliche 142–145
Empfehlung 73
Entscheidungsschritte, berufliche 9 f.
Erfindungen vermarkten 111 f., 389 f.

Existenzgründung *siehe* Selbstständigkeit

Fähigkeiten 98, 113, 131, 137, 149–167, 182, 189, 197, 237, 246 f.
- Bestandsaufnahme 116, 151, 153 f., 156, 160–167, 327–334
- geistige 153, 332 f.
- körperliche 153, 330 f.
- Prioritätenraster 336–339
- übertragbare (funktionelle) 27, 149–167, 327 f.
- zwischenmenschliche 153, 334 f.
Feedback 264 f.
Franchising 110 f., 388
Funktion und Tätigkeitsfeld 27

Gehaltsverhandlung 267–286
- Zusatzleistungen, Benefits 283 f.
Gehaltsvorstellungen 41, 61, 135, 358–362, 395 f.
Gelbe Seiten 62, 94, 114, 122, 184, 198, 208, 296, 298, 300, 315, 366
Geschäftsideen 108–112
Gespräch, informelles 27, 140 f., 150, 175, 185, 187–191, 193, 202–207, 227, 277 f.
Gesprächsführung *siehe auch* Kontakt; Vorstellungsgespräch 205–210, 219 f.
- Vorbereitung 94 f.

Handikap 97
Headhunter *siehe* Personalberater
Heimarbeit, Home-Office 105, 119
Holland-Code 349 ff.

Informationen 95, 183 ff., 205, 221
- im Internet 50 ff., 56, 119, 138 f., 141, 375 ff., 391–394
- über Gehälter 277–282, 395 f.
- über Organisationen 198–201, 219, 223, 225, 233, 383 ff.

- über Personen 175, 216–223, 386
- zur Selbstständigkeit 114 f., 386–390
Initiativbewerbung 17 f., 49, 60, 292
Insider 18, 198, 200, 221
Interessen, Vorlieben 152 f., 172–176, 180, 188 f., 196 f., 348
Internet 16–21, 27 f., 31–44, 76 ff., 84, 90
- Stellenangebote 20, 31, 50 f., 119
- Stellengesuche 17, 31, 50, 119
Interviewtechnik, verhaltensorientierte 247

Jobagent, virtueller 20, 36, 43
Jobs ausprobieren 188
Jobsuche 15–66
- als Chance 311
- als Job 85 f.
- als Spiel 55, 71 f.
- erfolgreiche 81–100, 221, 225, 344
- Erfolgsrezept 55 f.
- herkömmliche 15 f., 20 f., 28, 31 f., 71 ff., 79, 84, 131, 157
- kreative 10, 15 f., 21–28, 63, 65, 151 ff.
- per Internet 32–44, 47–53, 60, 69 f., 391 ff.
- per Telefon 93 ff.
- Stolpersteine 52–56, 72
- vorsintflutliche 17–21, 307
- Ziele 15–28, 79, 102 f., 194, 196 f.
- zwei Grundtypen 15 f., 28
Job-Familien 181
Job-Sharing 120, 124 f.

Karriere 19, 155
Karriereberatung 38 f., 90, 138, 149, 266, 301, 321, 365–375
Karteisystem 223
Kontakt 50, 61 f., 79, 85, 118, 119, 150, 152, 185
- nutzen 217–225

- persönlicher 70, 95 f., 141, 183, 188 ff., 220
- pflegen 186 f., 222
- telefonischer 78, 93 ff., 142, 220, 242, 263

Kontaktaufnahme 27, 37, 50, 78, 91–96, 123 ff., 215–223, 227, 260
Kundenakquise 106 ff.

Lebenslauf 36, 39 f., 42, 75
Lebensphilosophie 312 f.
Lebensziele, Wertvorstellungen 79, 142, 316 f., 352–356

Menschliches Umfeld 348–351
Mitarbeiter, freier 105, 296
Mythen 52 f.

Networking 50, 185 ff.

Online-Jobbörse 31, 35 f., 43, 48 f., 51, 69, 76 f., 391 ff.
Orientierung, berufliche 10, 23 f., 120, 137, 151
Organisationen 18, 27 f., 35, 49 ff., 57, 62, 73 f., 90 ff., 94, 144 f., 157, 177, 182 f.
- Arten 191–201, 213 ff.
Outplacement 48, 87, 298, 300 f.

Party-Übung 350
Personalberater 17, 50, 71, 73, 299 f.
Personalberatung 18, 56, 299 ff.
PIE-Methode 205
Praktikum 201

Qualifikationsnachweis 73

Recherche 183
- im Internet 27 f., 50, 110, 112 f., 119, 217, 277, 292, 375 ff.
- Printmedien 38, 121, 292 f., 377 ff., 381 ff.

- über Organisationen 150, 152, 198, 276 f., 383–386
- zu Berufen und Tätigkeitsfeldern 379–383
Rezession 58 f.

Schüchternheit 97, 183 f., 204–210
Selbsthilfegruppe 89 f., 185
Selbstständigkeit 80, 85, 96, 101–126, 193, 386–389
Selbstwertgefühl 54 f., 302, 316
Selbstzweifel 53 ff.
Spiegelmethode 137
Stellen, freie 57 ff., 61, 73 f., 91, 123, 152, 157, 214, 221, 224, 291
Stellenangebot, -ausschreibung 22, 61, 73, 123, 157, 291 ff.
- im Internet 51, 84, 116, 292
Stellenanzeigen 17, 40, 61, 65, 84, 124, 291 ff.
Stellenbesetzung 73
Stellenbörsen *siehe auch* Online-Jobbörse 76 f.
Stellengesuche 17, 22, 76, 123, 293
- im Internet 36 ff., 43, 50 f., 74, 76, 116
Stellenmarkt 71, 291 ff.
- verdeckter 10, 21
Stellensuche *siehe* Jobsuche
Strategie bei der Jobsuche *siehe* Suchmethoden, -system
Suchmethoden, -system *siehe auch* Jobsuche 15–28, 31, 56 f., 59, 60–66, 71, 73–79, 84, 149 f.
- fünf beste 61 ff.
- fünf schlechteste 60 f.
- kombinieren 63 f.

Tätigkeitsfeld 27, 80, 151, 155, 164, 172–176, 180 f., 197, 348
Teilzeitjob 120–124, 192, 200, 283
Telearbeit 106, 110, 389
Tests zur Berufswahl 137–141

Traumjob 22 f., 40, 44, 119, 127–145, 149, 153, 158, 173 f., 177, 198
– Blume 164, 176 f., 179, 182 f., 325–362
Trio-Technik 342 f.
Turbo-Jobsuche 29–44

Übergangsjob 120 ff.
Unterstützung 37 ff., 50, 89 f., 187

Visionen 129, 132 ff., 155
Vorstellungsgespräch *siehe auch* Gehaltsverhandlung 19, 40, 43, 49, 75, 78, 87, 94, 96, 98 f., 142, 152, 199, 205 ff., 213, 215 f., 220 f., 224, 226–266, 395

– Ängste 239–242, 248–251
– äußere Erscheinung, persönliches Auftreten 254–259
– Fehler 226, 234, 256, 258
– Form, Rahmen 232–239
– Fragen, Kriterien 79, 132, 238 ff., 243–253, 259 ff.
– Inhalt 239 f.
– zehn Gebote 227

Weiterbildung 154, 189 f., 319 ff.
Win-Win-Situation 69
World Wide Web *siehe* Internet

Zeitarbeit 73, 96, 120, 122 f., 200 f., 280, 297 ff., 315

Mit System Karriere machen

Richard Nelson Bolles
**Durchstarten zum Traumjob –
DAS WORKBOOK**
Deutschsprachige Bearbeitung
von Madeleine Leitner
2002. 64 S. · ISBN 3-593-37003-4

Die meisten Menschen wissen gar nicht, welche verschiedenen Fähigkeiten in ihnen verborgen liegen und wie sie sie beruflich nutzen können. Dieses *Workbook* unterstützt Sie dabei, Ihre persönlichen Fähigkeiten zu entdecken und ihre individuellen Neigungen zu erkennen. Denn je genauer Sie wissen, was Sie möchten, umso eher finden Sie es. Dieses Buch unterstützt Sie dabei, konsequent den Weg zu Ihrem Traumjob zu gehen. Somit ist dieses *Workbook* ein unersetzlicher Begleiter Ihrer Karriere. Bestsellerautor und Karriere-Experte Richard N. Bolles hat mit seinem einzigartigen System der Berufsorientierung bereits Millionen von Menschen geholfen, den persönlichen Traumjob zu finden. Warum nicht auch Ihnen?

Gerne schicken wir Ihnen aktuelle Prospekte:
Campus Verlag · Kurfürstenstr. 49 · 60486 Frankfurt/M.
Tel. 069/97 65 16-0 · Fax -78 · www.campus.de